Hermann Bauer

# Barock

Kunst
einer Epoche

DIETRICH REIMER VERLAG BERLIN

Der Verfasser dankt für Ergänzungen, Korrekturen und Hilfe:
Johannes Hallinger, Christof Hangkofer, Helmut Kronthaler,
Uta Schedler, Robert Stalla und Ludwig Tavernier

Mit 90 Schwarzweiß-Abbildungen und 8 Farbtafeln

Die Deutsche Bibliothek - CIP-Einheitsaufnahme

**Bauer, Hermann:** Barock: Kunst einer Epoche /
Hermann Bauer. - Berlin : Reimer, 1992

ISBN 3-496-01095-9


Dr. Friedrich Kaufmann
Unter den Eichen 57
1000 Berlin 45

Umschlaggestaltung: Bayerl & Ost, Frankfurt a. M.,
unter Verwendung der Abbildungen:
Hochaltar der Klosterkirche, Weltenburg; Vatikan, Petersplatz, Rom;
Oberes Belvedere, Wien; Schloß Nymphenburg, Amalienburg, München;
Palazzo Barberini, Deckengemälde, Rom


Printed in Germany

ISBN 3-496-01095-9

# Inhalt

I. Eine Anekdote anstelle einer Einleitung
7

II. Der Begriff »Barock« – Zur Geschichte der Barockforschung
9

III. »...IAM REGNAT APOLLO«
25

IV. Rom, das »neue Theater«
47

V. Das barocke Schloß
71

VI. Barockkunst und barockes Fest
111

VII. Zeremoniell und Repräsentation
147

VIII. Concettismo
183

IX. Theater und Theatralik
217

X. Illusionismus
253

Glossar
287

Bildnachweis
292

# I.

# Eine Anekdote anstelle einer Einleitung

1709 berichtete Saint Simon in seinen Memoiren eine Geschichte, die schon länger zurücklag: *Ludwig XIV., der Freude hatte am Bauen und keine Mätresse mehr unterhielt, hatte das kleine Trianon mit seinem Porzellanschmuck* [Trianon de Porcellain] (Abb. 1), *das für die Marquise von Montespan errichtet war, abreißen und neu aufbauen lassen ...* Es handelte sich bei diesem abgebrochenen Lustschlößchen um einen Bau, der bei dem Dorf Trianon durch den Architekten Le Vau erbaut worden war und der seinen Namen seinen Kachelverkleidungen verdankte. Der Neubau, Grand Trianon genannt, wurde dann ab 1678 durch Jules Hardouin-Mansart errichtet. Dann stellt Saint Simon fest, daß damals Louvois die Oberaufsicht über die königlichen Bauten hatte. François Michel Le Tellier, Marquis de Louvois, war zunächst Kriegsminister, derjenige, der das französische Heer zum stärksten in Europa machte und hinter der Expansionspolitik Ludwigs stand. Er leitete, was noch verständlich ist, den Bau des Hôtel des Invalides in Paris, aber auch die Arbeiten in Versailles. Und über ihn erzählt nun Saint Simon: *Der König, der ein äußerst genaues Augenmaß hatte, bemerkte, daß eines der Fenster etwas schmaler war als die anderen. Die Seiten des Fensters waren noch nicht ganz in die Höhe gezogen und oben noch nicht verbunden. Er machte Louvois auf dieses Fenster aufmerksam, damit er Abhilfe schaffe, was damals noch leicht zu machen war. Louvois behauptete, an dem Fenster sei alles in Ordnung. Der König war damit nicht zufrieden und kam auch am nächsten Tag auf die Sache zurück: Louvois jedoch, der eigensinnig, heftig und selbstherrlich war, wollte nicht nachgeben. Am folgenden Tag traf der König im Wandelgang Le Nôtre. Obwohl diesem nur die Gärten oblagen, worin er Hervorragendes leistete, pflegte der König ihn auch hinsichtlich seiner Bauten um Rat zu bitten, und fragte ihn also, ob er am Trianon gewesen sei ... Der König befahl ihm hinzugehen. Am folgenden Tag traf er ihn wieder: er stellte die gleiche Frage und erhielt die gleiche Antwort. Der König befahl ihm daraufhin ein wenig ungehalten, sich noch am Nachmittag desselben Tages dort einzufinden ... Als der König da war und auch Louvois sich eingestellt hatte, kam die Rede wieder auf das Fenster, und Louvois behauptete immer noch voller Eigensinn, es sei genauso breit wie die anderen. Der König wünschte, Le Nôtre sollte nachmessen gehen, weil er aufrichtig und wahrheitsliebend sei ... Louvois war beleidigt und brauste auf; der König war ebenfalls ungehalten, ließ ihn aber reden; und Le Nôtre, der am liebsten nicht dabei gewesen wäre, rührte sich unterdessen nicht von der Stelle. Der König befahl ihm, nun endlich hinzugehen, um nachzumessen; Louvois murrte und behauptete immer noch in dreister und maßloser Weise, das besagte Fenster sei genauso wie die anderen. Le Nôtre stellte jedoch fest, daß der König recht gesehen hatte und daß in der Tat ein Unterschied von einigen Zoll bestand. Als Louvois trotzdem nicht nachgeben wollte, der König aber schließlich die Geduld verlor, hieß er ihn schweigen und befahl ihm, das fragliche Fenster auf der Stelle einreißen zu lassen, und sprang, ganz entgegen seiner sonstigen Beherrschtheit, recht hart mit ihm um. Am meisten empörte Louvois, daß diese Szene sich nicht nur vor den Bauleuten abgespielt hatte, sondern in Anwesenheit all derer – hohe Herren, Höflinge, Gardeoffiziere, Diener und andere Personen –, die den König auf seinen Promenaden begleiteten.* Saint Simons Schilderung, in welchem Zustand Louvois nach Hause kam, sei hier weggelassen, nicht aber, was Louvois dort gesagt haben soll: *Er sei verloren und daß um einiger Zoll Fensterbreite willen der König alles in den Wind schlage, was er für ihn geleistet habe, alle Eroberungen vergesse, die er ihm verdanke; er werde das aber wohl zu verhindern wissen und wolle dem König einen solchen Krieg einbrocken, daß er ihn nicht werde entbehren können.* Saint Simon schließt: *Es dauerte in der Tat nicht lange, und er machte sein Wort wahr; denn über die Kölner Doppelwahl des Prinzen von Bayern und des Kardinals von Fürstenberg kam es zum Krieg. Und er machte sein Wort ein zweites Mal wahr, indem er die Pfalz niederbrennen ließ ...*[1]

Wäre dies ein Text aus einer Zeit, da die Quellen weniger gesprächig waren, müßten wir vieles aus ihm herauslesen, was hier jedoch nicht erörtert werden soll. Bezeichnend für diese Geschichte ist die Bedeutung des »Ansehens« – sei es von Architektur oder eines Menschen. In vielfacher Weise des Wortes, auch zu ersetzen durch »Reputation« oder »Repräsentation«. Damit sind wichtige Begriffe dessen angesprochen, was wir heute mit »Barock« verbinden.

# II.

# Der Begriff »Barock« – Zur Geschichte der Barockforschung

## »Barock« als Perversion

Wie fast immer in der Kunstgeschichtsschreibung bietet die Begriffsgeschichte zu einer Stilbezeichnung die Möglichkeit eines Einstieges in das Problem.

Was die Etymologie von »Barock«, »barocco«, »baroque« etc. betrifft, also die Abstammung des Wortes, kann darüber so wenig Genaues ausgesagt werden, daß daraus keine einengenden Definitionen entwickelt werden konnten und können. Zu einer Zeit, da die Bezeichnung festen Fuß in der Kunstgeschichtsschreibung faßte, definierten sie die Konversationslexika alle in ähnlicher Weise (zitiert sei Meyer von 1904[2]): *Barock ... eigentlich ‚schiefrund' (von Perlen gebraucht), dann soviel wie unregelmäßig, seltsam, wunderlich. Der Ausdruck kommt nach einigen vom portugiesischen barocco (rohe, ungleich geformte Perle), nach anderen vom italienischen parrucca (Perücke) her und dient bei Erscheinungen des Lebens zur Bezeichnung des Ungereimt-Seltsamen, Launenhaft-Wunderlichen, das bis ins Unverständliche und Närrische geht ...*

Was bei Meyer dann folgt, ist eine Stilbestimmung. Kein Geringerer als Benedetto Croce hat – in diesem Fall um das Verdikt mit Argumenten zu stützen – nachgewiesen, daß »barocco« recht oft in der burlesken und satirischen Literatur Italiens – und zwar seit etwa 1570 nachweisbar ist.[3] Bezeichnet wurden damit die skurrilen Einfälle, die »ragionamenti goffi«, welche gleichbedeutend waren mit einem »modo di perversione e brutezza artistica«. Croce macht keinen Hehl aus seinem Abscheu. Jedenfalls war, wie des öfteren in der Kunstgeschichte, aus einem Eigenschaftswort ein Stilbegriff geworden.

Hans Tintelnot hat diesen Wandel in einer Abhandlung über die Entstehung der Barockbegriffe beschrieben.[4] Allerdings schrieb er eine erste »kunsthistorische« Definition von »baroque« (einem Fehler Wölfflins folgend)[5] der Diderotschen Enzyklopädie zu, während sie tatsächlich von Quatremére de Quincy stammt. In dessen *Dictionnaire historique d'Architecture* von 1789 heißt es: *Baroque, adj. Le baroque, en architecture, est une nuance de bizarre. Il en est, si l'on veut, le raffinement, ou, s'il étoit possible de le dire, l'abus. Ce que l'austérité est à la sagesse du goût, le baroque l'est au bizarre, c'est-à-dire qu'il en est le superlatif. L'Idée de baroque entraîne avec soi celle du ridicule poussé à l'excès. Borromini a donné les plus grands modèles de bizarrerie. Guarini peut passer pour le maître du baroque. La chapelle du Saint-Suaire à Turin, bâtie par cet architecte, est l'exemple le plus frappant qu'on puisse citer de ce goût*[6]. Eine

Substantivierung des Wortes fand erst in der inzwischen verfestigten klassizistischen Theorie statt. Milizia schreibt 1797: *Barocco è il superlativo del bizarro, l'excesso del ridicolo. Borromino diede in deliri, ma Guarini, Pozzi, Marchione nella sagrestia di San Pietro in barocco*[7].

Bis ins 18. Jahrhundert hinein bedeutete »barock« etwas Ungewöhnliches, Außergewöhnliches wenn nicht Absurdes. Daran hielt sich noch das 19. Jahrhundert. Jan Bialostocki hat dafür einige Belege beigebracht[8]: Ernest Chesnau verwandte das Wort 1865 in seinem Salonbericht vor Manets Olympia und die Pariser Maler sahen im neuen Eiffelturm etwas »Barockes«.

Eine Statistik ergäbe, daß durch das Wort »barock« am häufigsten folgende Adjektive abgedeckt wurden: Skurril, bizarr, überladen, unklar und verworren, künstlich und verkünstelt. So war dieses Wort nichts anderes als ein abwertendes Adjektiv, ähnlich der Bezeichnung »gotisch«, ehe es dann im Verlauf des 19. Jahrhunderts ein Stilbegriff wurde.

## »Barock« als Stilbegriff

Als Wilhelm Lübke seine »Geschichte der Architektur« von 1855 schrieb, fragte er zunächst nach Normen (in der Architektur). Entsprechend war die Renaissance Dreh- und Angelpunkt seiner Kunstgeschichte, während im Barock nur eine *Epoche der Verwilderung, der emanzipierten Dekoration* gesehen wurde. Ex negativo allerdings liegt bei Lübke dennoch eine »kunsthistorische« Bestimmung des »Barock« vor, die nicht übersehen werden sollte: Er sah in ihm eine »Emanzipation der Dekoration«, und damit ein verändertes Verhältnis der einzelnen Gattungen der Kunst zueinander. Weil Lübke, nach eigenen Worten, die Architektur im Zusammenhang mit der Gesamtentwicklung der Menschheit zu betrachten und nachzuweisen suchte, wie in ihren Werken die geistigen Richtungen der Völker, des Jahrhunderts klar sich aussprechen gelangte er auch zu einer Konnotation von Barock und Gegenreformation: *Es entsteht ein Katholicismus der forcierten Überreizung, der künstlichen Verzückung ... Die Religion ist nun Parteisache, Gegenstand der Agitation, willkommener Ableiter der leidenschaftlichen Aufregung eines Inneren, das ... im Rausch der Ekstase Schutz sucht vor dem Nagen des Zweifels. In dieser allgemeinen Gährung verliert auch die Sittlichkeit ihren letzten Halt, und es entsteht ein Haschen nach Aeusserlichkeiten, nach frivolem Geniessen ...*[9] Was das »barocke Verhalten« genannt wurde, konnte allerdings noch nicht als Epochenbegriff für die im 19. Jahrhundert entstandene kunsthistorische Betrachtungsweise gelten. Wieder einmal ist festzustellen, daß zunächst die Abwertung eines Stiles adjektivisch formuliert

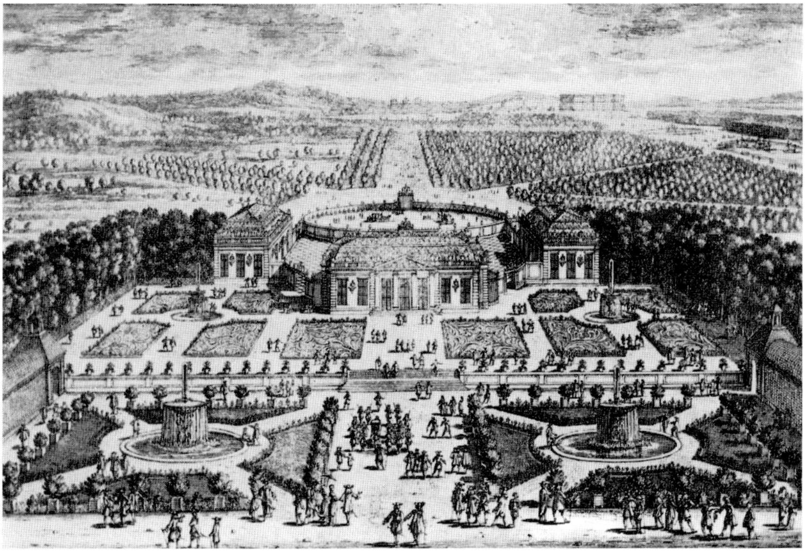

1 Versailles, Trianon de Porcelaine, Radierung von N. Pérelle

wird, während eine positive Würdigung des epochalen Ranges in Substantiven erfolgt. So hatte im 18. Jahrhundert Johann Joachim Winckelmann für den Barock wenig mehr übrig als negative Epitheta: Er war für ihn eine schändliche Seuche, *welche das Gehirn der Gelehrten mit üblen Dünsten erfüllte und ihr Geblüt in eine fiebermäßige Wallung brachte, woraus der Schwulst und ein mit Mühe geübter Witz ... entstand ...*[10]

Echte Ansätze von stilistischen Kriterien finden sich erst fast ein Jahrhundert später bei Jakob Burckhardt. Zunächst war für ihn die Renaissance und die mit ihr entstandene Kultur die entscheidende abendländische Epoche. An ihr maß er alles andere, und damit auch das, was aus der Renaissance entstand. Im *Cicerone* schrieb er: *Die Barockbaukunst spricht dieselbe Sprache wie die Renaissance, aber einen verwilderten Dialekt davon. Die antiken Säulenordnungen, Gebälke, Giebel usw. werden mit einer großen Willkür auf die verschiedenste Weise verwertet; in ihrer Eigenschaft als Wandbekleidung aber wird ihnen dabei ein viel stärkerer Akzent gegeben als vorher. (Die Capitäle insgemein in gefühllos schwülstiger Umbildung). Manche Architekten componieren in einem beständigen Fortissimo*[11]. »Willkür« ist eines jener Worte, die aus der klassizistischen Barockkritik übriggeblieben sind. Wichtiger ist allerdings eine andere Bemerkung Burckhardts, nämlich die, in der er von der Einbringung der architektonischen Elemente in die Wandbekleidung spricht und damit nichts anderes im

Auge hat als jene Metamorphose des architektonischen Prinzips in das Ornamentale der Dekoration, wie es auch schon von Lübke bemerkt worden war.

Zugleich war Burckhardt (wir verdanken ihm übrigens tiefe Einsichten zu Rubens)[12] fähig, wenn auch sub specie der Renaissance, wesentliche Elemente der Barockkunst anzuführen: *Ihr Zweck war nicht bloß Häufung der Formen; vielmehr treffen wir hier auf einen der durchgreifendsten Gedanken des Barockstiles: die scheinbare perspektivische Vertiefung. Das Auge genießt die, wenn auch nur flüchtige Täuschung, in einen Gang mit Pfeilern auf beiden Seiten hinein zu sehen. Teilweise denselben Zweck, nur mit andern Mitteln erstrebt, darf man auch in der verrufenen Biegung der Fassaden erkennen. Auch hier wird eine Scheinbereicherung beabsichtigt, wenn die Wand samt all ihrer Dekoration rund auswärts, rund einwärts oder gar in Wellenform geschwungen wird. Das Auge hält, zumal beim Anblick von der Seite, die Biegung für stärker als sie ist, und setzt die ihm durch Verschiebung unsichtbaren Teile reicher voraus, als sie sind*[13].

Was Burckhardt die »scheinbare perspektivische Vertiefung« nennt, ist nichts anderes als das Prinzip des Illusionismus. Daß dieser Illusionismus nicht nur eine Sache der Malerei, sondern auch der barocken Architektur war, sah er als erster. Die Kunstgeschichtsschreibung mußte erst in der weiteren Entwicklung des 19. Jahrhunderts die Stilbegriffe aus den normativen Zusammenhängen lösen, bis der Begriff des Barock zu einem Bestandteil einer, wenn nicht wertfreien, so jedenfalls kontinuierlichen Betrachtung werden konnte. Bis dahin brach für die ältere Kunstbetrachtung die Entwicklung der Kunst nach der Renaissance und deren manieristischen Entartungen mehr oder weniger ab.

Bei Burckhardt ist eine deutliche Wende innerhalb seiner Einstellung zum Barock in den siebziger Jahren festzustellen: *Mein Respect vor dem Baroco nimmt stündlich zu, und ich bin geneigt, ihn für das eigentliche Ende und Hauptresultat der lebendigen Architektur zu halten*[14].

Cornelius Gurlitt (1850–1938), der sich selbst mehr als Architekt denn als Kunsthistoriker empfand, der 1889 bei Springer in Leipzig promoviert hatte, gab als erster kunsthistorische Schriften heraus, in deren Titel sich das Wort »Barock« fand. Auch das ist ein Indiz für den Beginn einer wertfreien Betrachtung. Zunächst waren es zwei Hefte unter dem Titel »Das Barock- und Rokokoornament in Deutschland«, die 1883 erschienen und zweifellos im Trend des gerade blühenden bürgerlichen Neobarocks lagen. Um so erstaunlicher ist, wie sehr Gurlitt bei seiner Beschäftigung mit dem Barock als Außenseiter galt. Er erinnert sich, daß er, als er einen arbeitslosen Zeichner für seine Barockarchitekturen gefunden hatte, diesen gleich wieder verlor, weil er sich weigerte, solches »Zeugs« zu zeichnen.[15] Sein Grundgefühl als Barockforscher beschrieb Gurlitt so: *Und so zog ich denn durch die Welt mit einem schwer beschreibbaren*

*Hochgefühl: Mir war, als sei ich ein unendlich Reicher, der einzige, der die Schönheit so vieler verachteter Bauten erkennt, der also in ihrem geistigen Alleinbesitz ist*[16]. Gurlitt machte den Barock für ein breiteres Publikum kunstgeschichtlich hoffähig. Die tatsächliche und nachdrückliche Einführung des Barock in die Kunstgeschichtsschreibung erfolgte jedoch durch Heinrich Wölfflin. Der 24jährige schrieb 1888 sein Buch *Renaissance und Barock* – und war wie sein geistiger Ahnherr Burckhardt auf die Renaissance hin orientiert. So interessierte ihn schließlich auch der Blick in das »innere Leben der Kunst« und damit jener Vorgang, in dem durch »Verwilderung und Willkür« aus der klassischen Renaissance etwas anderes wurde. Was später in Wölfflins *Grundbegriffen* systematisiert werden sollte, ist zunächst in der Gegenüberstellung von Renaissance und Barock begrifflich bestimmt. Dadurch, daß den Eigenschaften der Renaissance solche der Barockkunst gegenübergestellt werden (Wölfflin nennt diese Gegenüberstellungen »Grundbegriffspaare«), ändern sich die Bestimmungen des Barock. Hatte bislang stets nur die Deklination von klassischen Formen zur Debatte gestanden, waren es jetzt Gegensatzpaare von charakterisierenden Adjektiven, was bedeutete, daß dem Barock nun eigene Charakteristika zugebilligt wurden. Das »Malerische«, bislang völlig schillernd in der Anwendung, wurde jetzt präzisiert. Die Steigerungen ins Kolossale, die Massigkeit, die Bewegung, aber auch das »Unabsehbare« und »Unergründliche« des Barock werden jetzt als Merkmale genannt, beschrieben, durch Beispiele und Gegenbeispiele erläutert. Da es für Wölfflin ein inneres Leben der Kunst mit einer Entwicklungsgeschichte gibt, sind damit auch Pole beschrieben, zwischen denen die Entwicklung der Kunst stattfinden kann. Es war nur noch ein kurzer Schritt, daraus sogenannte »Grundbegriffe« zu konstruieren. Dabei war der wichtigste Begriff in Hinblick auf den Barock, der des »Malerischen«, nicht erst von Wölfflin, sondern schon von Gurlitt eingeführt worden. Barock war für diesen die Kunst der malerischen Wirkung: Der Raum soll malerisch beleuchtet sein, d. h. nicht gleichmäßig flutendes Licht haben, sondern eine Steigerung von dunkel zu hell. Die Farben sollen nicht gleichwertig nebeneinander stehen, sondern unter einen Gesamtton gebracht und durch feine Übergänge zusammengehalten werden. An der Außenarchitektur soll die malerische Wirkung durch plastische Gestaltung erreicht werden, wodurch die Kunst des Profilierens eine erstaunliche Steigerung erfährt. Borromini hat der malerischen Schönheit zum Siege verholfen: *Er verwendet selbst die Säule, das Gebälk nur von dem Gesichtspunkt aus, ob an dieser oder jener Stelle ein Schatten, ein Vorsprung, ein Abschluß der Massen nöthig sei*[17]. Die Leistung Wölfflins bestand dagegen darin, in Hinblick auf den Barock dieses »Malerische« als einen Begriff fixiert zu haben, der nicht mehr pittoreske Qualitäten meinte, sondern ein Ergebnis dessen, was er die »doppelte Wurzel« eines Stils nannte, Ergebnis des Psychologisch-Optischen wie des Geistigen. *Die*

*Sichtbarkeit kristallisiert sich für das Auge unter gewissen Formen. In jeder neuen Kristallisationsform aber wird auch eine neue Seite des Weltinhalts zu Tage treten.*[18] In *Renaissance und Barock* hatte Wölfflin noch auf die Frage, was das Malerische sei, geantwortet: *Es gründet sich auf den Eindruck der Bewegung.* Und diese Bewegung wird durch das Spiel von Licht und Schatten erzeugt. Von einer Linie wird das Auge ruhig geführt, Licht und Schattenmassen ziehen es hin und her.[19] In den *Grundbegriffen* erfolgte schließlich die »wahrnehmungspsychologische« Begründung: *Während die stark sprechende Umrandung die Form unverrückbar macht, liegt es im Wesen einer malerischen Darstellung, der Erscheinung den Charakter des Schwebenden zu geben*[20]. Der vielleicht wichtigste Abschnitt aus den *Grundbegriffen* ist der, in dem Wölfflin unter der Überschrift »Synthese« das »Lineare« und das »Malerische« einander gegenüberstellt: *Der große Gegensatz des linearen und des malerischen Stils entspricht einem grundsätzlich verschiedenen Interesse an der Welt. Dort ist es die feste Gestalt, hier die wechselnde Erscheinung; dort ist es die bleibende Form, meßbar, begrenzt, hier die Bewegung, die Form in Funktion; dort die Dinge für sich, hier die Dinge in ihrem Zusammenhang. Und wenn man sagen kann, dort habe sich die Hand die Körperwelt wesentlich nach ihrem plastischen Gehalt ertastet, so ist jetzt das Auge für den Reichtum verschiedenartigster Stofflichkeit empfindlich geworden und es ist kein Widerspruch, wenn auch hier noch die optische Empfindung durch das Tastgefühl genährt erscheint, jenes andere Tastgefühl, das die Art der Oberfläche, die verschiedene Haut der Dinge kostet. Über das Greifbar-Gegenständliche dringt aber jetzt die Empfindung auch in das Reich des Ungreifbaren: erst der malerische Stil kennt eine Schönheit des Körperlosen. Aus dem verschieden orientierten Interesse an der Welt entspringt jedesmal eine andere Schönheit. Es ist wahr, erst der malerische Stil gibt die Welt als eine wirklich gesehene wieder und man hat ihn deswegen als Illusionismus bezeichnet.* Die »gesehene« und nicht die »konstruierte« Welt ergibt das malerische Bild. An dieser Stelle wird auch von Wölfflin der Begriff der Illusion eingebracht.

Eine der bedeutsamsten Gegenüberstellungen Wölfflins ist die, in der er als Beispiel des Linearen Dürers Hieronymus-Stich anführt und als Beispiel des Malerischen Ostades Bild vom Maler im Atelier dagegen hält: *Ein und dasselbe Motiv – geschlossener Raum mit seitlich einfallendem Licht – ist hüben und drüben zu ganz verschiedener Wirkung gebracht. Dort alles Grenze, tastbare Fläche, isolierte Gegenständlichkeit, hier alles Übergang und Bewegung. Das Licht hat das Wort, nicht die plastische Form: ein dämmeriges Ganzes, in dem einzelne Gegenstände deutlich werden, während man dort die Gegenstände als die Hauptsache, das Licht als etwas Dazutretendes empfindet. Was Dürer in erster Linie gesucht hat, die einzelnen Körper nach ihren plastischen Grenzen fühlbar zu machen, ist hier grundsätzlich vermieden: alle Ränder sind unfest, die Flächen entziehen sich der Tastbarkeit, und das Licht wogt frei dahin, wie ein Strom, der seine Dämme durchbrochen hat. Das Gegenständliche ist nicht unerkennbar, allein es ist gewissermaßen in eine übergegenständliche Wirkung aufgelöst. Man sieht den Mann an der Staffelei und sieht in seinem Rücken die vorspringende dunkle Ecke, beide deutlich genug, aber die dunkle Masse der einen Form bindet sich mit der dunklen Masse der anderen und leitet mit den dazwischen erscheinenden Lichtflecken eine Bewegung ein, die, mannigfaltig sich verzweigend, den Bildraum als eine selbständige Kraft durchwaltet*[21].

## Barock als Gegenstand der Kunstgeschichtsschreibung

Innerhalb der Vorlesungen zur italienischen Kunstgeschichte, die Alois Riegl ab 1894 hielt, befaßte er sich intensiv mit dem Problem der »Entstehung der Barockkunst in Rom«. 1908 wurde dieses Kapitel als Buch veröffentlicht. Bezeichnend für Riegls System ist, daß sein Ausgangspunkt wieder einmal die Geringschätzung der bisherigen Forschung gegenüber einem spätzeitlichen Phänomen war. Und hier wiederum liegt für ihn das Problem darin, wie im 16. Jahrhundert die Renaissance sich in Deklinationen und Steigerungen zu einem anderen, neuen Stil entwickelte. Riegl kannte bereits Wölfflins *Grundbegriffe*, und er zitiert sie auch entsprechend, indem er den Begriff des »Malerischen« übernimmt, nicht ohne sogleich darüber zu reflektieren: *In der Tat hört man seit etwa zehn Jahren fortwährend von ‚Naturalismus' und ‚malerisch'. Es wird der größte Mißbrauch mit diesen Schlagwörtern getrieben, unter denen sich jeder etwas anderes denkt. Das erste für wissenschaftlich ernste Betrachtung wird sein, uns über diese Begriffe klar zu werden*[22]. Leider machte Riegl in seiner Vorlesung nicht ernst mit seiner eigenen Forderung. Sie zeigt aber, wie zugleich mit den begrifflichen Systematisierungsversuchen dieser Zeit um die Jahrhundertwende auch die Barockkunst in das Blickfeld der Forschung trat.

Für Wölfflin waren Sehfähigkeit und -gewohnheit stilbildend. Einen großen Schritt machte die Barockforschung mit der Entdeckung, daß das, was bislang als die »barocke Lüge« abgetan wurde, »Gestaltetes Sehen« war, um Hans Sedlmayr mit dem Titel eines Aufsatzes zu zitieren.[23] Berühmt wurde vor allem seine »Einleitung für Laien«, wie er es nannte, in der *Österreichischen Barockarchitektur* von 1930[24]. Erstmals ist hier auch vom Betrachter die Rede, und davon, wie dieser von der barocken Architektur Anweisungen erhält. Sedlmayr bringt als anschauliches Beispiel dafür den Hochaltar der Franziskanerkirche in Salzburg von Fischer von Erlach: *Von dem Eingang der Kirche aus gesehen schließt sich der Diadembogen, der den Altar krönt, mit dem durchgebogenen Gebälk der abschließenden Nische zu einem einheitlichen Gebilde zusammen: ein ovaler Reif scheint zwischen den Säulen rings um den gotischen Rundpfeiler horizontal frei in der Luft zu schweben. Diese Wirkung ist ohne Zweifel beabsichtigt, denn sie wird erst dadurch möglich, daß Gebälk und Diadembogen in gleicher Weise durchprofiliert sind. Aber schon von diesem ersten Standpunkt aus ist die geschilderte Auffassung des Gebildes keineswegs die einzig mögliche und je weiter man – gelockt von der verbleibenden Unklarheit über die wirkliche Form – an den Altar herangeht, umsomehr wird sie von einer anderen verdrängt: was Vorderteil des Reifs war, wölbt sich jetzt als Diadem steil nach oben, was rückwärtige Hälfte des Reifs schien, wird zu einem in sinkender Kurve gebogenen Abschlußgebälk der Nische. Damit ändert sich auch der Sinn und die Funktion aller übrigen an sich nicht veränderten Teile, sie stehen jetzt in einem ganz anderen Zusammenhang. Ein neues Gebilde mit neuen Eigenschaften ist vor uns entstanden.* Hier ist die Polyvalenz im barocken Illusionismus beschrieben.

Von einer anderen Fragestellung her gelang schon 1919 Erwin Panofsky ein Beitrag zum Verständnis dieses barocken Illusionismus. Es ging um die Scala Regia im Vatikan.[25] Papst Alexander hatte 1663 Bernini mit dem Umbau jener Treppe beauftragt, die, äußerst ungemütlich, die Vorhalle der Peterskirche mit den älteren Teilen des Vatikan verband. Eine schwierige Aufgabe, denn einer repräsentativen Anlage stellten sich erhebliche Hindernisse in den Weg, vor allem die Enge des Platzes. Panofsky: *Was also mußte Bernini tun, wenn er die Mängel des Raumes paralysieren und ihm ... zu einer ansehnlicheren Wirkung verhelfen wollte? Er mußte ausgleichen, er mußte die Konvergenz der Wände zu mildern suchen, er mußte, um die lange und enge Proportion des Aufgangs unschädlich zu machen, durch absichtliche Verwendung perspektivischer Mittel den durch die Wandkonvergenz bewirkten unabsichtlichen perspektivischen Effekt nicht etwa ausnutzen oder gar verstärken, sondern ihm vielmehr nach Möglichkeit entgegenwirken; und ebendieses hat er in bewundernswertester Weise durchgeführt, indem er die ununterbrochenen und unheilbar konvergenten Wände ... in einem dem Eindruck der Schmalheit und Tiefe entgegengesetzten Sinn umstilisierte.* Im weiteren analysiert Panofsky ausführlicher, wie durch die Säulenstellungen erreicht wurde, daß die Säulen im Verhältnis zu den Mauerfluchten weniger konvergieren. Dies wäre zunächst nichts anderes als ein optischer Trick. Um zu beweisen, daß es sich um mehr handelt, rechnet Panofsky zunächst mit allen ab, die bisher über die Scala Regia und ihre Perspektive geschrieben hatten – bis hin zu Riegl –, die alle behauptet hatten, hier sei eine bestimmte Raumform als optisch gesteigerte Verkürzung zu sehen. Panofsky hält zeitgenössische Quellen dagegen, u. a. Baldinucci, der sich so geäußert hatte:

*Bernini brachte durch eine prächtige Perspektive von Stufen, Säulen, Architraven, Gesimsen und Wölbungen fürs Auge die Weite des Eingangs mit der Enge des Ausgangs in eine gefällige Übereinstimmung.* Schließlich vergleicht Panofsky die Scala Regia mit der Kolonnade, die Borromini in den dreißiger Jahren im Hof des Palazzo Spada angelegt hatte, *die mit geschickter Verwendung perspektivischer Gesetze eine bedeutend größere Tiefe vortäuscht und darin ein Vorbild für die etwa 30 Jahre später entstandene Scala Regia ... war.* Er kommt zu dem Schluß: *Borromini erzeugt eine Täuschung, wo er an sich durchaus die Möglichkeit hätte, sie zu vermeiden. Er verwendet seine perspektivischen Mittel, um uns – echt barock – in eine Architektur hineinzuversetzen, die doch wieder als Reliefbild gelten muß ... – Bernini findet in der gegebenen Konvergenz der Treppenwände bereits eine unbeabsichtigte Täuschung vor, die er, gerade um sich dem objektivistischen Ideal soweit als möglich anzunähern, mit seinen perspektivischen Mitteln ... zu paralysieren sucht*[26]. Damit erreicht Panofsky schließlich eine Polarisierung zwischen Bernini und Borromini, es wird dem einen Objektivismus, dem anderen Subjektivismus unterstellt, was heute in dieser Weise kaum mehr nachvollziehbar ist, während immer noch die allgemeine Einsicht Panofskys in den barocken Illusionismus gilt. Dies mag noch ein Zitatausschnitt aus einem seiner frühen Aufsätze belegen: *Die Leistung einer objektivistisch orientierten Kunst ... besteht wesentlich in der schöpferischen Bestimmung dessen, was die raumerfüllenden begrenzten Dinge durch ihre Variabilität von sich aus, d. h. durch ihr eigenes Sein und Verhalten ... bedeuten – die einer subjektivistisch orientierten wesentlich in einer schöpferischen Bestimmung dessen, was die raumerfüllenden Dinge durch ihre Variabilität von uns aus, d. h. als Komponenten eines durch Standort, Ausschnitt und Beleuchtung ... subjektiv determinierten Gesamtzusammenhanges bedeuten: der Objektivismus kann als ein objektkonstruktiver, der Subjektivismus als ein erscheinungsvariierender Stil bezeichnet werden.* Panofsky setzt sich hier mit den Kategorien »objektiv-subjektiv« auseinander und folgt damit dem damaligen kunsthistorischen Brauch der Grundbegriffsbildungen. Viel wichtiger als die Bildung von solchen Grundbegriffen ist jedoch, daß erstmals Differenzierungen im Begriff des Illusionismus, also der Anwendung des Scheins, formuliert werden.

An unerwarteter Stelle findet sich ein Hinweis auf die barocke Illusionistik und die Zusammenhänge mit dem Theater; nämlich in Hans Sedlmayrs Einleitung zu seiner *Österreichischen Barockarchitektur* von 1930: *Man hatte beobachtet, daß im Barock häufig Scheinwirkungen angestrebt werden, zum Beispiel die scheinbare Erweiterung einer Nische durch ein perspektivisch durchgebogenes Gebälk, – daß im Barock die Architektur eine enge Verbindung mit der Malerei eingeht, so daß zum Beispiel reale Architekturteile mit gemalten in engem Verband stehen können, – daß Rückseiten mancher Architekturen form-*

*los, ungeformt bleiben, – endlich (was nur ausnahmsweise zutrifft), daß in der Nähe Details ‚roh' wirken, die aus der Ferne gesehen einen guten Sinn hatten. Aus diesen Beobachtungen zog man den radikalen, aber mutigen Schluß, daß echt barocke Architekturen auf einen bestimmten Standpunkt oder auf eine wohlbegrenzte Schar solcher Standpunkte hin berechnet seien, etwa so wie die Dekorationen eines Theaters für gewisse Standorte der Zuschauer gedacht und nur von diesen aus gesehen befriedigend und ‚schön' sind. Nimmt man hinzu, daß in der Epoche des Barock jenes Theater sich glänzend entfaltete, dessen Um und Auf das gemalte Bühnenbild ist, so scheint der Beweis vollkommen gelungen*[27]. Sedlmayr gibt sich mit dieser Feststellung allerdings noch nicht zufrieden und gelangt schließlich zur Formulierung der Verwandlung als einem Grundprinzip in barocken Strukturen. Die Methode der Strukturanalyse im Sinne Sedlmayrs wird von ihm selbst in einem Aufsatz über die Schauseite der Wiener Karlskirche einer Probe unterzogen.[28] Man kann diesen als einen ersten gelungenen Versuch bezeichnen, die vielschichtigen Aspekte im Formalen als eine Entsprechung zur vielschichtigen Ikonologie des Gebildes zu sehen und dies auch unter Beweis zu stellen.

Die Jahre nach dem Ersten Weltkrieg waren die große Zeit einer »Kunstgeschichte als Geistesgeschichte«, um den Buchtitel Max Dvoráks zu verwenden. Bei der Frage nach dem geistesgeschichtlichen Grund der Kunst entdeckte man auch den gewaltigen Schub, den offensichtlich die katholische Gegenreformation im Bereich der Künste ausgeübt hatte. 1921 datiert das Buch von Werner Weisbach *Der Barock als Kunst der Gegenreformation*: *Unter der Gegenreformation verstehen wir die geschichtliche Erscheinung, deren geistig-seelischer Charakter durch den im Kampf mit dem Protestantismus von innen heraus neu in Schwung gesetzten Katholizismus eine bestimmte Ausprägung erhalten hat*[29]. Weisbachs Schwierigkeiten deuten sich jedoch schon im folgenden Absatz seiner Einleitung an: *Jedes Kunstwerk und jede Kunst kann als Anschauungsrepräsentant verschiedener Kategorien angesehen werden: einer aus religiösen, ethischen und verschiedenerlei soziologischen Momenten sich zusammensetzenden Kultur und eines immanenten ästhetischen Triebes*. Das würde nämlich bedeuten, daß zwischen eigentlichen, oder, wie Weisbach es nennt, »immanenten« Faktoren und »äußeren« unterschieden werden müßte, letztere wären die außerkünstlerischen Bedingungen – aber gerade sie sind es, die nach Weisbach für die besondere Form der barocken Kunst verantwortlich sind. Das Zentrum seines Buches bildet das zweite Kapitel, in dem »Elemente der gegenreformatorischen Kunst« genannt werden: Das »Heroische, die Mystik, die Erotik, die Asketik und die Grausamkeit« – eine recht bunte Mischung von nicht immer auf der gleichen Ebene liegenden Faktoren wie Phänomenen, womit aber die primären Wesenszüge des Barock immerhin berührt sind. In Weisbachs Buch wird die Zeit des

Konzils von Trient, der Gründung des Jesuitenordens, das zentrale 16. Jahrhundert zur barocken Epoche gerechnet. Das geschah noch, bevor der Manierismus von der Kunstgeschichtsschreibung als eine eigenständige Stileinheit zwischen Renaissance und Barock gesehen wurde. Dies war erst der Fall, als die Kunstgeschichte der zwanziger Jahre sich als Geistesgeschichte zu begreifen begann. Max Dvoráks Aufsatz *Über Greco und den Manierismus* (1924), Hermann Voss' *Die Malerei der Spätrenaissance in Rom* (1920), Max Friedlaenders *Entstehung des antiklassischen Stiles in der italienischen Malerei um 1520* (1920) gehören zu den Untersuchungen, in denen dieser Manierismus als eine Kunst der Gegenreformation definiert wurde. Werner Weisbach stieß hier noch einmal dazu mit seinem Buch *Zum Problem des Manierismus* (1934). Es waren allerdings stilistische Bestimmungen, mit denen Grenzen bestimmter historischer Komplexe herausgearbeitet und beschrieben wurden. Aber Grundlage dafür war die Geistesgeschichte: In dieser erkannte man eine abendländische Krise zwischen Reformation und Gegenreformation, Erkenntniseuphorie der Renaissance und den ersten großen Zweifeln am Fortschritt.

Als Panofskys Aufsatz über die Scala Regia erschien, gab es noch keine ikonographische Kunstgeschichte im Hinblick auf den Barock. Das, was wir Ikonographie oder Ikonologie nennen, entwickelte sich als kunsthistorische Disziplin zunächst an der Beschäftigung mit der Renaissance, d. h. als Frage nach den Inhaltstraditionen und den Wegen dieser Inhalte von der Antike in die frühe Neuzeit. In der Tat sind die symbolischen Möglichkeiten der Allegorese, Hieroglyphik, Emblematik etc. in der Renaissance auf antik-humanistischen Grundlagen entstanden, und so war es naheliegend, hier anzusetzen. Panofsky, Fritz Saxl, Edgar Wind u. a. führten das Werk Aby Warburgs fort. Erst später trat die barocke Ikonographie in das Blickfeld der Kunstgeschichtsschreibung, wurde nach den Spezifica einer barocken Ikonographie gefragt.

Cesare Ripas *Iconologia* von 1593, fundamentales Kompendium aller barocken Konzeptgestaltung, fand 1934 in Hamburg, unter Erwin Panofsky eine erste Bearbeitung durch Erna Mandowsky.[30] Damals wurde jedoch noch kaum deren Bedeutung für den Barock erkannt, und es waren zunächst eher die Quellen für Ripas ikonologische Konstruktionen interessant. Erst nach dem Zweiten Weltkrieg sollte sich das ändern. Bahnbrechend war eine Dissertation aus der »Wiener Schule«, Wilhelm Mrazeks *Ikonologie der barocken Deckenmalerei* von 1953, bahnbrechend deshalb, weil jetzt ein barockes Teilphänomen, die Deckenmalerei, und auch hier nur ein Teilbereich, unter dem Aspekt der Wort-Bild-Kunst gesehen wurde. Bildende Kunst wurde auf die Wurzel des »ut pictura poesis« hin untersucht und als anschauliche Rhetorik begriffen.

Heute ist es eine Selbstverständlichkeit geworden, etwa von der holländischen Barockmalerei unter dem Aspekt von »Wort und Bild« zu sprechen.[31] Inzwischen sind wir sogar wieder bei einem Methodenstreit angelangt, wenn etwa Svetlana Alpers[32] gegen den einseitigen Ikonographismus zu Felde zieht, wie er zur Zeit gerade vor der barocken Kunst blüht.

Ein instruktives Beispiel, sowohl für die Fragestellung wie für die Methode der frühen ikonographischen Beschäftigung mit dem Barock, ist William S. Heckschers Aufsatz über den obeliskentragenden Elefanten vor S. Maria sopra Minerva von Bernini. Im Rekurs auf Quellen von der Antike bis zur Renaissance konnte der Verfasser das Gebilde als eine Allegorie der Kraft des Geistes lesen, die notwendig ist, die höchste Weisheit zu tragen[33]. Der Aufsatz ist zunächst ein Beitrag zur Geschichte des Humanismus. Zugleich ist darin aber die Problematlik dessen erkannt, was wir, nach der barocken Terminologie »Concettismo« nennen.

Den aktuellen Stand unserer Einsichten in die barocke Kunst als Kunst des Concettismo kann eine ausführliche Rezension wiedergeben, die Rudolf Preimesberger zu einem bedeutenden Buch von Irving Lavin über Berninis Cappella Cornaro schrieb[34]: *Die These* [Lavins] *von der ‚unity of the visual arts', die in so konsequenter und eindrucksvoller Weise der Deutung der Cappella Cornaro und der auf sie zuführenden Entwicklung zugrundegelegt ist, läßt sich erweitern: Berninis Hauptwerk ist nicht zuletzt eine Bild-Wort-Synthese, und Lavins Betonung seiner ‚overall unity', die nicht allein eine visuelle, sondern eine konzeptuelle sei, gewinnt noch an historischem Kontur, wenn man es als ein Hauptwerk des ‚concettismo' zu bestimmen versucht.* Preimesberger sieht als wesentliche Leistung Berninis die Aufhebung der Identität von »res« und »verba« durch den ingeniös arguten Ausdruck und die pointierte Scheinhaftigkeit. Nicht die Illusion ist das Eigentliche, sondern die Erkenntnis, die im Durchdringen des Illusionären entstehen kann.

Eine wissenschaftliche Beschäftigung mit den einzelnen Bereichen, in denen der absolutistische Barock sich konkretisierte, nämlich Fest, Zeremoniell, Theater gab es seit dem 19. Jahrhundert. Verhältnismäßig neu ist dagegen eine *kunstgeschichtliche* Behandlung derselben bzw. die Einsicht, daß die Bildenden Künste nur von hier aus begriffen werden können. So war es eine Pionierleistung, wenn 1939 Hans Tintelnot *Barocktheater und barocke Kunst* (so der Titel seines Buches) als untrennbare Einheit sah.[35]

Seit etwa vier Jahrzehnten hat sich die Einsicht durchgesetzt, daß der Barock nicht einfach bestimmbar ist als eine anti-klassische und damit anti-antikische Haltung, daß vielmehr der barocke Concettismo auf einer Observanz der aristotelischen Rhetorik aufbaut. Es war Giulio Carlo Argan in seinem Vortrag von 1954 über *La ‚Rettorica' e l'arte barocca*, der neue Wege aufzeigte.[36] Sein Hauptzeuge ist Bellori, ein Kunstschriftsteller des 17. Jahrhunderts, mit dessen Hilfe er nachweisen kann, daß im Barock unter der Vollendung der Form nicht nur ein Endziel erreicht war, sondern eher das beste Mittel zum Zweck. Bellori wird zitiert: *gli colori nella pittura sono quasi lusinghe per persuadere gli occhi, come la venustà dei versi nella Poesia.* Damit ist nicht nur die Formel vom »ut pictura poesis« ins Spiel gebracht, sondern der zentrale Begriff von der »persuasio«. Von hier aus stellen sich weitere Fragen: Wenn Barock eine Kunst der Überredung ist, wer ist es, der wen zu was überreden will? Es sind sogar mehrere Fragen. Argan jedenfalls schließt seinen Vortrag mit dem Hinweis, daß wir gerade vom Barock im Hinblick auf die Moderne lernen können und uns nicht von der negativen Wertung Benedetto Croces beeinflussen lassen sollten (schließlich gilt Argans Augenmerk vor allem der Moderne).

Immer wieder ist in solchen Zusammenhängen von Benedetto Croce die Rede. Wüßte man nicht das Datum, könnte man den Tenor eines Vortrages, den Croce 1925 über »Den Begriff des Barock« hielt, für ein Produkt des ausgehenden 18. Jahrhunderts halten.[37] In der Tat bemüht Croce alle Denunzianten des Barock seit Milizia, um wieder einen pejorativen Sinn des Begriffes »Barock« herzustellen: *Sowohl das Wort als der Begriff ,Barock' entstanden mit der Idee der Mißbilligung und nicht etwa, um eine Epoche der Geistesgeschichte oder eine Kunstform zu bezeichnen, sondern vielmehr eine Art künstlerischer Häßlichkeit, und, meines Erachtens, kann es nur von Nutzen sein, wenn Wort und Begriff im strengen wissenschaftlichen Gebrauch diese Bedeutung beibehalten, die ausgedehnt oder, noch eher, logisch umgrenzt werden kann.* In einer Bündelung aller negativen Urteile kommt Croce bald zu einer Definition – wenngleich ex negativo: *Der Barock ist also eine Art des künstlerisch Häßlichen, und deshalb ist er überhaupt nicht künstlerisch, steht zur Kunst vielmehr im direkten Gegensatz. Von der Kunst verfälschte der Barock das Aussehen und den Namen; er führte sich statt ihrer ein, verdrängte sie. Ohne dem Gesetze der künstlerischen Übereinstimmung zu gehorchen, sich im Gegenteil dagegen auflehnend und dieses Gesetz hintergehend, entspricht der Barock selbstverständlich einem anderen Gesetz; es ist kein anderes Gesetz als das der individuellen Laune, der Bequemlichkeit, der Grille und deshalb utilitaristisch oder hedonistisch, wenn man es lieber so bezeichnen will. Also hat der Barock, wie jede Art des künstlerisch Häßlichen, seine Grundlage in einem praktischen Bedürfnis, das verschieden sein und sich verschieden gebildet haben mag, aber das in jedem Fall sich nur als reine Forderung und als Genuß dessen rechtfertigen läßt, was ergötzt, obwohl es gegen alles und vor allem gegen die Kunst selbst verstößt.* Croce kehrt somit bewußt zu jenem Punkt zurück, da unter »Barock« generell die Auswüchse der Kunst verstanden wurden. Er zitiert auch eine Reihe davon, vor allem aus dem Bereich der Literatur – aber er geht eben von den Extremen aus und nicht von den epochalen Maßstäben, die von Shakespeare, Calderón oder Rembrandt, Rubens, Velasquez und Poussin gesetzt worden sind. Noch einmal ist Barock bei Croce das »Häßliche« und das »Unpoetische«.[38] Die Begründung des Verdikts ist aufschlußreich: *Es ist wirklich keineswegs schwer, auf das Merkmal des Barocks hinzuweisen, auf jenes Merkmal, das ihn z. B. vom ‚Akademischen', von dem ‚Sentimentalen' oder vom ‚Süßlichen' unterscheidet, und welches darin besteht, die poetische Wahrheit und den von ihr ausgehenden Zauber durch den Effekt des Unerwarteten, Verblüffenden zu ersetzen, das aufregt, neugierig macht, betäubt und, dank der besonderen Form von Erregung, die es hervorruft, auch Freude bereitet.* Mit dieser Charakterisierung gehört Croce zu jenen Exponenten des vergangenen und auch unseres Jahrhunderts, die mit Erfolg suggerierten, daß Kunst keinen Spaß machen darf. Er schreibt: *Es ist nicht schwer, auf dieses Merkmal hinzuweisen; denn bekanntlich wurde es von den Literaten jener Schule und von deren Hauptvertreter, Marino, als Programm verkündet. Marino bestimmte als ‚Zweck' der Dichter, ‚in Erstaunen zu setzen'. ‚Diejenigen, die nicht imstande sind, zu verblüffen', ermahnte er, vom Dichterberuf abzulassen*[39] *... Die wirkliche Übereinstimmung der poetischen, künstlerischen Bilder wurde durch eine Übereinstimmung, die als einzigen Zweck kennt, die Menschen durch das Unerwartete, Verblüffende zu überraschen, wobei es kaum darauf ankommt, wie es erreicht wird ...* Anschließend argumentiert Croce mit entsprechenden Zitaten (auch Riegls *Die Entstehung der Barockkunst in Rom*[40] wird bemüht), *daß der ‚Barock' eben ein solches Spiel ist, ein Haschen nach Mitteln, um die Verblüffung zu erzeugen. Infolge seines Charakters erscheint der ‚Barock' ... letzten Endes trotz seiner oberflächlichen Bewegtheit und Wärme, eben doch kalt; trotz seines Reichtums an Bildern und deren Kombinationen hinterläßt er das Gefühl der Leere. Aber so erklärt sich auch, wie der Barock bisweilen vom raffiniertesten Intellektualismus in seinen Darstellungen zum gröbsten Realismus und Naturalismus übergeht. Da es dem ‚Barock' unmöglich ist, ein wahrhaft poetisches Bild zu schaffen, das stets gleichzeitig Geist und Natur, Gefühl und Gestalt, Wahrheit und Empfindung ist, so bleibt ihm, dem es nicht um die Poesie sondern nur ums Verblüffen zu tun ist, nichts anderes übrig, als sich in Antithesen und in den anderen Zutaten der leeren Einfälle zu verbreiten, gleichsam wie um seine Geistigkeit und seine Idealität zu beweisen ...*[41]

Bei aller (vor allem literarhistorischen) Leistung Croces sind seine Fehler unübersehbar; der größte dürfte das Werten von Extremen her sein. Damit aber läßt sich keine Epoche erfassen.

## Anmerkungen

1 Die Memoiren des Herzogs von Saint Simon. Das Zitat findet sich im letzten Teil, anfangs der Würdigung Ludwigs XIV.
2 *Meyers Konversationslexikon II* (1893), S. 483, s.v. Barock
3 B. Croce, *Storia della Età Barocca in Italia*, Bari 1929, S. 21f., S. 36 u. 51
4 H. Tintelnot, *Zur Gewinnung unserer Barockbegriffe*, in: *Die Kunstformen des Barockzeitalters*, R. Stamm Hg., München 1956, S. 13–91
5 H. Wölfflin, *Renaissance und Barock*, Basel und Stuttgart 1965 (nach der 1. Auflage von 1888) S. 10 schreibt bei dem Zitat von Schlagworten aus der »großen Encyclopädie«; seitdem wurde es immer wieder der Diderotschen Enzyklopädie angelastet, so von Tintelnot, früher von Benedetto Croce, *Der Begriff des Barock. Die Gegenreformation. Zwei Essays*, Zürich 1925, S. 9f. und bei J. Bialostocki, *Barock. Stil-Epoche-Haltung*, in: *Stil und Ikonographie*, Köln 1981, S. 108
6 Sinngemäß: Barockarchitektur ist bizarr, raffiniert und sogar abartig. Borromini hat dazu den Grund gelegt, ein Beispiel ist Guarinis Kapelle S. Sindone; A.-Ch. Quatremère de Quincy, *Dictionnaire d'Architecture*, Bd. I. Paris 1789, Bd. II. 1832, Zitat aus Bd I, S. 159
7 Sinngemäß: Die Charakterisierung ist ganz ähnlich; F. Milizia, *Dizionario delle belle arti e del disegno*, Bassano 1797
8 Jan Bialostocki, *Stil und Ikonographie. Studien zur Kunstwissenschaft*, Köln 1981, 107ff.
9 W. Lübke, *Geschichte der Architektur von den ältesten Zeiten bis zur Gegenwart*, Leipzig 1855, S. VII und S. 660
10 Zitiert nach U. Kultermann, *Geschichte der Kunstgeschichte. Der Weg einer Wissenschaft*, Frankfurt–Berlin–Wien 1981, S. 242
11 J. Burckhardt, *Der Cicerone*, (Zehnte, verbesserte und vermehrte Auflage). Zweiter Teil. Mittelalter und neuere Zeit, Leipzig 1910, Bd I, S. 346
12 J. Burckhardt, *Erinnerungen aus Rubens*, Basel 1898
13 Ders., *Der Cicerone*, S. 350
14 Siehe dazu auch: U. Kultermann, *Die Geschichte der Kunstgeschichte*, Frankfurt 1966, S. 242ff.
15 Dazu: *Die Kunstgeschichte in Selbstdarstellungen*, J. Jahn Hg., Leipzig 1924, S. 9
16 Ebda., S. 9f.
17 C. Gurlitt, *Geschichte des Barockstiles in Italien*, Stuttgart 1887, S. 356; dazu auch: E. Padtberg, *Die Beurteilung der Barock-Architektur,* Diss. Münster 1927
18 H. Wölfflin, *Kunstgeschichtliche Grundbegriffe. Das Problem der Stilentwicklung in der neueren Kunst*, München 1915, S. 249
19 Ders., *Renaissance und Barock. Eine Untersuchung über Wesen und Entstehung des Barockstils in Italien*, München 1888; vierte Auflage in Bearbeitung und mit Kommentar von H. Rose, München 1926, S. 19f.
20 Ders., *Grundbegriffe*, S. 21
21 Ebda., S. 53f.
22 A. Riegl, *Die Entstehung der Barockkunst in Rom*, Wien 1908, Reprint Mittenwald 1977, S. 15f.
23 H. Sedlmayr, *Gestaltetes Sehen*, in: Belvedere 8, 1925, S. 65–73
24 H. Sedlmayr, *Österreichische Barockarchitektur* 1690–1740, Wien 1930, S. 5–21, unter: Einleitung für Laien

25 E. Panofsky, *Die Scala Regia im Vatikan und die Kunstanschauungen Berninis*, Jahrbuch der Preußisches Kunstsammlungen 40, 1919, S. 241–278; hier S. 242–244, S. 248f.
26 Ebda., S. 250f. u. S. 256
27 H. Sedlmayr, *Österreichische Barockarchitektur 1690–1740*, Wien 1930, S. 10
28 H. Sedlmayr, *Die Schauseite der Karlskirche in Wien*, in: *Kunstgeschichtliche Studien für Hans Kauffmann*, Berlin 1956, S 262ff.
29 W. Weisbach, *Der Barock als Kunst der Gegenreformation*, Berlin 1921, S. 1
30 E. Mandowsky, *Untersuchungen zur Iconologie des Cesare Ripa*, Diss. Hamburg 1934
31 Dazu etwa: H. Vekeman – J. Müller-Hofstede, *Wort und Bild in der niederländischen Kunst und Literatur des 16. und 17. Jahrhunderts*, Erfstadt 1984
32 S. Alpers, *The Art of Describing. Dutch Art in the Seventeenth Century*, Chicago und London 1983. Deutsch: *Kunst als Beschreibung. Holländische Malerei des 17. Jahrhunderts*, Köln 1985. Mit einer Einleitung von W. Kemp
33 W. S. Heckscher, *Bernini's Elephant and Obelisk*, in: The Art Bulletin 29, 1947, S. 155–182
34 R. Preimesberger, *Berninis Cappella Cornaro. Eine Bild-Wort-Synthese des siebzehnten Jahrhunderts? Zu Irving Lavins Bernini-Buch*, in: Zeitschrift für Kunstgeschichte 49, 1986, S. 190–219, hier S. 219, der Aufsatz bezieht sich auf: Irving Lavin, *Bernini and the Unity of the Visual Arts*, 2 Bde. New York–London 1980
35 H. Tintelnot, *Barocktheater und barocke Kunst*, Berlin 1939
36 In: *Retorica e Barocco* = Atti del III Congresso Internationale di Studi Umanistici, Venezia 15–18 giugno 1954, a cura di Enrico Castelli, Rom 1955. G. C. Argan, *La ‚Rettorica' e l'arte barocca*, S. 9ff.
37 B. Croce, *Der Begriff des Barock. Die Gegenreformation. Zwei Essay*, Zürich 1925
38 Ebda., S. 12
39 Ebda., 13f.
40 A. Riegl (wie Anm. 22)
41 B. Croce (wie Anm. 34), S. 18f; zum Barockbegriff Croces vgl. N. Ciarletta, *Appunti per un saggio sul Barocco*, in: Archivio di Filosofia 1, 1953, S. 153–170; J. Gantner, *Erinnerungen an Heinrich Wölfflin und Benedetto Croce*, in: Jahrbuch für Ästhetik und allgemeine Kunstwissenschaft 3, 1955–57, S. 129ff. und R. Pane, *Croce e la fortuna critica del Barocco*, in: *Seicento Napoletano. Arte, costuma e ambiente. A cura di Roberto Pane*, Mailand 1984, S. 16ff.

# III.

# »... IAM REGNAT APOLLO«

## Das neue Goldene Zeitalter und die Herrschaft Apolls

Seit Vergils Vierter Ekloge der *Bukolika* gab es die in christlicher Zeit übernommene Vorstellung von der Geburt eines Kindes, das ein neues Goldenes Zeitalter mit sich bringen sollte – Prophetie eines Messias und Verheißung einer Erlösungszeit. Mit der vierten Zeile der Ekloge beginnt der verschieden gedeutete Text:

*Letzte Weltzeit ist nun da cumaeischen Sanges;*
*groß aus Ursprungsreine erwächst der Zeitalter Reihe.*
*Nun kehrt wieder die Jungfrau, kehrt wieder saturnische Herrschaft,*
*nun wird neu ein Sproß entsandt aus himmlischen Höhen.*
*Sei der Geburt nur des Knaben, mit dem die eiserne Weltzeit*
*gleich sich endet und rings in der Welt eine goldene aufsteigt,*
*sei nur, Lucina, du reine, ihm hold; schon herrscht denn Apollo*[1].

Da es nicht um die neueste philologisch-historische Lesart geht, sondern wie die Ekloge später gelesen wurde, sei sie auch lateinisch zitiert:

Ultima Cumaei venit iam carminis aetas;
magnus ab integro saeclorum nascitur ordo.
iam redit et Virgo, redeunt Saturnia regna;
iam nova progenies caelo demittitur alto.
tu modo nascenti puero, quo ferrea primum
desinet ac toto surget gens aurea mundo,
casta fave Lucina: tuus iam regnat Apollo.

Neu war bei Vergil nicht nur die Vorstellung, das Goldene Zeitalter könne sich erneuern, sondern auch die Verknüpfung dieses Topos mit dem der Herrschaft Apolls, des Sonnengottes.[2]

Eusebius, Bischof von Cäsarea, »Vater der Kirchengeschichte«, hatte Vergils Vierte Ekloge ins Griechische übersetzt, so trug sie Kaiser Konstantin in seiner berühmt gewordenen Karfreitagspredigt auf dem Konzil von Nicäa im Jahre 325 vor. Das Kind (in der griechischen Übersetzung der Ekloge) ist hier bereits als der Sohn Gottes gedeutet. Der erste christliche Kaiser der römischen Antike hatte eine Prophezeiung aus der Zeit seines Vorgängers Augustus ins Christliche gewendet. Dies sollte ein abendländischer Topos werden. Petrus von Eboli besang die Geburt des Sohnes von Kaiser Heinrich VI., des späteren Friedrich II. am Weihnachtstage 1194, in Wiederholung dieser Prophetie, als Geburt eines Göttersohnes unter dem Zeichen der Sonne, ebenso sprach Gotfried von Viterbo hymnisch von einem die Zeit erfüllenden Caesar, der nach dem Spruch der Tiburtina die Welt erlösen sollte.[3] *Mit Friedrich II. ist zum letztenmal ein Kaiser versternt und vergottet worden, nicht als eine durch Bild und Altar stets gegenwärtige, wohl aber als die in Ewigkeit erwartete Kraft, als der Messias, der Herr des Endes, Herrscher im apollinischen Sonnenreich, das die Sibyllen verhießen. Schon zu Lebzeiten huldigte man dem ‚Sonnenkönig': ‚Die neue Sonne ist geboren: Friede Ruhm Wegsteig und Hafen' so sang ein Magister und Notar Friedrichs von Antiochien.*[4]

In der vatikanischen Bibliothek ist in einem Fresko des Paul Bril die saturnische Goldene Zeit als Garten der Hesperiden dargestellt, in dem die Schafe (= die Gläubigen) weiden und die Tugenden der Freigebigkeit und Liebe herrschen. In der Subskriptio wird Vergil variiert: *Temporibus Sixti redeunt Saturnia Regna / Et pleno cornu copia fundit opes*[5].

1638 schrieb der Dominikaner Tommaso Campanella, Süditaliener aus Stilo, nach vielen Verfolgungen in Paris im Exil lebend, eine *Ecloga in Principis Galliarum Delphini nativitatem Vaticinis et Divinis et Humanis Celeberimam* nach dem Vorbild der Vierten Ekloge Vergils, einen Hymnus auf die Geburt des neuen Sonnenkönigs Ludwig.[6] Campanella war der Verfasser einer der berühmtesten Utopien: *La Città del Sole*, die 1602 erstmals erschien.[7] 1634 war Campanella nach langer Gefangenschaft in spanischen Kerkern von Richelieu in Paris aufgenommen worden und wurde hier zum Propagator einer französischen Weltherrschaft anstelle der spanisch-habsburgischen. Seine frühere Utopie vom »kommunistischen« Sonnenstaat scheint auf den ersten Blick nicht allzuviel mit dem neuen Bild eines absolutistischen Sonnenkönigtums zu tun zu haben. Dennoch ist Campanellas politische Kehrtwendung folgerichtig, auch unter der Beibehaltung der Sonnensymbolik: Der neugeborene Knabe (der Vergilschen Ekloge), *Orbis christiani summae spei*, werde am Vorabend des Weltgerichts alle Völker der Christenheit unter der französischen Krone zusammenführen und selbst die unchristlichen Heiden sich und dem wahren Glauben Untertan machen: *... Redeunt Saturnia regna, et nova progenies coelo demittitur alto ... Tu addis, ne soboles sit defectura per aevum, restituisque tuis charis solamina Gallis. ... Dicite: ‚Io', populi, quibus aurea saecula reddit*[8]. Der neue Herrscher werde einen Sonnenstaat gründen, in dem brüderliche Liebe waltet, Unglaube und Lüge nicht mehr verwirren, das Lamm den Wolf nicht mehr fürchtet und die Arbeit, da sie gleichmäßig verteilt wird, zum Spiel gerät.[9]

## Roi Soleil

Auf die Festdekoration, die 1660 für das jungvermählte Königspaar in Paris zur *Entrée solennelle* (siehe Kap. VI) eingerichtet wurde, dürften Campanellas eschatologische Vorstellungen nachdrücklich eingewirkt haben. Eine letzte Station des Einzuges war die Place Dauphine, wo Charles Le Brun nach einem Konzept von Jean Cossart die Dekoration – eine Ehrenpforte mit einem ebenso hohen Obelisken darüber – errichtet hatte. Dieser symbolisierte (zumindest seit der römischen Antike) die Sonne und ihre Strahlen.[10] Aus dem 17. Jahrhundert lassen sich viele Belege anführen, daß Obelisken als Bild der *liebend-belebenden und erhaltenden Sonne*[11] galten. Am Fuße des Obelisken der besagten Festdekoration und vor der Attika der Ehrenpforte ist das jungvermählte Königspaar auf dem himmlischen Triumphwagen dargestellt, die Hände über die Weltkugel haltend. Über dem Paar geht strahlend die Sonne mit dem Kreuzeszeichen auf: Ludwig von Frankreich ist gekommen, die Welt im Zeichen der Sonne zu beherrschen und zu befrieden. Das Bild, das man sich aus der Vergilschen Ekloge von der Welterneuerung, dem Anbruch des Goldenen Zeitalters und der Herrschaft Apolls (= Sonne) machen konnte, beinhaltete auch die Möglichkeit, den König als »Apollon musagetes« zu sehen. Für die gleiche Entrée wurde am Ende des Carrefour de la Fontaine Saint-Gervais ein hoher Parnass nach Plänen von Meslin aufgebaut, auf dem Apoll im Kreise seiner Musen zu sehen war. Vieles deutet darauf hin, daß der kitharaspielende Gott, entsprechend vielen antiken Quellen, zunächst vornehmster olympischer Gast bei der Vermählung des königlichen Paares ist. Seit langem galten Apoll und die Musen aber auch als Bild der universellen Harmonie. *Als Beweger der Sphären und Stifter der Harmonie unter Göttern und Menschen bringt Apoll Frieden und Eintracht im Staat.*[12] Womit wohl bereits umfassend die Rolle umschrieben ist, die Ludwig XIV. von Frankreich sich selbst zusprach: neues Haupt einer christlichen Welt und Stifter von Harmonie und Frieden unter dem Zeichen Apolls zu sein. Die Identifikation Ludwigs mit Apoll – auch als tatsächliche Rolle – war zu dieser Zeit bereits Tradition. 1654 stellte er den Sonnengott in einer Aufführung des Giacomo Torelli im »Petit Bourbon« dar. 1649 dekorierte man sein Standbild anläßlich eines Feuerwerks mit den Attributen Apolls.[13] In Kapitel V wird zu zeigen sein, wie die Gartenseite von Versailles, und damit nachfolgend die vieler anderer Barockschlösser, als jener Bereich anzusehen ist, in dem Apoll Harmonie und Frieden gestiftet hat.

Eines der ersten und vielleicht sogar das berühmteste aller Feste waren *Les Plaisiers de l'Isle enchantée, ou les Festes, et Divertissements du Roy, à Versailles ... de l'année 1664* (das ist der Titel der später gedruckten Beschreibung[14]; siehe Kap. VI). Zu den Auftritten des ersten Tages gehörte das Erscheinen Apolls, dem die Verkörperungen der Zeiten huldigten. Das Eherne Zeitalter sprach ihn an:

*Brillant pere du jour, Toy de qui la puissance*
*Par ses divers aspects nous donna la naissance;*
*Toy l'espoir de la Terre, et l'ornement des Cieux;*
*Toy le plus necessaire & le pluss beau des Dieux;*
*Toy, dont l'activité, dont la bonté suprême*
*Se fait voir & sentir en tous lieux par soy-même;*
*Dis-nous par quel destin, ou par que nouveau chois*
*Tu celebres tes jeux aux rèvages François?*

Apoll antwortete, er habe auf seiner Erdumrundung noch nie so Großartiges gesehen wie den französischen Hof und die Erfolge Frankreichs – wobei niemand von den Darstellern und den Zuschauern (beide waren »der Hof«) Zweifel hatte, wem das Lob galt.

Nach dem Frieden von Aachen (1668) griff Boileau die Vergilsche Ekloge auf, wenn er den französischen König mit Titus verglich: *Tel fut cet empereur sous qui Rome adorée vit renaître les jours de Saturne.*[15]

Seit Ludwig XIV. Versailles ausbauen und schließlich zum grandiosen Residenzschloß gestalten ließ, gab es den Topos des »Haus der Sonne«. 1686 schrieb La Fontaine: *Versailles, ce seroit le palais d'Apollon*[16]. Madame des Scudéry befand, beeindruckt von der nächtlichen Illumination der Festlichkeiten im Juli 1668, das Schloß sei ihr wie ein *Palast der Sonne erschienen*[17]. Bald tauchte der Topos auch in einer Schloßbeschreibung auf[18], und 1686 fragte Vertron: *N'est-ce pas du SOLEIL le Palais & l'ouvrage*. Lateinisch formulierte er es so: *Atria miraris sublimis alta columnis; Desine mirari, Regia SOLIS opus*[19].

Die bedeutendsten privaten und zugleich Staatsräume waren in Versailles die sogenannten Grands Apartements in der premier étage. Ihre ikonographische Widmung an die Planeten wurde 1674 von Félibien so beschrieben: *Und weil die Sonne das Emblem des Königs ist, so nahm man die sieben Planeten in den Malereien der Räume zum Gegenstand, so, daß zugleich Taten der Helden des Altertums sich auf die Planeten beziehen und zugleich auch auf die Taten seiner Majestät*[20] (Abb. 2).

Die ursprüngliche zeremonielle Hierarchie dieser Apartements wurde durch die Einrichtung der Grande Galerie und der an beiden Seiten anschließenden Salons (de la Guerre und de la Paix) später verändert, die ursprüngliche Widmung sah folgendermaßen aus:

Die Forschung ist darin einig, daß die Ikonographie von Versailles durch die Großherzoglichen Staatsräume im Palazzo Pitti in Florenz inspiriert wurde, die

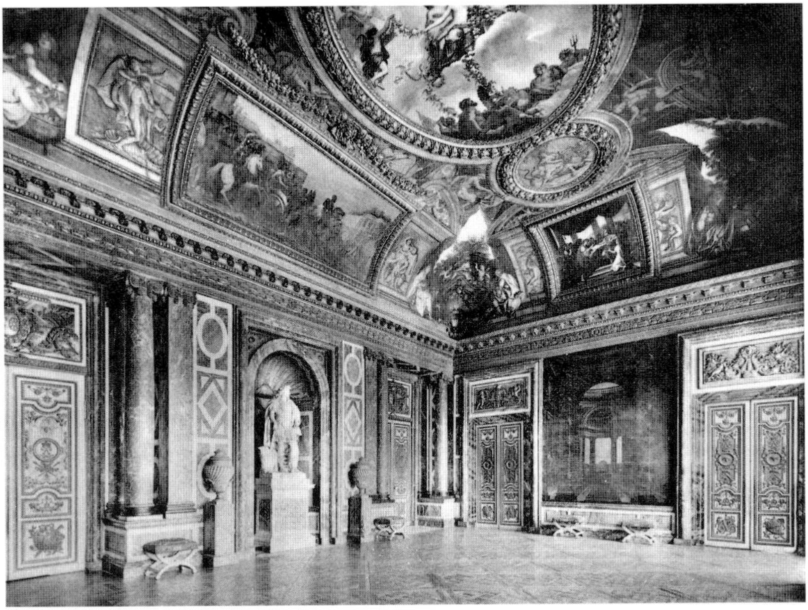

2 Versailles, Schloß, Salon de Venus

Pietro da Cortona und Ciro Ferri zwischen 1641 und 1665 freskierten. Im Pitti ist die Reihenfolge der Planetenräume entsprechend dem ptolemäischen, geozentrischen System,[21] in Versailles allerdings mußte dieses System abgeändert werden und zwar, wie Robert W. Berger zeigte,[22] aus Gründen einer Sonnen-Ikonographie und auf Kosten eines exakten astrologischen Systems. Der »Salon d'Apollon« als Thronsaal konnte sich als Höhepunkt der Raumfolge nur an dieser Stelle der zeremoniellen Sequenz befinden.

Eine der frühesten baulichen Anlagen im Garten von Versailles war die Thetis-Grotte (siehe Kap. V) (Abb. 3). In ihrem Symbolgehalt wurde sie zum Gegenpol des Zeremoniells im Schloß, in dem die Herrschaft der Sonne gefeiert wurde. In der Thetis-Grotte hat diese Sonne sich bei den Musen zur wohlverdienten Ruhe begeben.[23] Offensichtlich erstmals war hier die Devise »nec pluribus impar« (ich scheine allen gleich) zusammen mit der strahlenden Sonne zu finden, und zwar auf dem Gitter vor der Triumphalarchitektur, in deren Inneren sich einst die plastische Gruppe mit Apoll und den Nymphen befand. Außer auf mehreren Kupferstichen ist die Architektur mit der strahlenden Sonne im Gitter auch auf dem Ölbild von ca. 1667 zu sehen,[24] das sich im Museum von Versailles befindet. Charles Perrault schrieb in seinen Memoiren am Jahrhundertende, er habe dem

König zu dieser Sonnenmetapher geraten; hierzu eigne sich sehr Apollon, wie er sich bei Thetis zur Ruhe begebe, nachdem er seine Fahrt über die Erde zu Ende gebracht habe, schließlich setze sich der König in Versailles zur Ruhe nach seiner Arbeit zum Wohle aller Menschen auf Erden.[25] Fast wörtlich meinte das auch André Félibien in seiner Beschreibung der Grotte von 1672.[26] Vor 1680 schrieb Perrault die Verse:

*Ainsi lorsque mon char de la mer s'approchant*
*Roule d'un pas plus vite aux portes du couchent,*
*Après que j'ai versé dans toutes les coins du monde*
*Les rayons bienfaisants de ma clarté profonde,*
*J'entre pour ranimer mes feux presqu'amortis*
*Dans l'humide séjour des grottes de Téthis.*

1662 war übrigens die Devise des »nec pluribus impar« mit der strahlenden Sonne über der Erde von Ludwig XIV. zur offiziellen erklärt worden.[27] (Abb. 4) Ludwig hält in diesem Jahr fest, wie wichtig die Devisen für Größe und Magnifizenz seien: *Ce fut là que je commençai à prendre celle que jai toujours gardée depuis, et que vous voyez en tant de lieux. Je crus que, sans s'arrêter à quelque chose de particulier et de moindre, elle devait représenter en quelque sorte les devoirs d'un prince et m'exciter éternellement moi-même à les remplir. On choisit pour corps le soleil, qui, dans les règles de cet art, est le plus noble de tous, et qui, par la qualité d'unique, par l' éclat qui l'environne, par la lumière qu'il communique aux autres astres qui lui composent comme une espèce de cour, par le partage égal et juste qu'il fait de cette même lumière à tous les divers climats du monde, par le bilen qu'il fait en tous lieux, produisant sans cesse de tous côtés la vie, la joie, et l'action, par son mouvement sans relâche, où il paraît néanmoins toujours tranquille, par cette course constante et invariable dont il ne s'écarte et ne se détourne jamais, est assurément la plus vive et la plus belle image d'un grand monarque*[28].

Nach einem Brand von 1661 in diesem Teil des Louvre entwarf Le Brun für das Obergeschoß der Petite Galerie eine Dekoration, in der erstmals in großem Stil die Gleichsetzung Ludwigs XIV. mit dem Sonnengott Apoll verbildlicht wurde. Jetzt spricht man von der Galerie d'Apollon.

## Obelisken als Sonnensymbol

Die aus der Antike überkommenen Obelisken in Rom, die seit dem 15. Jahrhundert nicht nur die Phantasie der Gelehrten, sondern auch die der Stadtplaner beschäftigten, wurden zu *der* Möglichkeit schlechthin, Rom und das Papsttum unter das Zeichen der Sonne zu stellen. *Daß der Obelisk ein geheimnisvolles Denkmal der welterhaltenden und belebenden Wohltaten eines Prinzips sei, dessen Sitz sich die alten Ägypter in der Sonne vorgestellt hätten, ist auch die Überzeugung des führenden Ägyptologen der Epoche, Athanasius Kircher … Innozenz X. selbst bot ihm Gelegenheit, das meiste seiner ägyptologischen Theo-*

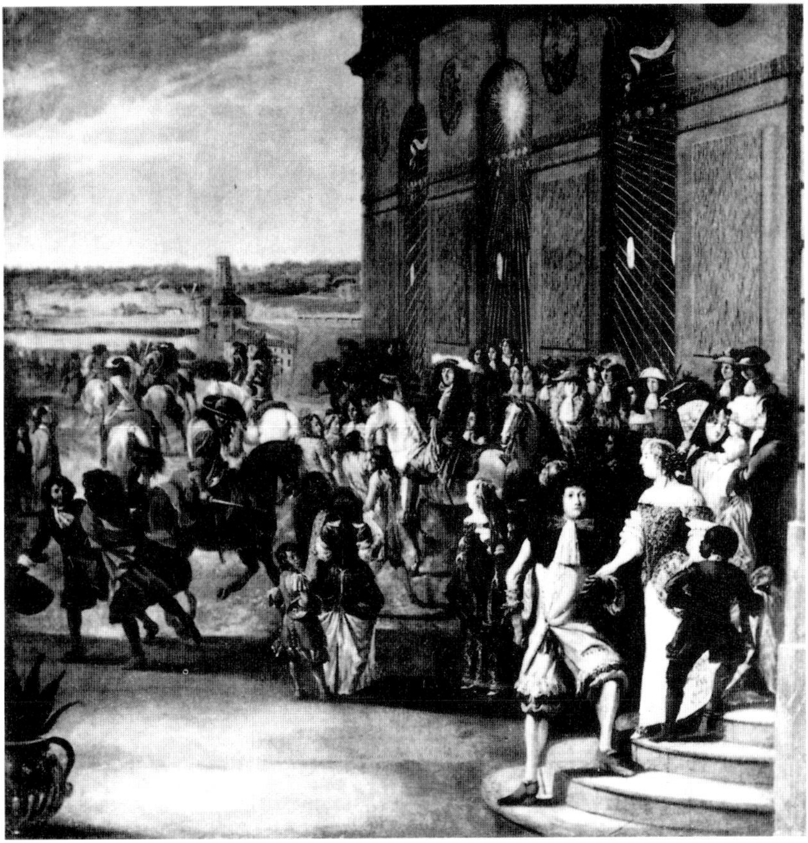

3 Versailles, Thetis-Grotte, anonymes Gemälde von ca. 1667

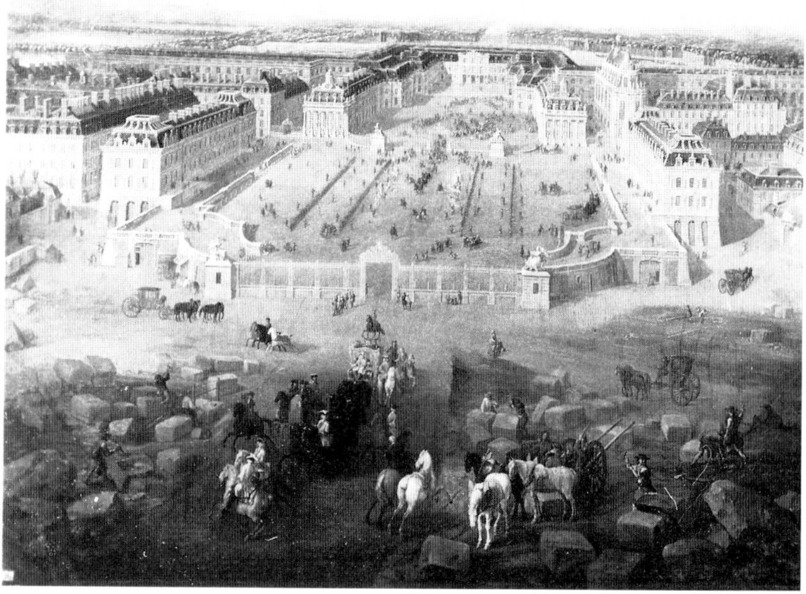

4 Versailles, Ansicht des Schloßes von P.D. Martin 1722, Musée de Versailles

*rien zu veröffentlichen und in konzentrierter Form seine berühmte hieroglyphische Methode vorzutragen, indem er ihn aufforderte, den Pamphiljobelisken zu publizieren. Diese bereits im Oktober 1650 abgeschlossene Publikation*[29] *mit dem Titel ,Obeliscus Pamphilius' ... stellt einen groß angelegten Versuch dar, die Totalität menschlicher Erkenntnis synkretistisch in einem theologischen System zu verbinden, das auf den Ideen eines christlichen Neuplatonismus beruht ... Innerhalb dieser Anschauungen kommt dem Obelisken als Träger ägyptischer Urweisheit vom Wesen der Welt erhöhte Bedeutung zu. Nach Kirchers religionsgeschichtlicher Meinung hatten die Ägypter Osiris für die erste und wichtigste Emanation des göttlichen Zentrums der Welt gehalten und ihn, den Geist oder die Seele der Welt, astrologisch gesehen, mit der Sonne identifiziert. Diesem höchsten Genius, den die Ägypter Geist oder Seele der Welt nannten, und von dem sie glaubten, daß er seinen Sitz in der Sonne habe, weihten sie die*

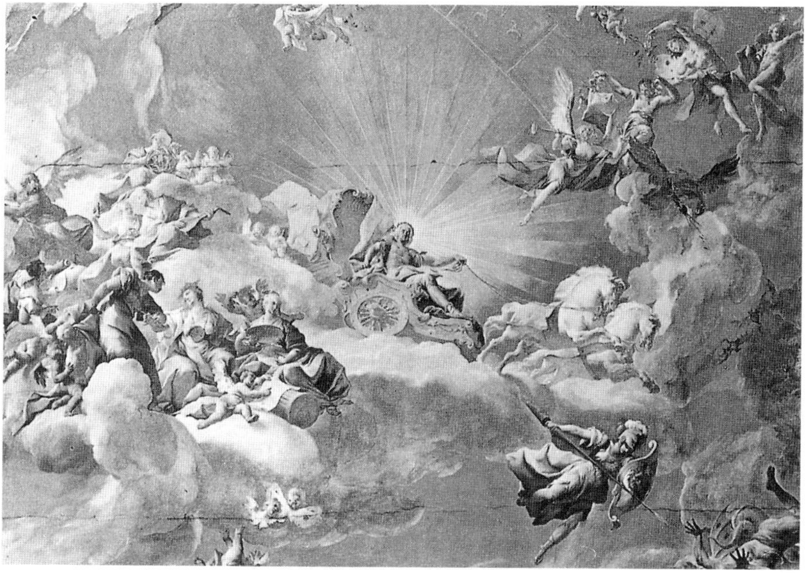

5 Stift Göttweig, Kaiserstiege, Deckenbild von P. Troger, 1739

*Obelisken.*[30] Der Obelisk auf dem Vierströmebrunnen auf der Piazza Navona gab in einer solchen Interpretation diesem Brunnen seinen Sinn: *Durch die in der Endfassung vollzogene Inszenierung des Obelisken als strömende Lichtmetapher rückt die Taube an seiner Spitze in einen neuen anschaulichen Zusammenhang und die Personifikation Pamphiljs in einen neuen Sinnzusammenhang. Aus dem aus anderen Zusammenhängen durchaus geläufigen Motiv des Wappentiers an der Spitze eines Obelisken wird nun die Quelle und der Ausgangspunkt des im Obelisken symbolisierten solaren Strömens ... Der Obelisk ist Bild seiner belebenden und erhaltenden Wirkung auf die vier Erdteile*[31].

Wie Rudolf Preimesberger zeigen konnte, steht die Auslegung des Obelisken über dem Vierströmebrunnen in einer langen Tradition, in der das »Solare« mit dem Christlichen identifiziert wurde. Ein erstes Beispiel wäre der vatikanische Obelisk geworden, den Alberti unter Nikolaus V. vor St. Peter über vier Kolossalstatuen der Evangelisten aufrichten wollte, wobei auf seiner Spitze eine Christusfigur gestanden hätte.[32]

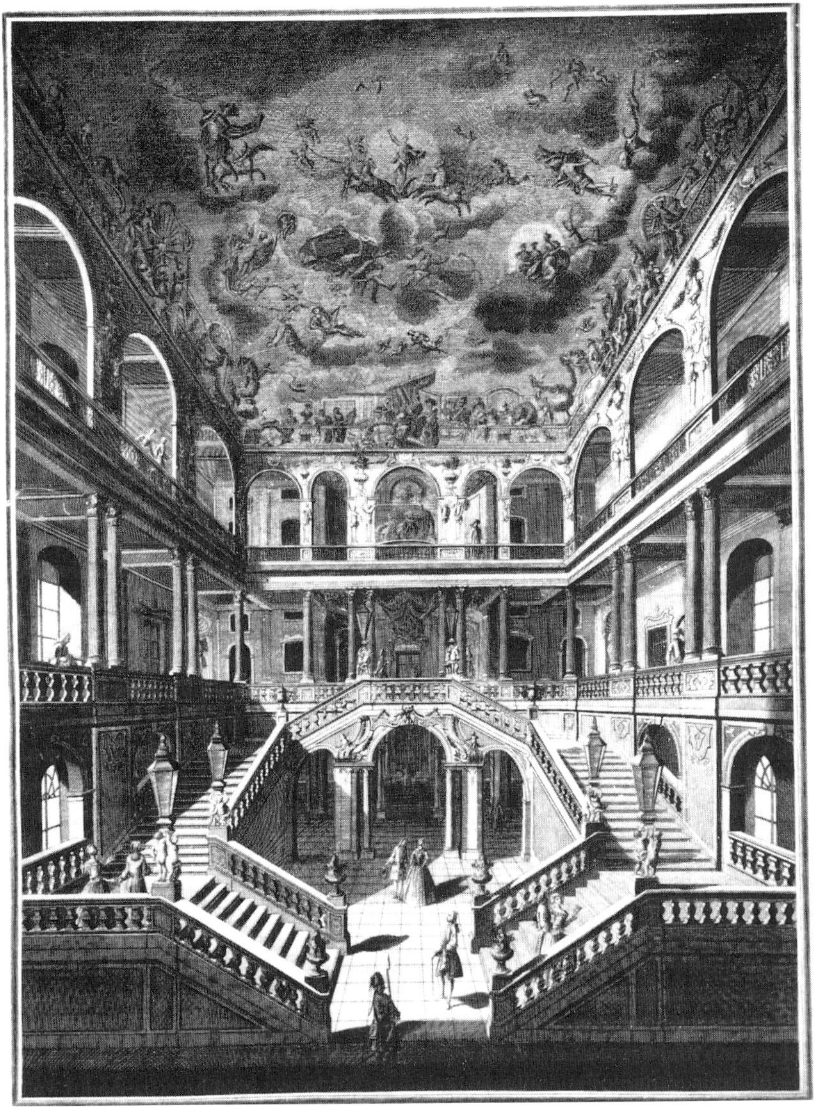

6 Pommersfelden, Schloß Weissenstein, Treppenhaus mit Deckenbild von J.R. Byss 1717, Radierung nach S. Kleiner

## Die Fahrt des Sonnenwagens

Die Regenten aus dem Hause Habsburg nahmen spätestens seit Kaiser Maximilian I. das Sonnensymbol für sich in Anspruch. In Dürers Holzschnitt des Großen Triumphwagens Maximilians (1522) sitzt der Kaiser in dem von den Regierungstugenden geleiteten Wagen, der nach oben mit einem Baldachin gekrönt ist, auf dem die Sonne erstrahlt und die Beischrift *Quod in coelis sol hoc in terra Caesar est* zu lesen ist. Willibald Pirckheimer als Conceptor erklärte, Sonne und Adler seien die unvergänglichen Zeichen für einen Kaiser.[33] *Orbi sufficit unus* lautete das zugehörige Lemma.[34] In Fischer von Erlachs erstem Projekt für Schönbrunn sollte eine Quadriga den Mittelrisalit des Schlosses krönen. Obwohl sehr klein und kaum zu erkennen, kann es sich um nichts anderes als das Gespann Apolls handeln.[35]

Im österreichischen Stift Göttweig freskierte 1739 Paul Troger die Wölbung über der sogenannten Kaiserstiege (Abb. 5) nach einem Konzept des Abtes.[36] Hier zeigt Apoll auf seinem Sonnenwagen unverkennbar die Züge des alternden Kaisers Karl VI., wobei ein ebenso häufiges wie einleuchtendes ikonographisches Konzept benutzt wird: Minerva vertreibt vor dem auffahrenden Wagen die Mächte der Finsternis, der Morgenstern hält den Blindenschild hoch, es ist »Sol in Zodiaco«, der hier im Tierkreiszeichen der Waage erscheint, während unter dem Sonnenkaiser sich die Vertreter der Künste und Wissenschaften einfinden.

In Schloß Weißenstein ob Pommersfelden ist es ebenfalls das Treppenhaus, der aufwendigste Raum, über dem Apoll im Deckenbild erscheint (Abb. 6), 1717 freskiert von Johann Rudolph Byss. *Wie die Sonne (Phoebus) die Welt, also zieret die Tugend den Menschen*, meint das Inventar von 1732.[37] Die Welt ist in allegorischen Verkörperungen der Erdteile an den vier unteren Rändern des Deckenbildes zu sehen, während unter dem im höchsten Licht auffahrenden Apoll Götter des Olymp erscheinen. Nahe dem Wagen Apolls Artemis und Merkur. Apoll ist in diesem Fall nicht Allegorisierung einer Person, sondern eines Prinzips, der Erleuchtung der Welt. Es dürfte kein Zweifel bestehen, daß dieses Konzept des Deckenbildes über dem Treppenhaus in Pommersfelden vorbildlich wurde für eine noch gewaltigere Ausmalung über der Treppe (Abb. 7) in der nahen Residenz von Würzburg. Dieser Schloßbau war 1720 unter Philipp Franz von Schönborn begonnen worden. Während die Planungen sich über Jahre hinzogen, wurden auch die Konzepte für die Ausmalung erstellt. Wir kennen jedenfalls noch das schriftliche Programm, das 1735 von zwei Patres der Jesuiten erstellt wurde. Danach sollten die *Ursprünge und großen Thaten* des Bistums Würzburg und des Herzogtums Franken verherrlicht werden. Es gab mehrfachen Wechsel bei den für die Ausmalung vorgesehenen Malern, es regierte jetzt auch als Fürstbischof Carl Philipp von Greiffenklau; und bis im Frühsom-

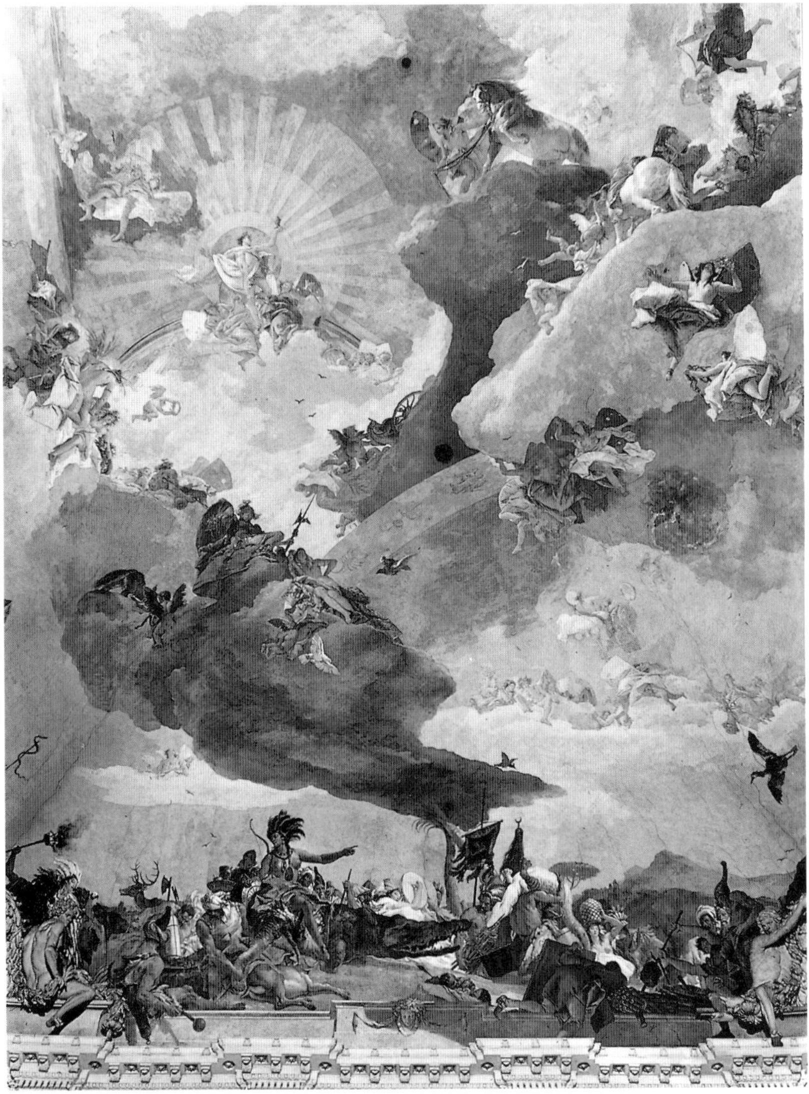

7 Würzburg, Residenz, Deckenfresko im Treppenhaus von G.B. Tiepolo, 1752–53

mer 1750 mit Tiepolo darüber verhandelt wurde, hatte man am Würzburger Hof auch andere Vorstellungen über das Konzept der Freskierung. Jedenfalls schickte man Tiepolo Angaben über den Kaisersaal nach Venedig, für den man an den Schmalseiten Bilder von der Vermählung Kaiser Barbarossas mit Beatrix von Burgund und den Lehenseid des Würzburger Bischofs vorsah. An der Decke sollte *ein fügliches Band oder Verknüpffung* dieser Historien gemalt werden[38]: *Es hat also der pensel folgendes auf poetische art auszudrucken, nemlich in dem mittleren punct des fornicis muß entworffen werden ein prächtiger Thron, auf welchen der genius imperij mit einem kayserlichen mantel, scepter und cron sich niederlasset; zur rechten Seiten ... aus einem hellen gewölck bricht hervor der Phoebus orientalis, welcher auf seinem Sonnenwagen die kayserliche braut dem genio imperij zuführet ...*[39] Bei allen Abänderungen durch Tiepolo ist dieser Gedanke zu einem überwältigenden Bild (Abb. 8) geworden: wie Apoll auf dem Sonnenwagen, der jetzt zugleich Brautwagen ist, über den Himmel auffährt, dem Genius Imperii am linken Bildrand die Braut zuzuführen. Die Vorgabe des Konzeptes hatte auch die Darstellung der *Früchte und Nutzbarkeiten* der Verbindung beinhaltet – womit ein Topos erscheint, der mit dem Regnum Apolls oder

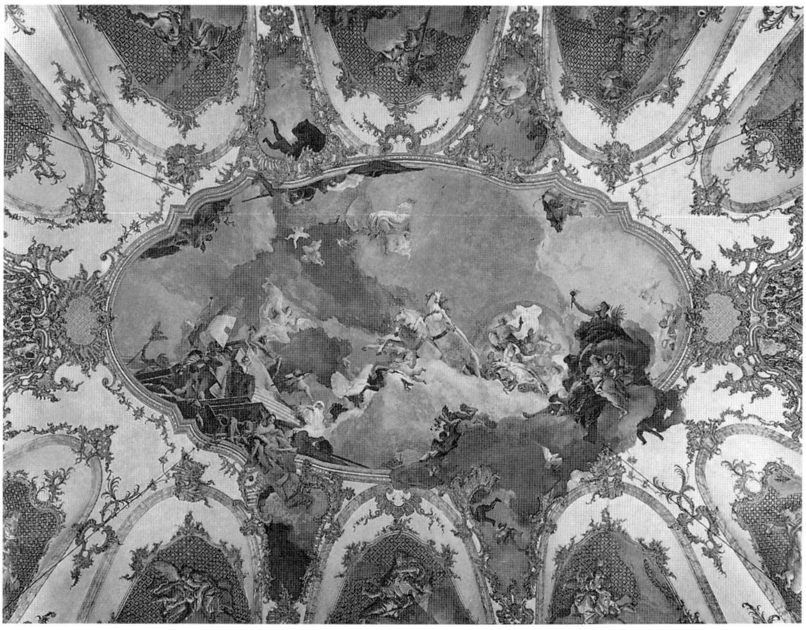

8 Würzburg, Residenz, Deckenmalerei im Kaisersaal von G.B. Tiepolo, 1751–52

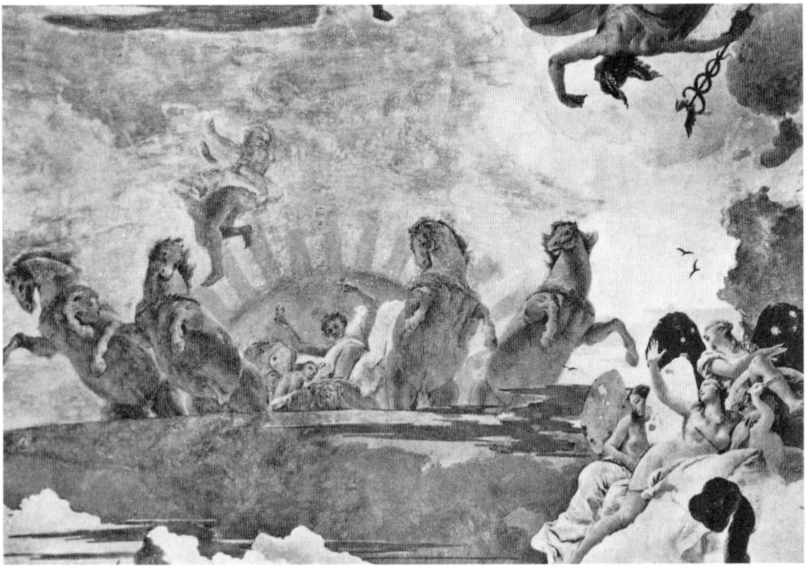

9 Mailand, Palazzo Clerici, Deckenbild im Salone von G.B. Tiepolo, 1740

einem sogenannten Connubium sehr häufig zu finden ist. Daß Tiepolo nicht nur ein vorliegendes Konzept umsetzte, sondern eigene Schemata mitbrachte, beweist sein Deckenbild im großen, langgestreckten Salone des Palazzo Clerici in Mailand (Abb. 9), 1740, mehr als zehn Jahre früher gemalt. Ein halbes Jahrhundert später benannte Bianconi das Thema dieses Decken-Szenarios noch sehr präzis: Das Deckenbild *zeigt die Sonne im von vier Pferden gezogenen leuchtenden Wagen, wie sie zum Mittagsstand hinaufsteigt und dabei die Dinge der Schöpfung erfreut, während die Wolken sich teilen und von allen Seiten der Himmel zu lachen beginnt. Die von ihr angezogenen Planeten drehen sich um sie, und der nahe Merkur scheint, ihr vorangehend, den Himmel und die Erde von der Ankunft des lebensspendenden Gottes zu benachrichtigen. Venus bleibt in Konjunktion zu Saturn, weil, wenn ihr die Fortpflanzung des Lebenden zukommt, es in diesem auch sein Ende findet ... Die Erde freut sich und ihre Erzeugnisse, die in pittoresker, umsichtiger Unordnung über den Rahmen gesetzt sind, zeigen ihre Zufriedenheit*[40].

Der Auftraggeber, Antonio Giorgio Clerici, war erst 1739 ins Mailänder Patriziat aufgenommen worden, er war zu diesem Zeitpunkt, ehe er sich durch seine Kunstunternehmungen ruinierte, noch sehr reich und machte als Kaisertreuer auch eine gewisse politische Karriere – die Prätentionen erklären den Aufwand,

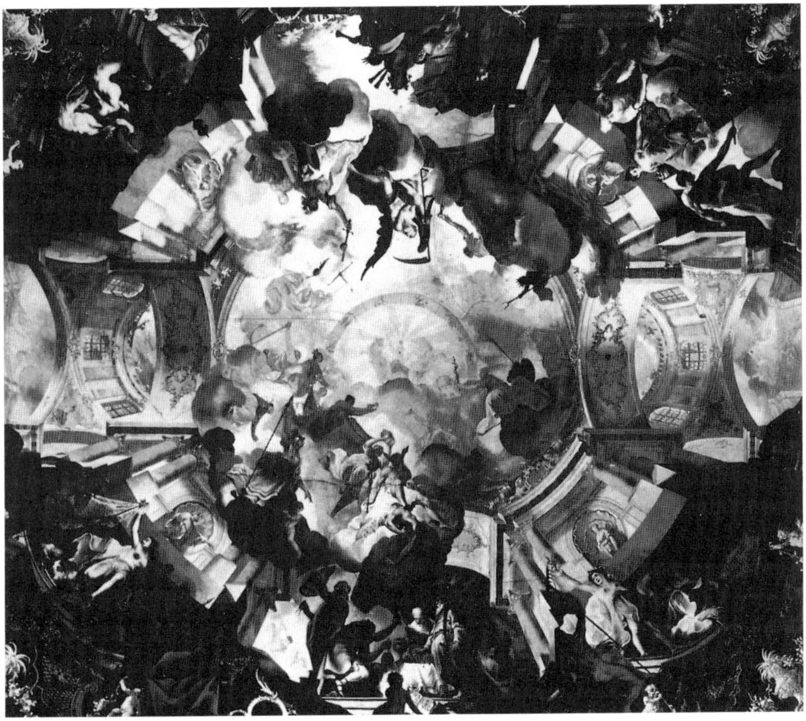

10 Bruchsal, Schloß, Decke des Fürstensaales von Joh. Zick, 1751

mit dem er seinen Palast seit 1736 ausstattete. Und sie erklären auch das Thema des Deckenbildes im vornehmsten Raum: Apoll, das bedeutet den Sieg des Lichtes über die Nacht, die Ordnung des Kosmos, den Reichtum der Erde und den Schutz der Musen – u. a. (und sicherlich nicht ausschließlich) eine Metapher für das Walten des Kaisers auf Erden.[41]

Der Kaisersaal in der Würzburger Residenz ist der vornehmste Saal. Wie in so ziemlich jeder kirchlichen und politischen Einheit im Heiligen Römischen Reich, in Klöstern, Stiften, Hochstiften und Fürstbistümern, war das der Ort, an dem die Rechte des Reichs (etwa des Lehens) aber auch die Verplichtungen zur Stiftung bildlich abgehandelt wurden. Wenn in Würzburg an der höchsten und vornehmsten Stelle die Auffahrt Apolls zu sehen ist, dann ist das die Metapher für den Aufgang des Lichtes der kaiserlichen Gnaden über dem Land. Erst als der Kaisersaal in der Würzburger Residenz fast fertig war, verhandelte man mit Tiepolo über das Deckenbild über dem riesigen Treppenhaus, das im Sommer

1753 freskiert wurde. Das schriftliche Konzept dafür ist nicht mehr erhalten, es würde aber sicher einen Hinweis enthalten, daß dieses Deckenbild inhaltlich die Thematik des Kaisersaales vorbereitet. Fast alle Behandlungen und Beschreibungen gehen von der Darstellung der vier Erdteile über den vier Gesimsen des Treppenhauses aus, nicht zuletzt deshalb, weil Tiepolo hier ein überwältigendes und grandioses Welttheater inszeniert hat. Im Konzept ist das jedoch sekundär, vorrangig ist etwas anderes: Umstrahlt von der Sonnenglorie tritt Apoll aus seinem Palast hervor, um seine gnadenbringende Fahrt über die Erde zu beginnen. Die Horen führen ihm die Sonnenpferde zu, es haben sich die lebens- und gnadenspendenden Götter eingefunden, darunter Saturn, der nach Ovid das Goldene Zeitalter initiiert. Ovid hat (in der Phaeton-Geschichte) auch die Rüstung des Sonnenwagens beschrieben, Tiepolo hat diese Beschreibung sicherlich gekannt:

> *... siehe! erschließt im rötlichen Osten*
> *munter Aurora das purpurne Tor ihrer rosenerfüllten*
> *Halle. Die Sterne entfliehn, es schließt ihren Heerzug der lichte*
> *Lucifer und verläßt die Wache am Himmel als letzter.*
> *Titan sieht ihn suchen die Erde, sich röten das Weltall,*
> *sieht wie zu schwinden scheinen die Hörner des bleichenden Mondes*
> *und er befiehlt den Horen, den flinken, die Rosse zu schirren.*
> *Rasch vollziehn sein Geheiß die Göttinnen, führen die feuer-*
> *schnaubenden Rosse, getränkt mit ambrosischem Saft von den hohen*
> *Krippen und legen den satten schon an das klirrende Saumzeug*[42].

Auch das Hochstift Speyer war mit Fürstbischof Damian Hugo von einem Mitglied des Hauses Schönborn besetzt. Ab 1720 ließ er nach Plänen von Maximilian von der Welsch in Bruchsal ein Residenzschloß bauen, das allerdings erst unter dem Nachfolger Franz Christoph von Hutten fertig und ausgestattet war. Die Freskierung der Staatsräume übernahm ab 1751 Johann Zick. Das Fresko über dem zentralen Treppenhaus stellte den Lauf der Geschichte des Bistums unter dem segensvollen Wirken der Göttlichen Providenz dar. Im sogenannten Fürstensaal (Abb. 10) war das Thema nach der Beschreibung des Malers selbst wie folgt: *Der vordere Saal des Corps de Logis Giebt durch die in dem Plafond daselbst angebrachte Poetische Gedichte die glorwürdigste Beherrschung, Fruchtbarkeit und den Commercien-Flor des Hochfürstlichen Hochstiffts zu erkennen, und zwar ... Praesentiert sich mitten in der Glorie auf einem Wagen Apollo, dessen rechte Hand einen Lorbeer-Zweig denen Freunden zum Zeichen des Friedens und Eintracht führet, die lincke Hand aber mit einem Bogen und Pfeil denen Feinden und Wiederspenstigen zur Furcht und Bezwingung gewaff-*

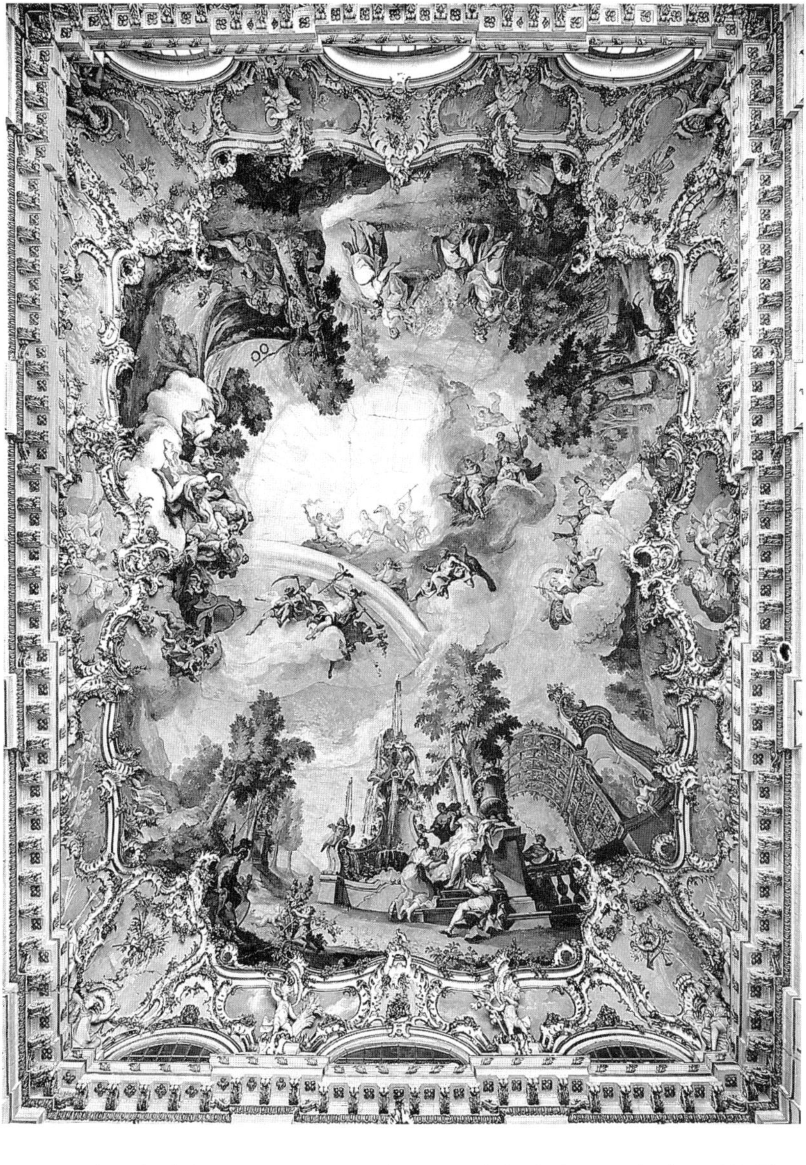

11 München, Schloß Nymphenburg, Deckengemälde im Steinernen Saal von J.B. Zimmermann, 1755–57

*net ist.* Es werden dann Allegorien und weitere Götter aufgeführt, die sich hier eingefunden haben: Die Göttliche Providenz, ein Genius der Speyerischen Lande, die »Sicherheit«, Pallas Athene mit den sieben freien Künsten, Merkur etc. *Auf der anderen Seiten schwebet ... Saturnus in einem Gewölck, welchem ... Fortuna seine Uhr hinweg nimmt. Unter dieser seynd ... Die vier Jahrs-Zeiten auf verschiedenen Instrumenten spielende.*[43]

Ein drittes großes Deckenbild schuf Zick noch im Marmorsaal: *In welchem die ewig fortdaurende Beständigkeit des Hochfürstlichen Hoch-Stiffts abgeschildert zu sehen ist, und zwar ... zeigen sich in der Glorie die vier Elementen in guter Harmonie ... so sich durch einen ... Götter-Rath dahin entschlossen, alle der Beständigkeit entgegen stehende Dinge in ihrer Wirkung zu hemmen.* Es würde zu weit führen, auf den ganzen allegorischen Apparat näher einzugehen, für diesen Zusammenhang wichtig ist, daß die Deckenbilder in Bruchsal ganz ähnlich wie in Würzburg die Blüte des Landes, seines Handels und seiner Künste, die Überwindung der Zeit in einem neuen, durch den Fürsten garantierten Goldenen Zeitalter verkünden. Apoll, die göttliche Sonne, ist die Metapher für Gott schlechthin, sein Licht fällt vor allem auf den Fürsten, der auf Erden Gott repräsentiert.

Der sogenannte Steinerne Saal im Corps de Logis von Schloß Nymphenburg (Abb. 11) wurde spät, 1755–57, noch einmal neu stukkiert und freskiert. Dies war einer der letzten Aufträge an Johann Baptist Zimmermann, das Thema des Deckenbildes im bedeutendsten Saal dieses Schlosses kann man als *Blüte des Landes im Frieden und Wiederkehr des Goldenen Zeitalters* bezeichnen[44]. In der »somma luce«, der Bildmitte, erscheint Apoll auf dem Sonnenwagen, um ihn die Götter des Olymp und »unten« auf der arkadischen Erde das Reich der Nymphen, Dianas als Göttin der Jagd, Minervas und der Musen sowie des Bacchus. Ein Inventar von 1758 schreibt von einer *Versamblung der Götter und Göttinnen, als Jupiters, Neptuni, Apollinis, Saturni und Mercurii, in dem Rand ieder Seithe aber die Gottheiten Dianae, Palladis und Veneris, anzuzeigen den Himmel der Durchlauchtigsten Chur-Bayerischen Familiae und derselben Vollkommenen Wohlstand, dan Blühe und Beförderung der schönen Wissenschaften*[45]. Dabei ist nicht zu übersehen, daß auf die Friedenszeiten unter der Regierung des Kurfürsten Max III. Joseph angespielt wird, etwa durch den Regenbogen unter der Bildmitte. Ganz in der Nähe sieht man Saturn, der in der Vergilschen Ekloge das Goldene Zeitalter regiert (*Redeunt Saturnia regna*). Einen deutlichen Hinweis auf den Gesamtsinn des Deckenbildes gibt ein benachbartes Bildfeld, in welchem Latona mit ihren beiden Kindern (Diana und Apoll) von den lykischen Bauern das Wasser verwehrt wird. Ovid läßt sie in den Metamorphosen klagen: *Wie? Ihr verwehrt mir das Wasser? Das ist doch allen gemeinsam! Niemandem gab die Natur die Sonne, die Luft und das feine Wasser zu eigen: ich kam zu*

*Gaben, die allen gehören*[46]. Die Frevler gegen die Gottheiten (Latona, Diana, Apoll) werden zur Strafe in Frösche verwandelt, aber auch deshalb, weil sie ein allgemeines Gut der Natur verweigerten. Häufig erscheint in solchen Bildern unter der Sonne der Tierkreis, zumeist mit dem Sternbild der Waage.Es handelt sich um das Eikon von »Sol in Zodiaco«, dem Filippo Picinelli ein eigenes Kapitel gewidmet hat.[47] Sieht man von den religiösen Bedeutungsmöglichkeiten ab, ergibt sich im Hinblick auf den weltlichen Herrscher die Bedeutungssphäre der alles erhellenden Gerechtigkeit – ein Aspekt, der nicht zuletzt in der Devise Ludwigs VIX. deutlich wird. Wenn die Sonne in das Zeichen der Waage tritt, beginnt die Tag- und Nachtgleiche; Vergil[48] wird zitiert: *Libra die, samnique pares ubi fecerit horas*, es ergibt sich ein Bild des gerechten Herrschers. Dabei kann Picinelli sich auch auf Emanuele Tesauro berufen: *Danum aequissimum judicem libra praesagit, Quae noctem, diemque, hoc est poenas & praemia, pari lance suspendit*[49].

Absolutistische Herrschaftsideologie bediente sich mit der Sonne eines höchsten Symbols und verknüpfte zugleich die Vorstellung von der gloriosen, strahlenden Herrschaft mit der Heilsvorstellung vom Anbruch eines neuen Goldenen Zeitalters. Wie bereits festgestellt, sind diese Gedanken seit christlicher Frühzeit vorhanden. Im Barock wurden sie, und das ist epochal neu, in Bilder umgesetzt, die in der Lage waren, durch die Kraft des Anschaulichen tatächlich die Wirklichkeit zu verdrängen, wie es mit dem Schloß von Versailles oder der Anlage der Piazza Navona geschah.

## Anmerkungen

1 Vergil, *Landleben* / Vergil, Johannes u. Maria Götte Hgg., München 1981 (4), S. 27
2 Dazu: B. Gatz, *Weltalter – goldene Zeit und sinnverwandte Vorstellungen*, Hildesheim 1967
3 Dazu: E. Kantorowicz, *Kaiser Friedrich der Zweite*, Stuttgart 1985 (6), S. 9
4 Ebda., S. 629
5 Siehe: J. Hess, *Kunstgeschichtliche Studien zu Renaissance und Barock*, Rom 1967, S. 163ff; und Preimesberger, op. cit., S. 80
6 T. Campanella, *Poesie a cura di Giovanni Gentile*, Bari 1915
7 Zu den diversen Texten siehe: *Der utopische Staat*, Morus-Utopia. Campanella-Sonnenstaat. Bacon-Neu-Atlantis, übersetzt und kommentiert von K. J. Heinisch, Hamburg 1960, S. 268
8 Zusammengefaßt die Verse 3, 4, 46, 47, 81
9 Dazu K. Möseneder, *Zeremoniell und monumentale Poesie. Die 'Entrée solennelle' Ludwigs XIV. 1660 in Paris*, Berlin 1983, S. 122f; dort weitere Lit.
10 Nachweise bei Möseneder S. 115ff.

11 Ebda., S. 118
12 Ebda., S. 96f.
13 Ebda., S. 98
14 Apoll ist im französischen Text als strahlender Vater des Tages, Hoffnung der Erde, Zier des Himmels und schönster der Götter bezeichnet. Warum blickt er jetzt auf Frankreich? Paris 1673
15 Nach: B. Gatz, op.cit., S. 212
16 La Fontaine, 1669, zitiert nach der Ausgabe von 1883–92, VIII, S. 121
17 Mme de Scudéry, *La Promenade de Versailles*, Paris 1669, S. 601
18 C. Denis, *Explication de toutes les grottes, rochers et fontaines du chasteau royal de Versailles, maison du soleil, et de la Ménagerie, En vers héroïques*. MS von ca. 1775, Paris Bibliothèque Nationale, ms. fr. 2348
19 C. C. G. de Vertron, *Le nouveau Pantheon ...*, Paris 1686
20 A. Félibien, *Description summaire du chasteau de Versailles*, Paris 1674, S. 33–34
21 Dazu: M. Campbell, *Pietro da Cortona in the Pitti Palace*, Princeton 1977; siehe auch: W. Vitzthum, *Charles Le Brun e la sua scuola a Versailles*, Mailand–Genf 1965, S. 3
22 Berger, S. 21ff.
23 Dazu: L. Lange, *La grotte de Thétis et la premier Versailles de Louis VIV*, in: Art de France I, 1961, S. 133ff.
24 Ebda., S. 134f.
25 Sinngemäß: Apoll kehrt in der Grotte der Thetis ein, um sein Feuer zu regenerieren; Ch. Perrault, *Mémoirs de ma vie*, (1702), publ. par Patte, Paris 1759, S. 109
26 A. Félibien, *Description de la grotte de Versailles*, Paris 1672
27 Siehe: Möseneder, S. 202, dort weitere Lit.
28 *Louis XIV. Mémoirs et divers Écrits*, B. Champigneulles Hg., Paris 1960, S. 91f.
29 Obeliscus Pamphilius, hoc est Interpretatio nova, et huc usque intentata Obelisci Hieroglyphici, quem non ita pridem ex veteri Hippodromo Antonini Caracallae Caesaris, in Agonale Forum transtulit, integritate restituit, et in Urbis aeternae ornamentum erexit Innocentius X.
30 R. Preimesberger, *Obeliscus Pamphilius*, S. 134f.
31 Ebda., S. 135f.
32 Dazu: C. D'Onofrio, *Obelischi*, S. 60ff. Weitere und neuere Lit. bei Preimesberger
33 E. Panofsky, *Das Leben und die Kunst Albrecht Dürers*, München 1977, S. 244
34 Dazu: J.R. Martin, *The Decorations for the Pompa Introitus Ferdinandi*, in: Corpus Rubenianum XVI., Brüssel 1972, S. 100ff.
35 Dazu: H. Sedlmayr, *Johann Bernhard Fischer von Erlach*, Wien – München 1956, S. 33
36 Dazu: W. Aschenbrenner und G. Schweighofer, *Paul Troger*, Salzburg 1965, S. 79
37 Dazu: H. Kreisel, *Das Schloss zu Pommersfelden*, München 1953, S. 26
38 Dazu: F. Büttner, *Giovanni Battista Tiepolo. Die Fresken in der Residenz zu Würzburg*, Würzburg 1980, S. 38ff.
39 Ebda., S. 39ff.
40 C. Bianconi, *Nuova guida di Milano per gli amanti delle belle Arti e delle Sacre, e Profane Antichità Milanesi*, Mailand 1795, S. 443f.
41 Siehe auch: F. Büttner, *Giovanni Battista Tiepolo. Die Fresken in der Residenz zu Würzburg*, Würzburg 1980, S. 108f; M. Levey, *Giambattista Tiepolo*, New Haven–London 1986, S. 94f.
42 Ovid, *Metamorphosen*, II, V. 113ff. (deutsch von E. Rösch)

43 Die Fresken wurden im letzten Krieg zerstört, sie sind jetzt durch Kopien ersetzt. Das Konzept ist nachträglich von Johann Zick verfasst: Unterthänigstes Denckmal der schuldigsten Danckbarkeit bestehend in einem kurtz verfasten Historischen Begriff des Ursprungs, Wachsthums und gegenwärtig beglücktesten Zustandes des Bistums Speyer …, so in der hochfürstl. Residentz zu Bruchsall durch ein Fresco Gemaehl sinnreich entworffen und … in den nachfolgenden Blaetteren aber kürtzlich erklaeret werden, Bruchsal o.J. (wohl 1756)

44 A. Bauer, in: H. Bauer und B. Rupprecht Hgg., *Corpus der barocken Deckenmalerei in Deutschland*, Bd. 3, München 1989, S. 362ff.

45 Ebda., S. 372

46 Ovid, *Metamorphosen* VI, V. 349ff.

47 Picinelli, S. 26ff.

48 Vergil, *Georgica* I, V. 208

49 Die Waage bedeutet einen gerechten Richter, denn in diesem Sternzeichen sind Tag und Nacht ausgeglichen; Picinelli, S. 29

# IV.

# Rom, das »neue Theater«

## Die Erneuerung der Stadt

Der erste Papst, der mit seinen Bauunternehmungen und Restaurierungen systematisch an die einstige Größe und Bedeutung Roms anknüpfen wollte, war Nikolaus V. (1447–1455). Bei seiner Planung von neuen Straßen und Plätzen, der Aufstellung von Obelisken und der Restaurierung von altehrwürdigen Kirchen wurde er von dem Humanisten, Architekten und Kunsttheoretiker Leon Battista Alberti beraten.[1] Ergebnis war ein – von den nachfolgenden Päpsten teilweise wiederaufgegriffenes – Programm, in dem der Anschluß an die Antike und damit an die alte Größe Roms gesucht wurde. Unter dieser Aufgabe wuchsen die Päpste zu einer Art von Dynastie zusammen: Sie versuchten sich in den sichtbaren – architektonischen – Zeichen zu übertrumpfen, die sie zunächst zur größeren Ehre Gottes und dann auch zu ihrer eigenen setzten. Es waren nach dem Sacco di Roma (1527), der für das Leben in Rom eine tiefe Zäsur gebracht hatte,[2] Gregor XIII. Buoncampagni (1572–1585), Sixtus V. Peretti (1585–1590), Paul V. Borghese (1605–1621), Urban VIII. Barberini (1623–1644), Innozenz X. Pamphilj (1644–1655) und Alexander VII. Chigi (1655–1667). Unter ihnen erlebte Rom seine fruchtbarsten Jahre, in welche auch die Fertigstellung bzw. Erneuerung der zwei bedeutendsten Kirchen der Christenheit fiel: St. Peter, an der seit 1452 dreißig Päpste 174 Jahre lang gebaut hatten; und S. Giovanni – anläßlich des heiligen Jahres 1650 vollständig renoviert.

Für die urbanistische Entwicklung Roms war besonders Papst Sixtus V. (1585–1590) wichtig. Bis zu dieser Zeit besaß die Stadt noch weitgehend ihre antike und mittelalterliche Struktur[3]: Sie war unregelmäßig in die immer noch gewaltigen und doch auch versunkenen antiken Reste eingenistet, während die Renaissance mit Palästen[4] punktuell Akzente gesetzt hatte. Die alten Kirchen waren und blieben die sieben – mit Ausnahme von S. Maria Maggiore – an der Peripherie liegenden Hauptkirchen, die Ziele ablaßbringender Wallfahrt. Sie waren, was ein Stich Bordinos von 1588 (Abb. 12) erkennen läßt, Zentren und Ausgangspunkt von Achsen, mit denen Sixtus V. die urbanistische Neuorganisation ins Werk setzte. Ab Sommer 1585 wurde der (zunächst Via Felice, jetzt Via Sistina genannte) Straßenschlag zwischen S. Maria Maggiore bzw. der Villa Mont'Alto, dem Sommerpalast des Papstes, und S. Trinita dei Monti auf dem Pincio ausgeführt. Diese Achse wurde schließlich bis S. Croce verlängert. Realisiert wurde auch die schon früher geplante Achse zwischen S. Maria Maggiore

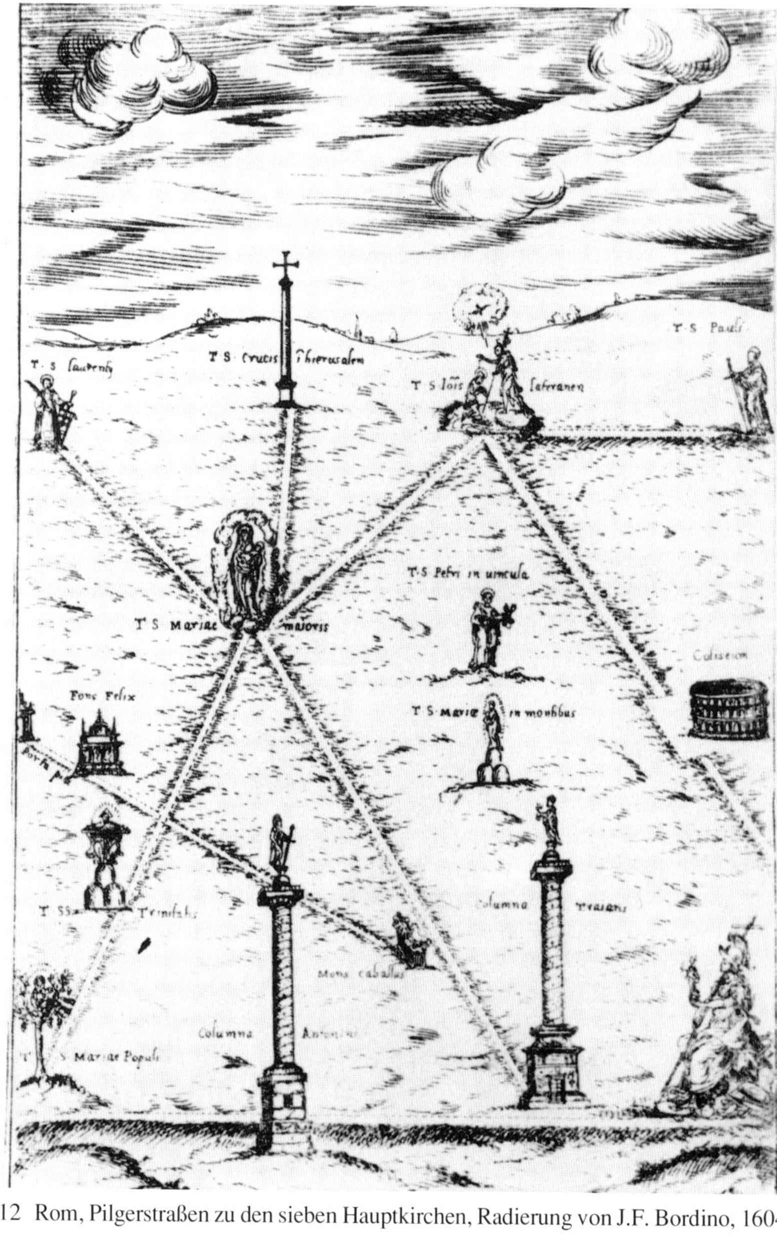


12 Rom, Pilgerstraßen zu den sieben Hauptkirchen, Radierung von J.F. Bordino, 1604

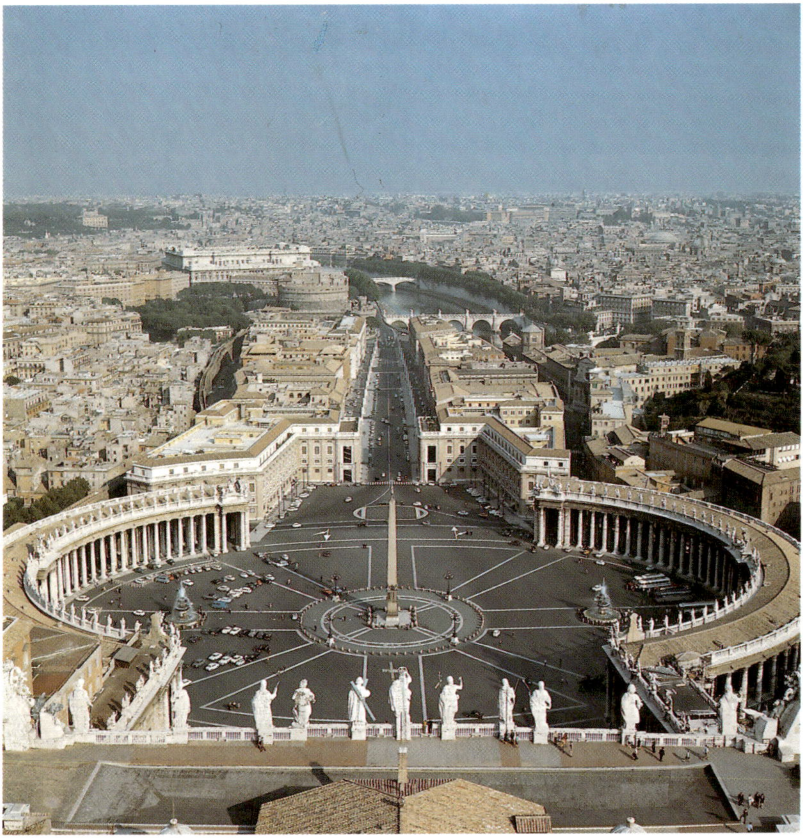

I  Rom, Vatikan, Petersplatz

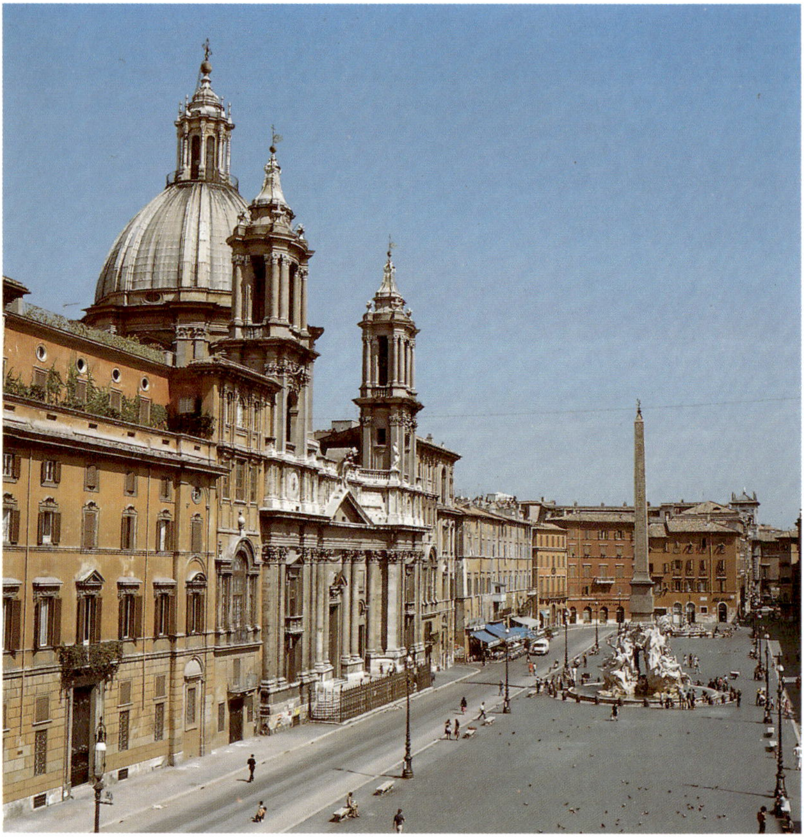

II Rom, Piazza Navona

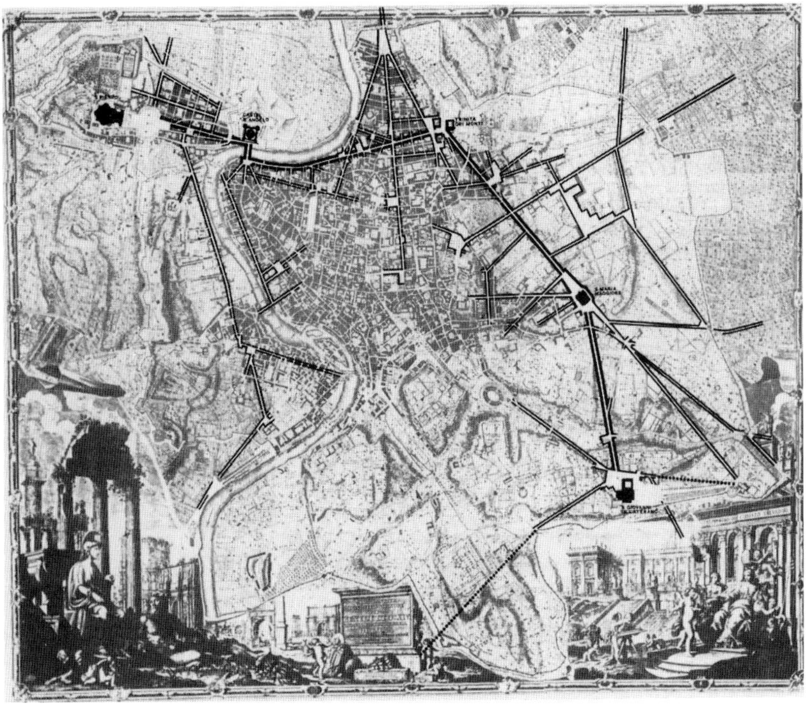

13 Rom, Straßenplanung unter Sixtus V., Rekonstruktion von M. Birindelli, 1981

und dem Lateran, wo Sixtus V. den apostolischen Palast und auf der Nordseite von S. Giovanni die Vorhalle mit der Benediktionsloggia errichten ließ, direkter Ausgangs- bzw. Zielpunkt der Via Merulana. Geplant war außerdem eine Achse von S. Maria Maggiore in Richtung Trajanssäule, die Via Panisperna. Vom Lateran zog man eine Linie zum Colosseum, während die Verbindung mit S. Paolo fuori le mura nicht zustande kam[5]. Das Achsen- und Straßensystem erschloß zuletzt systematisch die Peripherie Roms, wie eine moderne Eintragung im alten Plan des Giovan Battista Nolli von 1748 zeigt (Abb. 13).[6] Der Sinn solcher neuen Straßenanlagen ist deutlich genug: Filippo Neri hatte die Wallfahrt zu den sieben Hauptkirchen wiederbelebt, jetzt sollte die zunächst ideelle Verbindung auch praktisch hergestellt und anschaulich gemacht werden. In einer urbanistischen Synthese wurde in der Hauptstadt der Christenheit und Stadt der Gegenreformation eine gewaltige Bedeutungssteigerung erreicht. Der Anspruch auf Monumentalität, aber auch die Systematik, mit der Straßen angelegt wurden, ohne zunächst an die örtlichen Gegebenheiten zu denken, war in dieser Form in

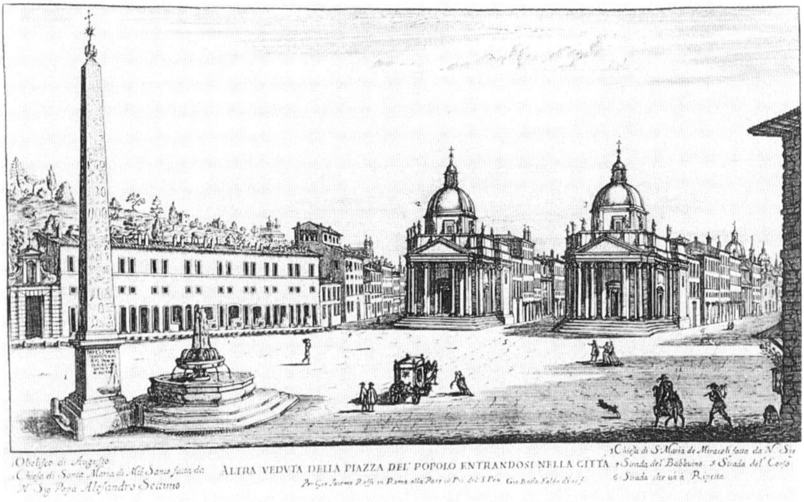


14 Rom, Piazza del Popolo, Radierung von G.B. Falda, 1665

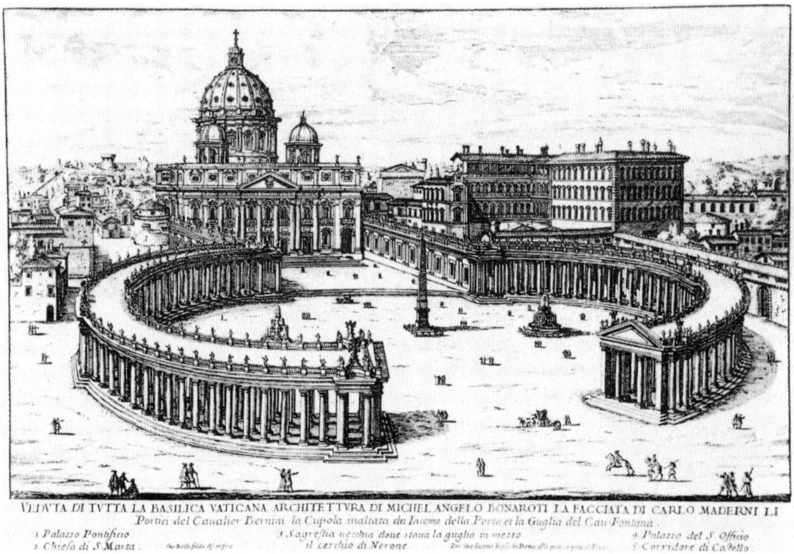


15 Rom, Petersplatz, Radierung von G.B. Falda, 1665

den nachantiken abendländischen Städten unbekannt. Daß diese neuen Straßen zu Lasten der antiken und mittelalterlichen Substanz der Stadt gingen, kann nur noch festgestellt werden. Erstmals in der neueren Geschichte der Urbanistik gab es jetzt auch anläßlich der neuen Planungen das Phänomen von Grundstücksspekulationen in größerem Stil (an denen vor allem die Familie des Papstes beteiligt war).

Neben den Achsen wurden auch Fixpunkte, Male gesetzt. Der große Granitobelisk, den Caligula aus Heliopolis nach Rom gebracht hatte, stand zunächst südlich der Lateranskirche. 1586 wagte Domenico Fontana die Transferierung dieses Obelisken auf den Petersplatz – ein genau beschriebenes technisches Bravourstück.[7] Weitere Aufstellungen folgten: auf der Piazza di S. Giovanni in Laterano der älteste, aus Ägypten stammende Obelisk Roms; auf der Piazza del Popolo der zweitälteste, der unter Kaiser Augustus im Circus Maximus aufgestellt worden war; und auf der Piazza dell'Esquilino, der stadtzugewandten Seite von S. Maria Maggiore sowie auf der Piazza del Quirinale (letztere schmückten ursprünglich den Eingang des Augustus-Mausoleums).[8]

Zunächst waren die »Guglie« Herrschaftssymbol. Seit Nikolaus V. beschäftigten die Obelisken die Phantasie der Künstler und Päpste. Für Sixtus V. schrieb Michele Mercati eine Art von Handbuch zu diesem Thema, *Degli Obelischi*[9], in dem bereits die Geschichte der Adaption dieser antiken Relikte aufgearbeitet ist. Zweifellos waren die Obelisken zunächst Ruhmeszeichen. Cesare Ripa stellt die »Gloria« als weibliche Gestalt dar mit einer steilen Pyramide (was nicht von Obelisken unterschieden wurde): *la quale significa la chiara et alta gloria dei Prencipi, che con magnificenza fanno fabriche sontuose e grandi, con le quali si mostra essa gloria*[10] – es dürfte kein Zufall sein, daß Obelisken dort eine hervorragende wie signifikante Rolle spielten, wo der größte Anspruch auf *gloria de'principi*, auf Ruhm nicht zuletzt durch Förderung der Baukunst erworben wurde – im päpstlichen Rom und bei Ludwig XIV. von Frankreich. In beiden Fällen ist über diese Sinnschicht der »Gloria« hinaus eine andere, weitere maßgebend. Die Obelisken sind Sonnensymbol und können so eine christologische Dimension annehmen oder im Vergleich Sonne – Herrscher auch auf diesen bezogen werden.[11] In Rom kann der Obelisk auf dem Vierströmebrunnen als *strömende Lichtmetapher*[12] der Weltbefriedung durch den Pamphilj-Papst Innozenz X. gesehen werden, der vatikanische Obelisk wurde als Symbol der Erleuchtung aufgefaßt[13]. Von der Sonnensymbolik war im vorangehenden Kapitel bereits die Rede. Der unter Papst Sixtus V. großzügig angelegte Ausbau der Stadt wurde von den Nachfolgern weitergeführt. Neben Platzanlagen waren auch Kirchenbauten und Brunnen erstrangige urbanistische Gestaltungsmittel.

Mitte des 17. Jahrhunderts wurde die Piazza del Popolo (Abb. 14) mit dem Bau der den Corso (ehemals Via Lata) flankierenden Zwillingskirchen gestaltet.[14]

C. Rainaldi begann 1662 mit dem Bau von S. Maria di Montesanto, 1675 mit S. Maria dei Miracoli. Der Besucher Roms wird zwischen den gleichen Fassaden *zu den Schätzen, die in der berühmten Stadt verborgen sind* geführt, wie es in einem Führer von 1686 heißt.[15] Die Zwillingskirchen stellen einen interessanten Fall im Städtebau dar. Die drei von der Piazza del Popolo ausstrahlenden Straßen bilden einen symmetrischen »Gänsefuß« (wie man das später nannte). Allerdings galt es eine anscheinend unüberwindliche Schwierigkeit zu bewältigen: Die zwei Baugrundstücke waren verschieden groß. Selbst wenn Rainaldi die Häuserfronten auf jeder Seite gestreckt hätte, so blieb doch das Gelände zwischen der Via di Ripetta und dem Corso breiter als das an der Via del Babuino. Mit anderen Worten: Die beiden Kirchen hätten Kuppeln mit verschiedenem Durchmesser erhalten und hätten asymmetrisch gewirkt. Rainaldi löste das Problem auf geniale Weise. Er machte die Kirche auf dem engen Grundstück längsoval und verringerte ihre Breite soweit, bis diese der rund geformten Nachbarkirche entsprach. Vom Stadttor aus gesehen erscheinen die beiden Kirchen gleich, trotz ihrer tatsächlichen Differenz. Dies zeigt, daß optische Gleichwertigkeit nicht unbedingt architektonische Identität voraussetzen muß. So bilden die Zwillingskirchen mit ihren Portikusfassaden einen prospekthaften Übergang von der Piazza zu den perspektivischen Tiefenachsen der dahinterliegenden Häuserblocks.

## Decorum und Repristination

Die oben beschriebene Gestaltung setzt folgende Auffassung voraus: Alles Sichtbare ist eine theatralische Vorstellung. Diese wird bestimmt durch den Ausschnitt, der identisch ist mit einer architektonischen Rahmung oder der Bühnenöffnung. Raum besteht in tiefen perspektivischen Schneisen, wie sich im Vergleich mit Bühnenbildern aufzeigen läßt.[16] Dieses Beispiel der Piazza del Popolo bedeutete eine Extraversion, wie sie in noch auffallenderem Maße bei St. Peter zum Prinzip wurde. Nach dem Neubau der Westteile und dem Abbruch des konstantinischen Langhauses im Osten[17] griff Papst Paul V. erneut den Gedanken eines Längsbaues auf. Dieser wurde ab 1607 durch Carlo Maderna errichtet und unter Papst Urban VIII. 1626 geweiht[18]. Inzwischen hatte Bernini die Bauleitung übernommen. Er begann mit dem Bau von zwei bereits von Maderna projektierten Glockentürmen, die aus statischen Gründen allerdings wieder abgetragen werden mußten[19]. Ab 1656 errichtete Bernini die Kolonnaden des Petersplatzes (Abb. 15). In mehreren Projekten ist ein dritter kurzer Flügel, der den Platz nach vorne schließen sollte, zu finden,[20] von hier aus sollte (etwa in einem Projekt C. Fontanas) eine Straße zum Tiber geführt werden[21]. Berninis Platzanlage[22], die als festliche Vorbereitung der Glaubensoffenbarung und ebenso als absolutistischer Ehrenhof aufgefaßt werden kann, war die Lösung mehrerer Probleme. Es galt zwischen der Stadt, dem Zugang zur Kirche und der breiten Fassade zu vermitteln (Abb. 16; Tf. I). Dies erreichte Bernini durch die Teilung in eine Piazza recta, einen trapezförmig zur Fassade sich weitenden Platz, was eine optische Korrektur ihrer Breite brachte, und eine »Piazza obliqua« mit ovalen Querarmen. In einem Gegenprojekt zu Berninis Vorschlag hat ein unbekannter Zeichner des 17. Jahrhunderts in den Grundriß der Gesamtanlage eine menschliche Figur eingezeichnet:[23] mit dem Kopf im Zentrum der Kirche und den ausgebreiteten Armen an den Kurven des Ovalplatzes. In einer Kritik wird damit Berninis Intention deutlich: Die umfassende Macht und Liebe der Kirche hat hier ein architektonisches Symbol erhalten. Der Petersplatz und die Ausstattung der Kirche, besonders die Teile Berninis, wollen als Gesamtheit gesehen und gewürdigt werden: Portiken und Cathedra bilden gleichsam Anfang und Ende der Herrlichkeit der Basilika, wie Bernini seinem Sohn Domenico gesagt haben soll.

An der Piazza del Popolo wie an der Piazza S. Pietro zeigt sich, daß durch die Bauten wie mit perspektivischen Theatermaschinen, gezielte Wirkungen beim Besucher und Betrachter ausgelöst werden sollten. Die Inszenierung des Petersplatzes, das Prospekthafte der Anlage wurde schon immer bemerkt. Karl Philipp Moritz schrieb 1786: *Wenn man die Vorderseite der Peterskirche im Hinter-*

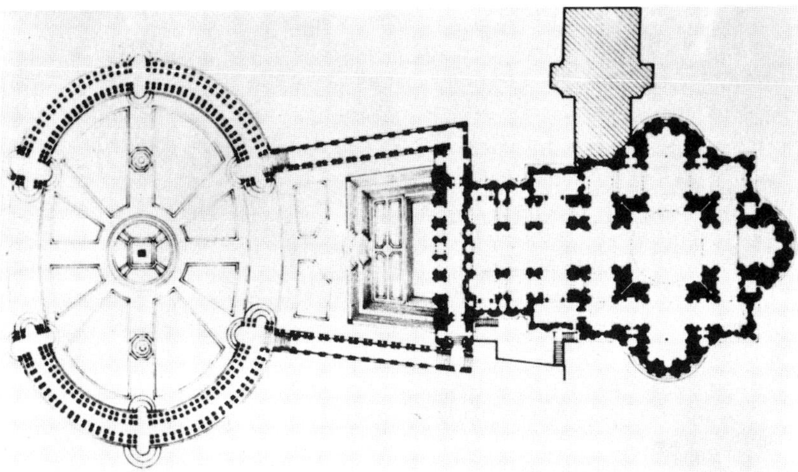

16 Rom, Grundriß von Peterskirche und -platz

*grunde dieses Platzes sieht, so ist es einem, als ob man in einen optischen Kasten blickte; das Ganze macht mehr den Eindruck eines Gemäldes als eines Gegenstandes aus der wirklichen Welt, wo man etwas so vollkommen Ebenmäßiges, und bei einem solchen Umfange dennoch so vollkommen Ausgearbeitetes, nicht zu sehen gewohnt ist*[24]. Ähnlich »analysierte« schon Carlo Fontana die Gesamtwirkung des Petersplatzes: *Bei der jetzigen Anlage formen die Einbuchtungen der Kolonnaden gleichsam Nischen, denen die Fontänen als Schmuck dienen. Wenn man in einer dieser Rundungen etwas vor dem großen Diameter steht und den Blick gegen den Monte aureo wendet, überrascht die Wirkung. Vor dem Betrachter ragt der Obelisk, neben diesem werfen die beiden rauschenden Fontänen schimmernde Wassermassen gegen den Himmel. Durch ihren mächtigen Fall erregen sie freudiges Entzücken gemeinsam mit dem Grün der Gärten, das durch die Säulenhallen leuchtet, und lassen so das Wunder jener großräumigen und prächtigen Gesamtanlage gewahr werden*[25]. Der Petersplatz liegt an der Peripherie Roms, die Piazza Navona (Abb. 17; Tf. II) hingegen im Zentrum. Ihr Grundriß entspricht dem Stadion des Kaisers Domitian. Papst Gregor XIII. ließ hier 1573/74 durch Giacomo della Porta erste Brunnen aufstellen, deren mittlerer nach 1647 durch Berninis Vierströmebrunnen ersetzt wurde. Er steht vor der Fassade von S. Agnese in Agone, an die der Palazzo Pamphilj anschließt. Innozenz X. Pamphilj war Auftraggeber für den Familienpalast, die Kirche und er vollendeten die Platzanlage. Wie Rudolf Preimesberger zeigte,[26] war ein entscheidendes Datum für die Gestaltung der Piazza Navona die Feier des »possesso«, der zeremoniellen und triumphalen Inbesitznahme des Laterans und des römischen Bischofssitzes durch den neugewählten Papst, im November 1644. Diese führte als feierlicher Umzug über die Piazza Navona, das »Familienforum« der Pamphilj, wo es anschließend ein prunkvoll inszeniertes Fest gab. Zu diesem Anlaß wurde der bestehende Brunnen della Portas mit einer Festarchitektur überbaut, einen Berg mit der gelandeten Arche Noah darstellend. Der Fels ragte aus dem Brunnenbecken hoch, Noah in der Arche war zu sehen, wie er die Taube (das Wappentier der Pamphilj) zurückerwartete, die tatsächlich als Attrappe aus dem Pamphilj-Palast herüberflog. Angekommen, explodierte sie in einem Feuerwerk. Der Sinn des Ganzen läßt sich so erklären: *Innozenz, der Unschuldige, verläßt im Bild der Taube sein Geburtshaus und betritt die Welt. Er bringt den Ölzweig, das heißt: die neue Ära des Friedens und die Versöhnung Gottes mit den Menschen in einer erneuerten besseren Welt*[27]. Die Festeinrichtung zum »possesso« wurde zum Ausgangspunkt der weiteren Ausgestaltung der Piazza Navona, des Baus des Palazzo Pamphilj und schließlich der Kirche S. Agnese, die als Palastkapelle interpretiert werden kann. Am Ende des Pontifikates wollte der Papst sogar mit der gesamten Kurie an die Piazza Navona ziehen und hier inmitten der Stadtbevölkerung residieren. Dies kann als Grund für die von Bor-

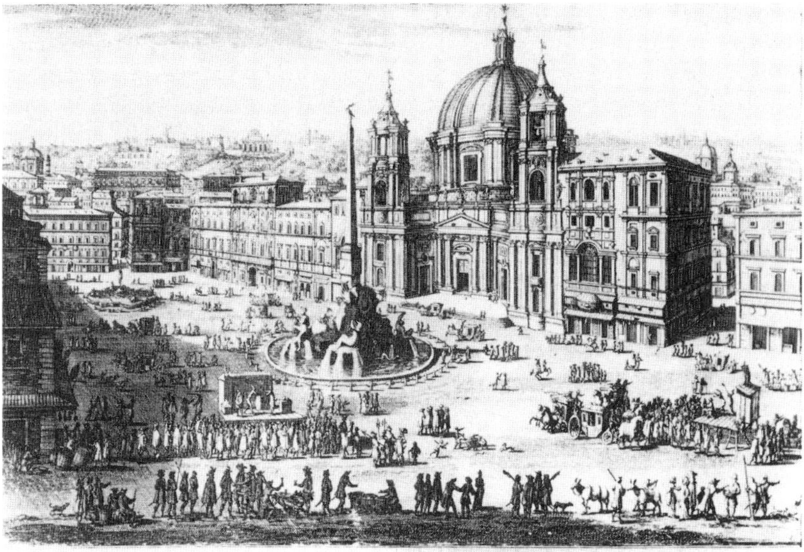

17 Rom, Piazza Navona mit S. Agnese und dem Vierströmebrunnen, zeitgenössische Radierung

romini zwischen Palast und Kirche gebaute Loggia gesehen werden, die deutliche Bezüge zur Benediktionsloggia von St. Peter aufweist. *Es ist nichts anderes als die Wiederherstellung eines vermeintlichen antiken Zustandes des Platzes, den sich die Antiquare der frühen Neuzeit anders als die moderne Archäologie noch nicht als Stadion, sondern als Zirkus mit einer Spina dachten, wenn während der Feierlichkeiten von 1650 nicht weniger als drei Obelisken aus dem Zirkus des Maxentius an der Via Appia, den Innozenz X. wenige Monate vor Beginn des Heiligen Jahres von dort hatte bergen, wiederherstellen und nach tausendjährigem Fall und Verfall hier im Herzen der Stadt wiedererrichten lassen. Noch war der spektakuläre Brunnensockel des Bernini, über dem er sich erheben sollte, nicht vollendet und deshalb während der Feiern hinter einem festlichen Kastell verborgen, in dessen vier Ecktürmen man musizierte.*[28] Nachweislich ist die ganze Gestaltung der Piazza Navona und die vom Papst beabsichtigte Sinngebung in einer kaum mehr trennbaren Identität von Festeinrichtung und Monumentalarchitektur entstanden. Der Papst sah sich nicht zuletzt in der Tradition römischer Kaiser, die einst an dieser Stelle ihren Zirkus eingerichtet hatten. *Die drei Brunnen spielen eine hervorragende Rolle in der Gesamtanlage. Sie teilen den Platz in vier verschiedene Zonen menschlichen Maßes, während sie gleichzeitig den Raum bevölkern und die Gefahr ausschließen, daß man einen Horror vacui empfindet. Berninis großer Brunnen der Weltflüsse ist der wahre Brennpunkt der Piazza. Sein Obelisk ist eine Vertikalachse, die die horizontale Bewegung des Raumes begrenzt und zentralisiert, während gleichzeitig die allegorischen Figuren eine neue Dimension des Gedankens einführen, indem sie die Macht der Kirche symbolisieren, die in alle vier Teile der Welt ausstrahlt, hier dargestellt durch die Donau, den La Plata, den Ganges und den Nil. Der Brunnen ist auch eine der überzeugendsten Antworten auf den Wunsch des Barock nach einer Synthese von zwei Gegensätzen: Opera di natura und Opera di mano*, wie es Norberg-Schulz beschreibt.[29] Norbert Huse macht deutlich, wie hinter dem Vierströmebrunnen ein barocker Concetto steht: *Er hat eine allegorische und eine sinnbildliche Seite. Jene betrifft den Ruhm des Hauses der Pamphilj, verkörpert durch den Obelisken mit der Taube, dem Wappentier der Pamphilj, auf der Spitze, der den Brunnen überragt und über einer Felsspalte – ein vielbewundertes Kunststück der Elevation – steht … Darunter wird ein Fest der Natur gezeigt unter dem Bild des Erdkreises, aufsteigend vom lebendigen Wasser und Felsen, den beiden Elementen römischer Stadtbaukunst, über Pflanzen (Palme) und Tiere (Fische, Schlange, Krokodil, Tatu, Löwe und Pferd) bis zu den vier kolossalen, an Michelangelo orientierten Gestalten, die friedlich auf dem Inselberg wohnen. Es sind die Personifikationen der Donau (im Aufblick zum Pamphili-Wappen), des Nils, der sein Haupt verhüllt, weil seine Quellen damals nicht bekannt waren, des Ganges (mit dem Ruder) und des Rio de la Plata als heftig gestikulierenden Mohr, Verkörperungen also der vier damals bekannten Weltteile: ein Monumentum Pacis, das den paradiesischen Ursprung der Natur als Schöpfung Gottes zum Ausdruck bringt*[30]. Unübersehbar ist aber auch, daß die gesamte Bedeutung dieses Monumentes und des Platzes auf die Person des stiftenden Papstes verweist: *Die Flußgötter schon durch ihr Vorhandensein zu Füßen des ‚Obeliscus Pamphilius' Huldigungsmotiv für den Papst, von seiner Wirkung betroffen, zwei von ihnen im Motiv des Wappenhaltens seinem ‚Namen' dienend; das pflanzliche Wachstum und die Allusion auf ‚irdisches Paradies' und ‚goldene Zeit' mit ihm verknüpft; in den Wappen dasselbe. Ebenso präzis auf ihn zu beziehen die ‚sensus allegorici' hervorgehobener Details: Aspekte seines Wesens, Unschuld, Klugheit und Gerechtigkeit in Taube, Schlange und Palme; seine Rolle als Wächter der Welt in der königlichen Hieroglyphe der Schlange; Erneuerung in seinem Zeichen und Allusion auf das Jahr der Erneuerung 1650 in den hieroglyphischen Regenerationssymbolen Schlange und Palme*[31].

Der Kirchenbau von S. Agnese,[32] den Girolamo und Carlo Rainaldi 1652 begannen, wurde 1653 von Borromini übernommen, auf den u. a. die innovative Gestaltung der Zweiturmfassade zurückgeht. Ab 1657 führte Carlo Rainaldi den

Bau weiter, der dann von Antonio del Grande und Giovanni Maria Baratta vollendet wurde. Das Zusammenspiel Bernini, Rainaldi und Borromini brachte an dieser wichtigen Stelle Roms eine Verdichtung von barocken Ideen: Die direkte Wechselbeziehung von Kirche und Platz, gebauter Masse und umbautem Raum. Scheint hier die nach innen schwingende Fassade von dem Kontur des vordrängenden Platzes bestimmt, wird umgekehrt der Platz von der stereometrischen Masse der Kuppel, die mit den beiden seitlichen Fassadentürmen den Kirchenbau artikuliert, bestimmt. Damit können für die Piazza Navona zwei Gestaltungsprinzipien festgestellt werden, die bereits ähnlich am Petersplatz sichtbar werden: Eines davon ist die »Punktualisierung«, die ikonographische wie formale Ziele hatte; durch »Nadeln«, die Obelisken, oder mit Brunnen wurde das Gefüge der Historizität Roms abgesteckt. Das andere Prinzip ist das der Extraversion, in welcher durch aufwendig gestaltete Schauseiten die Bedeutung des Dahinterliegenden anschaulich gemacht wird.

Der Platz vor S. Maria della Pace (Abb. 18) ist im Gegensatz zu den riesigen Dimensionen der Piazza Navona geradezu intim. Die Kirchenfassade wurde 1656 als ein Votiv vor der drohenden Pest und dem Einmarsch der Franzosen errichtet. Während das alte Kircheninnere bestehen blieb, ließ Pietro da Cortona an der Straßengabelung Häuser abreißen, um Raum für eine Fassade mit dazugehörigem Platz zu gewinnen. Auch funktionale Gründe, wie die Wendemöglichkeit für Kutschen, mußten berücksichtigt werden.[33] An Analysen der Fassade fehlt es nicht; sie stellen alle fest, daß durch Architektur nicht nur die Front einer Kirche, sondern zugleich der Platz davor gestaltet wurde. Der städtische Raum bereitet auf die Kirche vor, die ihrerseits der Umgebung Bedeutung verleiht. Kirche und Platz sind Teile des gleichen öffentlichen Bereichs. Die Piazza di S. Maria della Pace demonstriert auch, daß im Barock Raum nicht a priori eine allgemeine und richtungsunabhängige (isotropische) Gegebenheit, sondern vielmehr wechselnde Erscheinung ist. Von den umgebenden Gebäuden wurde vermerkt: *formano teatro alla piazza*. Christian Elling stellte fest, daß unter einer solchen Formulierung in der Tat eine Bühne mit zugehörigem Prospekt verstanden wurde.[34]

Es war jetzt allgemein die *Erscheinung* Roms, die Anschaulichkeit von Raumbildungen um Kristallisationspunkte, welche Gegenstand der Gestaltung war. Bezeichnend ist auch, was der Bildhauer Raggi über Papst Alexander VII. Chigi aussagte: *Il Papa ha tutta Roma di legname in camera distintissima e curiosissima, come quello che non ha maggior sfera che di abbellire la città*[35].

Vornehmes Decorum der Stadt waren von alters her die Brunnenanlagen.[36] An der Fontana di Trevi lassen sich die Vorgaben aus der Antike und der Tradition sowie die neueren Auffassungen von einer solchen Aufgabe begreifen. Der Brunnen wird von einem Aquädukt gespeist, den Agrippa bauen ließ und der das

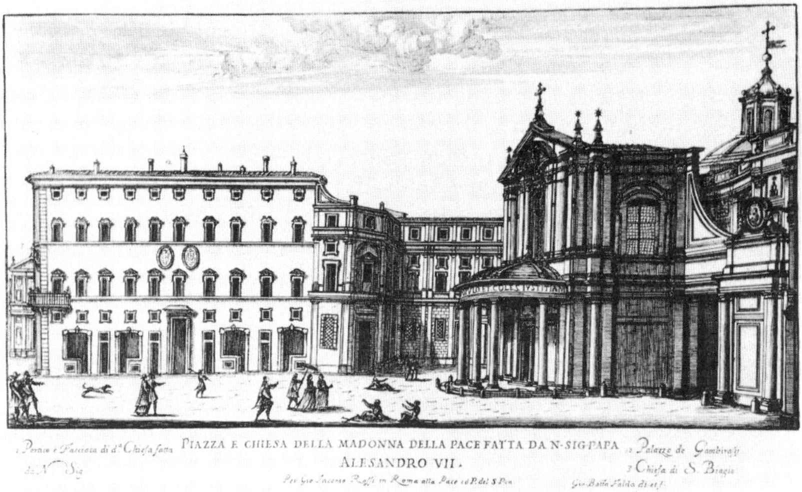


18 Rom, Piazza S. Maria della Pace, Radierung von G.B. Falda, 1665

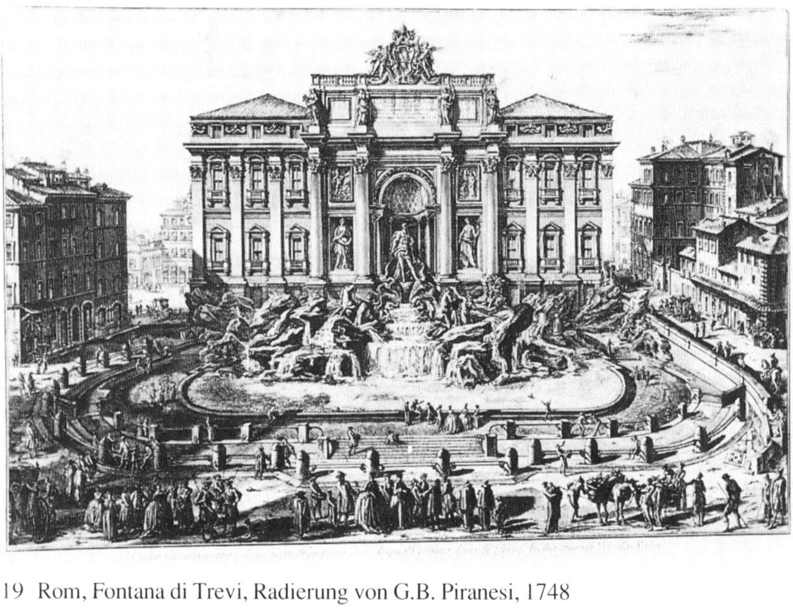

19 Rom, Fontana di Trevi, Radierung von G.B. Piranesi, 1748

Marsfeld mit Wasser versorgte. Die bei Salone im Osten Roms entspringende Quelle von Aqua virgo, Acqua Vergine (über den Namen wird schon in römischer Zeit spekuliert) soll den Soldaten des Feldherrn von einem Bauernmädchen gezeigt worden sein. Im Stadtzentrum, an der Stelle der heutigen Piazza Trevi machte die Wasserleitung einen Knick; hier stand unter Papst Nikolaus V. eine Brunnenanlage, die von keinem Geringeren als Leon Battista Alberti erneuert worden war.[37] Deren Aussehen ist nicht mehr überliefert, da Papst Urban VIII. sie 1640 niederreißen ließ, um Bernini mit einem Neubau zu beauftragen, der mit der Fontana Felice Sixtus' V. und der Fontana Paola Pauls V. konkurrieren sollte. Die Schauseite sollte an die Westseite des Platzes gelegt werden, um sie ins Blickfeld des Papstpalastes auf dem Quirinal zu rücken.[38] Berninis Entwürfe sind leider nicht mehr erhalten, der Tod des Papstes unterbrach das Vorhaben für lange Zeit. Die bereits gelegten Fundamente wurden erst im 18. Jahrhundert durch Salvi bei einem Neubau entfernt. Eine Reihe von Indizien ermöglicht es, den Plan Berninis zu rekonstruieren: eine konkave Fassadenwand mit seitlichen Flügeln (vergleichbar Berninis zweitem Louvreprojekt) sollte hinter dem halbrund nach vorne erstreckenden Brunnenbecken stehen.

Unter Papst Alexander VII. machte Pietro da Cortona den Vorschlag, die Fontana di Trevi auf die Piazza Colonna zu verlegen, wo der Familienpalast der Chigi stand; Innozenz X. hatte wieder andere Pläne, der Vierströme-Brunnen auf der Piazza Navona, ebenfalls von Acqua Vergine gespeist, löste die Fontana di Trevi ab. Berninis bauliche Veränderungen an der Piazza machten es jedenfalls möglich, daß beim Neubau der Titularkirche des Kardinals Mazarin, SS. Vincenzo e Anastasio, durch Martino Longhi d. J. zwischen 1646 und 1650 die Kirchenfassade diagonal über den kleinen Platz hinweg mit der des Brunnens korrespondierte. Das war dann auch der Fall bei der tatsächlichen Ausführung der Fontana di Trevi (Abb. 19) ab 1732.[39] Da seit 1730 die Bauerlaubnis für eine Fassade vor dem Familienpalast der Conti vorlag, mußte diese als Basis für die weitere Grundgestalt des Brunnens berücksichtigt werden. Papst Clemens XII., seit 1730 auf dem Heiligen Stuhl, forcierte die Planungen; 1732 wurden die Pläne von Nicola Salvi angenommen, auf deren Grundlage die Fontana di Trevi bis 1762 gebaut wurde. In Salvis endgültiger Form des Brunnens ist ein römischer Triumphbogen in die Mitte der Palastfassade gesetzt, davor erhebt sich im Wasserbecken ein Felsgebirge, auf dem Okeanos (von Pietro Bracci) triumphiert. Salvi, Arzt, Philosoph und Dichter, hatte das Konzept in seinen *Ragioni Filosofiche* erläutert: *Per destar ne' Spettatori l'idea d'un dominio affato libero, et assoluto, qual potrebbe convenire all'Universale Monarca del Mondo ...*[40] Schon vorher hatte Salvi seinem Entwurf eine schriftliche Erläuterung beigegeben und dabei seine Synthese von Palastfassade, Triumphbogen und Brunnen mit Naturgestein in seiner Ikonographie und seiner städtebaulichen Wirkung beschrieben.[41]

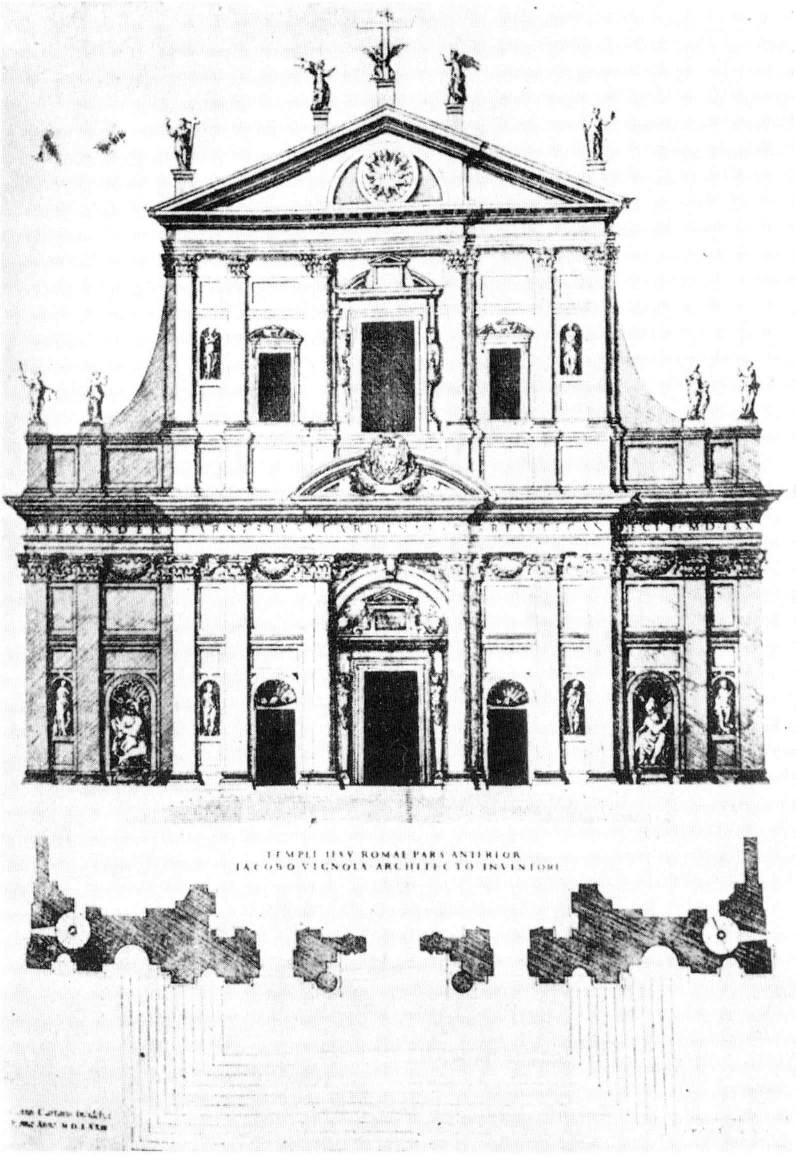


20 Rom, Il Gesù, Fassadenentwurf von Vignola, Radierung von M. Cartaro, 1573

An die Stelle eines elementaren plastischen Zusammenhanges, wie er in Berninis Planung zu erwarten gewesen wäre, ist jetzt, am Ende der Epoche, eine Addition von Einzelelementen getreten. Geblieben ist allerdings der Grundcharakter der Anlage: Eine permanente festliche Aufführung enthebt diesen Platz seiner Alltäglichkeit. Seine Attraktion ist heute noch die gleiche wie vor zweihundert Jahren. Das Wasser als bewegtes Element hat daran wesentlichen Anteil, sein Rauschen, Plätschern und Gleißen im wechselnden Licht verleiht dem steinernen Gebilde Leben und Lebendigkeit. Nicht zufällig ist vor den römischen Brunnen immer wieder von den Wassern als Lebensquell die Rede. Es ist zugleich das Element einer permanenten Festaufführung.

## Rom als Theatrum

Solche Verschönerungen der Stadt wie die barocken Brunnen wurden im 17. Jahrhundert mehr oder weniger systematisch im Kupferstich ediert. Giovanni Battista Falda radierte eine Folge unter dem Titel: *Il Nuovo Teatro delle Fabriche, et Edificii in Prospettiva di Roma moderna, sotto il felice Pontificato di N. S. Papa Alessandro VII.*, sie erschien 1665. In dieser Serie zeigt sich deutlich, daß die Stadt Rom als eine zusammenhängende Struktur gesehen wurde, bestehend aus Ansichten und Korrespondenzen. Und dies, obwohl der Künstler nicht immer eine befriedigende Auswahl zur größeren Ehre des Papstes traf. Im Titel von Faldas Serie ist von »teatro« die Rede, was bedeutet, daß hier eine geschlossene Folge von »Vorstellungen« vorliegt (um einen deutschen Ausdruck zu benutzen), in denen die Architektur wie der Prospekt auf einer Bühne erscheint.[42] Christian Elling erinnert daran, daß auf den römischen Plätzen nicht nur ständig theatralische Aufführungen inszeniert wurden, sondern daß sie von Anfang an als bühnenähnliche Anlagen gedacht waren. Man sprach stolz vom *bel teatro di Campidoglio*; die Ripetta ist in einem Reiseführer als *en forme d'un théatre specieux*[43] bezeichnet. Das urbanistische Denken hatte sich verändert: Es ging um eine Intensivierung des optischen Phänomens, die theatralische Erscheinungsweise garantierte dabei die Repräsentation.

*Mit dem Begriff der ‚Darstellung' berühren wir ein entscheidendes Merkmal barocker Haltung. Das Wort weist über das, was man gemeinhin ‚Repräsentation' nennt hinaus auf einen tieferen Sinn. Was Darstellung in diesem Lebenssinne heißt, davon kann sich ein sachlich-zweckhaft denkendes Geschlecht kaum mehr eine Vorstellung machen. Wir sind gewohnt, die Dinge danach zu beurteilen, was sie unserer Meinung nach wirklich sind und wie sie sich für unsere Erfahrung real auswirken. Wir geben ihnen die äußere Form, die den besten*

*Nutzen verspricht; auch untereinander verkehren wir in zweckentsprechenden, zeitsparenden Umgangsformen. Anders der Barock. Er fragt zuerst wie eine Sache sich darstellt. Ihre sichtbare Erscheinung ist es, die überzeugt, hierin liegt die Gewähr ihres Wertes …*[44] Die Einfügung eines Zitates von Werner Hager bereits an dieser Stelle ist geeignet, den theatralischen Sinn barocker Architektur zu verstehen.

Für eine Kunstgeschichte als Stilgeschichte war die Fassade des Gesù (Abb. 20), ab 1571 von Giacomo della Porta errichtet[45], das Musterbeispiel des Überganges zu Neuem. Man konnte darüber streiten: war sie noch der Spätrenaissance, dem Manierismus oder schon dem Frühbarock zuzurechnen? Was war an ihr traditionell, was neuartig?[46] Allerdings gab und gibt es einen Konsens darüber, daß diese Fassade mit ihrer Gewichtung der Mitte im Vergleich zu Renaissance-Fassaden und ihrer statischen Balance »bewegt« war und »malerisch« im Sinne Wölfflins. Bewegung, Dynamisierung an den Schauseiten der römischen Kirchen bedeutet die Einbeziehung eines Betrachters in ein Wechselspiel von Objekt und Subjekt, oder, genauer gesagt, die Herstellung von Zusammenhängen zwischen der monumentalen Stadt und dem städtischen Leben.[47]

Das Prinzip der theatralischen Veranschaulichung schließt ein, daß auch die christliche Vergangenheit nachdrücklich sichtbar gemacht oder erhalten werden sollte. So wurde die Erneuerung häufig genug zu einer Repristination. Schließlich dienten die urbanistischen Pläne seit Sixtus V. vor allem dem (visuellen und faktischen) Zugang zu den Denkmälern der frühen Christenheit.

Ein recht ambivalentes Unternehmen war schließlich die Restaurierung der Lateransbasilika unter Innozenz X.[48] Die Papstkirche Roms wurde aus Anlaß des Heiligen Jahres 1650 renoviert. Ihr Zustand war erbärmlich: beispielsweise wurden mehrere Säulen, die schon längere Zeit unbrauchbar waren, durch Ziegelstützen ersetzt. In dieser Situation erhielt Borromini den Auftrag zum Umbau, jedoch unter der Auflage, das konstantinische Langhaus zu sichern und zu konservieren. Ein Brief von 1647 nennt die Forderung des Papstes: *mantenerla quanto sarà possibile nella sua primitiva forma e abbellirla*[49]. Borromini, der die Grundform von San Giovanni beibehalten mußte (Abb. 21), blieben wenig Möglichkeiten. Aber in einem genialen Einfall hob er die stereotype Reihung der Säulen-Arkaden durch rhythmische Verdichtungen auf: Aus 14 Arkaden wurden auf jeder Seite fünf, eingespannt zwischen riesige Pilaster, mit großen Tabernakeln vor den so entstandenen Wandstücken. Mehrere Entwurfszeichnungen Borrominis belegen, wie dieser seinen Einfall richtig umsetzen wollte. Was dabei entstand, ist eine Folge von Schaufronten, vergleichbar einer »frons scenae«. Sie nahmen sogar die altchristliche Substanz auf wie ein Reliquienbehälter. Zwischen den Fenstern gibt es hochovale Felder, die, erst seit dem 18. Jahrhundert mit Prophetenbildern versehen, ursprünglich leer waren, d. h. einen Blick auf die Reste der

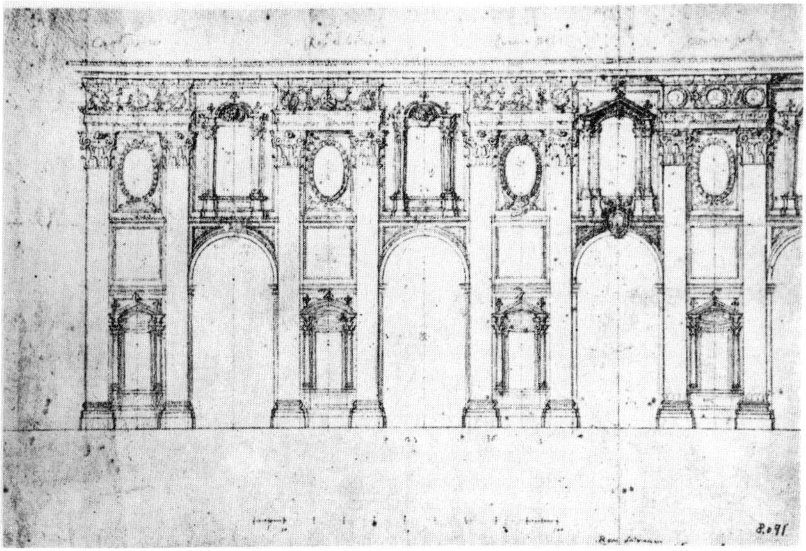

21 Rom, S. Giovanni in Laterano, Aufrißzeichnung von Borromini, Stockholm

alten Basilika boten.[50] Rasponi beschrieb diese 1657 als Teile des konstantinischen Baus, um an Alter und Pietät dieser ehrwürdigen Kirche der frühen Christenheit anzuknüpfen.[51] Aus »renovatio« wurde »repraesentatio« in dem Sinne, daß eine Zurschaustellung frühchristlicher Substanz durch die neue Architektur inszeniert wurde.

Wie das neue San Giovanni in Laterano wurde auch Sankt Peter durch die Ausstattung des Neubaues zu einer glanzvollen Inszenierung der altehrwürdigen Unterpfänder des christlichen Glaubens. Wie bereits gezeigt, erfuhr das Ensemble von Petersplatz und Kirche seit Sixtus V. eine ikonographisch systematische und visuell beeindruckende Bedeutungssteigerung. Der 1585 auf den Platz gesetzte Obelisk trägt auf seiner Spitze ein Kreuz. Die Inschrift auf dem Sockel erkärt den Sinn: *Christus vincit, Christus regnat, Christus imperat, Christus ab omni malo plebem suam defendat.* In einem nächsten Schritt wurde unter Clemens VIII. die Kuppel der Peterskirche mit Bildschmuck ausgestattet, der auf Entwürfe des Cavaliere d'Arpino zurückgging und 1612 vollendet war: Dargestellt ist die Parusie, die Erscheinung Christi beim Jüngsten Gericht; Johannes und Maria sind als Fürbitter dabei und ebenso die Apostel; in der Laterne erscheint Gottvater, in den Tondi der Pendentifs sind die vier Evangelisten zu sehen. 1626 wurde der Neubau konsekriert, 1627 die vier Bronzesäulen des

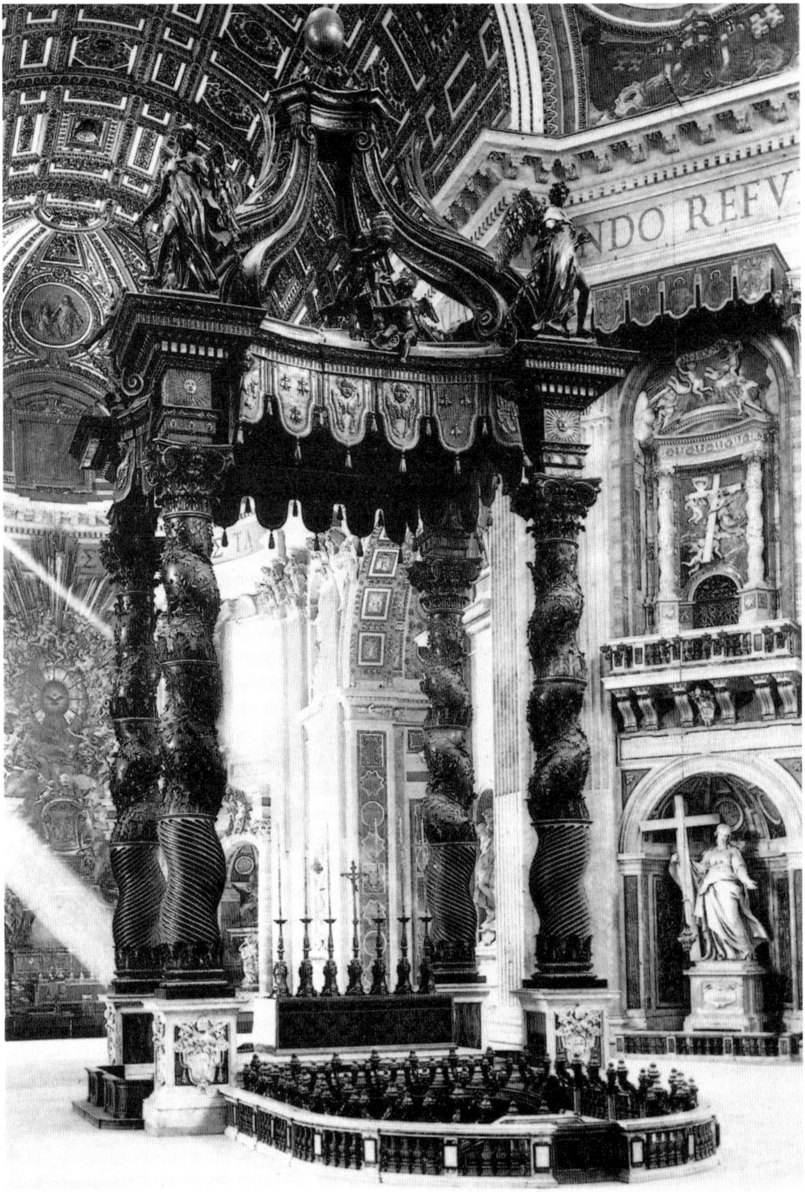


22 Rom, St. Peter, Baldachin über der Confessio, 1633

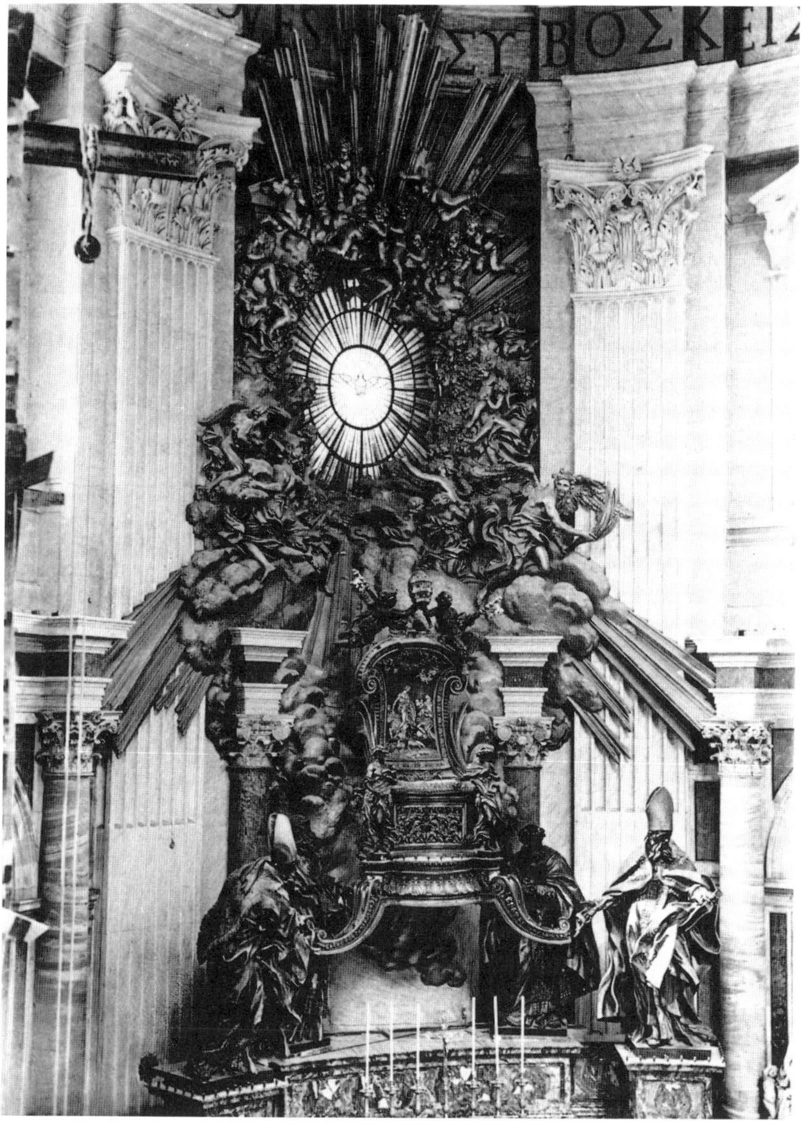

23 Rom, St. Peter, Cathedra Sancti Petri von G.L. Bernini, 1656–66

Baldachins (Abb. 22) über der Confessio aufgestellt.[52] Von der hier greifbaren profanpolitischen Aufladung abgesehen, die Papst Urban VIII. als neuen Herkules ausgibt, sind Baldachin und Kuppel in einem ikonologischen Zusammenhang zu sehen, den Hans Sedlmayr beschreibt[53]: *Wichtigstes Bild im Tabernakel ist die Taube des Hl. Geistes, womit über dem Apostelgrab aus dem zunächst soteriologischen Programm ein trinitarisches wurde. Absteigend haben wir die Trinität so zu sehen: Gott Vater in der Laterne, Christus der Parusie in der Kuppel, den Heiligen Geist im Tabernakel.* Eine weitere Bedeutungssteigerung dieser herausragenden Kirche der Christenheit wurde von Hans Kauffmann beschrieben: *Urban VIII. hat 1628 die wichtigste Kreuzreliquie, den Fund der Helena, aus S. Croce in Gerusalemme nach St. Peter überführt; das Gipfelkreuz über dem Tabernakel dient als Reliquiar ... Jetzt erst wurden alle vier Kuppelpfeiler dem einen Gedanken der Kreuzsymbolik dienstbar gemacht; wie das Kuppelrund dem Rex Gloriae untersteht, auch die Evangelisten zu viert einen Kreis bilden, so antwortet nun die untere Pfeilerzone auf das Tabernakel mit dem Kreuz. Die vier Heiligenstatuen in den unteren Nischen, je zwei weibliche und männliche, Veronika und Helena, Andreas und Longinus, sowie die Apotheose ihrer Attribute über den Brüstungen, von denen aus die Reliquien gezeigt werden, vereinigen sich zu einer Versammlung, deren Einheitsbezug im Kreuz beschlossen liegt*[54]. Die Auseinandersetzung um die Form von St. Peter – Langhaus oder Zentralraum – war heftig, aber letztlich sekundär im Vergleich zum konzeptionellen Aufwand, der im Hinblick auf den in architektonische Form gefaßten Reliquienkult getrieben wurde. Das Schweißtuch der Veronika, die Hl. Lanze und das Haupt des Apostels Andreas waren Heiligtümer aus dem konstantinischen Vorgängerbau. In ihrer ostentativen Aufbewahrung hinter den oberen Nischen kann man zum einen die apologetische Betonung des vom Tridentinum bekräftigten »cultus relativus« der Reliquien erkennen, zum anderen aber in der gewaltigen Amplifikation des Moments des Sichtbaren zugleich das Moment verhüllend deutender Entrückung der als deutungsbedürftig erkannten Reliquie in der nachtridentinischen Kultpraxis.[55] *Die Planung für die Aufbewahrung der Reliquien in den Pfeilern begann zu Anfang des Pontifikates Urbans VIII. Zunächst ist die Planvorstellung gebunden an den Zusammenhang zwischen den Pfeilern und der Mitte des Raumes, wo seit 1627 die riesenhaften Bronzesäulen des Baldachins aufgerichtet stehen. Maßstäblich gleiche Skulptur aus Bronze soll den Kuppelraum erfüllen: oben der Auferstandene mit vier Engeln, Petrus und Paulus an der Confessio, umstanden von den vier Reliquienträgern. 1628 ist diese Ausstattungsidee aus einer Reihe von Gründen obsolet. An ihre Stelle tritt nun die Idee eines ‚Contrapposto'. Es sind vier Marmorkolosse allein, die anstelle von Altären den bronzenen Grabaltar Petri umstehen. Eine bemerkenswert ästhetische Konzeption, in der der religiös-funktionale Zweck der Nischen buchstäblich verdeckt ist: Die Zugänge zu den Reliquien sind in den Sockeln versteckt, die Altäre in die Unterkirche versenkt. Nur dem Nähertretenden eröffnet sich durch eine ‚fenestella' der Blick auf das Altarbild, so daß wie in einem Paragone zur fernsichtigen ‚Statua' die nahsichtige ‚Storia della Statua' im Gemälde tritt. Beide einander deutend stehen aber in einem viel größeren rezeptionslenkenden Zusammenhang, der die Gattungen und Künste synthetisierend umfaßt. Denn über ihnen erscheinen zwischen den konstantinischen Spiralsäulen, die die historische Kontinuität des Ortes evozieren, die Bilder der Reliquien und ihnen verbunden große lemmatische Inschriften. Ihr Verhältnis zur Bildlichkeit der Pfeiler ist – kurz gesagt – nicht das der einfachen Signifikation. Vielmehr gehört die Pfeilerausstattung von St. Peter jener Gruppe monumentaler Bild-Wort-Verbindungen an, die in historisch schwer zu präzisierender Beziehung zur zeitgenössischen Impresen- und Emblemkunst zu stehen scheint, ohne daß eine zutreffende Bezeichnung schon gefunden wäre ...*[56]

Hier wird ein barockes Prinzip sichtbar: Die Heilslehre und die Blutzeugenschaft der Märtyrer wird als anschauliches System vorgeführt und damit zum Bilderlebnis.[57]

## Anmerkungen

1 Dazu: C.W. Westfall, *In This Most Perfect Paradise. Alberti, Nicholas V, and the Invention of Conscious Urban Planning in Rome*, 1447–1455, University Park 1974
2 Dazu: A. Chastel, *The Sack of Rome*, Princeton 1983
3 Dazu: R. Krautheimer, *Rom. Schicksal einer Stadt*, München 1987
4 Dazu: Ch.L. Frommel, *Der römische Palastbau der Hochrenaissance*, Tübingen 1972
5 Dazu: F. Castagnoli – C. Cecchelli – G. Giovannoni – M. Zocca, *Topografia e urbanistica di Roma*, in: Storia di Roma, Vol. XXII, Bologna 1958, S. 343–547; zur Stadtplanung unter Sixtus V. siehe auch: R. Schiffmann, *Roma felix. Aspekte der städtebaulichen Gestaltung Roms unter Papst Sixtus V.*, Bern–Frankfurt–New York 1985
6 Aus: M.Birindelli, *Piazza San Pietro*, Rom 1981, S. 168
7 Dazu als Quelle: D. Fontana, *Della Trasportatione dell'Obelisco Vaticano*, Rom 1590; neuere Lit.: C. Thoenes, *Studien zur Geschichte des Petersplatzes*, in: Zeitschrift für Kunstgeschichte 26, 1963, S. 97–145; J. Lees-Milne, *Saint Peter's. The Story of Saint Peter's Basilica in Rome*, London 1967, S. 207–226; W. Oechslin, *La fama di Aristotele Fioravanti ingegnere e architetto*, in: Arte Lombarda, nuova serie 44/45, 1976, S. 102–120
8 Dazu: C. D'Onofrio, *Gli Obelischi di Roma*, Rom 1967
9 M. Mercati, *De gli obeslisci di Roma*, Rom 1589
10 C. Ripa, *Iconologia*, Rom 1603, S. 189
11 Dazu: R. Preimesberger, *Obeliscus Pamphilius. Beiträge zu Vorgeschichte und Ikonographie des Vierströmebrunnens auf Piazza Navona*, in: Münchner Jahrbuch der Bildenden Kunst, Bd. XXV 1974, S. 77ff.

12 Ebda., S. 136
13 Ebda.
14 Dazu: G. Matthiae, *Piazza del Popolo*, Rom 1946; H. Hager, *Zur Planungs- und Baugeschichte der Zwillingskirchen auf der Piazza del Popolo*, in: Römisches Jahrbuch 11, 1967/68, S. 189ff.
15 F. Titi, *Ammaestramento utile – e curioso di pittura – scoltura et architettura nelle chiese die Roma* ..., Rom 1686, hier zitiert nach: Chr. Norberg-Schulz, *Architektur des Barock*, Stuttgart–Mailand 1975, S. 30; vgl. auch: R. Wittkower, *Carlo Rainaldi and the Roman Architecture of the Full Baroque*, in: The Art Bulletin 19, 1937, S. 242–313
16 Ein Szenenbild von Torelli zu *Peleus und Thetis* von 1654; siehe: P. Bjurström, *Giacomo Torelli and Baroque Stage Design*, Stockholm 1962
17 Dazu: F. Wolff-Metternich, *Die Entstehungsgeschichte der Peterskirche in Rom im 16. Jahrhundert*, Wien–München 1972
18 Dazu: H. Hibbard, *Carlo Maderno and Roman Architecture 1580–1630*, London 1971, S. 155ff.
19 Dazu: M. Worsdale, *An earlier project of Bernini for the 'campanili' of Saint Peter's*, in: Apollo 1980, n. 215, S. 18ff.
20 Dazu: R. Wittkower, *The third arm of Bernini's Piazza S. Pietro*, in: *Studies in the italian Baroque*, London 1975, S. 53–60
21 Die 1936 angelegte, 50 m breite Schneise der Via della Conciliazione zerstört das ursprüngliche Ensemble völlig
22 Dazu: T. Kitao, *Circle and Oval in the Square of St. Peter's*, New York 1973; A. G. Marino, *Il Colonnato di Piazza San Pietro. Dell'architettura obliqua di Caramuel al ‚classicismo' berniniano*, in: Palladio XXIII, 1973, S. 81ff; H. W. Kruft, *The Origin of the Oval in Bernini's Piazza S. Pietro*, in: Burlington Magazine CIII, 1979, 796ff; M. Birindelli, *Ortsbindung. Eine architekturgeschichtliche Entdeckung: Der Petersplatz des Gianlorenzo Bernini*, Braunschweig–Wiesbaden 1987
23 Dazu: R. Wittkower, *A Counter-Project to Bernini's Piazza S. Pietro*, in: *Studies in the italian Baroque*, London 1975, S. 61ff.
24 K. Ph. Moritz, *Reisen eines Deutschen nach Italien (1786–1788)*. In der Ausgabe von H. Günther, Frankfurt 1981, Bd. II, S. 211
25 C. Fontana, *Il tempio vaticano e sua origine*, 1694
26 R. Preimesberger, *Ephemere und monumentale Festdekoration im Rom des 17. Jahrhunderts*, in: *Stadt und Fest. Zu Geschichte und Gegenwart europäischer Festkultur* , P. Hugger Hg., Unterägeri–Stuttgart 1987, S. 109ff; Ders. *Obeliscus Pamphilius*, Münchener Jb.; Ders. *Galeria Pamphilj*, Römisches Jb.
27 Ebda., S. 116
28 Ebda., S. 119
29 Ebda., S. 43f.
30 N. Huse, in: E. Hubala, *Die Kunst des 17. Jahrhunderts* = Propyläen Kunstgeschichte Bd. 9, Berlin 1970, S. 317; siehe auch: Norbert Huse, *Gianlorenzo Berninis Vierströmebrunnen*, Diss. München 1967
31 R. Preimesberger, *Obeliscus Pamphilius*, Münchner Jahrbuch der Bildenden Kunst, Bd. XXV 1974, S. 146
32 Dazu: G. Eimer, *La Fabbrica di S. Agnese in Navona. Römische Architekten, Bauherren und Handwerker im Zeitalter des Nepotismus* = Acta Universitatis Stockholmiensis.

Stockholm Studies in History of Art 17/18, Stockholm 1970/71.

33 Dazu: R. Krautheimer, *Alexander VII*, hier Dokumente; H. Ost, *Studien zu Pietro da Cortonas Umbau von S.Maria della Pace*, in: Römisches Jahrbuch für Kunstgeschichte 13,1971, S.231–284

34 Ch. Elling, *Rome. The Biography of its Architecture from Bernini to Thorvaldsen*, Tübingen 1975, S. 317f.

35 Ebda., S. 12 u.20

36 Dazu: C. D'Onofrio, *Le Fontane Di Roma*, Rom 1962

37 Dazu: J. A. Pinto, *The Trevi Fountain*, New Haven–London 1986

38 Vom Mai 1640 datiert ein Breve des Papstes, in welchem 6000 Scudi für den Bau einer neuen Fassade ausgewiesen sind. Der Brunnen sollte vor allem durch eine Weinsteuer finanziert werden, was den Volksmund zu folgendem Vers veranlasste: *Urban, poi che di tasse aggravò il vino, ricrea con l'acqua il popol di Qurino*; dazu: J.A.Pinto, op.cit., S. 45

39 Im ersten Drittel des 18. Jahrhunderts gab es eine Reihe von Entwürfen, die zumeist vor einer großen Triumphalarchitektur in das Wasserbecken Felsen mit krönender Figur, einer Säule bzw. einem Obelisken setzten, wie dies seit Berninis Vierströme-Brunnen Mode geworden war; Dazu Pinto S. 64ff. Es gab u. a. Vorschläge von Carlo Bizzacheri, Bernardo Borromini, Filippo Juvarra, Carlo Fontana, Ferdinando Fuga; man könnte mit den Plänen, die aufgrund eines Wettbewerbs 1730 eingereicht wurden, geradezu eine Geschichte der spätbarocken Architektur Roms schreiben

40 Abgedruckt bei Pinto S. 282ff.

41 Ebda., S. 281

42 Dazu: Krautheimer, *Alexander VII*, Kap. 4–6

43 Ch. Elling, op.cit., S. 319f.

44 W. Hager, *Die Bauten des Deutschen Barocks*, Jena 1942, S. 25

45 Dazu: R. Bösel, *Jesuitenarchitektur in Italien (1540–1773) Teil 1 = Die Baudenkmäler der römischen und der neapolitanischen Ordensprovinz*, Wien 1985, S. 166ff.

46 L. Serra, *Le origini dell'architettura barocca*, in: L'Arte 14, 1911, S. 339–358; P. Pecchiai, *Il Gesù di Roma*, Rom 1952. J. Ackerman, *The Gesù in the Light of Contemporary Church Design*, in: R. Wittkower – I.B. Jaffe Hgg., *Barocque Art. The Jesuit Contribution*, New York 1972, LS. 15–28

47 Dazu auch: R. Wagner-Rieger, *Römische Kirchenfassaden des Barock*, in: Christliche Kunstblätter 92, 1954, S. 47–51, S. 96–101 u. 93, 1955, S. 51–55, S. 138–141

48 Hierzu: P. Portoghesi, *Francesco Borromini. Baumeister des römischen Barock*, Stuttgart–Zürich–Mailand 1977

49 Die alte primitive Form soll erhalten und nur verschönert werden; zitiert nach T. Magnuson, *Rome in the Age of Bernini*, Stockholm 1982/86, Bd. 2, S. 39

50 Dazu: P. Portoghesi, op.cit., S. 160ff.

51 Siehe ebda.

52 Dazu: H. Thelen, *Der Baldachin von St. Peter*, 1967; und: E Lavin, *Bernini's Ciborium in St. Peter's*, 1968

53 H. Sedlmayr, *Der Bilderkreis von Neu St. Peter in Rom*, in: H. Sedlmayr, *Epochen und Werke. Gesammelte Schriften zur Kunstgeschichte* Bd. 2, Wien und München 1960, S. 7–44

54 H. Kauffmann, *Berninis Tabernakel*, in: Münchner Jahrbuch der bildenden Kunst, dritte Folge 6, 1955, S. 222–242, hier S. 233

55 R. Preimesberger, *Berninis Statue des Longinus in St. Peter*, in: H. Beck – S. Schulze Hgg.,

*Antikenrezeption im Hochbarock*,Berlin 1989, S. 143–153, hier S. 143

56 Ebda., S. 144f;. und auch: J. Grimaldi, *Instrumenta autentica translationum sanctorum corporum & Sacrarum reliquiarum, e veteri in novum templum Sancti Petri*, Rom 1619, von R. Niggli Hg., *Descrizione de la basilica antica di S.Pietro in Vaticano*, Città del Vaticano 1972

57 Zum Komplex Urbanistik, Theater, Ephemerik siehe auch: *Barocco Romano e Barocco Italiano. Il teatro – l'effimero – l'allegoria*, M. Fagiolo – M.L. Madonna Hgg., Rom–Reggio Calabria 1985

# V.

# Das barocke Schloß

Im Zeitalter des Barock war der Sitz des Herrschers längst keine mehr oder weniger vornehm ausgestattete, wehrhafte Wohnung mehr. Vor den Toren des barocken Schlosses wurden auch keine Kriege mehr entschieden. Hier wurde Politik gemacht, und zwar nicht selten mit dem, was der Schloßbau selbst repräsentierte. Wehrhaftigkeit vertrug sich nicht mit der Extraversion, die das barocke Schloß verkörpern sollte. Die Kultur, die von hier ausging, war höfisch und absolutistisch. Erst in der Spätphase des Absolutismus gewannen einige Merkmale dieser höfischen Herrschaftssitze Einfluß auf die Bauten der bürgerlichen Welt.

Die Frage, warum im allgemeinen Sprachgebrauch und in kunsthistorischen Definitionen ein italienischer Palazzo nicht als Schloß angesprochen wird, führt bereits zu einigen wesentlichen Bestandteilen des barocken Schlosses: Es steht nach allen Seiten frei, besitzt einen Ehrenhof und einen Garten; außerdem ist eine solche Anlage symmetrisch. Ob es sich um einen Bau in offener Landschaft oder um ein Stadtschloß handelt, ändert an dieser Grundkonzeption des barocken Schlosses nichts. Die Zuordnung von Hof, Schloß und Garten ist mit dem Schloß von Versailles entstanden und hat aus den Vierflügelanlagen der Vorgängerbauten die für den Schloßbau des Barock kanonische Form der Dreiflügelanlage werden lassen. Ursprünglich waren zwar auch dort zunächst die Bestandteile Hof, Schloß und Garten vorhanden, aber so wie der Hof durch die Vierflügelanlage umschlossen wurde, war auch der Garten zunächst regelmäßig umgrenzt und ein Affix des Schlosses. Hiermit sind wesentliche Unterschiede zwischen einem Schloßbau des 16. und einem des 17. Jahrhunderts genannt.

Eine wichtige Rolle innerhalb dieser Entwicklung spielte Schloß Bury[1], nach Plänen von Jacques Androuet Ducerceau zwischen 1511 und 1524 erbaut. Es besteht aus einem Corps-de-logis, an das zwei schmalere Seitenflügel angefügt sind. So konnte die quadratische Anlage mit Vierecktürmen besetzt werden. Wesentlich ist, daß die vierte Seite des inneren Hofes nur noch mit einem nach innen gerichteten Arkadengang geschlossen war. Hier lag der Torzugang, während gegenüber dem Corps-de-logis ein separater, umschlossener Garten angelegt war.

Der wichtigste Schritt hin zum Typus des barocken Schlosses wurde jedoch erst im frühen 17. Jahrhundert getan, als Salomon de Brosse 1613 das Schloß Coulommiers und ab 1615 das Palais de Luxembourg baute.[2] Hier ist die vierte Seite jeweils nur noch ein erdgeschossiger, flachgedeckter Trakt, dessen Portal als transparenter Pavillon gestaltet wurde. Aus den Ecktürmen sind ebenfalls Pavillons geworden. Die Flügel bestehen aus Verbindungsgalerien, während das Corps-de-logis sich verselbständigt hat und neben einem Mittelrisalit zwei Seitenpavillons als Flügel besitzt. Bis zur Eckkante dieser Pavillons ist der innere Hof durch eine Balustrade als selbständiger Bereich ausgewiesen. Teile dieser Grundkonzeption kehren in der Anlage von Maisons-Lafitte wieder.[3] Sie wurde ab 1642 von François Mansart erbaut und gilt als Auftakt des »klassischen« französischen Schloßbaus. An die alten inneren, umschlossenen Hofanlagen erinnern nur noch zwei eingeschossige Ansätze vor den Seitenflügeln. Der Bau erschließt sich nicht mehr von einem vorgelagerten Hof aus, sondern durch die Annäherung an eine offene Empfangsseite. Und auch der Garten stellt auf der gegenüberliegenden Seite keinen umgrenzten Raum mehr dar, sondern eine Vermittlung zwischen dem Herrschaftssitz und dem Land, das vom Schloß aus regiert wird. Die Wohnräume, die früher infolge der Verteidigungsfunktionen der Burg zum sicheren Innenhof hin gelegen waren, öffnen sich jetzt zur Gartenseite, wodurch diese ehemals starre Front »durchlässig« wird. Der Flügel mit den Wohnräumen, das Corps-de-logis, sollte schon bald den ganzen Bau dominieren. Hier lassen sich nicht nur Veränderungen der Baumaße, sondern auch die Absicht einer Zentrierung der Baukörper feststellen, die ein wichtiges Kriterium für das barocke Schloß werden sollte.

Von François Mansart stammen auch die Ergänzungen am älteren Schloß von Blois.[4] Sie wurden ab 1635 im Auftrag des Herzogs von Orleans, dem Bruder König Ludwigs XIII., ausgeführt. Hier wurde bereits auf den Abschluß an der vierten Seite verzichtet. Stattdessen wurde dort ein Motiv ausgeführt, das durch eine Kolonnade die Abrundung der Hofecken bewirkte, wie sie bald darauf auch am bedeutendsten der frühen barocken Schloßbauten auftauchen sollte.

Zwischen 1640 und 1647 entstand unter Louis Le Vau für den Intendanten der Finanzen Jacques Bordier das östlich von Paris gelegene Schloß Le Raincy.[5] Der Bau wurde später zerstört, ist aber durch die Wiedergabe in einem Stich überliefert. Das Corps-de-logis lag hier, von der Hofseite gesehen, im rückwärtigen Bereich einer längsrechteckigen Insel mit Wall und wasserlosem Graben. Auf der einen Seite gab es einen Bedienungstrakt, gegenüber, wohl aus Gründen der Symmetrie zu den Communs, eine Bogenstellung. Auf der gegenüberliegenden Eingangsseite der Insel flankierten zwei Pavillons das Tor. Das Corps-de-logis setzt sich insgesamt aus fünf Baukörpern zusammen, ein Mittelpavillon dominiert und wölbt sich auf der Parkseite vor. Damit ist eine bislang in diesem Maße nicht vorhandene Vermittlung zwischen Hof- und Gartenseite entstanden, wie sie in Zukunft immer wichtiger werden sollte. In dem Mittelpavillon wurde im Erdgeschoß ein großes Vestibül eingeführt. Von hier gelangte man in eine »salle à l'italienne«, während ein »grand escalier« bereits als selbständige Raumform

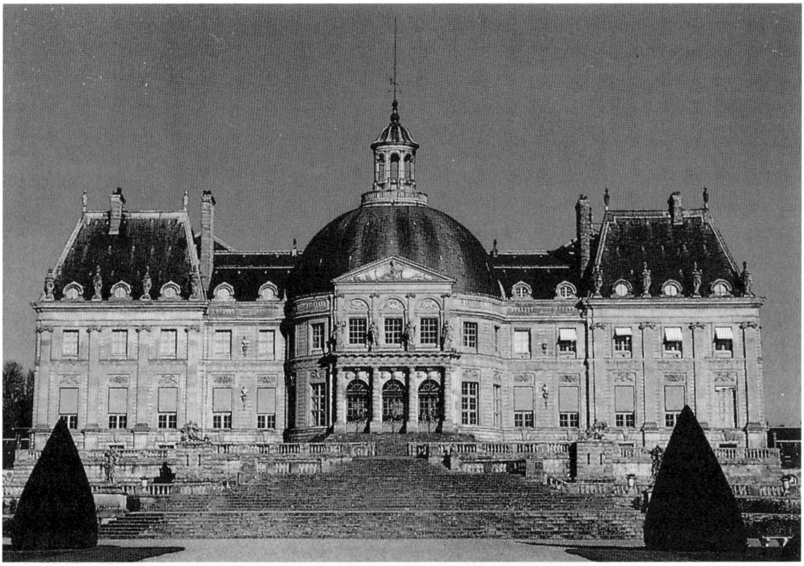

24 Vaux-le-Vicomte, Schloß, Ansicht vom Garten her

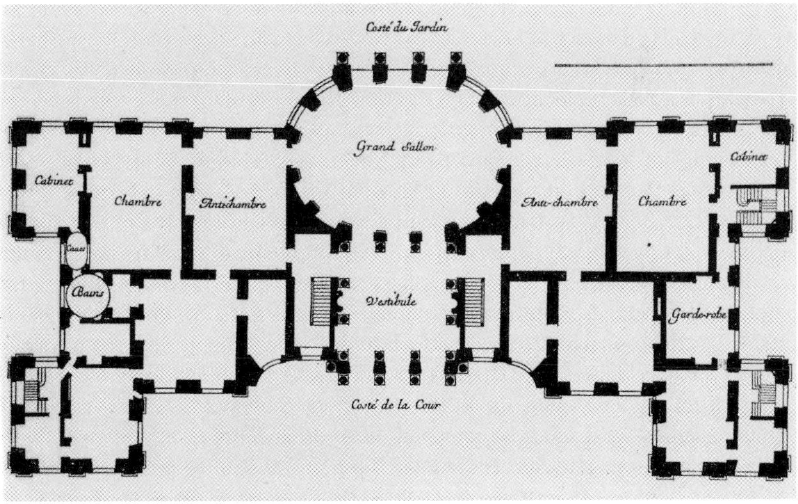


25 Vaux-le-Vicomte, Schloß, Grundriß

und nicht nur als Treppe zwischen den Geschossen vorhanden ist. Trotz aller Fortschritte fehlte in dieser Systematisierung allerdings noch etwas, was erst in Schloß Vaux-le-Vicomte ausgeführt werden sollte: die Enfilade. Vaux-le-Vicomte[6] (Abb. 24, 25) war das Schloß für den Oberintendanten der Finanzen Nicolas Fouquet. Dessen epochemachender Verdienst war es, daß er ab 1657 drei Künstler beschäftigte, von denen bis dahin nur der Architekt Le Vau renommiert war, während André Le Nôtre, der Gartenbaumeister, noch keinen großen Namen hatte und auch Charles Le Brun noch am Anfang seiner Karriere stand. Mit allen Entwürfen und Pflanzungen von Le Nôtre in Vaux-le-Vicomte stieg die Gestaltung von Gartenanlagen endgültig in den Rang der Gartenarchitektur auf. Mit den Arbeiten von Le Brun wurde die Dekoration der Schlösser zur vornehmsten Aufgabe der Malerei, während Le Vau den neuen Typus eines Schlosses, das zwischen Hof und Garten angelegt war, so überzeugend formulierte, daß König Ludwig XIV. eine derart perfekte Lösung einem Untertanen nicht zugestehen konnte. Das darauf folgende Schicksal Fouquets ist bekannt: Vier Monate nach dem Tod Mazarins 1661 gab Fouquet in Vaux-le-Vicomte ein Fest für den König mit weiteren 6000 Gästen. In der Morgendämmerung soll der König zu Fouquet gesagt haben: *Ich kann Sie nicht einladen, mich in Versailles zu besuchen. Es würde Ihnen dort unbequem sein.* Zwei Wochen später wurde Fouquet verhaftet und brachte seine letzten 19 Lebensjahre in Festungshaft zu. Nun klärt diese Anekdote aber weniger darüber auf, daß Fouquet den Fehler begangen hat, sich einen Schloßbau anzumaßen, wie er eigentlich nur dem König zugestanden hätte. Sie beschreibt vielmehr die Wirkung und den Erfolg der Konzeption von Vaux-le-Vicomte als eine ebenso neue wie zukunftsweisende Lösung für die Aufgabe des barocken Schloßbaus. Altertümlich ist an Vaux-le-Vicomte höchstens noch, daß es als Wasserschloß angelegt ist, der Baukörper selbst in einem rechteckigen Bassin steht und damit eine Einheit zeigt, wie sie bald nur noch bei den Lusthäusern vom Typus der »Ile enchantée« zu finden war. Modern hingegen war der Zugang, über den man sich bei der Ankunft in Vaux-le-Vicomte an den symmetrisch gestaffelten Wirtschaftsgebäuden und Ställen vorbei dem Schloß nähern konnte, während man vom Zentrum des Schlosses weiter in einen Garten gelangte, wie man ihn bisher noch nie gesehen hatte: Weite Parterres bilden kunstvolle Flächen, in denen perlmuttglänzend gefaßte Bassins mit Springbrunnen liegen. Den vorläufigen Abschluß in der Achse bildet ein Wasserparterre und Kaskaden an einer Rampe, während die Perspektive noch tiefer in den Park hineinführt: Ein nicht ausgeführter Entwurf Le Nôtres zeigt, wie die ganze Domäne geradezu vernetzt werden sollte, und wie zwei natürlich vorhandene Bachläufe im Bereich des Schlosses zu geometrischer Ordnung umgeformt wurden. Seit Vaux-le-Vicomte kann von Schlössern dieses Typus nicht mehr ohne Erwähnung des Eingangshofes und vor allem des Gartens gesprochen werden. Dies erklärt, warum

Ludwig XIV. von Schloß Vaux-le-Vicomte so beeindruckt gewesen sein soll, als er es bei jenem Fest, das Fouquet im August 1661 gab, in seiner vollen Funktion erlebte. Nicht nur die Bewirtung war beeindruckend. Molière führte im Garten in einer Dekoration von Le Brun die eigens für diesen Anlaß geschriebenen *Plagegeister* auf. Danach folgte ein Ballett nach der Musik von Lully; hinter den Bosketts spielten 24 Musiker. Schließlich tauchte auf dem Kanal ein feuerspeiender Walfisch auf, der den Auftakt zu einem gewaltigen Feuerwerk gab. Die Vier Elemente erschienen um dieses Schloß in einer genau inszenierten Repräsentation.

Ebenso wie der Architekt Le Vau sollten auch Le Nôtre und Le Brun bald schon von Ludwig XIV. in Versailles eingesetzt werden. Dabei konnte Schloß Vaux-le-Vicomte allerdings nur für den Zusammenhang von Hof, Schloß und Garten vorbildlich werden. Als Muster für ein Residenzschloß war es, wie die Entwicklung von Versailles lehrt, weniger tauglich. Dagegen ließ sich der musterhafte und perfekte Grundriß von Vaux-le-Vicomte von jetzt an bei Lusthäusern verwenden. Die Amalienburg im Nymphenburger Schloßpark ist eines der Beispiele, wo dieser Typus, wenngleich mit einigen Veränderungen, wiederkehrt. Andere Elemente von Vaux-le-Vicomte tauchen später im deutschen Schloßbau auf. Dazu gehört das Motiv des Vestibüls, vor allem aber der durch die Geschosse reichende, überkuppelte (ovale) Festsaal, den die Enfilade zu den seitlichen Flügeln quer schneidet. Dieses räumliche wie plastische Element kennzeichnet Vaux-le-Vicomte als privates Lustschloß, während Versailles als Residenzschloß keinen derartigen Festraum mehr besaß.

Die Baugeschichte von Versailles hat ihre Voraussetzungen in der Geschichte des Louvre von Paris.[7] Hierher war 1641 Poussin aus Rom geholt worden, um die Grande Galerie auszumalen, und zwar mit den Taten des Herkules. Dieser Trakt entlang der Seine war schon unter Heinrich IV. ab 1595 ausgebaut worden. Nachdem jedoch Poussin wegen einiger Intrigen Paris schon bald wieder verlassen hatte, erfolgte die Ausstattung der Räume erst 1688 durch Louis Boulogne, fiel aber späteren Umgestaltungen wieder zum Opfer. Im Anschluß an Lemercier hatte ab 1654 Louis Le Vau die Bauleitung am Louvre übernommen und erweiterte zunächst die Petite Galerie nach Westen. Die Cour carée war noch nicht fertig, als Le Vau ab 1659 damit begann, die fehlenden Flügel im Norden, Osten und Süden der Anlage zu ergänzen. Die Fassaden sollten auf den Collège des Quatre-Nations bezogen werden, dessen Bau Le Vau ab 1661 auf der gegenüberliegenden Seite der Seine begonnen hatte. Aber immer noch war die Ostfassade ein Problem; Le Vaus Entwürfe mißfielen. So wurde 1665 Bernini eingeladen, dessen Plan aber ebenfalls verworfen wurde, obwohl bereits das Fundament begonnen worden war. 1667 bestimmte der König schließlich ein Projekt zur Ausführung, das von Le Vau, Le Brun und Claude Perrault gemeinsam entwor-

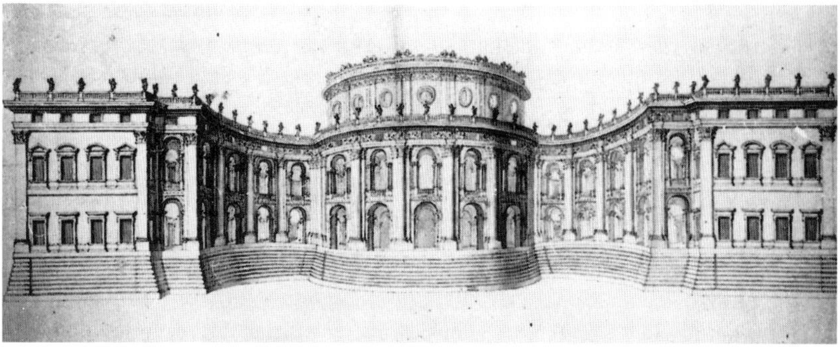

26 G.L. Bernini, Fassadenentwurf für den Louvre in Paris, 1664

fen worden war: es bildet die heutige Kolonnadenfassade, die 1670 abgeschlossen wurde. Der Louvre war jedoch noch keineswegs fertig, als Ludwig 1678 endgültig nach Versailles zog und, was wichtiger war, auch die Residenz dorthin verlegte. Berninis Fassade für den Louvre (Abb. 26) wurde nicht ausgeführt, aber sie machte Kunstgeschichte, und zwar mehr als manche andere Fassade des Barock. Bereits 1664 hatte Bernini einen ersten Entwurf geschickt. Gleichzeitig waren Borromini, Cortona und Rainaldi um Rat gefragt worden. Nach Frankreich eingeladen wurde aber Bernini. Die darauffolgenden Verhandlungen sind durch die Aufzeichnungen des Herrn von Chantelou, der Bernini zur Betreuung zugewiesen worden war, überliefert. Berninis Grundriß für die ganze Cour carée des Louvre zeigt die Absicht, vor die noch offene Seite eine plastisch tief modellierte und gestaffelte Fassade zu legen. Der Vorschlag mag den Franzosen phantastisch vorgekommen sein, wenn nicht grotesk. Bernini plante zunächst eine Fassade, die an den Ecken mit Pavillons vorsprang, in der Mitte aber durch eine konkav-konvex geschwungene Kolonnade bestimmt war. Er selbst hatte sie mit seinem Entwurf für die Kolonnaden auf dem Petersplatz in Rom, an dessen Abschluß er während dieser Zeit arbeitete, verglichen. Auf dem Platz, der gegenüber der Ostfassade des Louvre entstanden war, sollte eine Exedra zu stehen kommen. Am 17. Oktober 1665 wurde noch der Grundstein zu Berninis Ostflügel gelegt, aber bereits zwei Jahre später, im April 1667, wurden Le Vau, Le Brun und Claude Perrault von Colbert in den »Petit Conseil« berufen, um einen neuen Entwurf für die Fassade auszuarbeiten. Die ursprünglichen Entwürfe Berninis, die Pläne der französischen Architekten und schließlich die endgültige Ausführung sind in der Kunstgeschichtsschreibung beliebter Gegenstand des Vergleichens. Meistens ist dieser Vergleich sehr formalistisch und beschränkt sich darauf, römische und französische Barockarchitektur voneinander abzusetzen. Aber *die Vorstellung vom Verhältnis des Königs zu seinen Untertanen, die sich in Berninis Konzeption spiegelt, war nicht die des absolutistisch gesinnten Colbert, und so wurden auch in diesem Punkt Berninis Planungen am Ende verworfen.*[8] Vor allem jedoch wurde inzwischen in Versailles das Schloß ausgebaut, das bald schon die Residenz des Königs im Louvre ersetzen sollte. Dies erklärt vielleicht, warum bei den gleichzeitigen Baumaßnahmen am Louvre die Zwänge von Repräsentation oder Zeremoniell nicht mehr so sehr bestimmend waren wie in Versailles und abgelöst werden konnten durch sozusagen »akademische« Überlegungen zur richtigen Form. Was daraus entstand, war eine Kolonnade aus Säulenpaaren, die gewissermaßen zum Wahrzeichen einer akademischen Disziplinierung der Architektur nach klassischem Muster wurde. Sie hatte die Form des antiken Podiumtempels wieder aufgegriffen. Etwas später benutzte Jules Hardouin-Mansart solche erhöhten Doppelsäulen dazu, die Risalite der Gartenfronten von Versailles auszuzeichnen.

Während das Schloß von Versailles als Triumph Ludwigs XIV. entstand, war das Heilige Römische Reich politisch in große Bedrängnis geraten. Eine Wende dieser Lage brachte 1683 erst der Sieg über die Türken vor Wien. Einige Jahre später, am 24. August 1690, wurde Joseph von Habsburg in Augsburg zum römisch-deutschen König gekrönt. Anschließend wurde in Wien eine »Entrée solennelle« vollzogen. Der Kaiser übernachtete mit seinem Gefolge vor der Stadt in der »Alten Favorita« bevor er am folgenden Tag bis zur Michaelerkirche zog, wo das Te Deum gesungen wurde. Dort stand, wie bereits 1654 beim Einzug Ferdinands IV., eine der drei Ehrenpforten; die anderen beiden waren in der Wollzeile, wo der Zug durch das Stubentor eintrat, und am Stock im Eisen aufgebaut. *Eine der drei Ehrenpforten wurde von Peter Strudel, die anderen zwei vom jungen Fischer von Erlach errichtet. Nur wenig unterscheidet Fischers spätere Triumphalarchitektur von diesen beiden Ehrenpforten, bei denen die Zeitgenossen vermerkten, daß es sich jetzt um eigenständige deutsche Leistungen handle. Inhaltlich ist deutlich die Konkurrenz zum Sonnenkönig Ludwig XIV. festzustellen, wenn jetzt der römisch-deutsche König die Quadriga des Sonnengottes lenkt. In dieser Zeit tauchte in Wien dann auch die Idee von einem deutschen Kaiserschloß auf, mit dem Versailles übertrumpft werden sollte.*[9] Damals entstand, wahrscheinlich 1690 oder 1691, Fischers erster, allerdings unausgeführter Entwurf für Schloß Schönbrunn in Wien (Abb. 27). Wieder einmal wurde ein Bau zur Residenz bestimmt, der zunächst als Jagdschloß ausgewiesen war. Allerdings projektierte Fischer von Erlach das Schloß zunächst nicht da, wo heute Schönbrunn steht, sondern auf einer Anhöhe dahinter, dort, wo später die Gloriette erbaut wurde. Der Kupferstich von diesem Projekt zeigt, daß zunächst nur Prätentionen und keine realistischen Überlegungen für den Plan im Vordergrund standen. *Die Anlehnung an die Form desjenigen Baus, der überboten werden sollte, wie das Übergewaltige der Maße, sind eines wie das andere politisches Programm. Fischer aber hat, indem er die Franzosen in ihrer eigensten Domäne, dem Schloßbau, übertreffen mußte, zugleich auch, wie schon in seinen Erstlingswerken, die Italiener zu übertreffen versucht. Das gelingt ihm – ganz im Sinne der Zeit eines Leibniz – indem er beide Vorbilder ‚aufhebt' in einer Synthese, die reicher ist als die in ihr überwundenen Möglichkeiten. Von Versailles stammt der Grundriß; das Gebäude wird aber über Versailles erhoben durch die majestätischen großen Ordnungen, die aus Berninis Louvre-Plänen kommen – bei der Risalitbildung des Mittelteils hat man sich auch an Madernas Peterskirchen-Fassade erinnert gefühlt – und durch das machtvolle, wahrhaft königliche Motiv der halbkreisförmig einschwingenden Front, auch das ein Gedanke Berninis für das Pariser Königsschloß, in klassischer Einfachheit zu Ende gedacht. An Perraults Louvre-Entwurf war zuerst eine Tempelfront – gewiß nicht ohne tiefere Absicht – auf eine Königsburg angewendet worden; das Königsschloß ist jetzt mehr als ein gewaltiger adeliger Palast, es wird gleichsam zum Sakralgebäude. Auch im ersten Schönbrunn ist das Giebelmotiv des Tempels als Zeichen der Verherrlichung eingesetzt. Überboten wird Versailles auch durch das Großartige der Lage.*[10] Sedlmayr beschreibt damit,

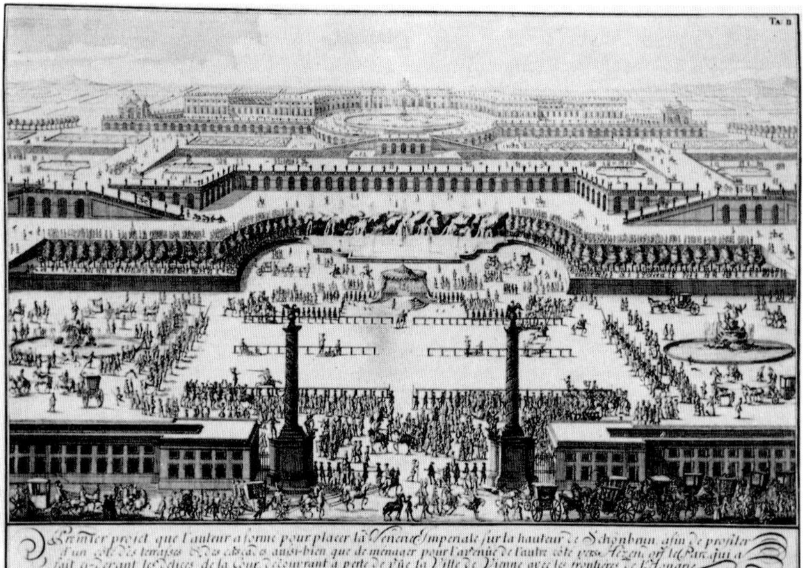

27 Wien, Schloß Schönbrunn, Radierung nach dem ersten Entwurf J.B. Fischer von Erlachs, ca. 1690

wie dieses Schloß über Wien und zugleich, wie auch im Stich vermerkt, über der sichtbaren Grenze zu Ungarn, dessen König Joseph war, gelegen sein sollte. Dabei sollte das Höhenschloß nur ein Teil einer bedeutsamen Anlage sein. Der ganze Abhang sollte zu einem gewaltigen Aufzugsgelände umgestaltet werden, dessen Mittelpunkt dort lag, wo eigentlich der Ehrenhof, also die Triumphalseite anzunehmen ist. An dieser Stelle sollte gewissermaßen das »Thronzelt« des Kaisers veranschaulicht werden, wobei dieses, wie es im Stich ausgewiesen ist, zu einem »Schauturnier« gehört. Vor dem Schloß ist im Plan eine ritterliche Festaufführung, eine Art von Turnier, eingerichtet, allerdings nicht in ephemerer, sondern in fester, architektonischer und damit perpetuierender Form. Die »hängenden Gärten« dagegen haben ihr Vorbild in der Terrassenanlage von Palestrina. *Wie in Versailles*, schreibt Sedlmayr, *steht der Bau im Zeichen der Sonne: eine riesige Quadriga des Helios-Joseph krönt seine Mitte. Zu dieser Sonnensymbolik tritt die Herkulessymbolik des Eingangs, und beide verbinden sich in den großen Brunnenbergen. Auf dem einen tötet Apoll den Python, auf dem anderen bändigt Herkules, umringt von den vier Weltmonarchien, den Cerberus; Sinnbilder der ‚Kraft' des Monarchen, der die Kräfte der Finsternis bannt. Übrigens wird sogar die Lage von Schönbrunn ‚im Westen' von Wien, also dort, wo ‚die Sonne zur Ruhe geht', und sein alter Name symbolisch ausge-*

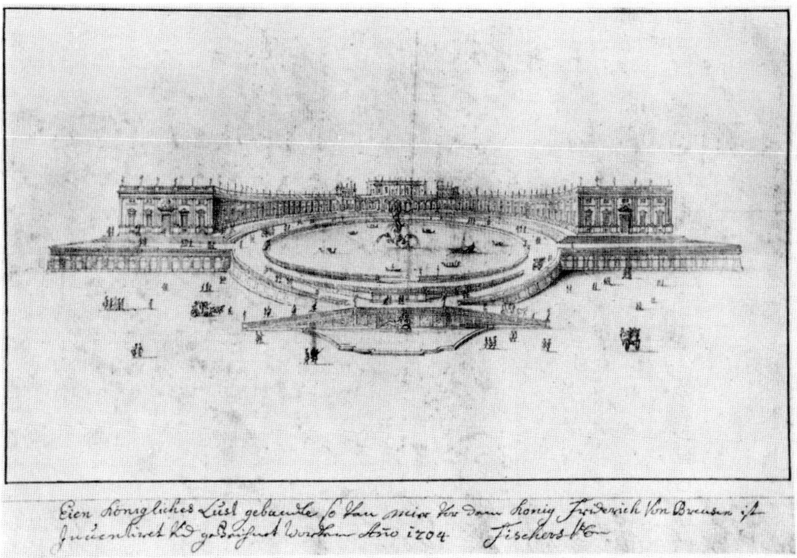

28 J.B. Fischer von Erlach, Entwurf für ein preußisches Königsschloß

*deutet: ‚Sol ubi Romanus curis percurrit orbem / Hoc pulchro fessos fonte relaxat equos' (Inschrift der Medaille auf die Beendigung des Baus 1700).*[11] Der utopische Charakter dieses Entwurfes ist so deutlich wie die Herkunft der in einer Synthese verdichteten einzelnen Bestandteile aus der Sphäre der Trionfi. Schließlich ging der Entwurf in Fischers *Historische Architektur*[12] ein, wo er seinen eigentlichen Platz gefunden hat. Auf »Einrathen« des Kaisers – der Sohn war noch minderjährig –, kam schließlich ein zweiter Plan Fischers zustande, der vieles reduzierte und auch die Lage veränderte. Jetzt sollte das Schloß nach unten in das Tal des Flüßchens Wien verlegt werden, während für die Anhöhe ein Belvedere vorgesehen war. Dieser zweite Plan wurde 1695 in Angriff genommen und erschien ebenfalls in der *Historischen Architektur*. 1713 stand das Schloß im wesentlichen, aber bereits mit dem Regierungsantritt Maria Theresias, die Schönbrunn zur Sommerresidenz wählte, veränderte ein Ausbau und auch Umbau sehr viel der ursprünglichen Konzeption. Im Gegensatz zu dem ersten Entwurf schloß diese Gesamtkonzeption des zweiten und ausgeführten Projektes überdeutlich an den mittlerweile »kanonischen« Typus des Schlosses in Versailles an: In Fischers erstem Projekt für Schönbrunn hatte der Ehrenhof den größten Platz eingenommen. Über die »herkulischen« Torbauten gelangte man in den von Anbauten flankierten Hof, ehe man sich der an den Seiten vorgestaffelten Front näherte. Jetzt sind es Obelisken, die den Eingang flankieren, während es im ersten Entwurf Triumphsäulen waren, die ihren antiken Ursprung unschwer erkennen lassen, aber auch der habsburgischen Devise des »Plus ultra« entsprangen. Vorgeprägt hatte sie übrigens Jean Marot in seinem Entwurf für Schloß Mannheim, während sich der Ursprung des Motivs bis Bernini zurückverfolgen läßt.

Auf der anderen Seite ist der Garten flach in einem Raster mit Achsen ausgebreitet. Die Perspektive ist mit einem Belvedere begrenzt. Zu den nicht ausgeführten Teilen des zweiten Projektes gehört eine Reiterstatue, vorgesehen für die eigenartige, in die Dachzone gesetzte Triumphalarchitektur. Es scheint sich um eine Neuerfindung Fischers zu handeln, die im Zusammenhang mit den ephemeren Ehrenpforten gesehen werden muß, während ansonsten festzustellen ist, daß die Realisierung des Schlosses dort Reduktionen vornahm, wo zunächst triumphale, phantastische Schaugerüste vorgesehen waren.

Von der ursprünglichen Ausstattung für Joseph I. ist kaum noch etwas erhalten. Dort, wo heute die sogenannte »Blaue Stiege« eingebaut ist, lag zunächst ein Saal innerhalb einer Folge von Repräsentationsräumen, den 1701–02 Sebastiano Ricci freskierte.[13] Das Thema des Deckenbildes ist deutlich genug: Der Held hat sich bei der Wahl zwischen den Anfechtungen der Venus und ihres Gefolges und den Tugenden für letztere entschieden; in der Apotheose empfängt er jetzt den Lohn der Unsterblichkeit. Der Ascensus des Helden zeigt allerdings nicht, wie

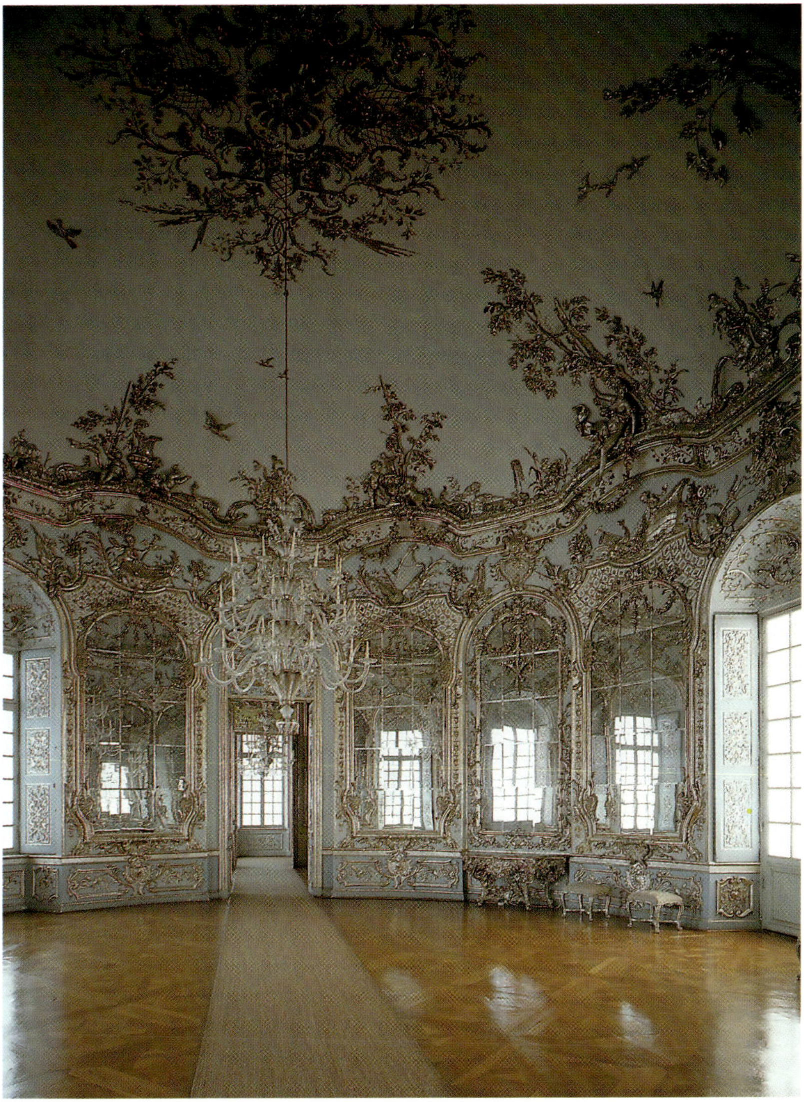

III München, Schloß Nymphenburg, Amalienburg, Mittelsaal

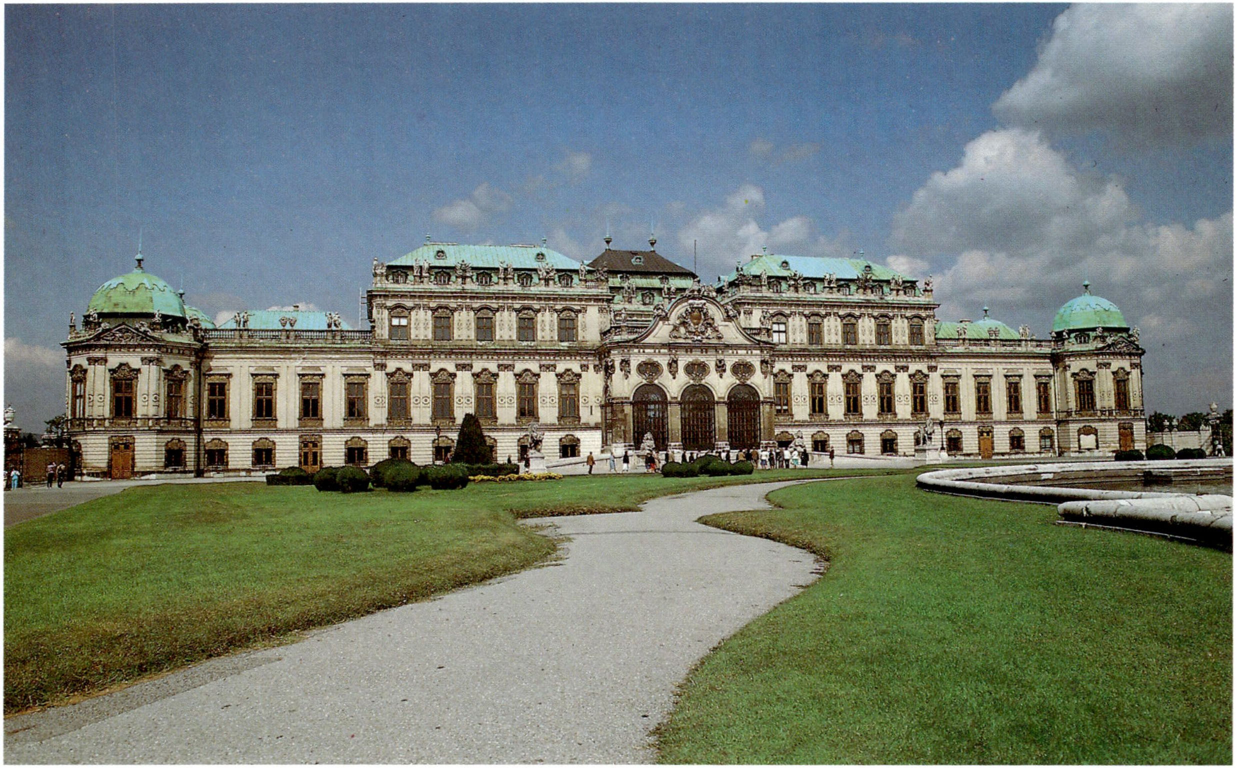

IV Wien, Oberes Belvedere, Ehrenhofseite

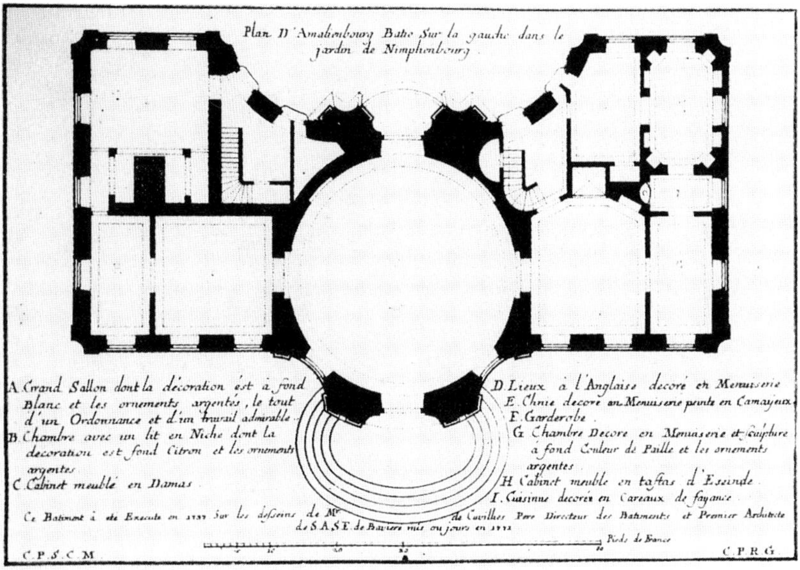


29 München, Schloß Nymphenburg, Amalienburg, Grundriß nach F. de Cuvilliés, 1771

vermutet wurde, Joseph I. selbst. Es ist vielmehr die Allegorie auf ihn als den Helden, der seinen Lohn empfängt. So ist wenigstens noch ein Schlüsselbild der ursprünglich geplanten Ausstattung für Joseph I. erhalten.

Preußen war seit 1701 Königtum. Da Friedrich I. eng mit dem habsburgischen Kaiser paktierte, ist es kein Zufall, daß Fischer von Erlach auch für ein preußisches Königsschloß zeichnete (Abb. 28).[14] Der Entwurf ist auf 1704 datiert, das Jahr, in dem Fischer eine Reise nach Berlin unternahm. Die Zeichnungen sind ebenso wie der erste Entwurf für Schönbrunn deshalb bemerkenswert, weil Fischer von Erlach offensichtlich nicht von einer inneren Distribution des Schlosses ausging, sondern von dessen Gestalt und dem Umgriff der Landschaft. Von primärer Bedeutung ist die Ansicht, mit der eine wesentliche barocke Kategorie angesprochen ist. Sedlmayr schreibt: *Der Lustschloßentwurf für Friedrich I. variiert den Gedanken von Schönbrunn I. Die Flügelschlösser sind weggefallen, dafür ist aber das Hemizykel viel größer geworden: Über 50 statt 31 Achsen in Schönbrunn, und die Mitte durch drei selbständige Pavillons hervorgehoben, die starke Risalite bilden und sich hoch über die Dachlinie des Halbrunds erheben, wobei der mittlere die beiden seitlichen an Größe weit, an Höhe leicht überragt. Doch sind im Verhältnis zum Ganzen die Akzente etwas schwach; viel entschiedener ist die Betonung der Mitte auf dem einen der skizzenhaften Vor-*

*entwürfe, der an Berninis zweiten Louvre-Plan anschließt. Die halbrunde Terrasse senkt sich vorne, in zwei Stufen gespalten, sanft zu einer Doppelrampe, die parallel zu den Stirnseiten der Schloßflanken und ihrer Terrassen verläuft und die Frontalebene distanzierend betont. Das ganze Schloß ist auf ein hohes Stufenpodium gehoben, wie ein Tempel. Vor die Rampe ist ein kleines Stufenbassin mit kurviger Einfassung gelegt – das schon in Schönbrunn I. unten da war.*[15]

Mehr noch als der Entwurf für Schönbrunn zeigt das Projekt für Berlin utopische Züge. Die Rampenanlage mit den Substruktionen gehört ebenso dazu wie das Bassin an der Stelle des Ehrenhofes. Das verweist auf den Entwicklungsstrang, aus dem heraus dieses Projekt entstanden ist. Es ist nicht ein Residenzschloß vom Typ Versailles geplant, sondern ein Lustschloß. Nicht zufällig nennt auch die Beschriftung des Planes den Vorschlag »Lustgebäudte«. Beabsichtigt war ein Lustschloß, das, in den Dimensionen übermäßig gesteigert, eben keines der Elemente einer »maison de plaisance« besessen hätte. Im übrigen verweist auch die Eingeschossigkeit auf diesen Typus, und auch Anlehnungen an das Grand Trianon sind nicht auszuschließen.

Überblickt man die Entstehung der großen Residenzschlösser, so findet man kaum eines, an dessen Stelle vorher nicht schon ein Jagdschloß gestanden hatte. In Rastatt wurde ein solches, das noch keine zehn Jahre alt war und vom gleichen Architekten stammte, der auch den viel größeren Nachfolgebau durchführte, abgebrochen. Auch darin konnte man Versailles als Vorbild sehen. Es gab immerzu Wechselbeziehungen. Die Residenz mit ihrem eigenen Zeremoniell kehrte jetzt gleichsam dorthin zurück, nämlich in die Jagd- und Lusthäuser, wo zunächst ein eigenes Zeremoniell der Zwanglosigkeit entwickelt worden war. Zugleich spalteten sich aus diesen Residenzschlössern, die jetzt wieder auf dem Land und nur noch selten in den Städten gelegen waren, neue Lusthäuser ab: *Zur Sommers-Zeit*, überliefert ein Zeremonienhandbuch des 18. Jahrhunderts von Julius Bernhard von Rohr, *pflegen sich die grossen Herren gemeiniglich auf ihre Lustschlösser und Jagdhäuser zu begeben und daselbst mit Jagden und allerhand Arten der Lustbarkeit zu divertieren. Es sind selbst gemeiniglich manche strenge Ceremonien, die man in den Residentien bey Hofe verspührt, verbannet, und man spühret allenthalben mehr Freyheit und ungezwungenes Wesen.*[16] Lusthäuser, wie sie bei Fischer von Erlach oder Decker genannt werden, waren kleine Schlösser in einem Garten. Im französischen Sprachgebrauch sind es die »maisons de plaisance«, von denen d'Aviler in seinem *Cours d'Architecture* von 1691 schreibt: *Maisons de plaisance – c'est à la Campagne, le Château d'un Seigneur ... qui sert de séjour agréable pendant la belle saison, à cause de la propreté de ses Apartements de l'embellissement de ses Jardins. Elle est ainsi nommé, parcequ'elle est plutôt destinée au Plaisir, qu'au profit de celui qui la possede*[17]. Und das deutsche *Lexicon Architectonicum* von Penther, 1775 erschienen, wird noch deutlicher: *Lusthaus, Maison de plaisance, Casino ist ein Gebäude aufm Lande, auch wohl nur in einem Garten, welches nicht gewöhnlich bewohnet wird, sondern nur dann und wann in Sommer-Tagen zum Abtritt, um eine Veränderung zu haben und frische Luft zu schöpffen dienet. Nachdem der Besitzer vornehm, oder reich, der Bau lustig, ist auch die Größe, Kostbarkeit und architektonische Ausziehrung beschaffen, und so kan entweder gar zum Nacht-Quartier dienen, oder ist nur am Tage zu einem Abtritt. Anno 1737 ist von Jacques Francois Blondel in Paris ein Werck ..., so er ediret, Distribution des maisons des Plaisance nennet, woraus man sich verschiedenes zu Nutze machen kan*[18]. Mit dem Werk Blondels ist das Buch genannt, in dem während der Spätzeit des Rokoko dieser Typus von Architektur als zentrale Aufgabe abgehandelt wurde. Blondel spricht bei der Aufzählung der Aufgaben zunächst die schon bekannten Topoi von Erholung und dem Verweilen ohne Pflichten des Zeremoniells aus. Wichtiger ist jedoch bei Blondel, daß gerade an dieser »maison de plaisance« eine Anschauung von Architektur und damit zusammenhängender Begriffe entwickelt wurde. Im 17. Jahrhundert waren es die Begriffe von »unité« und »symétrie«, also die Forderungen nach Einheit und Ausgewogenheit eines Gebäudes, außerdem die Fragen nach der Proportion. Dagegen sollten allerdings die früheren Unterbegriffe dominant werden. Briseux schrieb 1743: *Il y a quatre objets principaux dans la distribution des Maisons de Campagne; savoir l'Oeconomie, la Convenance, La Commodité & la Beauté*[19]. »Bienséance« und »Convenance« bestimmen die Form und die Verhältnisse des Baus. Der wichtigste Begriff aber wurde der von der »Distribution«. Dieser Begriff, schreibt Frank, *beinhaltet und vereinigt für das konkrete Bauvorhaben die praktische Umsetzung der Theorie bei gleichzeitiger Berücksichtigung der neuesten Errungenschaften sowohl hinsichtlich der Planungsgestaltung von Grund- und Aufrißsystemen als auch bezüglich der individuellen Ausstattung einzelner Räume*[20]. Blondel hatte 1737 vermerkt: *Outre la distribution d'un Batiment qui consiste a bien arranger toutes les pieces qui le composent, il y a encore une autre sorte de distribution qui regarde de sa decoration, tant interieure qu'exterieure*[21]. Vereinfacht gesagt, bedeutet dies, daß der Schloßbau des 17. Jahrhunderts die Aufgabe stellte, in der richtigen Ordnung und in den richtigen Proportionen einen Bau von eindrucksvoller Rhetorik herzustellen. Im 18. Jahrhundert begann die Kategorie des Geschmacks zu dominieren. Damit sind jetzt die entscheidenden ästhetischen Begriffe aus funktionalen Elementen genährt: »Bequemlichkeit«, »richtige Anordnung«, also »Distribution«. Damit konnte auch die »maison de plaisance«, das »Lustgebäude«, zur Architektur werden.

Nach hundert Jahren wurde von Blondel im *Cours d'Architecture* ein einziger Bau aus dem 17. Jahrhundert als eine »maison de plaisance« bezeichnet, nämlich Vaux-le-Vicomte.[22] Das hat sicherlich Gründe: Trotz seiner Größe und trotz jener Rolle, die Le Vaus Bau für die Entwicklung des Barockschlosses spielte, sind hier Elemente vorhanden, die, gerade im Hinblick auf die Diminuierung des großen Schlosses, fortschrittlich waren. Beispiele in der Folge dieser Entwicklung sind Cottards Schloß Villacerf von ca. 1675 oder Turny, wenig später wohl von Jean Marot entworfen[23] und auch die Amalienburg im Nymphenburger Park (Abb. 29; Tf. III), in den dreißiger Jahren des 18. Jahrhunderts von Cuvillies erbaut[24]. Vaux-le-Vicomte ist so konzipiert, daß es – das ist bemerkenswert genug – sowohl für Residenzschlössser als auch für die »maison de plaisance« zu einem Prototyp wurde. Im Hinblick auf die »maison de plaisance« war dies eine über die zentrale Raumachse hinweg angelegte systematische Vermittlung zwischen Hof-, Eingangs- und Gartenseite. Vor allem aber kann die Zuordnung von Räumen bereits als Lösung im Sinne der richtigen »Distribution« bezeichnet werden. Der Mittelsaal fungiert dabei als Vermittler, und zwar sowohl in der erwähnten Achse zwischen Eingang und Garten wie auch gegenüber den seitlich anschließenden Appartements des Corps-de-logis. *Ausgehend von den Schmalseiten des Querovals, erstreckten sich beidseitig des Salon à l'italienne im Erdgeschoß jeweils ein Appartement, gebildet aus antichambre, chambre de parade mit als Alkoven geformten Bettnischen, samt zwei cabinets. Die Zugänge zu diesen Räumen erschließen sich auf einer nächst den Fenstern der Parkseite gelegenen Enfilade, die als Sekundärachse quer zur Sagittalachse diese im Ovalsalon schneidet.*[25] Dabei findet sowohl innerhalb der Anordnung wie auch in der Größe der einzelnen Räume der Appartements eine Differenzierung statt. Sie wird von den Zeitgenossen des 18. Jahrhunderts als »Distribution« bezeichnet und beschreibt das sinnvolle Arrangement der Räume im Grundriß. Indem zwei Reihen von Raumfluchten entstanden sind, haben die Appartements auch an Tiefe gewonnen. Aus den früheren Appartements simples sind jetzt Appartements doubles geworden. Wie die Bezeichnung des Hauptsaales als »salle à l'italienne« zeigt, spielt in der Genese des französischen Schlosses zunächst der große Hauptraum mit seitlich angeordneten Räumen der italienischen Villa eine Rolle. *Die noch in Le Raincy auf zwei Etagen aufgeteilte repräsentative Abfolge von Vestibül, grand escalier und salon à l'italienne ist in Vaux einer durchsichtigen Reihe von miteinander verspannten Raumelementen gewichen, so zwischen Hof und Vestibül, Vestibül und salon, salon und Appartements, salon und Park.*[26] Vom Anspruch höfischer Repräsentation befreit, ergeben sich daraus Formen, wie sie in der von Cuvilliés entworfenen Amalienburg in München entstanden sind. Im kaiserlichen Bereich in Deutschland und Österreich wurde das »Lustgebäude«, wie die Zeitgenossen den Typus dieses Schloßbaus nannten, als Aufgabe bestimmend. Er wird zur neuen Schloßform. Und wie die Entwicklung zeigt, ist der gigantische Entwurf Fischers für Schönbrunn vor allem als eine Steigerung dessen anzusehen, was ursprünglich als »Lustgebäude« vorgeschlagen worden war. In der *Historischen Architektur* Fischers ist ein solcher Bau vorgestellt. Die Abhängigkeit von Vaux ist unübersehbar. Statt des Querovals findet sich ein Längsoval mit anschließenden Appartements doubles. Dagegen weist eine Zeichnung Fischers für ein »Gardtengebäudte« Anregungen von Kirchenfassaden bzw. italienische Architekturen auf. Dort ist eine Transposition in die Sphäre des strahlend triumphalen Schlosses als Selbstzweck erfolgt. Sedlmayr hat aufgezeigt, wie Fischer von Erlach gerade in den 90er Jahren, als sich um Wien, nachdem es vom Zugriff der Türken befreit war, ein Ring von solchen Lustschlössern legte. Sie waren im Auftrag des hohen Adels entstanden, wobei Schönbrunn das edelste und mächtigste sein sollte. Und Sedlmayr konnte auch überzeugend beschreiben, wie gerade Fischer in diesen Schlössern eine bewußte Synthese herstellte. *Diese Absicht bahnt sich schon an in dem Lustschloß für Leopold Schlick (Palais Eckard) und zeigt sich mit paradigmatischer Klarheit an dem Entwurf für Schloß Engelhartstetten und dann besonders in den idealen Schloßentwürfen der reifen und späten neunziger Jahre. Typisch ist dabei folgender Vorgang: die französische Frühklassik gibt die Ausgangsform; in sie werden Motive des italienischen Hochbarocks plastisch bereichernd und idealisierend eingepfropft, und das Produkt wird ‚veredelt' im Sinne der Formenauffassung der klassischen Kunst der Hochrenaissance.*[27] Aber auch wenn sich das Lustgartengebäude für Rüdiger Starhemberg in Engelhartstetten auf Vaux und Raincy, den Entwurf Berninis für den Louvre in Paris und Cortonas S. Maria della Pace in Rom bezieht, ist dies noch lange keine Erklärung für einen solchen Schloßbau. Von Vaux-le-Vicomte bis zu Fischers Lustgebäuden oder dem Belvedere des Prinzen Eugen wird als Gemeinsamkeit deutlich, daß eine Funktion dieser Bauten darin bestand, den Durchgang vom Triumph bis zur Vereinigung mit den Musen festlich zu erhöhen. Dazu ist ein Vorgriff auf die nächsten beiden Kapitel nötig. Das barocke Zeremoniell hat inzwischen zwei zentrale Aspekte. Sie sind zwar nicht neu, werden aber jetzt zunehmend deutlicher: Zum einen wird der Tageslauf des Fürsten so weit ritualisiert, daß in den Verrichtungen eine Identität mit dem Herrschen hergestellt werden kann. Das »Lever« des französischen Königs ist ein Beispiel dafür. Damit werden die Wohnräume, die Appartements, zu Staatsräumen. Der andere zentrale Aspekt der Herrschaftsausübung ist das Fest. Es wird gleichsam vom Herrscher gespendet und stellt die Möglichkeit einer Transitorik der Wirklichkeit in höhere Begriffe dar. Das Schloß stellt den Schauplatz bereit für diese beiden zentralen Aspekte des Zeremoniells. Vaux-le-Vicomte war in dieser Hinsicht geradezu eine Vision. Die Appartements doubles erhöhten den Tageslauf des Herrn zum festlichen Ereignis. Das Schloß war zugleich Festkulisse und wurde durch entsprechende theatralische Feste »mitaufgeführt«. Das Residenzschloß in Versailles war als Sitz des mächtigsten Königs im Abendland auf das Regierungszeremoniell ausgerichtet und dadurch zugleich Schauplatz des Festes. Demzufolge sollten die Lustschlösser des französischen Königs ebenso wie die im Heiligen Römischen Reich vor allem im Hinblick auf das Festzeremoniell erbaut und eingerichtet sein. Und noch ein dritter Aspekt ist zu erwähnen: Colberts Äußerung von der königlichen Aufgabe und Möglichkeit, Größe und Bedeutung durch das Bauen zu demonstrieren, wiederholte sich bald in Bauaufträgen der Duodezherren. Dazu zählten die Schönborn, denen dieser Aspekt von Architekten wie Decker immer wieder nahegelegt wurde. Es ist allerdings wenig sinnvoll, hier nur von dem darausfolgenden »Bauwurmb« als einem irrationalen Element zu sprechen. Dagegen erscheint deutlich, wie durch einen Schloßbau in direkter Weise Herrschaft ausgeübt werden konnte, weil dieser eben bedeutungsvoll war.

Der Bauherr von Schloß Weißenstein bei Pommersfelden war Lothar Franz von Schönborn, Kurfürst und Erzbischof von Mainz, Fürstbischof von Bamberg, Erzkanzler des Reichs und treuer Gefolgsmann des Kaisers, der ihn den *ehrlichen Patrioten zu Mainz* nannte. Das Schloß, 1711 begonnen, geplant von Lukas von Hildebrandt und Johann Dientzenhofer, war Ergebnis vieler Beratungen. Die Pläne gingen nach Wien, um hier dem Neffen Friedrich Karl Hildebrandt übergeben zu werden, damit er sie auf den neuesten Stand bringe. Lothar Franz selber

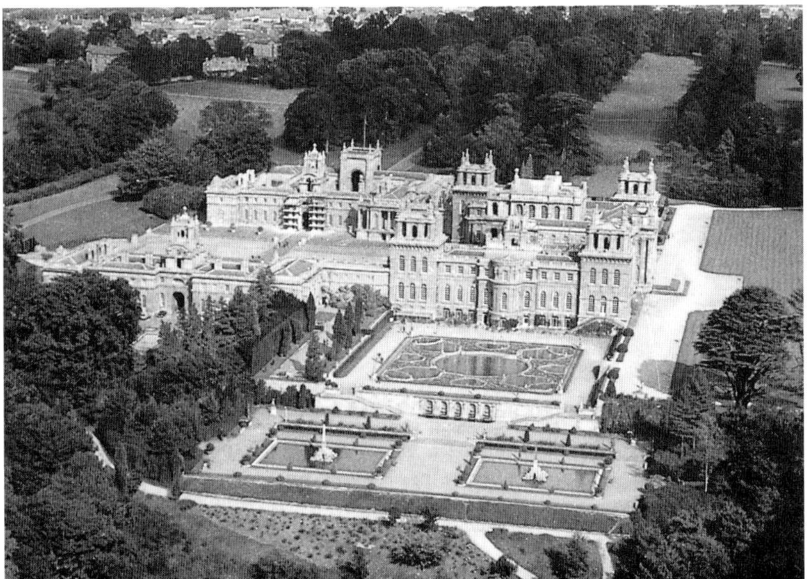

30 Blenheim Castle

besaß eine Bibliothek zur Baukunst, in der, von Vitruv angefangen, alles Wissenswerte zur Baukunst vorhanden war. Es ist deshalb auch nicht ausgeschlossen, daß das Treppenhaus von Pommersfelden, wie überliefert wird, aus der »Invention« des Bauherrn selbst stammt. Die bislang gerade im deutschen und österreichischen Bereich übliche Freitreppe ist jetzt in das Innere verlegt und dadurch ein neuer Abschnitt in der Geschichte des deutschen Prunktreppenhauses eingeleitet. Es bildet jetzt das Zentrum der Schlösser. Und in Pommersfelden wird überdeutlich, wie architektonischer Aufwand identisch wird mit der Idee einer permanenten Festlichkeit. Das Bauen wird zum Bau schlechthin, und der Bau ist zugleich Festlichkeit an sich. Nicht zufällig entwickelt sich gerade auf diesen Prunktreppen ein Teil des höfischen Zeremoniells. Erstmals ist im Fresko an der Decke über dem Treppenhaus das Thema des im Triumph über den Erdkreis fahrenden Apoll vorgeführt. Anders als bei den Schlössern der »Sieger« mit dem zentralen Thema der Apotheose, erscheint hier der Sonnengott. Es verweist auf das Prinzip des kaiserlichen Herrn, dem der Vizekanzler Schönborn mit seinem Rat beisteht, so wie es das Fresko im Festsaal des Schlosses thematisch wiedergibt.

Das barocke Schloß veranschaulicht den Trionfo und den Sitz der Musen. Herkules wird in den Olymp aufgenommen, Apoll übt die Herrschaft des Lichtes über die Erde aus, bis seine Pferde am Abend getränkt werden und er sich bei den Musen niederläßt. Das sind auch die Bilder, die über dem zeremoniellen Weg durch das Schloß diesen überhöhen. Man gelangt über den Ehrenhof, die »herkulische Seite«, und wird auf der Gartenseite schließlich zum Fest geladen, das nachts, nach der Fahrt des Apoll, stattfindet. Wenn in diesem Schloß regiert wird, dann ist der Tageslauf des Regenten Vorstellung von göttergleicher Attitüde geworden, und zwar in Räumen und Raumfolgen, die diesen Tageslauf transzendieren. So ist ein solches Schloß ein Apparat theatralischer Natur, in welchem Herrschaft weniger geübt, als vielmehr in überhöhten Bildern aufgeführt wird. Architektur ist dieser theatralische Apparat in der Weise, daß die bedeutendsten Würdeformen der Baukunst die Transitorik in eine Welt jenseits der realen Verhältnisse leisten sollen.

Durch die Streitigkeiten über die spanische Erbfolge war es zu großen Auseinandersetzungen zwischen Frankreich und Österreich gekommen. Einer der Anwärter auf den spanischen Thron wäre der Sohn des bayerischen Kurfürsten Maximilian II Emanuel und der Kaisertochter Maria Antonia gewesen. Der Thron hätte nach dem Tod Karls II. von Spanien das Erbe von Spanien, Mailand, Neapel, Sizilien, den Niederlanden und den beiden Indien eingeschlossen. Als jedoch 1699 der sechsjährige Kurprinz von Bayern in Brüssel starb, waren die Hoffnungen Max Emanuels zerronnen, so daß sich dieser, um wenigstens die Niederlande zu halten, auf die Seite Frankreichs schlug. 1702 wurde der Bündnisvertrag geschlossen. 1704 konnte Max Emanuel sogar Wien bedrängen. Als sich dann aber der Herzog von Marlborough mit seinen englischen und Prinz Eugen mit den kaiserlichen Truppen an der Donau vereinigten, wurden nach einem englischen Reiterdurchbruch Franzosen und Bayern am 13. August 1704 vernichtend geschlagen. Bayern ging verloren, der Kurfürst mußte ins Exil ausweichen. Nachdem er ohne Zögern Bayern gegen die Niederlande eingetauscht hatte, scheint der Verlust des Landes wohl nicht das Schlimmste für ihn gewesen zu sein, sondern wohl eher, daß er das eben erst begonnene Schloß in Schleißheim bei München nicht mehr fertigstellen konnte. Dagegen konnten die Sieger, Prinz Eugen von Savoyen und John Churchill, Herzog von Marlborough, jetzt in großem Stil bauen. Bei einem Bauerndorf namens Woodstock, nahe bei Oxford, ließ Königin Anne dem Herzog über das Parlament genügend Grund übereignen, um ein neues Schloß zu erbauen. Es wurde Blenheim Castle[28] (Abb. 30) genannt, nach dem Dorf Blindheim bei Höchstädt an der Donau, wo 1704 die Entscheidungsschlacht geschlagen worden war. Der Bau wurde bereits 1705 begonnen, nachdem der Architekt John Vanbrugh ein Modell vorgelegt hatte, das von der Königin approbiert werden mußte. Bald sollte allerdings der Herzog von Marlborough mit Blenheim ähnliches erfahren wie Max Emanuel von Bayern mit seinem Schloß Schleißheim. 1710 zerstritt sich die unleidliche Herzogin von Marlborough, Sarah, mit der Königin, während im gleichen Jahr die Tories an die Macht kamen und die Gelder für Blenheim zu fließen aufhörten. 1712 mußten die Marlboroughs ins Exil nach Frankreich gehen; dort konnten sie sich – Laune der Geschichte – mit Max Emanuel treffen. Bis dahin waren 220.000 Pfund für Blenheim ausgegeben. Erst 1716 ging es, allerdings zögernd, mit dem Bau weiter, 1722 starb der Herzog. Von der Herzogin wird überliefert, daß sie mit Vanbrugh kein Wort wechselte, immer wieder kundtat, daß sie alle Gärten und Architekturen hasse und nichts sehnlicher wünsche als *a clean sweet house and garden be it ever so small*. Zunächst ging es aber nicht um ein kleines geputztes Häuschen, sondern um etwas anderes: Vanbrugh schreibt 1710 in einem Brief an Lord Poulet: *When the Queen declared she would build a house in Woodstock Park for the Duke of Marlborough, and that she meant it in memory of the great services he had done her and the nation, I found it the opinion of all people and all parties I conversed with, that altho' the building was to be calculated for and adapted to a private habitation, yet it ought at the same time, to be considered both as a Royal and a National Monument and care taken in the design, and the execution, that it might have the qualitys proper to such a Monument, Vitz, Beauty, Magnificence and Duration*[29]. Solch ein Schloß hatte primär den Ruhm eines Helden des Landes auszustrahlen. Das drückt in fast allen Fällen auch die Bildausstattung der Bauten aus. In der Great Hall von Blenheim Castle, dem zentralen und deshalb wichtigsten Raum, zeigt das Deckenbild (Abb. 31), 1716

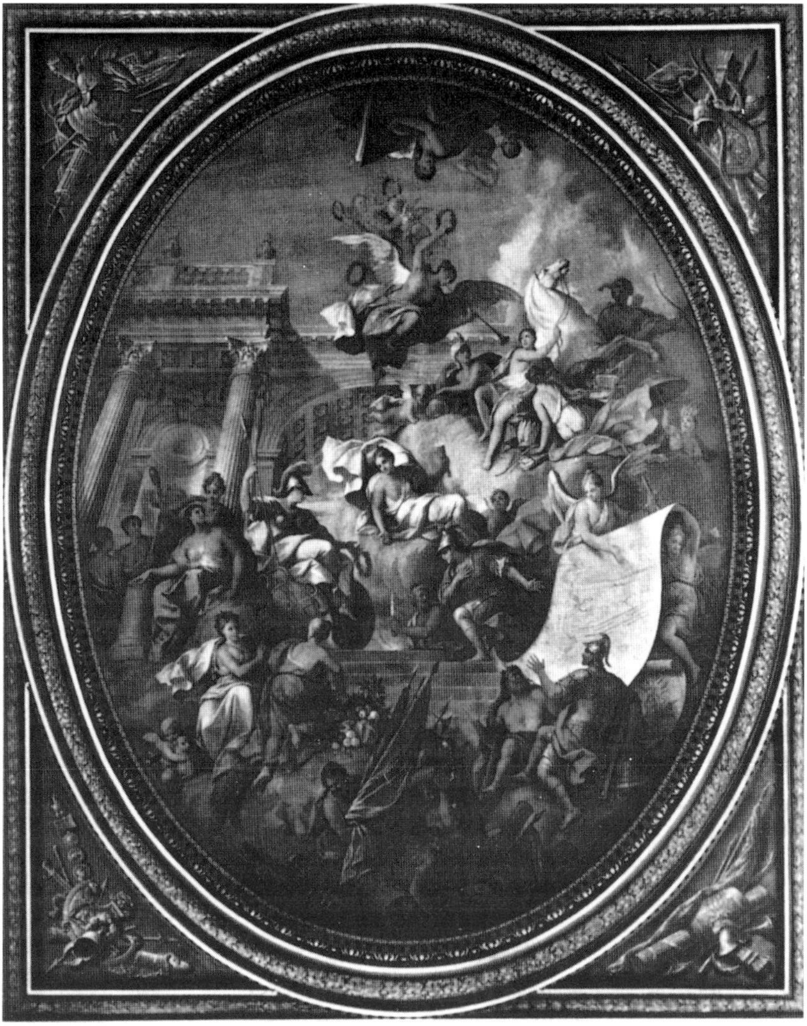

31 Blenheim Castle, Deckenbild in der Great Hall von J. Thornhill, 1716

von James Thornhill gemalt,[30] die thronende Britannia, der vom Herzog ein Plan der Schlacht von Höchstädt vorgelegt wird, während sie sich anschickt, ihm den Siegeslorbeer zu überreichen. Darüberhinaus zeigt diese Darstellung aber nicht nur den Herzog in persona, der hier kniet, sondern vor allem die Personifikation des Kriegshelden. In den Staatsräumen sieht man anschließend an der Decke des ehemaligen Speisezimmers, 1719/20 von Louis Laguerre gemalt, den gleichen Helden im Triumph gegen die feindlichen Übel einherfahren, unterstützt von Herkules, Minerva, Mars und Chronos. Die Schlacht von Höchstädt-Blindheim selbst war das Thema für die Wände der Staatsräume, diesmal in Brüsseler Tapisserien gewirkt (die berühmte Marlborough-Serie, die einen guten Teil des Budgets für Blenheim verschlang). Die Schlachten von Lille und Malplaquet kamen in weiteren Darstellungen dazu, so daß die Wände der Platz für konkret berichtende Historienbilder wurden.

Etwa gleichzeitig, 1711, erschien in einer Stichpublikation Paul Deckers *Fürstlicher Baumeister*[31], dessen vollständiger barocker Titel lautet: *Fürstlicher Baumeister Oder: ARCHITECTURA CIVILIS, Wie Grosser Fürsten und Herren Palläste, mit ihren Höfen, Lust-Häusern, Gärten, Grotten, Orangerien, und anderen dazugehörigen Gebäuden füglich anzulegen, und nach heutiger Art auszuzieren; Zusamt den Grund-Rissen und Durchschnitten, auch vornehmsten Gemächern und Sälen eines ordentlichen Fürstlichen Pallastes; Erster Teil Inventirt und gezeichnet Durch Paulus Decker, Hoch-Fürstl. Pfaltz-Sultzbach Architect … Augspurg … Anno MDCCXI*[32]. Es handelt sich um eine Architekturlehre anhand eines Modellschlosses, dessen potentiellen Bauherrn der Autor in seiner Vorrede als jemanden bezeichnet, … *der über Land und Leute zu gebieten hat und dessen hoher Character, welcher Ihm von Gott dem Herrn beygeleget worden auch an der äusserlichen Magnificence seines Staates und Aufführens sich erkenntlich zeiget*[33]. Decker denkt an einen Sieger als Auftraggeber: *Im gegenwärtigen Werck stelle ich vor die Anlegung eines Pallastes, welchen ein grosser Herr, der entweder Selbsten in seinen Landen Krieg geführet oder der auch nur sonsten eines gewaltigen Fürsten Armée commandirt hat, sich zur Wohnung erbauen könte*[34]. Auch Deckers weitere Planungen und die Ausstattung bestätigen die Funktion des Schlosses als ein Siegesmonument. Da Decker so etwas wie ein allgemeines Formular entwirft, haben seine Vorschläge für die Ausstattung und deren Signifikanz etwas Unverbindlich-Schematisches an sich, dennoch wird die Tendenz deutlich. In einem vorgeschalteten Text nimmt er zu den einzelnen Tafeln seines Abbildungsteiles Stellung. Zu Tafel IV heißt es: *Hier ist ein Auffriß eines Pallasts an der vördern Facade gegen Mittag, den ein Printz, welcher im Krieg gedienet, sich könnte bauen lassen.*[35] Und zu Tafel V: *Allhier ist das Perspective des vorigen Pallastes, zusamt denen darzu gehörigen Seiten-Gebäuden, mit der grossen Oval-runden freyen Treppen, auf welcher man mit einer Carosse hinauff fahren, und unten dem Porticus [Galerie] absteigen kan … Man möchte oben an den Krantz des Porticus [Galerie] einen grossen Schild zur Zierde anhefften, in welchem des innwohnenden Fürsten Nahmen oder Wappen von etlichen frey schwebenden Siegs-Bildern getra-*

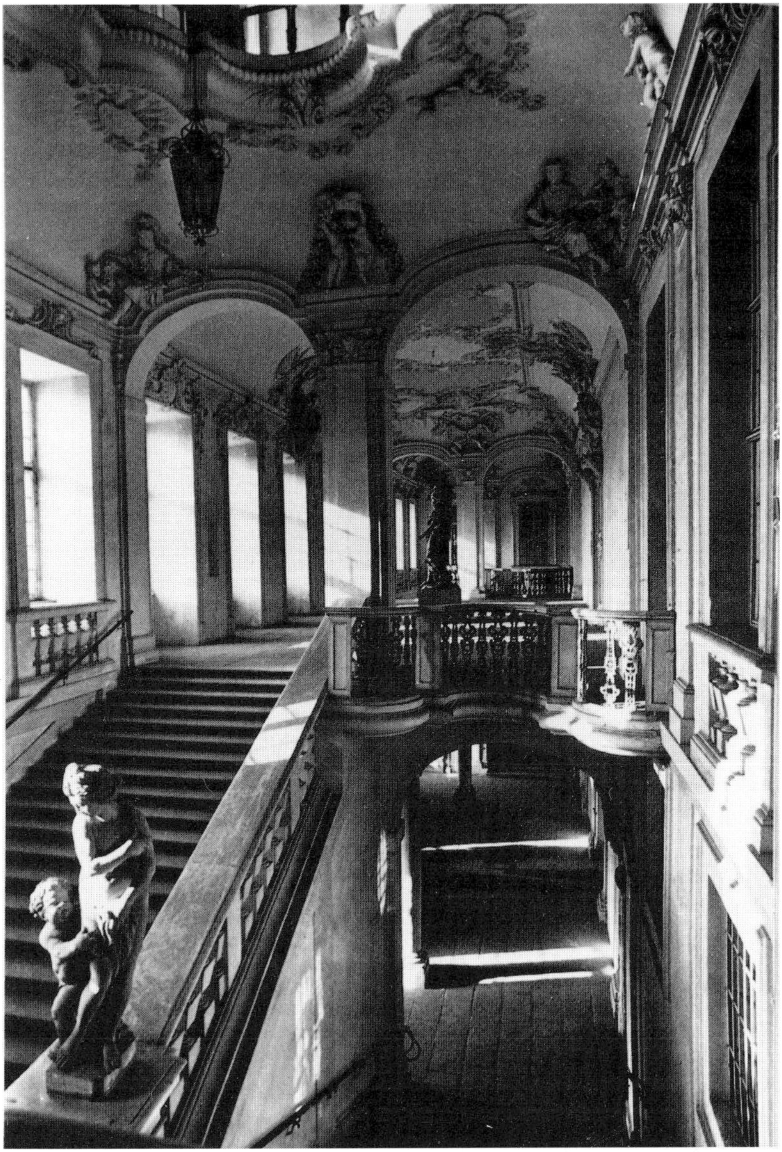

32 Rastatt, Schloß, 1700–1707, Treppenhaus

*gen oder gehalten wird. Vornen an, vor der freyen Treppen kan man auch des Fürsten Statuam zu Pferd, aus Messing gegossen, auf einem Piedestal auffrichten, woran unterschiedliche Sclaven gefesselt liegen. Gegen dieser Statua über könte eine Triumph-Säule kommen ... Endlich wäre das ganze Gebäude mit einem großen Vorhoff, von einem eisern zierlichen Gatter-Werck einzufassen*[36]. Der Ehrenhof ist somit die Triumphalseite des Schlosses. Gerade darin zeigt sich aber die Abhängigkeit all dieser Pläne und Anlagen von Versailles, dessen Entwicklung parallel zu der Geschichte des in Ludwig XIV. kulminierenden Absolutismus verläuft.

Am Ende des 17. Jahrhunderts war das Heilige Römische Reich von zwei Seiten bedroht: Im Osten von den Türken, im Westen von Frankreich. 1683 wurden zwar die Türken vor Wien geschlagen, trotzdem dauerte der Kampf gegen die Osmanen auf dem Balkan noch immer an, der um so schwieriger war, als das Reich noch durch die Auseinandersetzung im Westen bedroht war. Es gab drei Feldherren, die als Helden und Sieger gefeiert wurden: Eugen von Savoyen, Ludwig Wilhelm von Baden und Maximilian II Emanuel von Bayern. Der Badener, später Türkenlouis genannt, wurde 1655 in Paris geboren, war Patensohn des französischen Königs und übernahm 1677 die Regierung über die Markgrafschaft Baden, die allerdings durch die seit 1679 von Ludwig XIV. betriebene Reunionspolitik gefährdet war. Der Markgraf verdingte sich also dem Kaiser und bekam an der östlichen Front ein Kommando gegen die Türken. Hier brachte er es zum Oberbefehlshaber über das kaiserliche Heer und siegte 1689 bei Nissa und 1691 bei Slankamen. Nach seinen Siegen mußte Ludwig Wilhelm erfahren, daß die Franzosen inzwischen Durlach und Baden-Baden verwüstet hatten. Er bemühte sich, das Oberkommando im Westen zu erhalten, was jedoch erst 1693 gelang. Mit seinen Versuchen einer Heeresreform scheiterte er bald, vor allem mangels militärischer Unterstützung. Für seine Siege über die Türken wurde der Markgraf vom Kaiser mit einer reichen Heirat belohnt. Prinzessin Sibylla Augusta Franziska von Sachsen-Lauenburg war mit ihren böhmischen Besitzungen eine der besten Partien im Reich. Und als Ludwig Wilhelm schon 1707 starb, führte die Markgrafenwitwe Sibylla Augusta noch lange erfolgreich die Regierung im bedrohten Staat von Baden. Im Winter 1699/1700 beschloß Ludwig Wilhelm, ein großes Schloß anstelle eines kurz vorher entstandenen kleinen Jagdschlosses in Rastatt zu errichten (Abb. 32). Setzt man die Baudaten mit den wichtigsten Daten der Geschichte des Markgrafen in Verbindung, wird der Anlaß zum Bau des Schlosses deutlich: Mit dem Frieden von Reyswick waren dem Markgrafen 1697 das Elsaß und Straßburg verlorengegangen. Ebenso die polnische Krone, auf die er sich berechtigte Hoffnungen gemacht hatte, die aber schließlich der Kurfürst von Sachsen errang. Über die Frage nach einer neunten Kurwürde im Reich geriet er in solchen Widerspruch mit Wien, daß man dort sogar seine Verhaftung erwog. Der Markgraf war damit zwar an einem

Tiefpunkt seiner Macht und einer Reihe gescheiterter Ambitionen angekommen, blieb aber trotzalledem der Sieger gegen die Feinde des Reichs. Um all das darzustellen, seine Herrschaftfähigkeit, seine Ansprüche auf Ruhm und die Dankbarkeit des Kaisers, wurde das Schloß von Rastatt gebaut; riesig im Verhältnis zu dem damals kläglich kleinen Land Baden. Bleibt nachzutragen, daß ein Jahr nach Baubeginn der Krieg um die spanische Herrschaft ausbrach, in dem Max Emanuel von Bayern sich auf die französische Seite schlug, während Ludwig Wilhelm wieder dringend gegen die Franzosen gebraucht wurde. Er gewann 1705 noch die Schlacht von Schellenberg, wurde aber so schwer verletzt, daß er 1707 starb.

Der Baumeister für das Schloß in Rastatt war Domenico Egidio Rossi. Er stammte aus Fano und ist der Bologneser Architekturschule zuzurechnen. So zeigt auch das doppelte Treppenhaus in Rastatt Ähnlichkeit mit jenem im bischöflichen Palazzo von Bologna. Vorher war Rossi für den Grafen Czernin in Prag tätig gewesen, dann in Wien, bis er von Ludwig Wilhelm nach Rastatt geholt wurde, wo er zunächst das später abgebrochene Jagdschloß und ab 1700 das neue Schloß baute. Obwohl es eine Dreiflügelanlage nach Versailler Muster wurde, ist am Corps-de-Logis deutlich die österreichisch-italienische Provenienz dieser Architektur spürbar. Zugleich ist unübersehbar, daß Rossi Schwierigkeiten hatte, den Typus eines Palazzo auf den eines französischen Schlosses mit Appartements doubles zu übertragen. Die Bildsprache des Rastatter Schlosses ist deutlich: Am Eingang des Ehrenhofes stehen links und rechts zwei Figuren: Eine Frau als Minerva mit einem Löwen, bei Ripa als die Staatsräson (*Ragione di stato*) ausgewiesen. Gegenüber der Held, der dem Löwen die Zunge aus dem Maul reißt, Lysimachos, Gefährte Alexanders, der sich durch seine Tat vor dem Tod durch den Löwen rettete und so zum Regenten aufstieg. Er steht, nach Ripa, für »ardire magnanimo et generoso«.[37] Die Verkörperungen von Staatsräson und heldenhaftem Großmut leiten das Programm von Rastatt ein. Wie Lysimachos zu Alexander, so steht Ludwig Wilhelm zum Kaiser und demonstriert, daß er nicht nur für diesen Siege errungen hat, sondern auch die Gabe zum Regieren besitzt. Das Bildprogramm der Fresken im Innern wurde von den Italienern Paolo Manni, Giuseppe Roli, Giuseppe Antonio Caccioli und Pietro Antonio Farina ausgeführt, verflacht allerdings stellenweise zu einem ikonographischen Schematismus. Dennoch wird das Thema im Deckenbild des zentralen Festsaales im Obergeschoß deutlich, wo Herkules unter dem entsprechenden Aufwand an Göttern und Allegorien in den Olymp aufgenommen wird – die Apotheose des Siegers. Aus dem Trionfo wird der Anspruch auf Herrschaft entwickelt und für alle sichtbar vor Augen geführt.

Peter der Große, Zar von Rußland, sah die Zukunft seiner Herrschaft unseines Landes in einem Anschluß an die westliche Kultur. Die Seefahrt sollte diesen Traum möglich machen. Demzufolge wurde die Eroberung des Meeres vordring-

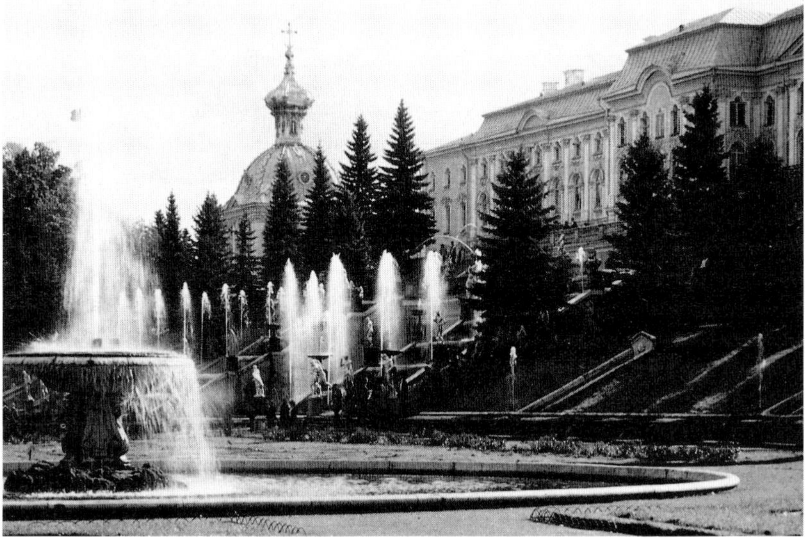

33 St. Petersburg, Schloß Peterhof, Ansicht seeseitig

liche Aufgabe. Als es Peter dem Großen 1700 gelang, im Krieg gegen die Türken die Festung Asow (Zugang zum Schwarzen Meer) zu erobern und sich damit den Rücken freizuhalten, trat er gegen die Schweden an und konnte sich nach Einnahme der schwedischen Festungen schließlich an der Newa festsetzen. 1703 folgte die Gründung der Hafenstadt Petersburg, die Erfüllung des Traumes von Rußland als einer europäischen Macht. 1712 wurde die neue Stadt Residenz. Bereits 1709 hatte Zar Peter bei Poltawa Karl XII. von Schweden endgültig geschlagen. Riga und Reval kapitulierten; die Ostsee war für Rußland offen. Dieser Sieg wurde durch die Errichtung des Schlosses Peterhof (Abb. 33), 30 km von Petersburg entfernt, direkt am Meer liegend, gefeiert.[38] Der Zar selbst plante die Anlage als ein Schloß auf einer Anhöhe, ähnlich dem späteren Sanssouci des preußischen Königs. Die Hauptachse, von der Mitte des Schlosses zum Park verlaufend, bestand aus einer Wassertreppe mit Kaskaden, dann folgte eine große Fontäne mit einer äußerst signifikanten Skulptur, schließlich eine Kanalachse, die zu einem Anlegeplatz im Meer führte. Das ist dann auch das Einmalige von Peterhof: Die Anlage über einem Garten, der, mit den üblichen Attributen bestückt, auf das Meer hin ausgerichtet ist. Peter der Große kannte Paul Deckers

*Fürstlichen Baumeister* und andere Architekturtraktate. 1713 holte man Andreas Schlüter mit einem Vertrag als Baudirektor von Berlin nach Petersburg. Gleichzeitig kamen Gottfried Schädel und Johann Friedrich Braunstein. Nachdem Schlüter aber bereits 1714 starb, dürfte sein Anteil am Schloß nicht mehr sehr groß gewesen sein. Ein Stich von 1717 zeigt die Anlage, wie sie nach Plänen Schlüters von Braunstein zunächst ausgeführt wurde. Sie bildete einen dreigegliederten Baukörper, wie er im Werk Schlüters mehrfach vorkommt. 1716 traf dann aus Paris Alexandre Le Blond ein und nahm Überarbeitungen im modernen Stil vor. Ein Vergleich mit einem Stich von 1773 zeigt, wie unter Peters Nachfolgerinnen, vor allem unter Elisabeth I., Schloß Peterhof weiter anwuchs: acht einzelne Gärten, 20 Dependancen, 142 Springbrunnen waren schließlich vorhanden. Als am 10. September 1721 der Friede von Nystad, der die russische Vormachtstellung an der Ostsee begründete, den Nordischen Krieg beendete, ließ Peter zum erstenmal die Fontänen springen. 1734 wurde, zum fünfundzwanzigsten Jahrestag von Poltawa, die große Skulptur des Samson als Löwentöter aufgestellt: eindeutiges und in der Zeit auch so verstandenes Symbol für Zar Peter, den Überwinder des schwedischen Löwen.

Eine weitere Bedeutungsdimension von Peterhof wird an einer anderen Stelle sichtbar. Bald nach der Ankunft Schlüters wurde das kleine Parkschlößchen Monplaisir begonnen, ein holländischer Backsteinbau, eichenholzgetäfelt, mit Kacheln verkleidet und einem chinesischen Kabinett versehen. Hier befand sich auch die erste Gemäldegalerie eines russischen Herrschers. Ein weiteres Schlößchen war die Ermitage, ab 1721 von Braunstein gebaut und von Peter als Ort für Sammlungsgegenstände benutzt. Vor allem aber diente der im Wasser liegende und nur über eine Zugbrücke erreichbare Pavillon den intimen Tafelrunden des Zaren. Schließlich gab es noch ein »Marly«, wie Peter es nannte. Dabei handelte es sich um einen kleinen Palast, der ebenfalls von Braunstein erbaut worden war und mit Gemüsegärten, einem Hühnerstall, Fischteichen, Stallungen und einem Weinkeller ausgestattet war und so offensichtlich die Ikonographie von Peters ökonomischen Reformen beinhalten sollte.

Während also die Hof- und Eingangsseite der Schlösser perennierend Darstellungen des Triumphes der Sieger beinhalteten, war die Gartenseite der Einkehr dieser gleichen Sieger bei den Musen und den Wissenschaften gewidmet. Von allen diesen Siegern war der berühmteste Prinz Eugen von Savoyen. 1663 war er in Paris als Sohn des Prinzen von Savoyen-Carignan und der Olympia Mancini, Nichte des Kardinals Mazarin, geboren worden. Er sollte Geistlicher werden und wurde von Ludwig XIV., als er sich für den Kriegsdienst bewarb, abgewiesen. Er trat schließlich in kaiserliche Dienste, wo er bereits beim Entsatz von Wien 1683 mitkämpfte. 1687 gewann er die Schlacht von Mohács. Seit 1689 zog er in Italien gegen die Franzosen, 1693 wurde er Feldmarschall, drei Jahre später erhielt er den Oberbefehl über die Truppen gegen die Türken und war der große Sieger von Zenta. 1703 wurde er Präsident des Hofkriegsrates und gewann als solcher zusammen mit Marlborough die bereits erwähnte Schlacht von Blindheim-Höchstädt. Die Krone von Polen, die ihm Zar Peter angeboten hatte, schlug er aus, gewann die wichtige Schlacht von Malplaquet und führte dann die Verhandlungen über einen Frieden von Rastatt, 1714, und zwar in dem Schloß, in welchem inzwischen die Witwe des Markgrafen von Baden residierte. Dieser Friedensschluß führte auch den exilierten Max Emanuel wieder nach Bayern zurück.

Prinz Eugen war die meiste Zeit seines Lebens im Feld. Im neuen Türkenkrieg von 1716–18 siegte er bei Peterwardein, eroberte Belgrad, war dann bis 1724 Statthalter der neuen österreichischen Niederlande und zog sogar 1734, zwei Jahre vor seinem Tod, noch im polnischen Erbfolgekrieg für den Kaiser ins Feld. Sein Leben war dabei alles andere als das eines Haudegens. Eher möchte man annehmen, er habe seine Kriege nur geführt, um sich nach den Siegen den Musen widmen zu können. Jedenfalls lassen sich gerade am Beispiel des Prinzen Eugen barocke Denkformen näher beschreiben. Seine eigentliche Leidenschaft galt den Künsten, vor allem der Architektur. Das Geld dafür stammte aus den Kriegen, wobei anzumerken ist, daß diese Kriege wiederum nur durch Schulden möglich wurden. Ab 1690 kaufte Prinz Eugen zunächst Häuser in der Wiener Himmelspfortgasse, an deren Stelle er ab 1695 durch Fischer von Erlach einen Stadtpalast errichten ließ. Für den Sieg bei Zenta schenkte der Kaiser ihm Ländereien aus der ungarischen Krone an der Landspitze zwischen Donau und Drau, wofür Prinz Eugen u. a. die Donauinsel Czepel bei Budapest kaufte und ein Schloß darauf errichtete. Eine Steigerung der Einkünfte brachte der Oberbefehl in Italien im spanischen Erbfolgekrieg. Inzwischen hatte Eugen den Architekten gewechselt. Sein neuer Baumeister war Lukas von Hildebrandt.[39] Dieser schickte ihm häufig Briefe ins Feld, in denen dann von dem Schloß auf Czepel, von der Ausstattung des Stadtpalastes und dem neuerworbenen Garten am Rennweg in Wien die Rede ist. Nach dem Ende des Krieges, 1714, wurde der Bau auf diesem inzwischen als Garten angelegten Grundstück am Rennweg begonnen. Kaiser Joseph I. hatte dem Prinzen nach der Schlacht von Malplaquet als Geschenk Güter im Wert von 300.000 Gulden versprochen, sein Nachfolger, Karl VI., erhöhte das in Raten ausgezahlte Geschenk auf 400.000 Gulden. 1715 war das Schloß an der unteren Seite der Hanglage bereits im Bau. Recht vielsagend ist, daß in dieser Zeit solche Bauunternehmungen auch in gedruckten Ansichten, manchmal sogar in ganzen Büchern publiziert wurden. In diesem Fall wurde die Fama des Prinzen Eugen durch eine Publikation des Salomon Kleiner verbreitet (Abb. 34). Sie erschien 1731. Der lange Titel ist zunächst in Französisch abgefaßt, erscheint aber dann auch in deutscher Version: *Wunder würdiges Kriegs-*

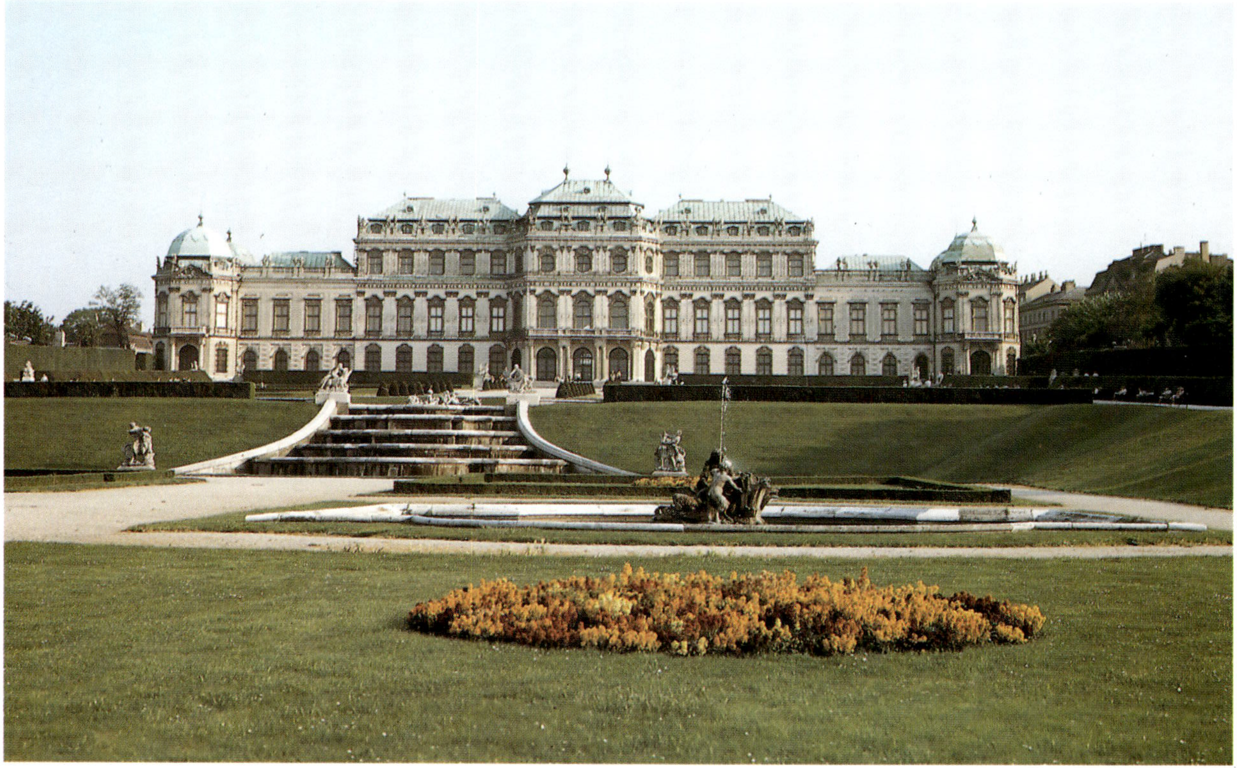

V Wien, Oberes Belvedere, Gartenseite

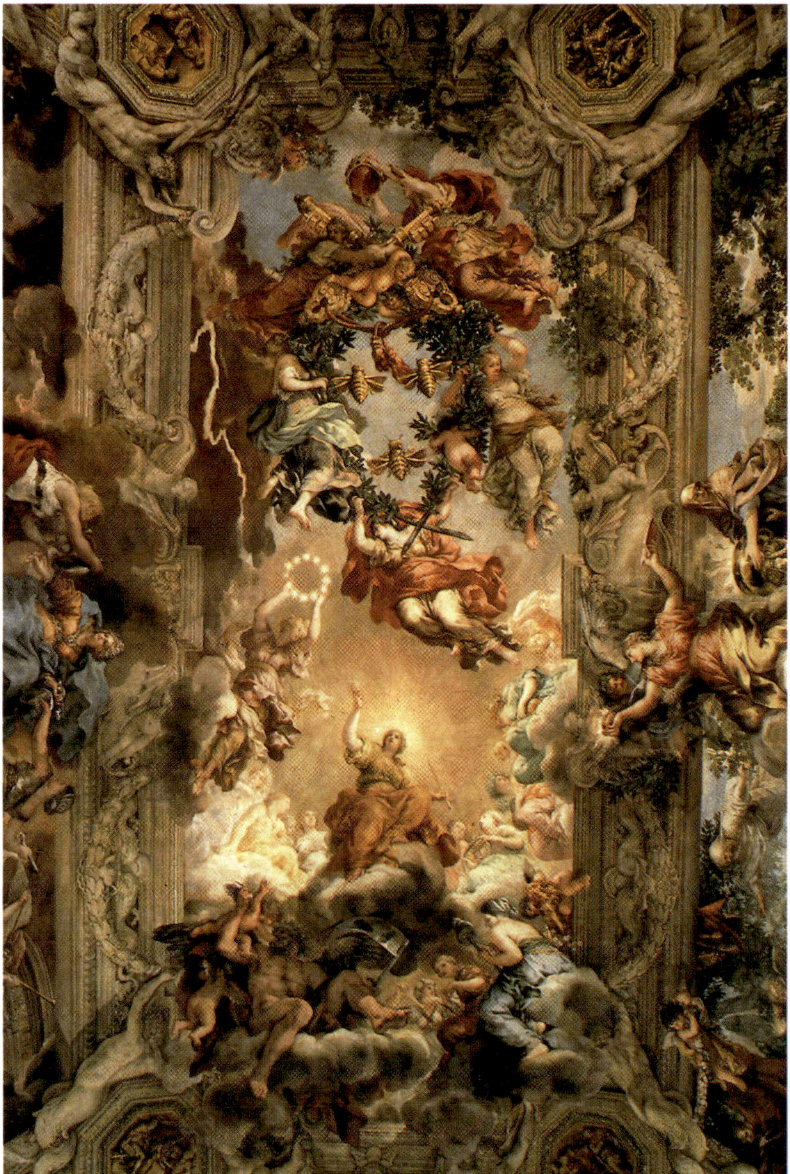

VI Rom, Palazzo Barberini, Deckengemälde von P. da Cortona, 1632–39

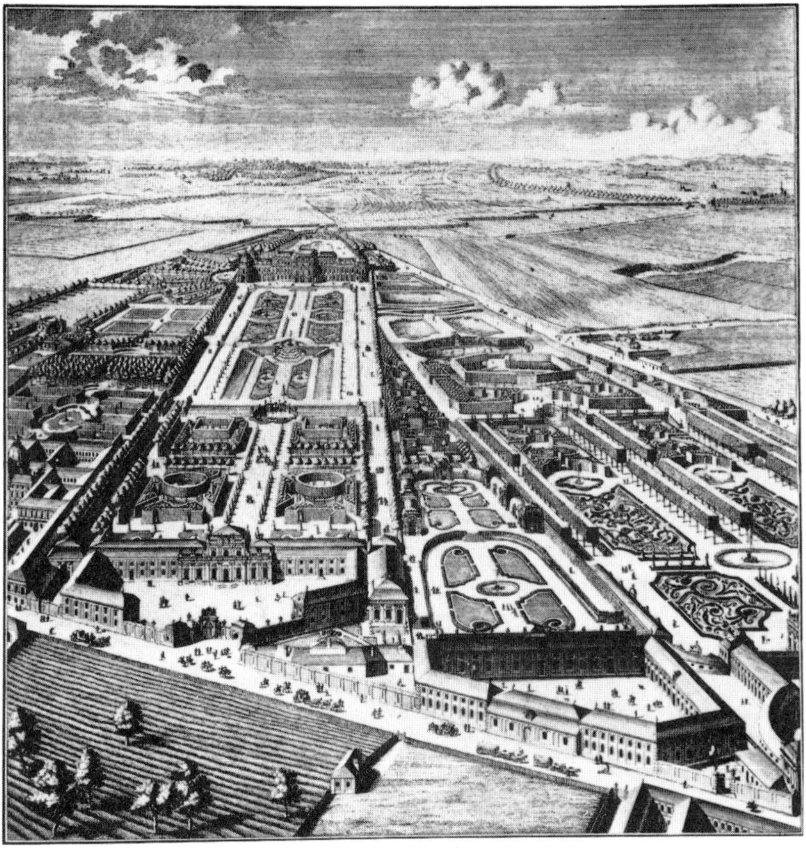

34 Wien, Belvederebauten des Prinzen Eugen, Radierung aus der Vogelperspektive von J.A. Corvinus nach S. Kleiner

*und Siegs-Lager deß unvergleichlichen Heldens unserer Zeiten, oder Eigentliche Vor- und Abbildungen der Hoff- Lust- und Garten-Gebäude deß Durchlauchtigsten Fürstens und Herrn EUGENII FRANCISCI …*[40]. Weiter sind in der Überschrift auch noch der Architekt, Lukas von Hildebrandt, und der Gartenarchitekt Dominique Girard genannt; von letzterem wird bemerkt, daß er in bayerischen Diensten stand. Der Titel läßt die Semantik des Schlosses deutlich werden. Dem Kriegsheld wird ein Trionfo eingerichtet. Aber im gleichen Titel ist das Belvedere, wie es dann genannt wurde, auch als Lustschloß bezeichnet. Tatsächlich hing seine Entstehung auch zunächst an dieser Funktion einer »maison de plaisance«, wobei das »Untere Belvedere« zusammen mit dem Garten als Lusthaus geplant war. Spätestens bei der Ausstattung wurde diesem dann aber die Funktion von Staatsräumen zugedacht.[41] Der zentrale Raum im Unteren Belvedere ist der Marmorsaal. Er verläuft über zwei Geschosse und fungierte als Festraum, aber auch, das beweisen Graffitti an den Wänden, als Vorraum für die Audienz, die in den anschließenden Appartements stattfand. Das Deckenbild des Marmorsaales stammt von Martin Altomonte und wird 1716 datiert. Es zeigt Apoll auf dem Sonnenwagen, vor ihm die rosenstreuende Aurora und Phosphorus, den Morgenstern; Apoll ist hier der Anführer der Musen. Zwischen den Allegorien des Ruhmes und der Stärke sieht man auch eine Personifikation des Helden, die sich ebenso direkt auf den Prinzen Eugen bezieht. Ihm bringt Merkur die Botschaft von einem Geschenk des Papstes, dem geweihten Hut und dem Schwert. Felder in den Ecken des Deckenbildes sind Theseus, Herkules, Perseus und Jason gewidmet, den Helden, die dem Olymp immer wieder Beute einbrachten. Im Unteren Belvedere, zugleich Lustschloß und Trionfo, sind somit der Triumph der Helden und deren apollinische Pflege der Künste das Thema. Der spätere Kaiser Karl VI., der sich über dem Treppenhaus von Stift Göttweig zwar selbst als Personifikation des Sonnengottes verewigen ließ,[42] dürfte an einer so großartigen Präsentation wenig Gefallen gehabt haben. Das anschließend gebaute Obere Belvedere (Tf. IV, V) beherrscht den zum Schloßbau ansteigenden Garten; auf der gegenüberliegenden Seite befindet sich eine Ehrenhof-Front. Das Innere des Baus weist eine konsequente Raumfolge auf: Sala terrena, Treppenhaus, Prunksaal mit anschließenden Appartements im oberen Geschoß des Corps-de-logis. Beim Betreten der Räume wurde der Gast mit einer ikonographisch bestimmten Sinnschicht konfrontiert (Abb. 35): *Wie ein Prunkzelt, von Atlanten getragen, mit Trophäen bestückt und reich mit Ornament verziert, wölbt sich die Decke über dem Aufgang zum ‚Kriegs- und Siegs-Lager' des zweiten Alexander. Drei Hauptereignisse aus der Geschichte Alexanders des Großen, dem Sinnbild höchster Ruhmesfülle, werden in weißen Stuckreliefs an Wänden und Decke wiedergegeben, feiern die Tugenden des Prinzen: An der Decke zerschlägt Alexander den Gordischen Knoten, ein Bild dafür, daß in höchster Not die äußersten Mittel angewendet werden müssen … aber auch ein Bild für die Klugheit, den unerschütterlichen Mut, die Entschlossenheit, die Stärke und das Ingenium des Feldherrn … An der rechten Wand, die an das einstige Appartement des Prinzen im Ostflügel grenzt, sehen wir den Triumph Alexanders über Darius … Wer die Geschichte kennt, weiß, daß in diesem Bild auch die Großmut und Milde des Siegers verherrlicht wird, der dem Feind ein königliches Begräbnis richtete. Ein Sinnbild der Clementia ist denn auch das Relief an der linken Wand (die einst dem ‚weiblichen' Flügel des Schlosses, den Gesellschafszimmern, benachbart war) mit den Frauen des Darius vor Alexan-*

*der; der Ölbaum unter ihm weist auf seine Neigung zur Misericordia*[43]. Im zentralen Marmorsaal ist dann die Steigerung zur Apotheose des Helden erlebbar: Auf dem Deckenfresko, das wahrscheinlich 1727 von Carlo gemalt wurde, *thront der Held in antiker Pose, den Feldherrnstab in der Rechten, unter dem Wappen von Savoyen, das Chronos enthüllte. Der Kriegsgott Mars, das Banner mit dem Doppeladler schwingend, reicht ihm den Siegeskranz. Der Held ist umgeben von den Allegorien der Fürstentugenden: hinter ihm wachen Prudentia ... und Clementia.* Die Linke reicht er Iustitia, *während die Mannestugend, Virtú ... ihm zur Seite steht. Fortitudo ... und Consilium ... stützen seinen Thron, Fama ... verkündet seinen ewigen Ruhm. Historia verzeichnet seine Taten ..., inspiriert von Inventio. Der Held hat nicht nur durch seine Stärke die Feinde besiegt ..., er vertreibt auch als zweiter Apoll die Laster*[44].

Es würde zu weit führen, hier das Gesamtprogramm des Prinzen Eugen bis zu den Details auszuleuchten. Es ist deutlich genug: Über dem von den beiden Belvederebauten eingespannten Garten, vom Ehrenhof des oberen Schlosses, über das Schloß selbst bis hinunter zum ursprünglichen Lusthaus signalisiert die Anlage: Triumph des Helden, Anspruch auf die Ehre, Ruhe bei den Künsten und Befriedung.

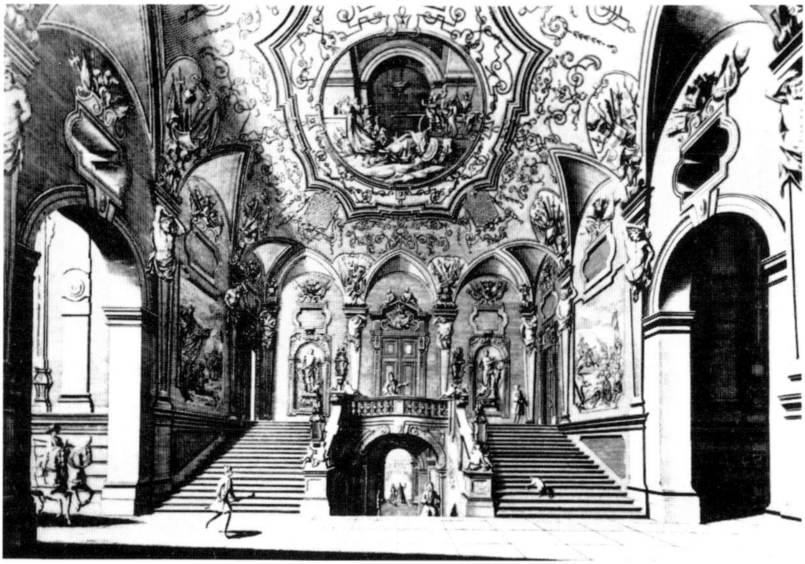

35 Wien, Oberes Belvedere, Treppenhaus, Radierung nach S. Kleiner

Ein anderer Schauplatz der Barockkunst war Bayern: Hier war Kurfürst Ferdinand Maria 1679 gestorben, ein Jahr lang führte ein Onkel die Regierungsgeschäfte, dann war Prinz Maximilian Emanuel volljährig. 1683 schloß er mit dem Kaiser eine Defensivallianz; er gehörte damals zu den Siegern gegen die Türken vor Wien. Weil er von seinem Vater einen Staatsschatz von nicht geringer Größe geerbt hatte, war er vom Kaiser ebenso umworben wie von Ludwig XIV. Nachdem er sich schon lange vorher im Kampf gegen die Türken ausgezeichnet hatte, bekam er 1688 endlich den Oberbefehl über das Heer auf dem Balkan. Nach der Erstürmung Belgrads, war der »Blaue Kurfürst« in Europa ein Begriff geworden. 1685 vermählte sich Max Emanuel mit Maria Antonie, der Tochter des Kaisers. Dabei mußte er zwar ausdrücklich auf seine spanischen Erbrechte verzichten, konnte aber nach späteren Verhandlungen seinen Anspruch auf die Niederlande erhalten. 1684, ein Jahr vor der geplanten Hochzeit, ließ Maximilian Emanuel gegenüber einem schon bestehenden Landschloß Wilhelms V. bei Schleißheim durch Henrico Zucalli das kleinere Schloß Lustheim errichten. Die Konzeption des Baus folgte im Grundriß mit der zentralen »salle à l'italienne« oder den Zitaten nach Serlio der italienischen Villentradition. Es war die erste jener Parkburgen oder Lustgebäude, mit denen in der Folge die Parks von Nymphenburg und Schleißheim bestückt wurden. Mit Lustheim wurde zudem ein großes Areal

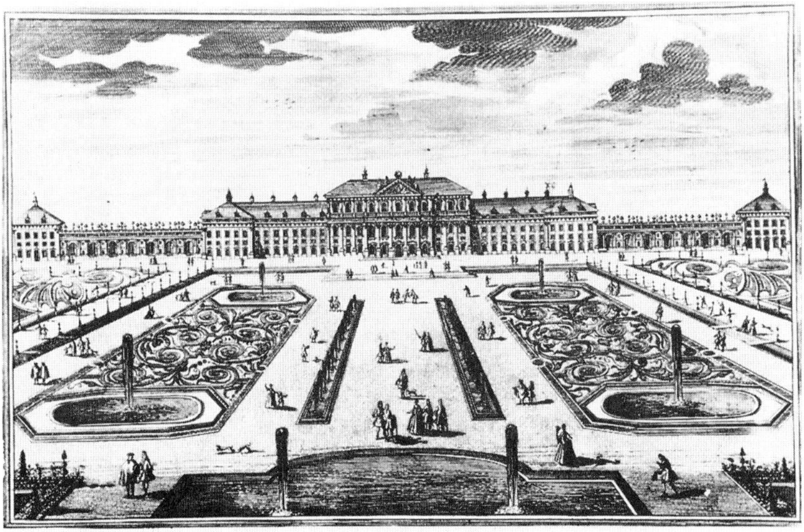

36 München, Neues Schloß Schleißheim, Radierung von M. Disel, 1722

zwischen dem Alten Schloß Wilhelms V. und dem Lusthaus gestaltet, wofür Zuccalli zunächst Entwürfe zeichnete. Bald darauf wurden dann die Pläne für den Bau einer völlig neuen Schloßanlage entwickelt, die innerhalb dieser vorhandenen Konstellation zwischen dem Alten Schloß und Lustheim entstehen sollte. Am 15. April 1693 lagen dem Generaldirektor des Kurfürsten, Graf von der

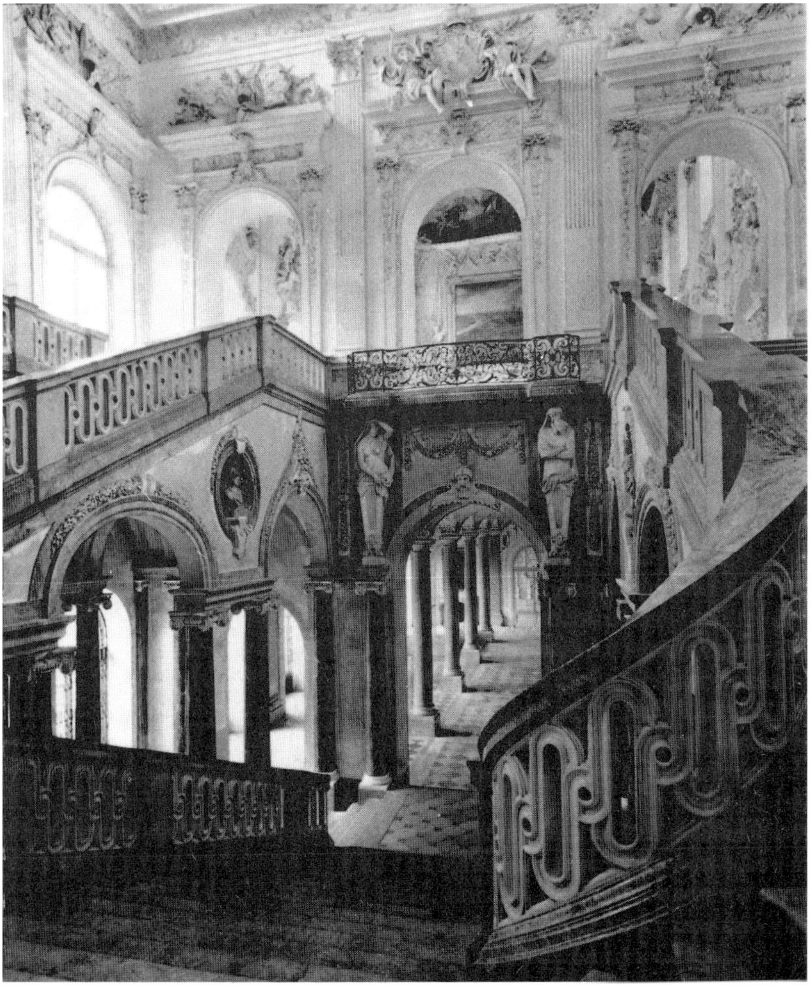

37 München, Neues Schloß Schleißheim, Treppenhaus

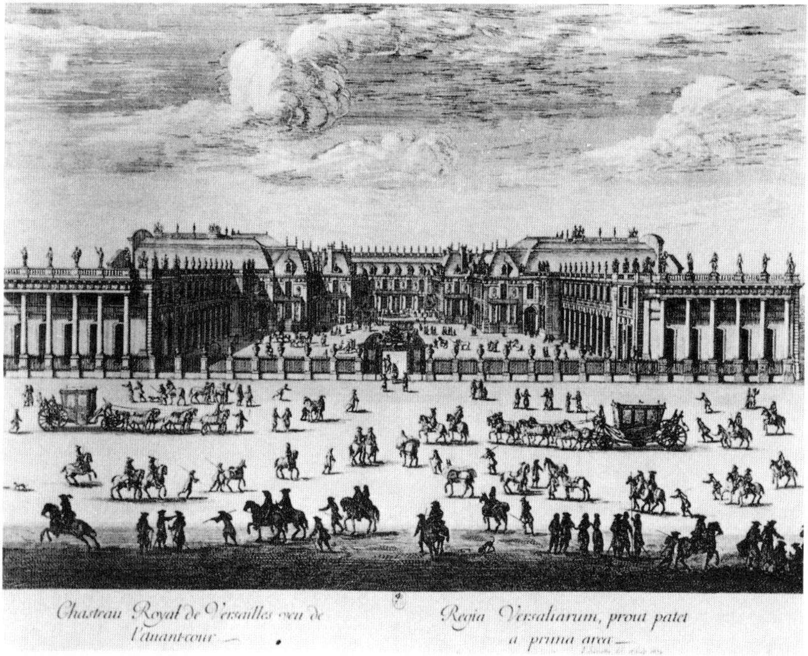


38 Versailles, Schloß, Zustand um 1662, Radierung von I. Silvestre

Wahl, erste Entwürfe für das »große« Schloß in Schleißheim vor. Das war bereits die Konsequenz eines Entschlusses Max Emanuels, seinen Regierungssitz aus der Residenz inmitten der Stadt nach Schleißheim zu verlegen, so wie dies Ludwig XIV. erstmals mit seinem Umzug nach Versailles praktiziert hatte. 1692 war Max Emanuel zum Statthalter der spanischen Niederlande ernannt worden; im gleichen Jahr wurde Kronprinz Joseph Ferdinand geboren. Damit nahm nicht nur die politische Geschichte, sondern auch die Kunstgeschichte bald schon einen dramatischen Verlauf: König Karl II. macht den bayerischen Kurprinzen Joseph Ferdinand zum Universalerben der spanischen Monarchie, während dessen Vater Max Emanuel sich als Statthalter der Niederlande in Brüssel aufhielt. Im Hinblick auf sein neues Residenzschloß konnte er dort große Mengen von Gemälden unterbringen, zu denen viele Werke von Rubens zählten, darunter die einzigartige Sammlung van Ceulen mit 105 Stücken. Dies alles ist nur zu verstehen vor dem Hintergrund des geplanten Schloßbaus, der den Verdiensten und Prätentionen des Kurfürsten entsprechend ausgestattet werden sollte.

Als jedoch 1699 der siebenjährige Kurprinz starb, gingen dem Haus des bayerischen Kurfürsten die Ansprüche auf die spanische Krone verloren. Um seine Interessen durchzusetzen, schwenkte der Kurfürst deshalb 1702 auf die Seite Frankreichs, wurde aber bereits 1704 zusammen mit den Franzosen von den kaiserlichen Truppen bei Höchstädt vernichtend geschlagen. Während, wie bereits berichtet, kurz darauf Blenheim Castle als Ausdruck dieses Sieges entstehen sollte, blieb das Schloß des Verlierers in Schleißheim als Rohbau stehen, und Max Emanuel mußte für elf Jahre ins Exil – unter anderem auch nach Frankreich – gehen. Was den Schloßbau des emigrierten bayerischen Kurfürsten in Schleißheim betrifft, so lassen sich folgende Kategorien nennen: Triumph des Türkensiegers, Prätention auf die spanische Krone, Befriedung und Pflege der Künste. Die Pläne Zuccallis für Schleißheim sahen zunächst eine Folge von Rechteckhöfen vor. Er folgte damit wahrscheinlich dem Vorbild der Anlage von Veneria Reale bei Turin (Max Emanuels Mutter stammte aus Savoyen). Bis zum endgültigen Baubeginn 1701 wurden die Pläne jedoch immer wieder modifiziert und auch reduziert. Zunächst war das Alte Schloß in die Vierseitenanlage eingeplant, bis man gegen 1700 davon abkam, zur Dreiflügelanlage überging und dadurch die Anlage eines Ehrenhofes ermöglichte. Als mit dem Corps-de-Logis begonnen wurde, war hier ein großer Saal vorgesehen, der die ganze Breite des Obergeschosses einnehmen sollte. Als dann aber im Juli 1702 die Ostfassade auf der Parkseite einstürzte, wurde umdisponiert, der Große Saal verkürzt und stattdessen eine Gemäldegalerie eingeplant.

Zuccallis Architektur war eine geschickte, aber zugleich unbefriedigende Kompilation aus oberitalienischer Villentradition und dem Turiner bzw. Bologneser Schloßbau (Abb. 36). Sogar aus Serlio wurde exzerpiert sowie aus Fischer von Erlachs zweitem Projekt für Schönbrunn. Darüber hinaus waren es andere Wiener Bauten, wie z. B. das Gartenpalais Liechtenstein, von denen man sich in München inspirieren ließ, was auch Max Emanuels Konkurrenzverhalten gegenüber dem Haus Habsburg zum Ausdruck bringt. Was schließlich blieb, war ein Corps-de-logis, das man dadurch modernisiert hatte, daß die ursprünglich geplanten vier Geschosse auf zwei reduziert und durch Galerietrakte mit anschließenden Eckpavillons so gestreckt wurden, daß das Schloß, wie es inzwischen fast unumgänglich geworden war, in ganzer Breite die Front des Gartens einnahm und nicht mehr wie eine Villa oder ein Lusthaus innerhalb dieses Gartens stand. Eine Eingangshalle im Zentrum, ein nach Süden anschließendes Treppenhaus, das zu den zwei Festsälen im Obergeschoß führt, bildet den Eingang. Entlang der Gartenseite liegt im Obergeschoß eine lange Galerie, während sich links und rechts Appartements anschließen. Dadurch erscheint im Süden eine »Herkules-Seite« für den Kurfürsten, gegenüber im Norden entsprechend eine »Pallas-Seite« für die Kurfürstin.[45]

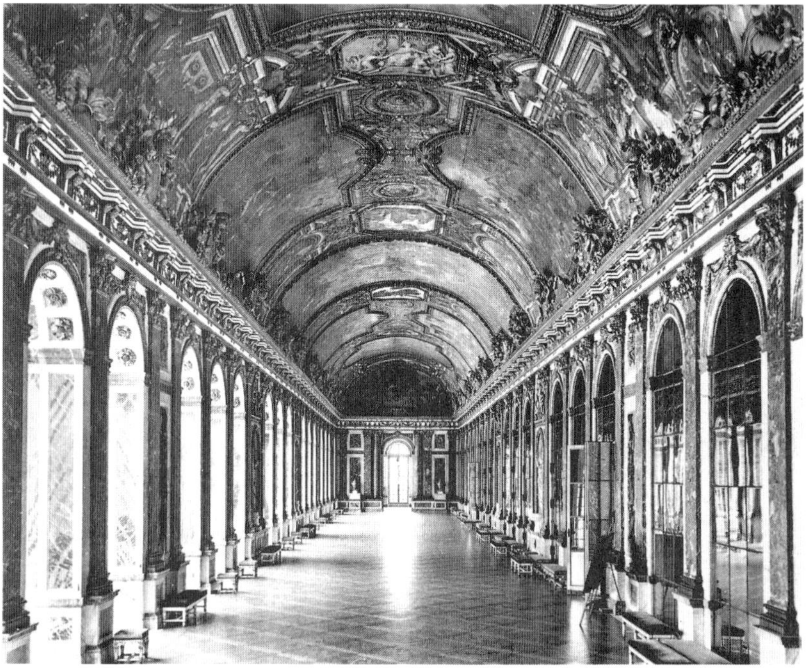

39 Versailles, Schloß, Galerie des Glaces

Nachdem Max Emanuel 1715 zurückgekehrt war, konnte 1719 mit dem Ausbau und der Ausstattung von Schleißheim begonnen werden. Die Bauleitung hatte jetzt der deutsche, in Frankreich geschulte Architekt Joseph Effner. Die Intention des Bauherrn wird durch die Bildausstattung deutlich[46]: Die großen Repräsentationsräume über der Treppe (Abb. 37) wurden von Cosmos Damian Asam und vor allem vom Venezianer Jacopo Amigoni ausgemalt. Hier erscheinen Themen aus Vergils Aeneis. Schon 1701 war aus Anlaß der Rückkehr des Kurfürsten aus den Niederlanden eine Lobschrift erschienen: *Allegoricus Aeneas Illius decennalis Trojae defensio*. Obwohl an keiner Stelle von Schleißheim Max Emanuel direkt mit Aeneas identifiziert wird, kann man in den Fresken doch folgende Sinngebung lesen: Max Emanuel ist ein »zweiter Aeneas«, dem es gelungen ist, nach der Zerstörung der Heimat eine neue Herrschaft zu gewinnen. Aeneas besiegt im Zweikampf den Rutulerfürsten Turnus und gewinnt damit die Hand der Erbin Latiums, Lavinia. Als die Deckenbilder 1722 entstanden, wurde der bayerische Kurprinz Karl Albrecht mit Maria Amalia, der zweiten Tochter

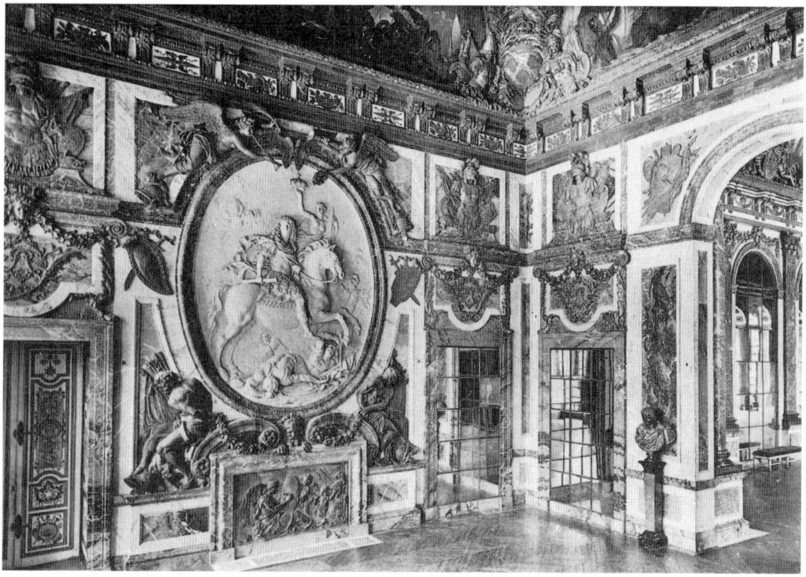

40 Versailles, Schloß, Salon de la Guerre

Josephs I. aus dem Hause Habsburg vermählt, was Anlaß zu neuen Prätentionen gab. Tatsächlich wurde Karl Albrecht für drei Jahre Kaiser, konnte aber den österreichischen Erbfolgekrieg 1740 nicht verhindern. Im Viktoriensaal hängen die riesigen Bilder Beichs mit den Siegen Max Emanuels gegen die Türken. Sie bilden gleichsam die erste Stufe der fürstlichen Selbstdarstellung, des Trionfo. Dann folgt die Darstellung aller Prätentionen, sowohl die der Hoffnungen wie auch die der Apologie. Zur Hochzeit des Kurprinzen im Herbst 1722 war die große Galerie gerade fertiggestellt. Die Seite zum Garten war den Künsten gewidmet, in den anschließenden Appartements wird man den ruhenden Mars, Apoll und die Musen finden, Allegorien des Friedens und der Kunst. Das ist der dritte Aspekt.

Das barocke Schloß als Transzendenz des Triumphes und der Muße war keine Erfindung der Duodezfürsten und Kriegshelden an der Wende zum 18. Jahrhundert. Es wurde in mehreren Gestaltungsphasen inszeniert – zum erstenmal von Ludwig XIV. in Versailles (Abb. 38).[47] Der Umbau des einstigen Jagdschlosses betonte hier zunehmend den Charakter des Trionfo. Nach dem Frieden von Nijmwegen wurde das Schloß 1682 zur Residenz und zum offiziellen Regierungssitz bestimmt. Ludwig XIV. war auf dem Höhepunkt seiner Macht, die durch nichts besser augenfällig gemacht werden konnte als durch ein von Jules Hardouin-Mansart erweitertes Schloß: In der Mitte des zum Garten gerichteten Corps-de-Logis entstand die Galerie des Glaces mit dem anschließenden Salon de la Guerre und dem Salon de la Paix (1678–86). Charles Le Brun zeichnete für die Bildausstattung verantwortlich, die über den Sinn der ambitiösesten profanen Innenräume des Barock Auskunft gab. Im Salon de la Guerre triumphiert Frankreich mit dem siegreichen König über alle Feinde. Im Salon de la Paix wird der Friede gefeiert, der durch Ludwigs Taten ermöglicht wurde. Für die dazwischen liegende lange Spiegelgalerie (Abb. 39) hatte Colbert bei Le Brun eigens eine Kapitellform in der jetzt so genannten »ordre français« bestellt. Im Zentrum der Deckenbilder wo der Schnittpunkt aller konzeptuellen Linien des Schlosses liegt, sieht man den Triumph Ludwigs in seiner Regierungsübernahme (Abb. 40): *Le Roi gouverne lui-même*. Der absolute und absolutistische Herrscher gebietet über Krieg und Frieden. Die von hier in den Garten laufende Achse könnte man die divinatorische nennen. Im Latona-Brunnen (Abb. 41) wird die Bestrafung der Frevler wider die Gottheit und im Apollowagen die Auffahrt des Gottes zur Triumphfahrt des Lichtes über die Welt anschaulich gemacht. Die andere Seite des Zugangs und der sich zur Mitte verengenden Höfe muß man dagegen die Triumphalseite nennen. Von besonderer Bedeutung ist dabei, daß in dieser Mitte mit der Cour de Marbre noch die ältesten Teile aus der Zeit Ludwigs XIII. sichtbar geblieben sind und so die Historizität vertieft wird, während im übrigen kompromißlos Ludwig XIV. gefeiert wird: Schon am Ende der in den Ehrenhof einführenden Rampen wird in der Gruppe von Girardon und Marsy der Sieg über Spanien und über das Reich allegorisch dargestellt. Im nächsten, engeren Hof, der Cour Royale, lagen die Eingänge und die Aufgänge zu den Treppenhäusern des Königs und der Königin, wo nur noch wenige Souveräne mit der Karosse vorfahren durften. Die Cour de Marbre, die ursprünglich über drei Stufen erhöht gepflastert war, und fast wie über einer Bühne nicht nur den historischen Kern von Versailles bildet, führt wie in einer Verdichtung den Sinn des Schlosses vor: zunächst Herkules und Mars, dann die Ruhmesgöttinen, die Erdteile und schließlich die Früchte der königlichen Herrschaft: Friede, Fleiß, Klugheit, Weisheit, Gerechtigkeit, Freigebigkeit, Ruhm, Autorität, Reichtum, Großzügigkeit, Kraft und Überfluß. Ehrenhof, Innenräume und Garten bringen immer wieder zum Ausdruck: Das Gottesgnadentum des Königs besteht aus der Herrschaft über Krieg und Frieden. In der Person Ludwigs regiert nicht nur ein Sterblicher, durch ihn waltet die göttliche Providenz.

Das barocke Schloß hebt mit dem Trionfo an. Darüber hinaus gibt es aber noch andere Aspekte seiner Bedeutung. 1668 besuchten die drei Freunde Racine, Boileau und Molière das Schloß in Versailles. La Fontaine verfaßte bei dieser Gelegenheit eine erste Schilderung des Gartens.[48] Nachdem die drei zunächst in der Menagerie und dann in der Orangerie waren, unterhielten sie sich bei Tisch darüber: *Nur Jupiter kann sich unaufhörlich der Weltregierung befleißigen, die Menschen brauchen alle auch das Ausspannen; Alexander ergab sich dabei verschiedensten Ausschweifungen, Augustus spielte, Scipio und Laelius amüsierten sich oft, flache Steine über das Wasser zu werfen, unser Monarch aber vergnügt sich, Paläste bauen zu lassen: das ist eines Königs würdig. So schöne Gärten und prächtige Gebäude sind ein Ruhm unseres Landes.* Das Amusement ist zu einer königlichen Aufgabe geworden, und Ludwig amüsiert sich durch die Einkehr bei den Musen. Zu denen, die das nicht begreifen wollten, gehörte Colbert. Für ihn war viel eher der Louvre das Staatssymbol: *Ew.Majestät wissen, daß ausser glänzenden Kriegsthaten nichts so sehr Größe und Geist eines Fürsten beweist, als Baudenkmäler. Die Nachwelt misst den Fürsten am Maßstabe der herrlichen Gebäude, die er während seiner Regierungszeit geschaffen hat. Wie jammerschade, daß der größte und mächtigste König, der gerade die Tüchtigkeit in vollstem Maße besitzt, die den Fürsten am größten macht, einst am Maßstab von Versailles gemessen werden soll! Und dieses Unglück steht zu befürchten.*

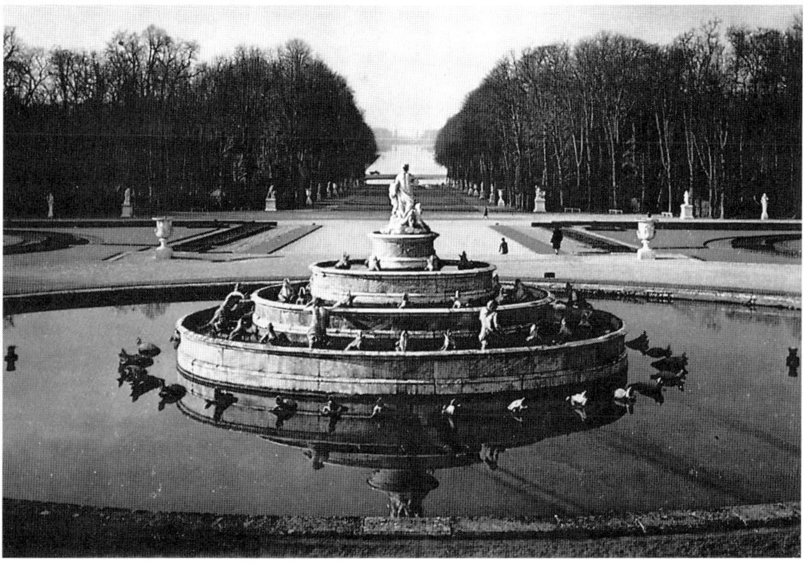

41 Versailles, Park, Latona-Brunnen

Wie recht er hatte! Zwanzig Jahre lang war Ludwigs Lieblingsaufenthalt in Versailles die Thetisgrotte mit dem Bad des Apoll, wo er nach den Mühen des Tageslaufes von den Musen gepflegt wurde. Bis zum Bau des Nordflügels des Schlosses, dem die Grotte 1704 weichen mußte, war sie neben Latonabrunnen und Apollwagen an prominenter Stelle die ikonologische Komplettierung des apollinischen Programmes. Sie gab den Sinn des Gartens frei: Der König hat sich nach seinen Taten auszuruhen, sich der Muße und den Musen hinzugeben. Große Taten, Triumph, Regierung, Befriedung und Muße sind die im barocken Schloß sichtbar geformten Kategorien des absolutistischen Herrn. *C'est ainsi que Louis s'en va délasser d'un soin que tous les jours il faut recommencer.*[49]

## Anmerkungen

1 Zu Bury-en-Blésois: L.Hautecoeur, *Histoire de l'architecture classique en France*, Bd.1, Paris 1943, S. 50; A. Blunt, *Art et Architecture en France. 1500–1700*, Paris 1983, S. 18–21; neuere Bibliographie: J.Androuet du Cerceau, *Les plus excellents bastiments de France. Présentation et commentaires par D. Thomson*, Paris 1988, S. 303–305
2 Zu Coulomiers-en-Brie: R.Coope, *Salomon de Brosse and the development of the classical style in French architecture from 1565 to 1630*, London 1972, S. 93–109; Hautecoeur, op.cit., Bd.1, S. 502ff; zum Palais du Luxembourg: Coope, op.cit., S. 110–134; Hautecoeur, op.cit., Bd.1, S. 523ff.
3 Dazu: A.Braham – P.Smith, *François Mansart*, London 1973, S. 48–55
4 Ebda., S. 39–47
5 Dazu: R.W. Berger, *Louis Le Vau's Château du Raincy*. In: Architectura 6, 1976, S. 36–47; Hautecoeur, op.cit., Bd.2, S. 98f.
6 Dazu: Hautecoeur, op.cit., Bd.2, S. 101ff.
7 J. Hillairet, *Le palais du Louvre*, Paris 1955; G. Bazin, *Der Louvre*, München 1958. J.-P. Cuzin – M. Laclotte, *Der Louvre*, 2 Bde., London–München 1982
8 N. Huse, *Italienische Plastik und Architektur*, in: E. Hubala, *Die Kunst des 17. Jahrhunderts*, Berlin 1970, S. 217
9 H. Sedlmayr, *Fischer von Erlach*, Wien–München 1956, S. 29f.
10 Sedlmayr, op.cit., S. 32.
11 Sedlmayr, op.cit., S. 33.
12 Sedlmayr, op.cit., S. 33, S. 171
13 *Österreichische Kunsttopographie* Bd.2, Wien 1908; E.M.Kornfeld, *Park und Garten von Schönbrunn*, Wien 1922; Sedlmayr, op.cit., S. 184f.
14 Sedlmayr, op.cit., S. 194
15 Sedlmayr, op.cit., S. 98
16 J.B. Rohr, *Einleitung zur Ceremonial-Wissenschaft Der großen Herren*, Berlin 1733 (2); s.a. D.v. Frank, *Die ‚maison de plaisance'. Ihre Entwicklung in Frankreich und Rezeption in Deutschland. Dargestellt an ausgewählten Beispielen*, München 1989
17 Sinngemäß: Eine ‚maison de plaisance' ist ein Landschloß, das seinen Namen von den

Vergnügungen des Besitzers hat; A.-Ch. de Aviler, *Cours d'Architecture qui comprend les ordres de Vignoles* Bd.2, Paris 1691, S. 656; vgl. L.v. Frank, op.cit., S. 11f.
18 J.F. Penther, *Lexicon Architectonicum*, o.O., 1775; vgl. Frank op.cit., S. 13
19 Ch. Briseux, *L'Art de batir des maisons de campagne* Bd.1, Paris 1743, S. 18
20 L.v. Frank, op.cit., S. 63
21 Sinngemäß: Über die richtige Verteilung der einzelnen Bauteile hinaus soll im Inneren wie im Äußeren der richtige Einsatz der Dekoration beachtet werden; J.-F. Blondel, *De la Distribution des maisons de plaisance et de la décoration des édifices en général* Bd.1, Paris 1737, S. 3f; s.a. L.v. Frank, op.cit., S. 64
22 J.-F. Blondel, *Cours d'Architecture ou traité de la décoration* Bd.3, Paris 1772, S. 440
23 Hautecoeur, op.cit., Bd.2, S. 137–139, S. 143–144
24 G. Hojer, *Die Amalienburg. Rokokojuwel im Nymphenburger Schloßpark*, München–Zürich 1986; und L.v. Frank, op.cit., S. 133–150
25 Frank, op.cit., S. 39.
26 Ebda.,S. 42
27 Sedlmayr, op.cit., S. 37
28 Vgl. einführend K. Downes, *English baroque Architecture*, London 1977, S. 77–81
29 G. Beard, *The work of John Vanbrugh*, London 1986, S. 39; der Brief an Poulett ist datiert vom 30. Sept. 1710
30 E. Croft-Murray, *Decorative painting in England 1537–1837*, Bd.1, London 1962, S. 75
31 Als Faksimile mit einem Vorwort von: H. Foramitti, Hildesheim–New York 1978
32 Zu Teil 1 erschien 1713 ein Anhang: *Deß Fürstlichen Baumeisters Anhang Zum Ersten Teil Welcher nicht allei den zum zum Fürstlichen Pallast gehörigen Triumph-Bogen, Ehren-Saul, Garten etc. sondern auch einigen andere Fürstliche Lust-Häuser vorstellet.* Ein zweiter Teil erschien 1716: *Deß Fürstlichen Baumeisters Oder ARCHITECTURAE CIVILIS Anderer Teil Welcher Eines Königlichen Pallastes General-Prospect, Grund und Aufzug, sammt den vornehmsten Gemächern, Lust-Brunnen, Garten- und Lust-Gebäuden etc. vorstellet*
33 Decker, op.cit., Blatt A recto, Sp. 1
34 Ebda., Blatt A recto, Sp. 2
35 Ebda., Blatt A verso, Sp. 1
36 Ebda., Blatt A verso, Sp. 1
37 C. Ripa, *Iconologia*, Reprografischer Nachdr. d. Ausg. Rom 1603, Hildesheim–New York 1970, S. 426f. ‚ragione di stato', S. 24f. u.‚ardire magnanimo & generoso'
38 G.H. Hamilton, *The art and architecture of Russia*, Harmondsworth 1954, S. 163f.
39 Vgl. B. Grimschitz, *Johannes Lukas von Hildebrandt*, Wien 1959.
40 S. Kleiner, *Das Belvedere in Wien*, Faksimile von H. u. G. Aurenhammer Hgg., Graz 1969
41 Ebda., S. 102ff.
42 W. Aschenbrenner – G. Schweighofer, *Paul Troger. Leben und Werk*, Salzburg 1965, S. 79f.
43 S. Kleiner, op.cit., Bd.2.2, S. 35
44 Ebda.
45 Ausst.Kat. *Kurfürst Max-Emanuel. Bayern und Europa um 1700*, 2 Bde., H. Glaser Hg., München 1976; sowie S. Heym, *Schloß Lustheim. Jagd- und Festbau des Kurfürsten Maximilian II. Emanuel von Bayern*, in: Oberbayerisches Archiv 109, 1984 S. 7–125
46 W. Holler, *Jacopo Amigonis Frühwerk in Süddeutschland*, Hildesheim–Zürich–New York 1986, S. 24ff; sowie A. Bauer-Wild – B. Volk-Knüttel, in: H. Bauer – B. Rupprecht Hgg., *Corpus der Barocken Deckenmalerei in Deutschland* Bd.3, München 1989, S. 448ff.

47 G. Weber, *Brunnen und Wasserkunst in Frankreich im Zeitalter von Louis XIV*, Worms 1985, S. 96ff., S. 165ff.
48 Vgl. P. de Nolhac, *Les Jardins de Versailles*, Paris 1924, S. 18ff.
49 J. de La Fontaine, *Les amours de Psyché et de Cupidon*, Paris 1669; vgl. L. Lange, *La grotte de Thetis et le premier Versailles de Louis XIV*, in: Art de France 1, 1961, S. 133–148

# VI.

# Barockkunst und barockes Fest

## Die Monumentalisierung der Provisorien

Barocke Architektur war potentiell eine Apparatur für Feste, und manches Bauwerk hat seinen Ursprung sogar in einer ephemeren Festarchitektur. Das bekannteste Beispiel ist der von 1711 bis 1728 errichtete »Zwinger« in Dresden. Der Platz hatte schon zuvor Festen, Aufzügen, Turnieren gedient, und 1709 – anläßlich des Besuchs des dänischen Königs – war bereits ein hölzernes Amphitheater aufgestellt worden. Ausgang für die Entstehung des steinernen Zwingerhofes war der Wunsch August des Starken, zwischen dem alten Schloß und dem Festungszwinger eine Orangerie anzulegen, wofür der Bauherr selbst auch eine Skizze anfertigte.[1] 1709 begann der Architekt, Matthäus Daniel Pöppelmann, mit den Planungen, die aber keineswegs schon abgeschlossen waren, als zwei Jahre später die nordwestliche Hälfte des Zwingers in Angriff genommen wurde, denn neben der Orangerie und den Zwingerterrassen sollten weitere Bauten hinzukommen. 1716 war die Grundrißform eines Omega festgelegt, mit eingeschossigen Galeriebauten für die Orangerie, dem Wallpavillon (Abb. 42) am Scheitel und dem französischen sowie mathematisch-physikalischen Pavillon als südöstlichem Abschluß. 1718 faßte August der Starke einen weiteren ganz entscheidenden Entschluß. Er ordnete an, *daß dieser Zwingergartenbau nach dem approbierten Grundriß als ein besonderes und nicht in einer Symetrie mit dem Schloß stehendes Werk ... zu bringen*[2] sei, und das bedeutete nichts anderes, als daß ein vom Schloß unabhängiger Festplatz entstehen sollte mit dieser freigestellten Hofarchitektur als Begrenzung. Anstoß für diesen Entschluß waren wohl die für 1719 geplanten Feierlichkeiten anläßlich der Vermählung des Kurprinzen Friedrich August mit der Erzherzogin Maria Josepha von Habsburg. Daß die Feierlichkeiten auf diesem Festplatz stattfinden sollten, lag auf der Hand, war er doch schon 1709 Schauplatz eines festlichen Empfangs gewesen. Und so wie damals das hölzerne Amphitheater mit seinen Arkadengängen die Umrahmung bildete, konnten nun die steinernen, freilich noch unvollendeten Galerie- und Pavillonbauten denselben Zweck erfüllen. Allerdings fehlte im Südosten noch eine entsprechende Umrahmung. Pöppelmann kam auf die ebenso einmalige wie geniale Lösung einer achsensymmetrischen Wiederholung der nordwestlichen Baugruppe im Südosten, wobei die Mittelachse durch das bereits 1713 begonnene Kronentor verlief.[3] Den Festcharakter des Zwingerhofes unterstrich auch die Tatsache, daß eine Verbindung mit dem Opernhaus und der Redoute geschaffen

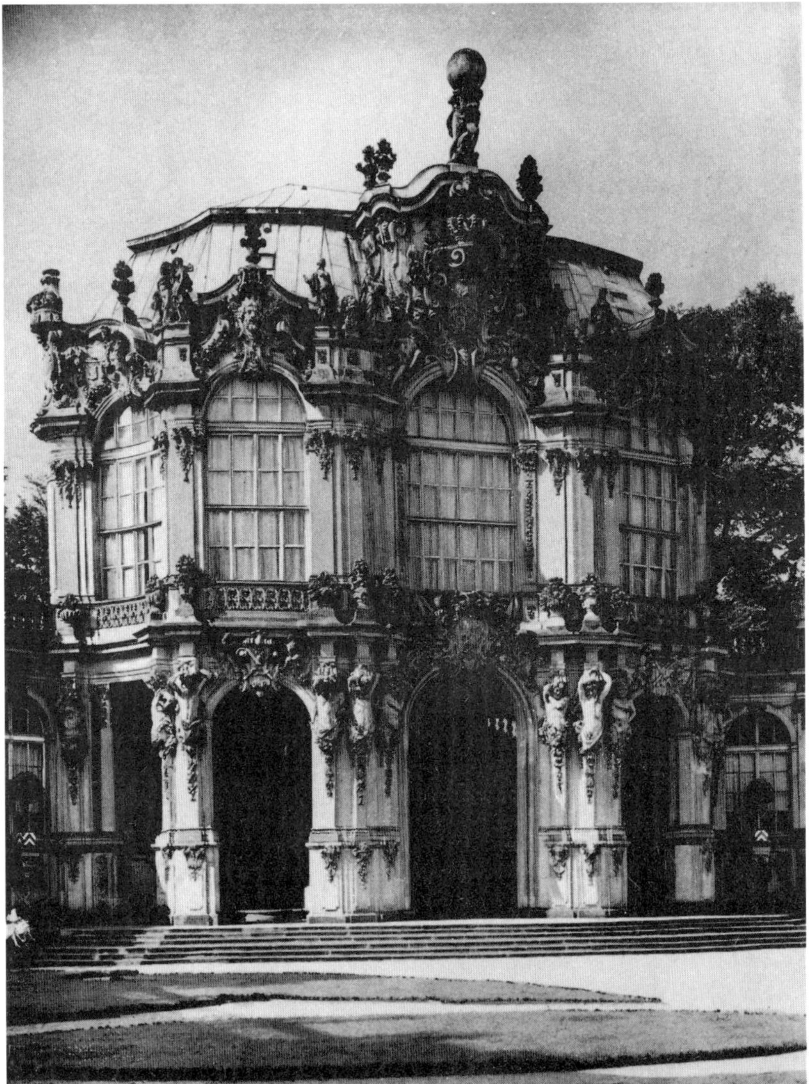

42 Dresden, Zwinger, Wallpavillion

werden sollte. Mit der Redoute wurde diese Verbindung erreicht, indem der Stadtpavillon und Teile der südöstlichen Galerie zunächst in Holz errichtet wurden. Erst gegen 1728 war die Ausführung des steinernen Zwingers in der bestehenden Form weitgehend vollendet. Auch den Abschluß an der Elbseite bildete eine ephemere Architektur – eine Holztribüne. Geplant war hier ein repräsentativer Schloßflügel, der allerdings nicht mehr ausgeführt wurde. An seiner Stelle errichtete Gottfried Semper von 1847 bis 1854 den Galeriebau.

Eine kunsthistorische Ableitung des Zwingerbaues kann auf Tribünenbauten verweisen, die am französischen Hof für Carrousel-Feste aufgestellt wurden. Auch die Omega-Form war vorgegeben – beim Trianon de Porcelain in Versailles (1670–72) etwa 1687 zu Gunsten des Grand Trianon de Marbre abgerissen –, die Pöppelmann für den Zwingergrundriß aufgriff und systematisierte, d. h. durch Wiederholung zu einem in sich abgeschlossenen Ganzen entwickelte. Man könnte die Liste von möglichen Vorbildern noch verlängern, die italienische Gartenarchitektur heranziehen, Einflüsse aus Deckers *Fürstlichem Baumeister* oder der Wiener Schloßarchitektur.[4] Aufschluß über den Sinn des Dresdner Zwingers gibt auch die Tatsache, daß gleichzeitig an der Elbseite etwas entstehen sollte, was sonst bei vergleichbaren Bauvorhaben immer schon vorhanden war: ein Schloß. Doch es kam nicht mehr zur Ausführung, die wohl auch nie vorrangige Bedeutung hatte. In Dresden baute man vielmehr vor allem anderen den Festraum im Freien.

Doch nicht nur einem Extrembeispiel wie dem Dresdner Zwinger haftet etwas Ephemeres, Provisorisches an, sondern dem Wesen der Barockarchitektur im allgemeinen. Denn man war damals ausgesprochen verliebt in die Improvisation und in die Vorstellung von Zauberei, die damit verbunden wurde. *Um seiner Königin ein einziges Fest zu geben, läßt der Graf von Artois sozusagen über Nacht das Schlößchen Bagatelle entstehen ... Von einem ähnlichen Ursprung hat ein Schlößchen in Salzburg den Namen Monatsschlössel behalten ... Man kennt die Ungeduld Ludwigs XIV., Versailles entstehen, die Ungeduld Urbans VIII., die Peterskirche vollendet zu sehen ... Das Barock ist eine ungeduldige Kultur. Es kann nicht warten. Es kann den Abstand zwischen Entwurf und Ausführung nicht ertragen. Lieber baut man unsolid. Bloße Kulissen, die sich an einem Tag aufrichten lassen, zieht man einem soliden Bau vor ...*[5] Die Charakterisierung Richard Alewyns zielt in der Tat auf eine typische Eigenschaft des Barock – die Ungeduld, unter der natürlich vor allem die Künstler zu leiden hatten, die nur allzu oft so manche Unvollkommenheit mit diesem Fapresto entschuldigten. Wenn nun solide Bauten durch Improvisationen oder Kulissen ersetzt werden konnten, dann steht dahinter der Wunsch nach einer möglichen Vertauschung von »Schein und Sein«, wie sie Wesensmerkmal des Theaters war und damit auch des Festes. Und da immer Feste anstanden, war man denn auch fast immer in Eile mit dem Bauen und Ausstatten. Umgekehrt waren diese Feste zugleich der eigentliche Vollzug von Architektur.

Die Eile der Zurüstung wurde manchmal auch thematisiert. Als in Stuttgart im September 1782 ein Besuch des russischen Großfürsten Paul und seiner Gemahlin Maria Feodorowna anstand, malte Philipp Hetsch innerhalb von 21 Tagen nach einem Entwurf von Nicolas Guibal den Marmorsaal des Neuen Schlosses in Stuttgart aus (1944 zerstört).[6] Der Concetto dafür war witzig: Genien und Putti setzen in den Spiegel des ovalen Plafonds ein »quadro riportato« ein, das wiederum zeigt, wie u. a. die Personifikationen von Virtembergia und Neckar dem Bildnis der russischen Fürsten huldigen. Noch ist das Bild nicht ganz am vorgesehenen Platz, festgehalten ist der Augenblick kurz vor der endgültigen Einpassung. Am äußersten Ende der Epoche wurde die Eile der Zurüstungen und das Provisorische der Bilder nicht nur thematisiert, es wurde nun bezeichnenderweise auch darüber reflektiert.

Veduten, Ansichten von Schlössern oder Lusthäusern, gemalt oder als Kupferstiche verbreitet, sind fast immer unzuverlässige Zeugen für den ursprünglichen Zustand. Entweder wurde nur Geplantes als bereits bestehend aufgenommen, oder wurden Provisorien als fest gebaut ausgegeben. In Nymphenburg z. B. wurden ganze Trakte, die Disel um 1722 im Stich zeigt, erst ab 1733 oder gar nicht gebaut. Bei einem Fest mit Illuminationen 1729 auf dem Kanal an der Stadtseite wurden im Rondell, in dem erst vier Häuser standen, die übrigen sechs sowie die Abschlußmauer aus Holz- und Lattenwerk »formuliert«. Zu dieser Zeit war auch die stadtseitige Freitreppe noch aus Holz, allerdings steinfarben angestrichen.

Wo die Umstände eine architektonische Realisierung nicht zuließen, konnte man, etwa für das Fest der Kirchweihe, intendierte Architektur durch gemalten Schein ersetzen. Als 1684 die Dekoration von S. Ignazio in Rom begonnen werden sollte, wurde ein älteres Problem neu akut. Die benachbarten Dominikaner von S. Maria sopra Minerva hatten den Bau einer Vierungskuppel an der Jesuitenkirche zu verhindern gewußt. Aber der Wunsch nach dieser unabdingbaren Würdeform war nach wie vor da, und so schrieb man einen Wettbewerb für eine solche Kuppel in Illusionsmalerei aus, den Andrea Pozzo gewann. Sein Bozzetto mit der berühmt gewordenen Lösung ist noch vorhanden.[7] Die Scheinkuppel selbst, auf flache Leinwand gemalt, wurde zwar mehrfach beschädigt, ist aber noch in situ. Sie wurde von Pozzo selbst wiederholt,[8] in seinen Traktat aufgenommen und vielfach kopiert. Obwohl es sich bei dieser Art von Quadratura nicht um eine Neuerung handelt – ein Vorbild war u. a. Agostino Tassis Scheinkuppel der Sala Terrena im Kasino der Villa Lante in Bagnaia von 1615 –, besteht das Besondere von Pozzos Scheinkuppel für S. Ignazio darin, daß die Deckenmalerei ein Fest-Provisorium stabilisiert und etabliert hat. Unter den

Vorzeichen des Festes ist hier der Schein und nicht die Sache selbst perennierend geworden.[9]

## Barocke Feste

Zu den barocken Herrschern, die im Fest viel mehr sahen als nur die Möglichkeit des Amusements, gehörte Karl I. von England. Zwischen 1605 und 1640 wurden am Stuart-Hof regelmäßig sogenannte »Masques« aufgeführt, das waren »spectacles« ebenso wie »representations«.[10] Im Herbst 1637 bekam sein oberster Architekt, »Surveyor of Works«, Inigo Jones den Auftrag, im Whitehall-Palast einen geeigneten Raum für festliche Theater zu adaptieren, obwohl man für solche Zwecke schon den Großen Saal im Banqueting House von Whitehall zur Verfügung gehabt hätte. Man befürchtete jedoch, hier könnten die gerade eingerichteten Deckenbilder des Peter Paul Rubens (Abb. 43) durch den Rauch der vielen Lampen Schaden nehmen – eine für die Barockzeit bemerkenswerte Vorsorge, aus der die Wertschätzung der Kunst von Rubens hervorgeht.[11] Anlaß für den Auftrag an Jones war die obligatorische Ausrichtung eines Schauspiels zum Neujahrsfest, das 1637/38 den Titel trug: *Britannia Triumphans: A Masque, Presented at White Hall by the Kings Majestie and his Lords ... after Twelfth-night, 1637 By Inigo Iones Surveyor of his Majesties workes, and William Davenant her Majesties servant*[12]. Karl I. wurde in diesem Spiel William Davenants gefeiert als »Britanocles, the glory of western world«. Es begann folgendermaßen: *A curtain flying up discovered the first Scene wherein were English houses of the old an newer forms, intermixed with trees, and afar off a prospect of the City of London and the river of Thames, which, being a principal part, might be taken for all Great Britain*[13]. Den Höhepunkt erreichte die »Masque«, als der König selbst aus dem Palast der Fama heraustrat, akklamiert von einem Chor von Dichtern. Den Schluß bildete die Szene, in der die Personifikation des Meeres dem »Britanocles« huldigte, *who o'er seas doth reign*[14]. Die Apotheose hatte einen konkreten Hintergrund in der starken Position der englischen Flotte, die durch die ungeliebte Schiffs-Steuer erreicht wurde.

Im Februar 1638 gab es anläßlich eines Richterspruches zugunsten der Krone eine weitere »Masque«: *Luminalia, or the Festival of Light*[15]. In recht enger Anlehnung an Francesco Cinis Stück *Notte d'Amore* war das Thema der Kampf des Lichtes gegen die Finsternis, wobei die Königin Henrietta Maria mit vierzehn Hofdamen selbst auftrat. Dargestellt wurde die Wanderung der Musen, die am Ende schließlich Asyl fanden in *this happy island* England, dem *beautyfull garden of the Britanides*. Zuletzt, nach einer Tanzvorführung der Musen, sahen

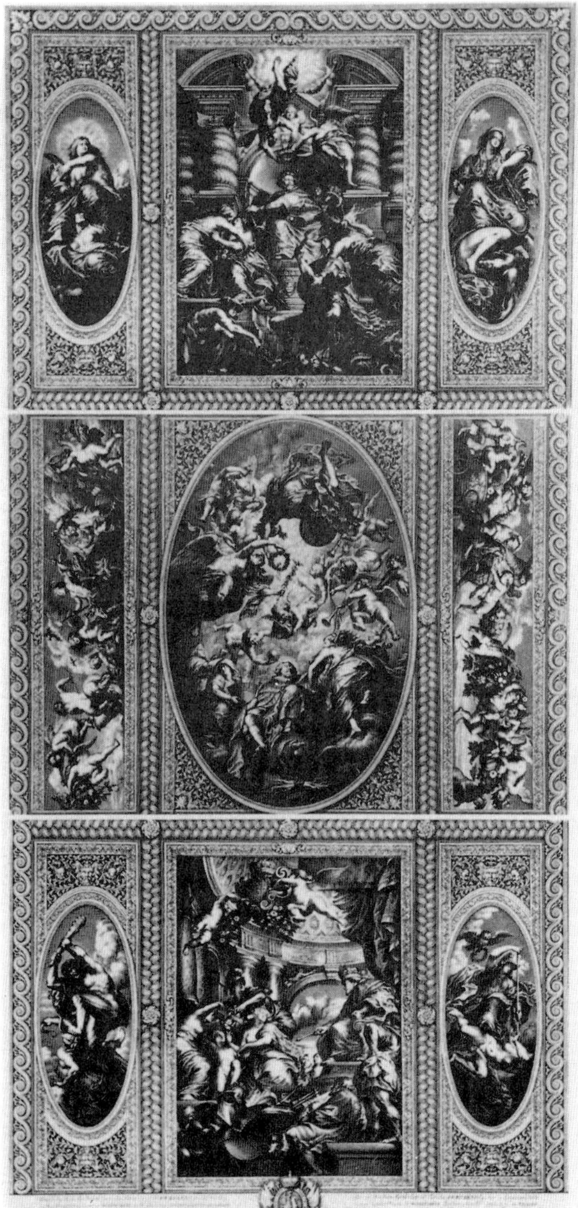

König und Königin den Götterhimmel, aus dem sich eine Wolke herabsenkte, auf der himmlische Wesen und Zephyre zur Erde herabkamen und gleichfalls einen Tanz aufführten.

Verblüfftes Staunen lösten beim Publikum vor allem die illusionistischen Theatermaschinen von Inigo Jones aus.[16] Deren Leistungsfähigkeit scheint in der Tat beachtlich gewesen zu sein und ihren Zweck vollkommen erfüllt zu haben, nämlich eine anschauliche Transzendenz der königlichen Personen zu gewährleisten. Indem diese nicht nur im Theater durch den Aufzug der Götter und allegorischen Begriffe gefeiert wurden, sondern selbst daran beteiligt waren, konnte der theatralische Schein sogar die reale Metamorphose des Königs und der Königin in höhere Wesenheiten suggerieren. Roy Strong hat die »Masques« aufgelistet, in denen der König zwischen 1631 und 1640 entweder selbst einen zentralen Part übernahm oder in allegorischer Form gefeiert wurde. In der 1634 aufgeführten »Masque« *Coelum Britannicum* von Thomas Carew beispielsweise wurde der britische Hof zu einem »Modell« des Olymp, in dem Karl I. als Jupiter herrschte. Weiter kann eine Apotheose kaum gehen, meint Strong[17] und charakterisiert die Maschinen des Bühnenbildners folgendermaßen: *Für Jones war alles Sehen Glauben, und er versuchte, mit seinen Theaterschauspielen bewußt das Sehen des Publikums zu beeinflussen. Ein- oder zweimal im Jahr versammelte er in einem verdunkelten Raum zwei- bis dreitausend der edelsten und wichtigsten Persönlichkeiten des Königreiches, um ihnen als Tribut an die Krone Faksimiles der Welt und des Kosmos vorzustellen. All seine Masken feierten den Monarchen als Stifter von Harmonie und Ordnung durch die Unterwerfung der Natur. Sie fangen alle mit Unordnung und Chaos an und schreiten zu Ordnung und Harmonie fort, indem sie den König und seine Höflinge in emblematischer Form als Götter und Göttinnen, Helden und Heldinnen, Sonne und Sterne auftreten lassen. Jedes Maskenspiel hat deshalb zweierlei Arten von Bühnenbildern. Die erste Gruppe bestand aus Bildern der ungezähmten Natur. Da gab es gemalte Stürme zu Wasser und zu Lande, flammende Höllenfeuer, undurchdringliche Wälder, Wüsten und Felslandschaften. Die zweite Gruppe zeigte Bilder irdischer und kosmischer Harmonie: elegante Villen, Plätze und Paläste im klassizistischen Stil, sichere Häfen, schöne Gärten, den gestirnten Himmel, eindrucksvolle Wolkenformationen. Die Perspektive machte den König zum emblematischen und ethischen Zentrum der höfischen Theateraufführungen und betonte die hierarchischen Abstufungen des höfischen Lebens. Alle Linien trafen sich im Auge des Königs, und je wichtiger man am Hof war, je näher man dem König stand, umso näher war man dem Schauspiel und dem*

43 London, Baqueting House in Whitehall, Deckengemälde von P.P. Rubens 1634, in der Radierung von S. Gribelin, 1720

*Verständnis davon. Das war eine der wichtigsten Thesen des Maskenspiels. Die zentrale lebens- und lichtspendende Funktion des Monarchen war also die Grundabsicht des höfischen Schauspiels, das sich der komplexen Symbolsprache des Neuplatonismus bediente und die Mythologie der Antike mit der mittelalterlichen Ritterromanze und dem Fürstenspiegel der Renaissance vermischte. Der ganze Hof spielte mit, verkleidet und vermummt wurden die Höflinge zu Göttern, Nymphen, Naturkräften, abstrakten Tugenden, angeführt vom Königspaar, womit das Prinzip von der Bühne als Welt buchstäblich in die Tat umgesetzt war*[18].

Mit guten Gründen kann man Parallelen sehen zwischen dem, was sich in den von Jones inszenierten »Masques« für Karl I. abspielte, und dem permanenten Festapparat mit den Deckenbildern von Rubens im Saal des Banqueting House.[19] Das Programm läßt darauf schließen, daß Inigo Jones, von dem die Architektur des Saales stammt, auch Einfluß auf den Concetto der 1634 vollendeten Deckenbilder hatte, wenn er nicht sogar der Verantwortliche für die »inventio« war.[20] Das zentrale Ovalbild der Decke läßt den König in der Apotheose erscheinen. Diese Darstellung hat gegenüber einem Theaterscenario sogar einen Vorzug, denn der König ist durch die Ansicht »di sotto in su« gewissermaßen von vornherein in olympische Höhen entrückt. Außerdem wird simultan erreicht, was in einer »Masque« nur in Bildern hintereinander möglich gewesen wäre. Karl I. wird in den anschließenden Deckenfeldern als zweiter Salomon gefeiert, der mit der Stärke des Herkules und der Weisheit der Minerva, das Britische Empire neu geschaffen und England mit Schottland vereinigt hat. Im Hinblick auf die Realitätsstufen waren aber die Unterschiede zwischen einer permanenten Bildeinrichtung in einem Staatsraum und einer Festaufführung (noch dazu häufig mit dem König als Akteur) lediglich gradueller Art.

Bei einem König, dessen Politik, reale Existenz und Tun letztlich als Schauspiel, d. h. als transzendentale Vorstellung zu verstehen war, kann man annehmen, daß auch das traurige Ende Karls theatralisch war. Im Januar 1649 wurde er unter den Fenstern der Banqueting Hall auf dem Schafott enthauptet.[21] Es war ein Akt vor Tausenden von – schweigenden – Zuschauern, dessen Regeln aber vom König festgelegt worden waren: Er behielt sich vor, noch vom Schafott herunter zu sprechen, und sogar der Henker sollte mit dem Beilschlag warten, bis der König ihm das Zeichen gab. Es war so kalt, daß man dem König mehrfache Kleidung angezogen hatte, damit er nicht zittere und dies als Furcht ausgelegt würde. Seine letzte Ansprache war kurz: *Ich bin zu Unrecht verurteilt. Ich sterbe für die Freiheit meines Volkes, als Märtyrer für das Volk. Ich sterbe als ein Christ und bekenne mich zur Kirche von England. Meine Sache ist gerecht und mein Gott ist gnädig.* Als er mit Hilfe des Bischofs, der ihn begleitete, den Hals frei machte, sagte er: *Ich gehe von einer verweslichen zu einer unverweslichen*

*Krone, wo es keine Störungen mehr gibt, keine Störungen in der Welt.* Die Würde des Todesschauspiels muß beeindruckend gewesen sein. Man sagte von Karl, dessen Politik am Parlament gescheitert war, *nichts im Leben stand ihm so gut an wie das Verlassen des Lebens.* Und der Dichter Andrew Marvell, der auch die Hinrichtungsszene beschrieb, nannte Karl einen »Royal Actor«, einen königlichen Schauspieler des »Tragic Scaffolding«: *Es sieht so aus, als habe der König nicht nur die Hauptrolle gespielt, sondern auch das Stück geschrieben, inszeniert und so glänzend orchestriert, daß der antiken Tragödie durch die christliche Symbolik eine Öffnung zur Transzendenz und ewigen Unsterblichkeit hinzugefügt wurde. Damit wandelte sich der Tod auf dem Schafott zur Apotheose und zur Rechtfertigung der Ideale, die den König im Leben geleitet und mit einem Teil seines Volkes im Parlament in Kollision gebracht hatten. Mit diesem großartigen coup de theatre verließ er die Bühne der Politik, auf der er als Autokrat und Feldherr eine weniger eindrucksvolle Rolle gespielt hatte denn als Märtyrer. Er übersetzte die politischen Realitäten in die allegorische Sprache der Maskenfeste, mit denen er zu friedlicheren Zeiten … zu beeindrucken verstanden hatte*[22]. Noch am Abend der Hinrichtung war im übrigen ein Buch erschienen, das sogleich eine breite Leserschaft fand. Der Druck des Buches war wohl von Karl selbst noch in die Wege geleitet worden; es war illustriert und erhob mit entsprechenden Bibelzitaten das königliche Martyrium zu einem Heiligenmartyrium. Die Historiker behaupten, Karl von England habe durch seinen Tod die Krone gerettet und es ermöglicht, daß elf Jahre nach seiner Enthauptung bereits sein Sohn wieder als nächster König nach dem Interregnum Oliver Cromwells zurückkehren konnte. Von hier aus gesehen »spielte« Karl I. sogar seinen Tod, und er rettete durch richtiges Agieren die Krone. Diese hatte er als »unverweslich« bezeichnet, weil sie bei Gott lag. Karl von England war ein großartiger Darsteller eines absolutistischen Herrschers.

Ludwig XIV. von Frankreich hatte den Ausbau des Jagdschlosses seines Vaters in Versailles gerade erst in Auftrag gegeben, als im Garten bereits Feste gefeiert wurden, in denen die Idee der zukünftigen Gesamtanlage des Schlosses gleichsam schon vorweggenommen wurde. In die Geschichte eingegangen sind vor allem die *Plaisirs de l'Ile enchantée* von 1664. Vordergründig fand das Fest zu Ehren der Königin statt, in Wirklichkeit aber war es Mlle de La Vallière, die Geliebte Ludwigs, der das Fest galt. Es war eine ehrenvolle Aufgabe, solche Feste auszurichten, oder besser: dafür einen Concetto zu erstellen. In diesem Fall war es der Graf von Saint-Aignan, der aus Buch 6. und 7. des *Rasenden Roland* von Ariost die Episode auswählte, in der Roland/Roger auf der Insel und im Palast der Zauberin Alcine seine Abenteuer erlebt. Was sich in Versailles schließlich als mehrtägiges Fest abspielte, war ein Theater, bei dem die Zuschauer (ausschließlich aus der Hofgesellschaft) zu Akteuren wurden; d. h. die heute

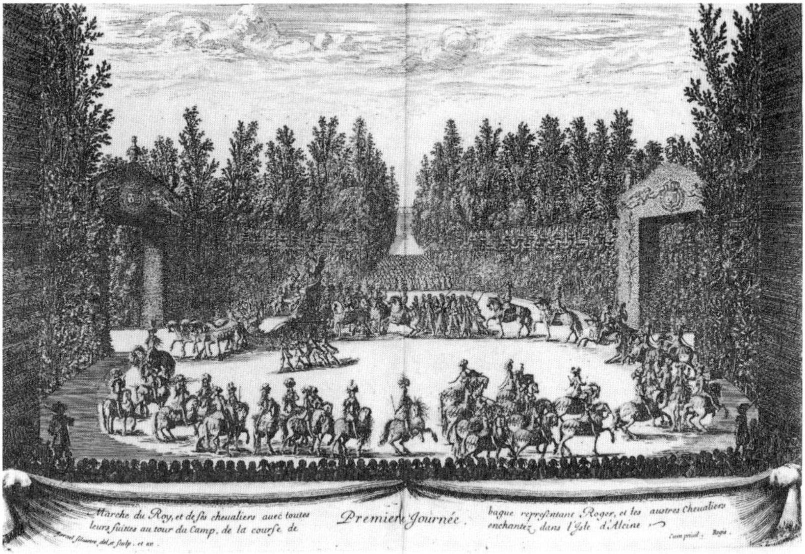


44 Versailles, *Plaisirs de l'Ile enchanté 1664*, Radierung von I. Silvestre 1673, Einzug des Königs und der Ritter am ersten Tag

so absolute Trennung zwischen Objekt und Subjekt des Theaters wurde aufgehoben, weil der ganze Hof selbst sich in die *Plaisirs de l'Ile enchantée* hineinversetzte.[23]

Am 5. Mai 1664 bezogen der König, die Königin, die Königinmutter und der Hofstaat die vorgesehen Räume im Schloß, zwei Tage später hob das Fest an mit etwa 600 Gästen (Abb. 44). Ein großes Rund war als Turnierplatz eingerichtet, in der amphitheatralischen Anlage standen Armsessel für den König und die nächsten Verwandten. Den Hintergrund bildeten Laubenhallen, geschmückt mit Kriegsattributen und Blumenarrangements. Antike Vasen, goldverzierte Festons waren über den Eingängen angebracht, große Palisaden aus zugeschnittenem Blattwerk verbanden die Eingangspforten und trugen zwei Reihen von Leuchtern mit ungezählten Kerzen. Der König saß zunächst nicht bei den Königinnen, warum, das stellte sich bald heraus. Trompetenstöße und Paukenwirbel kündeten den Beginn an. Ein Herold ritt ein, oberste Hofchargen und Hochadelige kamen als Knappen mit den Waffen. Dann kam Herr von Saint-Aignan, auf griechische Art gerüstet, und als Vorreiter der König selbst, der unter Trompetengeschmetter einritt in der Rolle Rogers, des Hauptes der Ritter, die durch Alcine verzaubert worden waren. Seine Rüstung war so aufwendig, daß alles in Rufe der Bewun-

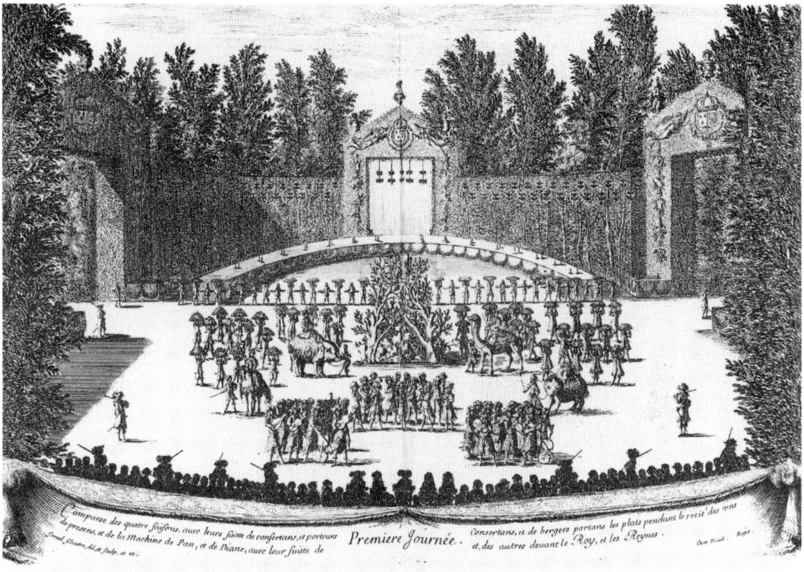


45 Versailles, *Plaisirs* ..., Gruppe der Vier Jahreszeiten am ersten Tag

derung und des Staunens ausbrach, während Ludwig XIV./Roger die Bahn umritt. Die Ritter seiner Quadrille begleiteten ihn, jeder eine Figur aus Ariosts Stück darstellend (darunter die Herzöge von Noailles, von Guise, Armagnac usw.). Der Marquis de la Vallière, der Bruder der Favoritin, war in taubenblauen, weißen und silbernen Atlas gekleidet und erregte besondere Bewunderung.

Damit man das Konzept auch richtig verstand, war eine Broschüre verteilt worden; sie enthielt die von Benserade verfaßten galanten Reden, Gedichte, Sonette und sogar Spottverse, die von den Kavalieren vorgetragen wurden.

Die im Fest von Versailles zum Motto erhobene Verwandlung und Verzauberung bewirkte eine so rigorose Enthebung von aller Wirklichkeit, wie sie auch nicht das zeitgenössische »normale« Theater leisten konnte. Mit dem König und seinem Gefolge als Akteuren und ebenso mit dem Schauplatz im Garten, der de facto durch seine Form schon überwirklich war, wurde mehr als ein »Einblick« in eine andere Welt geschaffen: Diese war durch Verzauberungen, wie sie in der Hand des Königs lagen, Wirklichkeit geworden.

Hinter den Rittern kam der Wagen Apollos, gelenkt von Chronos, der geflügelt und mit einer Sense im Arm auftrat. Der Sonnengott war umgeben von den vier Zeitaltern, die zwölf Stunden und die Tierkreise gaben ihm das Geleit. Mlle de Brie stellte das eiserne Zeitalter dar, sie erhob sich von ihrem Sitz und unterhielt sich mit Apollo und den drei anderen Zeitaltern, wobei sie lange Lobreden in Alexandrinern vortrug. Während sie noch deklamierte, trugen zwanzig als Hirten verkleidete Bauern die Teile einer Barriere herein und stellten diese auf dem Turnierfeld zusammen. Der Wagen Apollos fuhr wieder an, es sollte jetzt ein Ringelstechen stattfinden. Der König sprengte auf den Platz, er demonstrierte aber nur seine Reitkünste, während die anderen Ritter wirklich nach dem Ring stachen. Dann kam wieder eine allegorische Einlage. Eine Musikkapelle spielte eine Symphonie, während sich die Vier Jahreszeiten (Abb. 45, 46), auf einem spanischen Hengst, einem Elefanten, einem Kamel und einem Bären reitend, näherten. In Zwölfergruppen folgten Gärtner, Schnitter, Winzer, Greise, die Silberschalen mit Früchten und Konfekt in ihren Händen trugen. Mlle de Brie, geschmückt mit Blumen, stellte den Frühling dar und trug abermals lange Verse, nun zum Lob der Königin, vor. Inzwischen, und das lenkte sehr ab, kreiste hinter ihr eine sich langsam herabsenkende geheimnisvolle Maschinerie. Es war eine ganze Grotte, in der Pan und Diana in den verschlungenen Zweigen eines Baumes ruhten, der mit den Früchten aus Wald und Feld beladen war. Diese Geschenke der Natur brachten sie dem König dar. Dann war die Zeit für einem Imbiß gekommen, 37 Personen nahmen an einer Tafel gemäß dem Zeremoniell Platz. Es wurde festlich getafelt, während alle anderen Gäste das Amphitheater aufsuchten.

Im Ringelstechen des Versailler Festes lebte der mittelalterliche Tjost, das ritterliche Turnier wieder auf, wurde aber zugleich auf bezeichnende Weise umgedeutet, denn das ritterlich-adelige Prinzip als solches erfuhr hier seine theatralische Aufführung: Geschichte wurde mit den Mitteln der Poesie wiedererweckt. Und trotz aller Metamorphosen erschien der König immer wieder als derjenige, der lenkte, Winke und Anstöße gab als eine Art von »Deus ...«, nicht »ex«, sondern »... de machina«. Die aufgeführte Allegorese hatte zur Grundlage den Concetto: Unter der Herrschaft Apolls ist das neue Goldene Zeitalter angebrochen. Das erste mythische Zeitalter hatte noch nicht die Künste gekannt. Jetzt brach mit einem neuen Zeitalter auch die Zeit der Herrschaft Apolls über diese nun aufblühenden Künste an. Zugleich offerierte die Welt mit ihren Teilen und den Gezeiten alle ihre Segnungen. Aufführungen dieser Art lassen sich ohne weiteres mit gemalten Schloßausstattungen vergleichen, denen ein entsprechender Concetto zugrunde gelegt wurde (z. B. die bereits erwähnten Deckenbilder von Rubens im Londoner Banqueting House). Umgekehrt darf man solche Ausstattungen ansehen als gestaltetes Bildprogramm in der perennierenden Form einer theatralischen Festaufführung.

Am Abend des zweiten Tages ging die Gesellschaft zu einem anderen Rund der Parkalleen im Schloßgarten von Versailles. Ein Leinwanddach war darüber gespannt, damit die Lichter vom Wind nicht gelöscht würden. Darunter lagen die

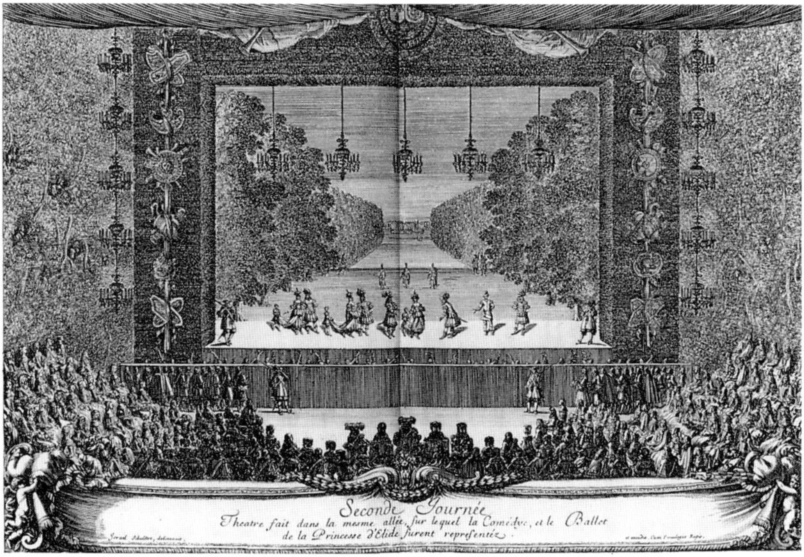


46 Versailles, *Plaisirs* ..., Theateraufführung am zweiten Tag

Tribünenplätze. Als der Vorhang sich vor der Bühne hob, sah man eine perspektivische Kulissenarchitektur und in der Ferne den herrlichen Palast der Alcine auf einer schwimmenden Insel. Das war die Szenerie für die Ballette und eine Komödie, die Molière selbst mit seiner Truppe spielte. Das Stück drehte sich um die Launen und die Unzuverlässigkeit der Liebe und paßte eigentlich gar nicht so recht in das ganze Konzept, aber man war auf jeden Fall beeindruckt von der perspektivischen Sicht auf die verzauberte Insel.

Der dritte Tag brachte dann den Höhepunkt. Das Amphitheater war dieses Mal um den See errichtet. Zwei Palisaden, auf künstlichen Felsen aufgebaut und mit Malereien geschmückt, standen rechts und links der Ufer und schufen so eine kurze perspektivische Flucht, an deren Ende wieder das Schloß Alcines auf ihrer schwimmenden Insel zu sehen war (Abb. 47). Die königliche Familie saß unter einem Thronhimmel an der Vorderseite des Sees. Sobald der König eintraf, begannen die Musikanten, die Trompeter und Paukenschläger, die zu beiden Seiten der Palisaden postiert waren, zu spielen. Dann lösten sich plötzlich drei Meeresungetüme von der Insel und näherten sich dem königlichen Thronhimmel. Das eine trug Alcine, die beiden anderen die Nymphen Circe und Célia, dargestellt von den Mlles Duparc, de Brie und Mlle Molière. Alle drei näherten sich in großer Erregung der Königin und berichteten: Es sei zu befürchten, Ritter

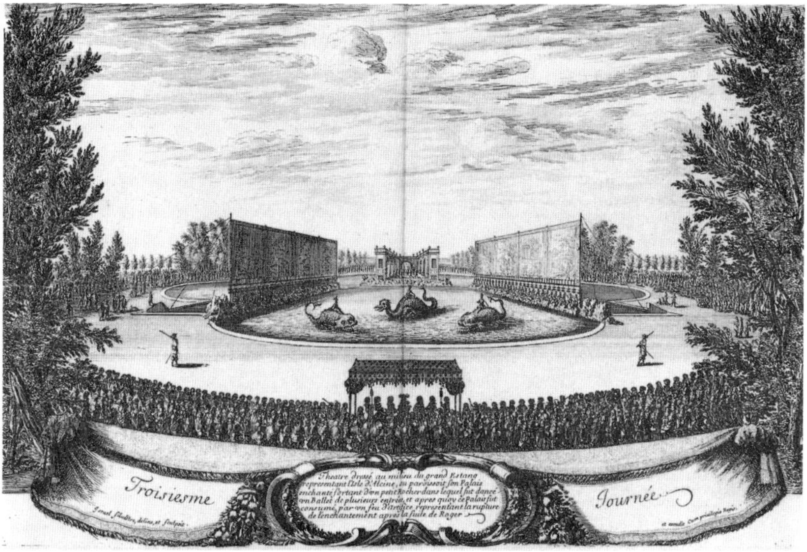


47 Versailles, *Plaisirs* ..., Schwimmende Insel der Alcine am dritten Tag

Roger könne seine Verzauberung brechen, denn Melisse habe sich zu ihm auf den Weg gemacht, um ihm den Zauberring der Angélique auszuhändigen, der ihm die Rettung und den dreien den Untergang bringen würde. Sie beschworen die Königin, ihnen beizustehen, die jedoch blieb stumm: Denn die natürliche Güte der Landesmutter wollte nicht der Bosheit Vorschub leisten. Alcine mußte zurückkehren, um sich ohne fremde Hilfe zu verteidigen, und sie wendete all ihre Zauberkünste an: Auf wundersame Weise öffnete sich der Palast, Riesen und Zwerge schwangen sich aus den Mauern hervor und ganze Garden maurischer Krieger schienen den Mauern zu entwachsen. Ungetüme, Geister, Dämonen gesellten sich dazu und lieferten schließlich Rogers verzauberten Gefährten einen erbitterten Kampf. In höchster Gefahr eilte die weise Melisse in Gestalt der Jägerin Atalanta herbei und gab Roger den zauberkräftigen Ring – Alcines Macht war gebrochen. Ein Donnerschlag erschütterte die Luft, der Palast spaltete sich, indem eine Lichtgarbe aus den sinkenden Mauern aufschoß (Abb. 48). Ein anonymer Bericht erzählt: *Es schien, als ob Erde und Wasser zu Feuer würden, denn es zischten nicht nur Girandolen und Raketen in die Luft, wo sie krachend zu vielfarbigem Feuerregen zerstoben, sondern es rollten die Feuerströme auch den Ufern zu, während andere wieder ringsum dem Wasser entsprühten. Das alles ergab ein so großartiges und wunderbares Schauspiel, daß man sich kein*

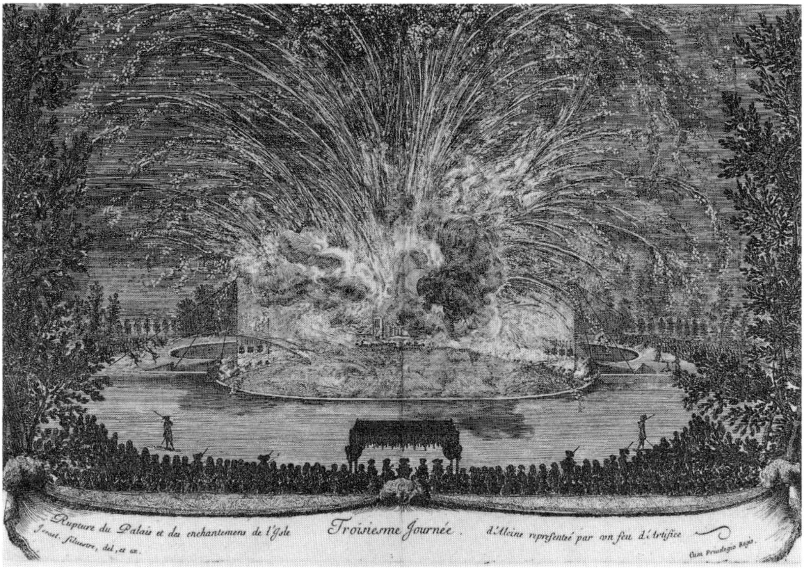


48 Versailles, *Plaisirs* ..., Zerstörung des Palastes der Alcine in einem Feuerwerk am Abend des dritten Tages

*schöneres Ende hätte vorstellen können.* Der Höhepunkt war demnach ein sogenanntes »Schloß-Feuerwerk«; der Kampf um die Festung endete mit einem Feuerzauber, in dem sich die Theaterarchitektur im Donner einer Metamorphose wieder auflöste. Dies war auch die auffallendste Eigenschaft dieser Festivität: Gefeiert wurde die magische Kraft des Königs, alles verwandeln zu können und so in den Spiegelbildern der Hofgesellschaft eine jeweils andere, verzauberte, höhere Existenz vorzuführen.

August der Starke, Kurfürst von Sachsen und König Polens, feierte im Jahr 1719 die Vermählung seines Sohnes Friedrich August mit der Erzherzogin Maria Josepha von Habsburg mit einem Aufwand, der den Anspruch seines Hauses auf die Kaiserkrone mehr als deutlich zum Ausdruck brachte. Als Schwiegervater einer Kaisertochter konnte er sich in der Tat gewisse Hoffnungen machen, denn in Wien war kein männlicher Nachfolger für Kaiser Karl VI. in Sicht. Dasselbe Ziel verfolgte im übrigen auch Max Emanuel von Bayern, als er 1722 seinen Sohn Karl Albrecht gleichfalls mit einer Kaisertochter verheiratete. An ihn ging denn auch 1742 die Krone, doch brachten die drei Jahre Amtszeit Karl Albrechts als Kaiser nur Unglück über Bayern. Dabei standen die Sterne alles andere als günstig, denn durch die sogenannte Pragmatische Sanktion von 1713 waren von nun an auch die Habsburger Töchter erbberechtigt. Doch hinderte dies weder August den Starken noch Max Emanuel, weiterhin und eben mit älteren Rechten begründete Ansprüche anzumelden, und für dieses ersehnte Kaisertum Kaiserschlösser zu bauen und noch weitere zu planen, vor allem aber auch kaiserliche Feste zu feiern. Schon die Werbung um Maria Josepha, die sogenannten Lossagungs- und Anhangshandlungen, war Anlaß für ausgedehnte Feierlichkeiten, die sich in Wien, wo die Hochzeit stattfand, noch steigerten. Doch all das wurde noch weit übertroffen von dem Empfang, den man der Braut in Dresden bereitete und der sich zu einem 28 Tage andauernd glanzvollen Fest ausweiten sollte.

Ablauf und auch Details dieser Feierlichkeiten kennen wir sehr genau durch das zweibändige Werk *Theatrum Ceremoniale Historica – Politischer oder Historisch- und Politischer Schauplatz aller Ceremonien ...*, das der Leipziger Stadtschreiber Johann Christian Lünig verfaßte und 1719 bzw. 1720 veröffentlichte.[24] Es ist das ausführlichste in deutscher Sprache erschienene Kompendium von Anweisungen und Beschreibungen höfischer Zeremonien, das August der Starke selbst lange vor der Vermählung seines Sohnes an Lünig in Auftrag gegeben hatte und das auch eine Beschreibung der Festivitäten anläßlich dieser Hochzeit enthält. Der Titel dieser Sammlung läßt im übrigen recht deutlich werden, wie eng im Barock Politik, Theater und Fest verknüpft waren. Das Konzept zum Hochzeitsfest wird Johann von Besser zugeschrieben, doch soll der König selbst in die Planung kräftig eingegriffen haben. Johann von Besser war seit 1717 Geheimer Rat in Dresden, nachdem er zuvor in brandenburgischen Diensten war. Er hatte sich als Poet einen gewissen Namen gemacht und sich eine umfangreiche Bibliothek zugelegt, die August der Starke nach seinem Tod ankaufte.[25]

Die Empfangsfeierlichkeiten in Dresden enthielten alle Grundtypen des barocken Festes, wie sie erstmals von Richard Alewyn in seinem »morphologischen« Versuch genannt wurden,[26] also Turnier, Jagd, Trionfo, Feuerwerk, Tanz und die Masken-Belustigungen, die auf das Volk – etwa bei den Bauernhochzeiten – oder auf Exotisches rekurrierten. Und sie begannen, als am 30. August 1719 die Braut im elbaufwärts gelegenen Pirna abgeholt wurde. Über 100 Gondeln begleiteten die Fahrt des Bucentaurus, den man neu hatte ausstatten lassen. In Dresden erwarteten als geladene Gäste sieben Fürsten, über 200 Grafen, ebensoviele Barone und über 500 Edelleute die Landung des Schiffes. Die Braut stieg in eine Karosse um, es formierte sich ein Zug von über 100 Wagen und 6000 Mann zu Fuß, darunter allein 24 Generäle. Vor der Stadt empfing August der Starke im polnischen Königsornat die Braut in seinem Samtzelt. Die Juwelen an seinem Gewand wurden auf 2 Millionen Taler geschätzt (das bedeutete ein Viertel des sächsischen Haushaltes). Mit diesem Empfang war die Einholung der Braut beendet. Das eigentliche Fest aber fing erst an und sollte in einem inhaltlich

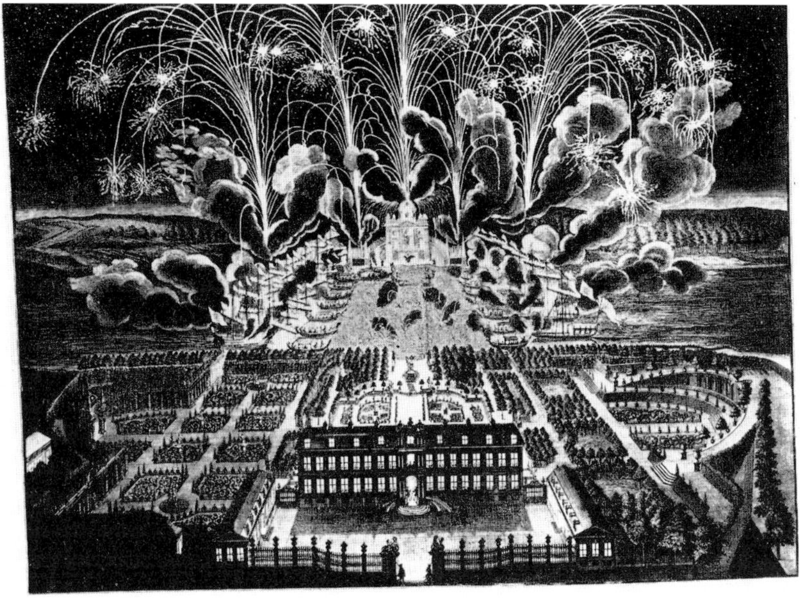

49 Dresden, Zwinger, Feuerwerk während des Planetenfests Augusts des Starken

sehr bemerkenswerten mehrtägigen »Planetenfest« kulminieren. Es war den Planetengottheiten Apoll, Mars, Jupiter, Luna respektive Diana, Merkur, Venus und Saturn gewidmet, wobei die einzelnen Feste zum Großteil an jenem Wochentag stattfanden, dessen Bezeichnung den Namen der Gottheit widerspiegelt. Das Fest des Sonnengottes Apoll wurde also folgerichtig an einem Sonntag gefeiert, und es war zugleich der Auftakt des Planetenfestes am 12. September 1719, von dem uns nicht nur die Beschreibung Lünigs, sondern auch eine von Oluf Wif anläßlich dieses Ereignisses geprägte Medaille einen Eindruck vermittelt[27].

An diesem Tag erhielten die Besucher, zuerst von niederem, dann von adeligem Stand ab Mittag Zutritt zum sogenannten Holländischen Palais, einem Altdresdener Haus am rechten Elbufer, das 1717 August der Starke für seine Ostasiensammlung erworben hatte und das für die Festlichkeit von Pöppelmann vergrößert worden war. Schauplatz war außerdem ein Gartenparterre, das zwischen Schloß und Elbe im modernen französischen Stil neu angelegt worden war. Hier fand ein Singspiel statt, das um fünf Uhr nachmittags begann. Die königliche Familie saß unter einem Thronhimmel, der Hof auf Bänken, als die sieben Planeten, von Kastraten verkörpert, auf Wolken erschienen und in Serenaden den

Zuschauern ein großes Fest ankündigten und sie dazu einluden. Mit Einbruch der Dunkelheit war das Singspiel zu Ende, und man ging in das Palais zur Tafel. Währenddessen eilte der »Obrist Hauß- und Landzeugmeister« zu einem bereitgestellten Schiff, um die Order zum Zünden eines Feuerwerks zu geben, dem die Hofgesellschaft dann durch die Fenster zusah. Vom anderen Ufer aus war das Spektakel für die Dresdener zu sehen. Seine Devise *Movet igneus ignes* wurde festgehalten auf der Medaille von Oluf Wif, die den Sonnengott Apoll wiedergibt, von dessen Hand Feuer und Raketen hochgehen. Auch ein Stich erinnert aus der Vogelschau an dieses Spektakel.[28] Er zeigt auf der einen Elbseite das (später Japanisch genannte) Holländische Palais, gegenüber – auf dem anderen Ufer – einen hell illuminierten architektonischen Apparat, von dem Raketen hochsteigen, und auf dem Fluß zahlreiche Schiffe, hell erleuchtet, als ob sie brennen. Das Feuerwerk kündigte das weitere Festprogramm des Abends an (Abb. 49): *Das Brandgerüst stellete den durch ein festes Schloß verwahrten Tempel zu Colchis vor ... Oben in der Mitte war ein runder Thurm, und an den Seiten allerhand flammichte Figuren. Oben über den Thüren sahe man grosse runde wie mit eisernen Gittern verwahrte Fenster. Zwischen den Thüren zeigte sich der Held Jason in einem ganz vergoldeten Harnisch. Ganz im unteren Theile waren feste Gewölbe, und über solchen ein schöner Gang, auf welchem 64 Trompeter und acht Pauker sich befanden.*[29] Diese Musiker gaben das Signal, Kartaunen wurden abgefeuert, und nun begann ein Schauspiel, das den Kampf um das Goldene Vlies zum Thema hatte. Es war eine Naumachie, abermals mit Feuerwerk, in drei Akten. Im ersten geschah folgendes: *Sobald das letzte Schiff von des Königes Aetes Flotte bey der Illumination vorbey, rückete der Drache aus seiner Höle, und speyete continuirlich Feuer, auf beyden Seiten der Illumination wurden zu gleicher Zeit die Delphinen gezündet, während dieser Zeit ward vom 2. Regimentern Infanterie so geschwinde als immer möglich, gefeuert. Die auf beyden Seiten befindliche 800. Mousquetons feyreten, die Infanterie aber continuirete mit ihrem Feuern biß zu Ende des andern Actus*[30]. Auch der zweite Akt begann mit Pauken und Trompeten und ungeheuerer Schießerei. ... *hiernächst stritte Jason gegen die wilden Stiehre, welche unerachtet sie ihn starck mit ausspeyendem Feuer abzuhalten sucheten, dennoch von ihm bezwungen wurden, spannete sie in Pflug, und pflügete mit ihnen des Martis Feld, saete darauf die Schlangen-Zähne, woraus gewaffnete Soldaten wuchsen ... Endlich überwand er auch den Drachen, womit der 2. Actus endigte.*[31] Der dritte Akt schließlich stellte den Raub des Goldenen Vlieses dar. Als Jason es in den Händen hielt, wurde eine an der Tempelarchitektur angebrachte Inschrift mit dem Namen und den Titeln der Erzherzogin in einem Feuerwerk abgebrannt. Das war auch das Ende des Spektakels, zugleich wurde wie in einem erläuternden Epigramm der Sinn des Ganzen dargelegt: Der Kurprinz hatte wie Jason seine Beute, seine Braut gewonnen.

Gedanken über die negativen Aspekte des Argonaten-Mythos scheint man sich nicht gemacht zu haben, primär stand offenbar die Absicht eines »magnifiquen Feuerwerks« im Vordergrund.

Die »Feuerwercker-Kunst« des Barock war eine Wissenschaft mit zwei Seiten, nämlich *Ernst- und Lust-Feuer zu machen*, wie Zedler es formulierte.[32] Betrieben wurde diese Wissenschaft vom Militär, von der Artillerie, die berufsbedingt für das Ernst-Feuer zuständig war, oft genug aber auch für die fürstlichen Festivitäten in Anspruch genommen wurde. Die Wechselbeziehungen zwischen »Ernst und Kunst«, um mit Zedler zu sprechen, sollte man nicht unterschätzen. Einige der bedeutendsten Barockarchitekten Deutschlands kamen aus der Artillerie, Johann Michael Küchel in Bamberg, Valentin Thomann in Mainz, vor allem aber Balthasar Neumann, der zuletzt den Rang eines Oberst der fränkischen Kreisartillerie innehatte und in seiner Jugend unter Prinz Eugen bei der Belagerung von Belgrad dabei gewesen war, als man mit »Ernst-Feuer« in der Tat bitteren Ernst gemacht hatte. Nach Zedler gehörten zum Lust- oder Kunst-Feuer: *Racketen, allerley Schwärmer, Schläge, Kugeln, Stern- und Regen-Putzen, Grund-Kugeln, brennende Namen, u.d.m. und werden bey Geburts- und Namens-Tägen grosser Herren zu Land und Wasser angezündet …*[33] Wesentliches Kennzeichen des barocken Feuerwerks war der Aufführungscharakter. Es wurden nicht nur Feuerwerkskörper gezündet, das eigentliche Feuerwerk war vielmehr entweder an gleichfalls ephemere Aufbauten (etwa Triumpharchitekturen) gebunden oder es wurden mit dem Feuer triumphale Inhalte sichtbar gemacht.[34] Wenn das Feuerwerk an architektonischen Aufbauten gezündet wurde, handelte es sich dabei um Schaustücke, die mit besonderer Vorliebe eine Burg, eine Befestigung o. ä. darstellten, welche umkämpft, belagert, eingenommen und schließlich gesprengt wurden.[35] Im 17. Jahrhundert wurde die Festung häufig von klassischen Architekturen abgelöst – es entstanden die Feuerwerks-Tempel. Allen diesen Typen gemeinsam war, daß durch das Feuerwerk Festarchitektur in einem theatralischen Akt und kurzzeitigem Höhepunkt aufgeführt wurde.

Nach dem Apollofest fand am 12. September 1719 das nächste Ereignis anläßlich der Dresdener Hochzeitsfeierlichkeiten statt, bei dem ebenfalls ein traditioneller Festtyp im Zentrum stand. Es war ein dem Mars gewidmetes Turnier, wie es am sächsichen Hof seit dem späten 16. Jahrhundert nicht mehr ausgerichtet worden war. Austragungsort war der Altenmarkt, wo sich am Festtag große Menschenmengen drängten, denn tags zuvor hatte ein Herold in der Stadt mit Paukenwirbel und Trompetenfanfaren eingeladen, am Turnier der »Granadischen Abenzerragern und Zegerern« teilzunehmen. Die königliche Familie nahm gegen 15 Uhr in einer Ehrenloge Platz. Auf einen Kanonenschuß hin setzte sich am Münztor der Festzug mit den Quadrillen in Bewegung, einzelne Adelige waren von großem Gefolge begleitet. Mitten zwischen den beiden Turnierparteien fuhr auf einem Triumphwagen Gott Mars mit. Nachdem der Zug die königliche Loge passiert hatte, trennten sich die Parteien, um dann sogleich sowohl zu Pferd als auch zu Fuß aufeinander loszugehen. *Während solchen Gefechts gaben die den Marckt umschlossen haltende Grenadiers mit denen paradirenden Musquetiers Plutons-weise Salve, und die Piqueniers wurffen brennende Granaten gegen den Platz continuirlich, solange das Gefecht in der Folge dauerte.*[36] Angeblich wurde, was, wenn es stimmt, eine Seltenheit war, niemand verletzt. Es gab Kampfpreise, *dann wurde die Ergetzlichkeit geschlossen, die Herrschaften kehreten nach ihren appartements zurück.*

Das Wiederaufleben des alten ritterlichen Tjostes in Dresden war kein Einzelfall.[37] Nach Alewyn ist das Turnier sogar als die ehrwürdigste und adeligste Form des barocken Festes anzusehen, die jetzt allerdings zu einer Maskerade degradiert – oder auch erhoben worden sei.[38] Die Herrscher selbst traten jedenfalls nicht mehr zum Lanzenstechen an, wie noch 1559 Heinrich II. von Frankreich, der dabei tödlich verletzt wurde, was wohl ein allgemeines Signal gab und auch das Abgleiten des Tjostes zum reinen Spektakel förderte. In Dresden scheint für den Kampf zwischen den »Granadischen Abenzerragern und Zegerern« das Pariser Turnier von 1685 Vorbild gewesen zu sein, das ebenfalls die Maurischen Kämpfe um Granada zum Thema hatte.[39] Häufig wurden die Themen Dichtungen entnommen, von Ariost etwa oder Tasso, waren doch diese Turniere selbst nur mehr ein Schauspiel, dessen Ausgang auch nicht mehr wie früher offen, sondern festgelegt war.

Am Freitag, dem 15. September 1719 wurde in Dresden ein »Karussell« und ein Roßballett unter dem Zeichen Jupiters gegeben. Als Arena diente der Zwingerhof, der zu diesem Zweck um das Doppelte erweitert und in seiner endgültigen, also in sich abgeschlossenen Form aus zwei im Grundriß aneinander geschobenen Omegas festgelegt wurde. Austragungsort des Karussells war das aus vier Kompartimenten bestehende zentrale Rechteck, und das Roßballett fand auf fünf Reitbahnen statt, die von Pyramiden mit Kugeln darauf unterteilt wurden. Eine Loge für die Königsfamilie war errichtet worden, davor stand ein Aufbau, auf dem Jupiter inmitten des kosmischen Chaos thronte. Der Theaterarchitekt Alessandro Mauro hatte nämlich eine Maschine konstruiert, mit deren Hilfe Personifikationen der vier Elemente *in erstaunlicher Bewegung ganz verworren durcheinander getrieben* wurden.[40] Das Thema wurde von den Quadrillen aufgegriffen, die durch das Kronentor einzogen, wobei jedes Element von 105 Reitern personifiziert wurde. Deren erstes, das Feuer, war dem Auftritt des Königs selbst und seinem Gefolge vorbehalten: vor ihm ein Oberbereiter, ein Marschall, Trompeter, Reiter und Fußvolk. Nach ihm schloß sich noch einmal dasselbe Gefolge an. Er war der Ikonographie entsprechend in roten Samt mit Goldstickereien gekleidet, sein Gürtel war mit Edelsteinen besetzt, für die er eine so große Vorliebe hatte. *Auf der Brust sowol als hinten auf dem Rücken sahe man an einem Creutz-weiß über einander gemachten Bande, so auch mit Edelgesteinen häuffig gezieret, in der Mitten den Stern, so Ihro Majestät sonsten auf der Brust an ihren Kleidern tragen, gestückt. Der Schmuck auf Dero Haupte war so reich von Edelgesteinen, und mit einer dreyfachübereinander gesetzten weissen Feder gezieret, daß man solchen nicht gnug beschreiben kan. Das Zeug auf Dero Pferd war nicht weniger von Edelgesteinen sehr kostbar besetzet, und wurde dieser pompeuse Staat auf die 2 Tonnen Goldes aestimiret.*[41] Die nächste Quadrille, die mit ihren Farben Blaßblau und Silber auf das Wasser anspielte, wurde vom Kurprinzen angeführt. Dem Herzog von Weißenfels mit seiner Quadrille oblag es, die Erde zu verkörpern; Braun und Gold waren hier die wichtigsten Farben, dazu kamen einschlägige Motive auf den Gewändern wie Laub und Früchte. Die letzte Quadrille, der Luft zugeordnet und mit Prinz Friedrich Ludwig von Württemberg an der Spitze, führte als ikonographische Kennzeichnung verschiedene ausgestopfte Vögel und anderes Federvieh mit. Schließlich begann der eigentliche Wettkampf, ein Ringstechen, dessen Sieger dadurch geehrt wurden, daß man ihnen aus der Königsloge Körbchen mit Preisen darin herabließ. Anschließend gab es noch als besonderes Gaudium einen Kampf, bei dem die Reiter der Quadrillen auf die Schilde der Gegner mit Tonkugeln warfen. Den Abschluß bildete ein Roßballett, eine Art von Polonaise zu Pferd, die vom König angeführt wurde und in einer gerittenen Schneckenfigur als Höhepunkt endete. Danach zogen die Quadrillen wieder durch das Kronentor des Zwingers hinaus. Wie üblich schloß sich an das Turnier des vorangehenden Festes jetzt ein »Karussell« und ein »Roßballett« an, dessen Vorbilder gut auszumachen sind. 1667 wurde in Wien im Rahmen der Vermählung Leopolds I. ein solches »Großes Roßballett« aufgeführt, dessen Einstudierung dem Choreographen des berühmt gewordenen Pferdeballetts im Florentiner Boboligarten von 1661, Alessandro Carducci, anvertraut worden war. Die Aufführung in Wien war so geglückt, daß er mit 200.000 fl. belohnt wurde. Überhaupt war das ganze Fest außerordentlich aufwendig und soll die *Plaisirs de l'Ile enchantée* von Versailles sogar noch übertroffen haben. Einen Wettstreit der Elemente – Thema des Karussells in Dresden – hatte in Wien der kaiserliche Hofdichter Francesco Sbarra inszeniert. Auch die Schlußszene dieses Wettstreits, in der sich das Goldene Vlies mit der deutschrömischen Kaiserkrone verband, wurde in Dresden aufgegriffen, allerdings nicht im Karussell, sondern im Feuerwerk.[42]

Für den zeitgenössischen Teilnehmer solcher Spektakel wie des Dresdener Festes war der Sinn deutlich, es galt »Magnifizenz« herzustellen. Zugleich wurde ihm aber ebenso die Sicherstellung dieser Magnifizenz im Bereich der Metaphern durch die eben meist traditionellen und simplen ikonographischen Muster vor Augen geführt. Jupiter als Überwinder des Chaos, die Ordnung der Elemente sind Beispiele aus einem ikonographischen Raster, der die Grundlage abgab für den persuasiven Einsatz von Luxus und materiellem Aufwand. Unübersehbar war die Analogie zwischen August dem Starken und Jupiter als dem Überwinder des Chaos.

Am 18. September, einem Montag, also dem Tag der Mondgöttin Luna oder der Diana, gab es eine festliche Wasserjagd auf der Elbe. Mit kilometerlangen Tuchbahnen und Netzen war auf der Altdresdener Seite ein Terrain ausgegrenzt. Auf die gleiche Weise hatte man auch auf der Elbe selbst von der Brücke bis zur Flußmitte eine Absperrung mit einer trichterförmigen Öffnung angebracht, durch die das Wild getrieben werden konnte. Auf den königlichen Jagdwiesen, mitten im umzäunten Gelände stand ein prunkvolles Zelt, und auf der Elbe fuhren verschiedene Schiffe, darunter mehrere Gondeln und ein Prunkschiff, die August der Starke eigens hatte bauen lassen. Das Wild, ca. 400 Stück mit 20 Hirschen, war schon vorher gefangen worden und wurde in Käfigen gehalten. Mittags wurde im Jagdzelt getafelt, während sich die Schaulustigen auf der Brücke und am Ufer einfanden. Gegen 14 Uhr fuhr das Prunkschiff begleitet von zwei Gondeln an den Jagdwiesen vor. Auf dem Prunkschiff thronte Diana mit ihren Nymphen. Der Hofchor ließ Jagdserenaden erschallen, Diana und ihre Begleiterinnen stiegen an Land und sangen vor dem Zelt eine italienische Kantate: *Diana su l'Elba*[43]. Dann wurde zur Jagd geblasen, und was sich dabei abspielte kann man heute nur mehr mit kopfschüttelndem Abscheu quittieren. Die Tiere wurden ins Wasser getrieben und hier abgeschlachtet, wobei der König und seine Kavaliere, aber auch die Damen diese mit Gondeln verfolgten, bis alles geschossen oder erstochen war. Abends kehrte die Gesellschaft ins Schloß zurück, wo als Abschluß eine französische Komödie aufgeführt wurde.

Wie das Turnier war auch die Jagd als gleichfalls ehemals ritterliche und adelige Übung zum Spektakel abgesunken oder, besser gesagt, zu einem festlichen, »magnifiquen« Schauspiel geworden, in dem der Jäger sich darstellte als der absolute Herr über die Kreaturen des Landes. In den einschlägigen Zeremonialbüchern, wie beispielsweise in Lünigs *Theatrum Ceremoniale*[44], ist die Jagd denn auch als Bestandteil einer generellen Zeremonialität aufgeführt, was beweist, daß die fürstliche Jagd den einstigen agonalen oder sportlichen Charakter zugunsten des Theatralischen und der »Aufführung« verloren hatte.

Der Zwinger war am Mittwoch, dem 20. September noch einmal festlicher Schauplatz. Unter dem Zeichen Merkurs wurde eine sogenannte Wirtschaft abgehalten. Es war eine »Mercerie«, ein gespielter Jahrmarkt. Man kam etwa um 18 Uhr aus dem Schloß *über einen mit Brettern beschlagenen Weg, durch das unterm Thurme genennete grüne Thor, … nach dem Zwinger-Garten, in welchem die Janitscharen die Wacht hielten, und der um und um mit viel tausend*

*Lampen illuminiret, auch der prächtige Jahrmarkt daselbst aufgebauet war*[45]. Angeführt wurde der Zug von der Hofkapelle, dann kam der Oberkammerherr mit zwölf Paaren Hausknechte und Mägde *hinter deme Ihre Königl. Maj. Dero Allerdurchläuchtigste Frau Gemahlin, als der Wirth und die Wirthin, in häußlichen von blauen Sammet mit Golde gestickten Kleidern angethan, bey der Hand begleitende, folgeten, sie waren mit unschätzbarem Schmucke umhänget ... Neben ihnen giengen der Cron-Schatzmeister ..., der Cron-Marschall, der Cron-Cantzler ...* Es folgten mehrere Woywoden und Angehörige des polnischen Hofes, dann kam der Oberküchenmeister, der Obermundschenk, zwölf Paar Köche und Köchinnen, die in Wirklichkeit *alle Cavaliers und Dames waren, in weisen atlassenen mit Golde gestücketen Habit auf Art, wie solche in denen Küchen gewöhnlich pflegen getragen zu werden, zubereitet.* Es schloß sich als Perser und Perserin verkleidet das Kurprinzenpaar an. Andere Mitglieder des Hofes traten als Türken, Mohren, Indianer, Chinesen, Polen, Spanier, Franzosen, Altdeutsche, Moskowiter, Ungarn, Amerikaner und Zigeuner auf. Auch die augenblicklichen oder ehemaligen Mätressen August des Starken nahmen in solchen Einkleidungen an diesem Zug zur »Wirtschaft« im Zwinger teil. Hier war ein Jahrmarkt aufbebaut mit 60 Buden, in denen Schmuck, Gold- und Silberwaren, Puppen und Spielzeug etc. feilgeboten wurden. Ein Quacksalber spielte seine Rolle ebenso wie ein Harlekin. Kunstspringer aus Venedig traten auf, ein Marionettenspieler führte eine französische Komödie auf, wahrsagende Zigeuner gab es und einen blinden Bettler, der eine Moritat vom Sieg über die Türken sang. Diese Moritat war auf einer Tafel auch in Bildern festgehalten, auf die seine Frau mit einem Stab zeigte. Scherenschleifer waren vertreten und selbst Spitzbuben mit ihren Häschern. Eine Seiltänzerin spazierte bis zum Dach des Neuen Salons hinauf und herunter. Als die Herrschaften alles gesehen hatten, gingen sie weiter bis in die Grotte des Zwingers, wo Springbrunnen und das Serail des türkischen Kaisers aus Wachs zu bewundern waren. Hier gab es auch eine Lotterie für die Damen. Schließlich wurden König und Königin im Neuen Salon, die anderen Herrschaften in den weiteren Salons bewirtet. Nach dem Diner ging man zum Jahrmarkt zurück, wo die Damen ihre Lotteriepreise abholen konnten. Den Abschluß des Abends bildete eine »Tanzerei« im Marmorsaal.

»Wirtschaften« genauso wie »Bauernhochzeiten« und auch die meist damit verquickten »Königreiche« oder »Nationen« durften bei keinem größeren feudalen Fest fehlen. Sie waren zunächst eine deutsche Spezialität, die vom Hof Ludwigs XIV. als »Hôteliere allemande« übernommen wurde.[46] Direktes Vorbild der Dresdener »Wirtschaft« scheint wiederum Wien gewesen zu sein, wo es bei den fast zwei Jahre dauernden Feierlichkeiten anläßlich der Vermählung Leopolds I. zwischen 1666 und 1668 neben den Jagden, Lotterien, Schlittenfahrten vor dem Höhepunkt des »Roßballetts« eben auch eine »Wirtschaft« gab.[47]

Dabei traten Kaiser und Kaiserin in einheimischer Tracht als Wirtsleute zum »Schwarzen Adler« auf. Und obwohl die einzelnen Chargen und Rollen nur kleine Leute verkörperten, mußten sie durch das Los verteilt werden, weil sonst Rangstreitigkeiten riskiert worden wären. Man trug vor allem die Trachten der habsburgischen Lande, vereinzelt aber auch exotische Gewänder. Bei der Bauernhochzeit waren die Chargen bis zum Schulmeister und Dorfjuden verteilt, während die Träger der Masken, wie Alewyn es beschreibt,[48] die Fürsten Lobkowitz, Starhemberg oder Auersperg waren. Waren die Einkleidungen für ein Turnier oder eine Jagd festliche Verkleidungen »nach oben« (schließlich wurden ja höhere Begriffe oder Wesen dargestellt), so war die Garderobe für eine »Wirtschaft« oder eine »Bauernhochzeit« eine Verkleidung »nach unten«. Alewyn bemerkt zu Recht, daß im Barock das Volk als komisch und pittoresk galt und daß dies der eigentliche Grund für diese Art von feudalem Fest war. Jedenfalls handelte es sich auch hier um theatralische Aufführungen mit einem Rollenspiel, in dem gleichsam die andere Seite des Theaters, die der Burleske und Komödie aufgenommen wurde.

Die Feierlichkeiten am 23. September, die – wie auch die vorausgehenden Feste – mit einem pompösen Aufmarsch begannen, waren der Göttin Venus gewidmet. Es schloß sich ein Ringelstechen für die Damen an, bei dem die Wagen von Kavalieren gelenkt wurden, während die Damen mit Lanzen nach dem Ring stachen. *Bei denen ... Lustbarkeiten tratt ... die liebreitzende Venus in dem großen vor dem grünen* [= Pirnaschen] *Thore gelegenen Königlichen Garten auf. Nicht nur der Raum zu Ausführung ihrer Absicht war überflüssig groß, sondern es ergriff auch der Ausbund der vortrefflichsten Frauenzimmers in Sachsen ihr zu gefallen, die Lantzen, welche sie nach der Zeiten Lauff eintheilete und mit einer großen Anzahl der schönsten Nymphen vergesellschafftet, ihre Wagen ihren hertzhafften Führern und Rittermässigen Begleitern anvertrauete.*[49] Die Siegerinnen wurden mit Preisen ausgezeichnet. Nach Einbruch der Dämmerung wurde der eigens errichtete Venustempel hell illuminiert und zusätzlich am anderen Elbufer ein riesiges Freudenfeuer aus 40 Klafter Holz abgebrannt. Der Hof schritt zur Tafel und vergnügte sich anschließend bis zum Morgengrauen beim Tanz im Venustempel.

Den Abschluß des Planetenfestes bildete das Bergmanns- oder Saturnfest am Dienstag, dem 26. September. Das Motto findet sich auf einer aus diesem Anlaß geprägten Medaille: REDEUNT SATURNIA REGNA. Dem eigentlichen Fest gingen die üblichen Vergnügungen voraus, wie etwa eine Sprengjagd am frühen Nachmittag, bei der das Wild an einen Felsabhang getrieben wurde, von wo es hinunterstürzte oder heruntergeschossen wurde. Am späten Nachmittag wurde dann im Plauenschen Grund auf einer Freilichtbühne vor zwei künstlichen Grotten eine italienische Komödie aufgeführt. Anschließend begab sich der Hof zu einem illuminierten Haus, das wie ein Berg gebildet war mit drei Stollen im Innern und einem dem Saturn geweihten Tempel obenauf. Davor lag der Festplatz und gegenüber noch einmal eine riesige Festdekoration, die ebenfalls illuminiert wurde.[50]

Zunächst setzte sich der Hof an die Tafel, währenddessen sang Saturn *etliche Französische Verse* vor, und dann gaben Kanonensalven den 1600 Bergleuten das Zeichen: mit brennenden Grubenlampen kamen sie aus dem Dunkel des »Berges«, zogen an der fürstlichen Tafel vorbei und nahmen auf dem Festplatz Aufstellung. Einzelne Divisionen führten Geräte des Bergbaues mit, verschiedene Erze, Planeten- und Metallsymbole etc., andere hatten Tröge mit Perlen, Muscheln, Steinen, Erzen, Schiefer, Seifen, Mineralien. Schließlich trugen sie ein Modell des Hochofens der Sayerhütte in Grünthal herbei, das angeheizt war und an dem die Festgesellschaft Blei abstechen und in Pfannen ausgießen konnte. Das war aber keineswegs schon alles: Schmelzer kamen hinzu und prägten vor aller Augen einige Silbermark, Münzprägemaschinen und anderes Gerät wurden gezeigt – es muß eine bizarre Mischung aus technischer Demonstration und phantastischem Theater gewesen sein. Bevor die Bergleute abzogen, sangen sie alle noch ein »Glück auf« in acht Strophen. Anschließend vergnügte sich der Hof – diesmal in Gegenwart von Tausenden von Zuschauern – beim Tanz. Während der Rückfahrt, tief in der Nacht, stellten die Bauern der Umgebung noch eine Bauernhochzeit dar und warfen der Kurprinzessin Kinderzeug in den Wagen, wofür ihnen Freibier ausgeschenkt wurde.

Der Concetto dieses Festes ist eindeutig: Die Natur selbst huldigt dem Herrscher, sie gibt die Schätze aus ihrem Inneren preis, die Bergleute stehen im Dienste der Natur wie des Königs.

Der wohl wichtigste Grundtypus des barocken Festes war der Trionfo. Es ist der festliche Einzug, die »Entrée solennelle«, meist anläßlich der Rückkehr des siegreichen Herrschers. Ein Trionfo war aber auch der sogenannte »possesso«, in dem der neugewählte Papst auf triumphale Weise Besitz vom Lateran und dem römischen Bischofsstuhl nahm. Es handelte sich dabei um einen schon im 12. Jahrhundert aufgekommenen Brauch, mit einer Kavalkade vom Vatikan zum Lateran zu ziehen, wobei der Weg im Lauf der Zeit mit einer immer aufwendiger werdenden Festarchitektur bestückt wurde.[51] Bereits für Julius II. (1503–1513) waren achtzehn ephemere Ehrenpforten *a similitudine delli Trionfi antichi* errichtet worden, doch steigerte sich im Barock der Aufwand noch beträchtlich. Vor allem aber wurde der Weg durch perennierende festliche Einrichtungen als »via triumphalis« gestaltet. So säumten den »possesso« Innozenz X. Pamphilj im November 1644 auf der Engelsbrücke bereits Dekorationen, die sein Vorgänger Clemens VII. (1523–1534) hatte anbringen lassen und die von einem Nachfolger, von Clemens IX. (1667–1669), durch Berninis Engel noch erweitert werden

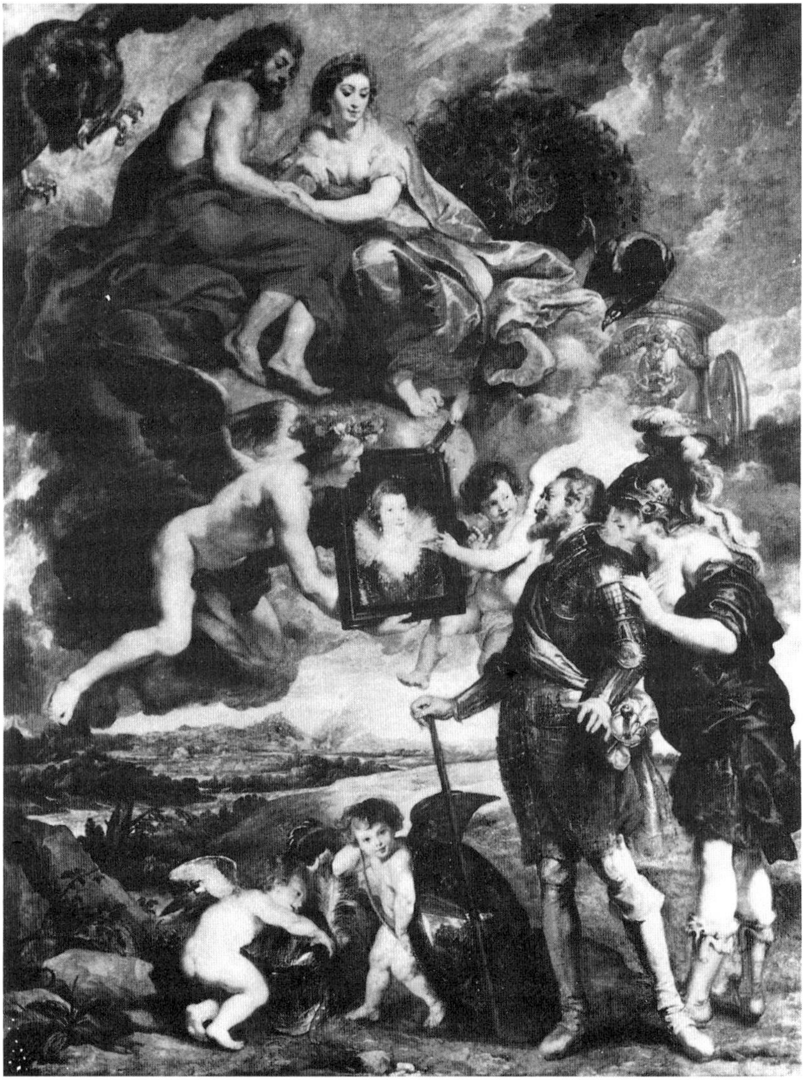

50 P.P. Rubens, Entwurf für: Heinrich IV. empfängt das Bildnis Maria de Medicis, München, Staatsgemäldesammlung

sollten. Der Zug Innozenz passierte das Bankenviertel und kam anschließend zur »via papalis«, deren Eingang Leo X. (1513–1521) mit der Fassade der päpstlichen Münze nobilitiert hatte. Dann erreichte Innozenz X. nahe bei seinem Geburtshaus den »Pasquino« (die ominöse antike Statue). Dieser war zu seinen Ehren mit dem Pamphilj-Wappen bekrönt und als Neptun eingekleidet worden, der nach Vergil die Stürme beruhigt und deshalb als Bild des »pacificators« dienen konnte. Größere Dekorationen gab es am Aufgang zum Kapitol, wo Statuen der »Roma pacifica« und »Roma triumphans« aufgestellt waren. Oben auf dem Kapitol hatte die Stadt einen Triumphbogen errichtet mit entsprechenden Personifikationen von Tugenden des Friedens. Zur Topik dieses Trionfo gehörte übrigens auch das Übertreffen der als kriegerisch geltenden römischen Antike (was gerade auf dem Kapitol nahelag) durch das neue Friedensregiment.[52] Der Trionfo des »possesso« wurde am Abend durch ein Fest auf der Piazza Navona beschlossen, von dem bereits die Rede war (siehe Kap. IV). Durch ephemere Einrichtungen wurde die noch unfertige monumentale Ausstattung des Platzes teilweise antizipiert oder auch bestimmt. Der festliche Einzug des Herrschers in eine – seine – Stadt wurde unter Ludwig XIV. von Frankreich schließlich zu einer Aktion, deren Schauwert jegliche politische Tat in den Schatten stellte und so etwas wie eine anschauliche Regierungserklärung war. Die absolutistische Herrschaft wurde dabei gleichsam von zwei Seiten beleuchtet: Von der mit Schloß, Garten und höfischem Fest nach innen, dem eigenen Hof und den anderen Souveränen zugewendeten Seite und von der nach außen, den Untertanen zugekehrten Seite mit dem Introitus, dem Trionfo. Der triumphale Einzug hatte auch zwei Adressaten: Durch entsprechende Ausstattung, Stationen etc. wurde der Einziehende geehrt, zugleich aber wurde diese Ehrung einem staunenden und den Weg säumenden Publikum deutlich vor Augen geführt. Und in vielen Fällen blieb es nicht beim ephemeren Ereignis, denn der Trionfo wurde häufig entsprechend illustriert, erläutert und gedruckt. Daß Künstler an solchen Introitus maßgeblich beteiligt waren, versteht sich von selbst; oftmals waren sie aber auch Konzeptoren wie z. B. Rubens, der nicht nur den Einzug des Kardinalinfanten Ferdinand 1635 in Antwerpen inszenierte, sondern auch Bildfolgen in Form eines Trionfo entwarf: Den in Teppichen gewebten Triumph der Eucharistie, eine Bestellung der Brüsseler Regentin für die Klosterkirche der Klarissen in Madrid, und vor allem im sogenannten Medici-Zyklus mit dem Triumph der französischen Königinwitwe Maria von Medici, ihres verstorbenen Gatten, Heinrich IV., und schließlich des Sohnes, Ludwig XIII. Der Auftrag erging 1621 (Abb. 50).[53]

Am 26. August 1660 feierten Ludwig XIV. und die spanische Prinzessin Maria Teresa in Paris ihren Einzug, und zwar *mit einem Anspruch und einem Aufwand, die alles, was man bisher kannte, in den Schatten stellten*. Karl Möseneder hat dieser »Entrée solennelle« eine Monographie gewidmet, die hier mehrfach zitiert werden soll.[54] *Zwar veranstaltete auch noch das 18. Jahrhundert Königseinzüge, doch kein einziger erreichte auch nur annähernd die Bedeutung der Entrées der beiden vorangegangenen Jahrhunderte.* Im 18. Jh. traten eher die populären Einzüge ausländischer Gesandter in den Vordergrund, und von diesen Einzügen hieß es 1721 denn auch aufschlußreich, sie seien *spectacles qui ne sont que pour le vulgaire, & non pas pour les Philosophes*[55]. Daß die Einzüge des 16. und 17. Jahrhunderts selbst für Philosophen von Interesse sein konnten, war u. a. dem Engagement so bedeutender Poeten wie Maurice Scève, Jean Dorat und Pierre Ronsard zuzuschreiben. Ihre Aufgabe war es, als »inventeurs« das Bilderprogramm für die Festdekorationen zu entwerfen, die man seit dem 14. Jahrhundert an markanten Orten der Stadt errichtete.[56]

Die Rekonstruktion des Pariser Einzuges von 1660 ist recht gut möglich, weil, wie es damals längst üblich geworden war, ein gedruckter Bericht vorliegt.[57] Es ist ein 1662 erschienener Folioband, der von dem »Advokat au Parlement«, Jean Troncon, herausgegeben und mit Illustrationen der besten Stecher wie Jean Marot, Nicolas Cochin oder Jean Lepautre ausgestattet wurde. Darüber hinaus wurden noch über 60 weitere, kleiner gefaßte Berichte veröffentlicht sowie Medaillen geprägt, die gleichfalls an dieses Ereignis erinnern sollten.[58]

Es gab zwei Anlässe für diese besonderen Entrées: Nach fünfunddreißig Jahren Krieg mit Spanien war es jetzt zum Frieden gekommen, der sogenannte Pyrenäenfrieden brachte Frankreich erheblichen Machtzuwachs, vor allem aber eine Königin: Maria Teresa war die Tochter des spanischen Königs. Die Ausrichtung des Einzuges gestaltete sich folgendermaßen: Traditionsgemäß teilte der König zunächst mit, daß die Stadt ihm einen Empfang bereiten solle. Zunächst war nur ein Empfang auf der Place Royale am 15. März vorgesehen, dann aber weiteten sich die Pläne aus – ganz Paris sollte Schauplatz werden. Dem Jesuitenpater und Lehrer der Rhetorik, Gabriel Cossart, wurde ein ganz wesentlicher Bestandteil der Festdekorationen anvertraut. Er sollte die lateinischen Verse auf die einzelnen Stationen verfassen und dürfte deshalb auch die gesamte Ikonologie des Festes entscheidend beeinflußt, wenn nicht sogar bestimmt haben. Während Le Brun, Beaubrun, Dorigny, Tortebat, Meslin und Vigarani die Dekorationen im einzelnen entwarfen, lag die Gesamtleitung bei Michel Noblet, »architecte du Roi et maitre des oeuvres de la Ville«. Aber nicht nur die eigentlichen Dekorationen aus Holz und Malereien mußten angebracht werden, die Stadt hatte auch für Zuschauertribünen zu sorgen, die entlang der Rue Faubourg Saint-Antoine und Rue Saint-Antoine aufgestellt wurden. Und Paris war überfüllt, die Rede war von über 100.000 zugereisten Gästen (Paris hatte selbst 600.000 Einwohner). Nach Abschluß der Feierlichkeiten sollen 8000 Karossen die Straßen der Stadt verstopft haben.

Wie Möseneder nachweisen konnte, hatte das Zeremoniell eines festlichen Herrscher-Einzuges in Frankreich Tradition, die über das Mittelalter bis in die Spätantike zurückreichte. Wenn Könige etwa von ihrer Krönung oder Salbung, Vermählung oder einer glücklichen Unternehmung nach Paris zurückkamen, zogen Repräsentanten der Stadt, der Kirche, der Universität, der Korporationen vor die Mauern der Stadt, begegneten dort dem Herrn mit seinem Gefolge, bezeugten den nötigen Respekt und holten ihn dann ein, d. h. sie begleiteten ihn auf seinem Weg in die Stadt, während die Menschen am Straßenrand akklamierten. In der Stadt selbst zog man dann in die Kathedrale, um zum Dank ein »Te Deum« zu singen, denn schließlich gab es für alle Phasen des Einzuges zeremonielle Regelungen, auf die man sich immer wieder berufen konnte.

Dieses Zeremoniell der Einholung des Herrschers geht zurück auf die Ehrenbezeugungen, die man einst den antiken Göttern bei ihrer Epiphanie bereitete. *Als hellenistische Herrscher zu Götterehren gelangten, empfing man sie bei ihrem Erscheinen vor der Stadt mit den gleichen göttlichen Ehren.* Der Einzug selbst nahm dadurch heilbringenden Charakter an. Beides, sowohl die Ehrenbezeugung anläßlich der Ankunft als auch der feierliche Einzug wurden in der römischen Kaiserzeit tradiert, und darauf konnte wiederum zum einen die Vorstellung von der Ankunft des Erlösers, der christlichen Parusie, und zum anderen auch das Bild vom triumphalen Einzug Christi in Jerusalem projiziert werden. Das Palmsonntagsgeschehen wurde dann im Mittelalter der Prototyp des Adventus und der feierlichen Einzüge,[59] die ja messianischen Charakter hatten. Noch im 17. Jahrhundert finden sich in den jeweiligen Beschreibungen die entsprechenden Topoi von der Schönheit, dem Licht und dem Glanz der Erscheinung. In dieser Tradition wurzelt auch der Topos für den barocken Absolutismus schlechthin – die Ankündigung eines neuen, eines *Goldenen Zeitalters, in dem Friede, Glück, Gerechtigkeit und Überfluß herrschen. Mit dem Einzug des Herrschers war jeweils ein idealer Zustand erreicht, nun begann eine neue Epoche. In der Antike feierten aus diesem Grund einige Civitates den Tag eines Princepseinzuges als Jahresanfang, und im Osten des Reiches hatte man gelegentlich nach der Ankunft von Kaisern oder Mitgliedern ihres Hauses eine neue Zeitrechnung begonnen. Obwohl eine solche radikale Neuorientierung nicht mehr möglich war, der Glaube an die Erneuerung dauerte fort, zumindest wurde der entsprechende Topos bemüht. Nicht minder häufig wurde die Meinung verbreitet, das jeweilige Regime sei eine Glücks- und Freudenperiode der Menschheit, eine ‚foelicium temporum reparatio' sei vollzogen und die ‚pax augusta' hergestellt*[60].

Wie und welche Traditionsstränge für einen solchen Einzug des Sonnenkönigs aufgenommen wurden, ist sehr bezeichnend für die Grundtendenz, die darauf zielte, auf festliche Weise die Gegenwart zu überschreiten und den Beginn eines neuen, des Goldenen Zeitalters zu imaginieren, das der König als messianische

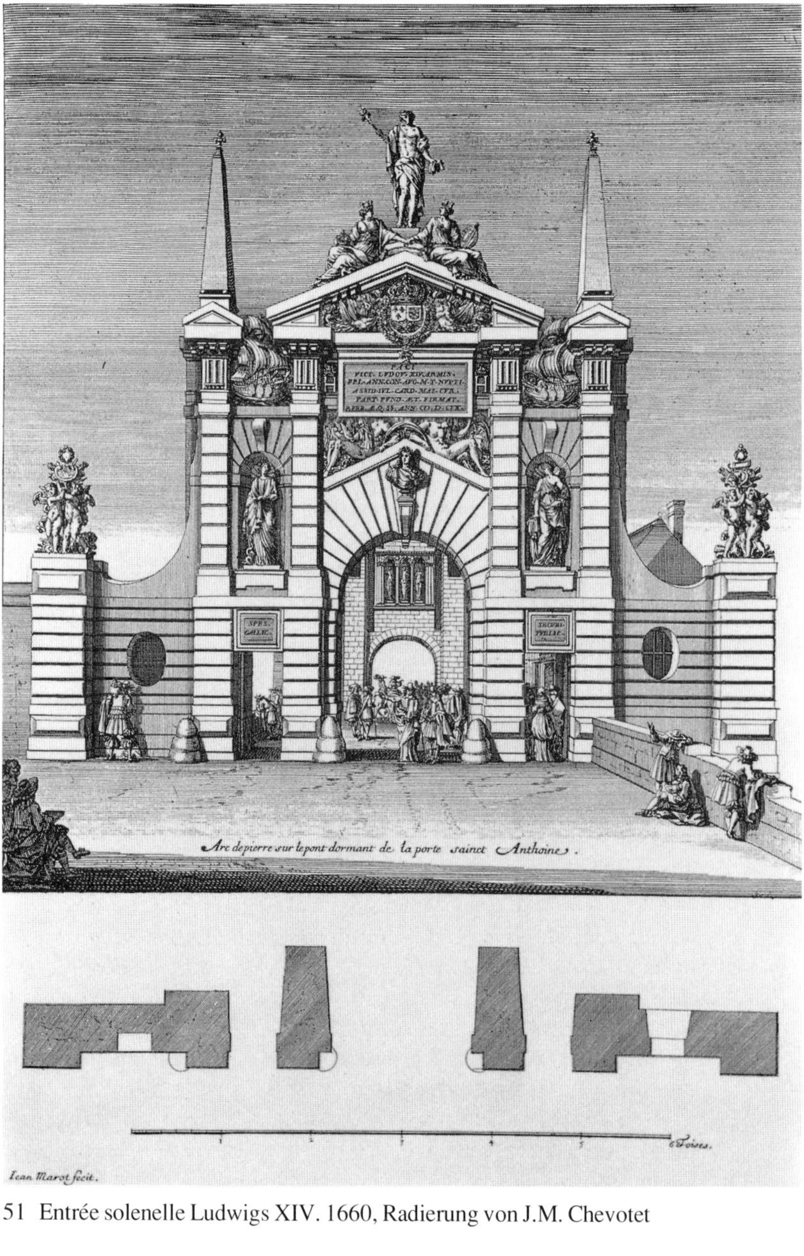


51 Entrée solenelle Ludwigs XIV. 1660, Radierung von J.M. Chevotet

Erscheinung garantieren konnte. Dafür wurde auch der alte französische Königsmythos bemüht mit seinem Anspruch, die erste Monarchie auf Erden zu sein, während eine andere Komponente solcher Einzüge naturgemäß von der jeweiligen historischen Situation bestimmt wurde, in der sie stattfanden, in diesem Fall also von dem Frieden mit Spanien und der Vermählung mit der spanischen Prinzessin Maria Teresa.[61] Der Auftakt des Einzugs Ludwigs XIV. 1660 in Paris fand vor dem Stadttor Saint-Antoine statt (Abb. 51). Hier war vom Stadtarchitekten Noblet ein »Trone Royal« aufgebaut worden, der dem Platz dann auch den Namen gab (erst 1880 wurde aus der »Place du trone« die »Place de la Nation«). Dieser »Trone Royal« war in der Tat ein riesiger Thron mit Baldachin; er bestand aus einem an drei Seiten offenen Pavillon mit korinthischer Ordnung, der sogenannten »Salle royalle«, die auf einer monumentalen Treppenanlage errichtet war. Davor stand eine Tribüne für die Zuschauer. Von dieser Thronarchitektur aus, die – wie Möseneder nachweisen konnte – auf den alten Topos des Salomonischen Tempels rekurrierte, erwartete der König die Huldigung der Stände. Der Ablauf dieses Vorgangs spielte sich noch ganz im Rahmen des traditionellen Entrées ab. Neu hingegen war, daß nun das Zeremoniell mit einer monumentalen Thronapparatur verknüpft war, deren Sinn vornehmlich darin bestand, gewissermaßen von der untersten Stufe bis zum Standort Ludwigs ein Abbild der Hierarchie und der Gliederung des Staates unter dem König zu suggerieren. Der illusionistische Aufwand der Apparatur war dabei so gewaltig, daß der konkrete politische Akt, die Huldigung, vor aller Augen zu einer höheren, einer sakralen Bedeutung transzendierte. Aufschlußreich ist in diesem Zusammenhang der Tenor sowie der Inhalt der Reden an den König. Allenthalben war nur Lob und Freude über den geschenkten Frieden zu vernehmen, und immer wieder wurde festgestellt, daß dieser Friede eine Befriedung der ganzen Welt durch den höchsten Herrscher dieser Erde sei. Trotz der barocken Floskeln zeichnet sich eine Aussage deutlich ab, die nicht nur in solchen Lobreden, sondern ebenso in den Programmen von Skultpuren- und Bilderzyklen zum Ausdruck kommt: die Dankbarkeit der Welt für den Frieden des neuen Goldenen Zeitalters. Nach der Huldigung begab sich das Königspaar in ein nahe liegendes Haus zur Erholung. Um zwei Uhr nachmittags begann dann der eigentliche Einzug in die Stadt, der am Louvre endete, wo der lange, selbstverständlich nach zeremoniellen Vorschriften angeordnete Zug vom Glockengeläut des gegenüberliegenden Hotel de Ville empfangen wurde. Gleich nach der Ankunft wurden wie schon zuvor am »Trone Royal« gefangene Vögel freigelassen als uraltes Zeichen der Freude und willkommenheißenden Ehrerbietung. Von den zahlreichen Stationen dieses Einzugs, die an den folgenden Tagen absolviert wurden, können hier nur die wichtigsten skizziert werden. Am Ende der Carrefour de la Fontaine Saint-Gervais beispielsweise war nach Plänen von Meslin ein etwa 13 Meter hoher, von den

Figuren des Apoll und der Musen beherrschter Parnaß aufgebaut, der durch einen Stich von Marot überliefert ist. Er besaß eine ungewöhnliche, von Bühnendekorationen angeregte Form, denn das Motiv des Parnaßgebirges war mit einem Triumphbogen kombiniert. Der König wurde im Programm des Bogens als Erwecker der Künste gefeiert, worin ein älterer Topos aufgegriffen war, den schon Franz I. für sich in Anspruch genommen hatte. Franz I. hatte sich als »Restaurator« der Musen und Heinrich II. sogar als ihr »Père« bezeichnet.[62] Der Musen-Parnaß der Carrefour de la Fontaine Saint-Gervais hatte freilich eine spezifischere Pointierung: Der Hochzeit und der Liebe verdankte man jetzt die Rückkehr der Musen. Und dies garantierte nun wieder ewigen Ruhm. Am Ende der bis ins 18. Jahrhundert mit Häusern besetzten Pont de Notre-Dame stand ebenfalls ein Triumphbogen, der sich dadurch auszeichnete, daß er mit einer Bildnisgalerie aller französischen Herrscher bestückt war. Der Sinn dieses Programms war eindeutig, nämlich die nie endende Idee des fränkischen Königtums triumphal zu verkünden. Das Programm eines weiteren, nach Entwürfen von Dorigny und Tortebat errichteten Triumphbogens auf dem Marché Neuf zielte darauf, daß mit der Ankunft Ludwigs und seiner Gemahlin auch Glück und Überfluß in der Stadt Einzug hielten. Folgerichtig lagerten Personifikationen von »Abundantia« und »Felicitas« auf den Voluten des Rahmens und verbanden das Bild des glückbringenden Schiffes mit dem Gemälde darunter, in dem die Gründe für den neuen Zustand des Landes vorgeführt wurden. In ihm sah man »Minerva pacifica« mit den Gesichtszügen der neuen Königin und Herkules, der durch einen Ölzweig den Frieden anbot. Merkur, der Friedensvermittler, spielt auf Mazarin an. Personifikationen von eroberten Ländern, historische Exkurse zeigten den Sinn dieser Station an: Die »hilaritas temporum«, das siegreiche Goldene Zeitalter bricht an und beschert immerwährenden Frieden und alles Glück der Erde. Die Place Dauphine war dafür ausersehen, als Königsplatz zu fungieren. In der Mitte wurde ein Amphitheater eingerichtet und an ihrer Mündung abermals eine Ehrenpforte aufgestellt, für die Charles Le Brun den Entwurf geliefert hatte, der damals noch in den Diensten des Finanzministers Fouquet stand und für Schloß Vaux-le-Vicomte arbeitete. In der Dekoration der Ehrenpforte dominierten die Allegorien der »Pietas« und »Clementia«. Bekrönt war der Bogen von einem Obelisken, dem Sonnensymbol schlechthin, wodurch die Verherrlichung des Königs, im Triumphbogen per se eigentlich schon veranschaulicht, noch einmal überhöht wurde: Das Würdemotiv des Bogens ehrte gewissermaßen selbst »Sol invictus«, die unbesiegbare Sonne.

Es mag gewagt erscheinen, das, wozu einst ein gewaltiger konzeptioneller und materieller Aufwand getrieben wurde, inhaltlich auf einen Nenner bringen zu wollen. Doch wird ein Grundgedanke immer wieder sichtbar: Der König von Gottes Gnaden kehrt nach seinen Kämpfen und Siegen im Triumph zurück und bringt mit sich die Befriedung, die »hilaritas temporum«. Jetzt ist es an der Zeit, sich den Künsten und den Musen in Frieden zu widmen. Wichtigstes Argument aller transzendentalen Bilder war es, aller Welt augenfällig vorzuführen, daß dieser König im Vollzug der göttlichen Vorsehung handelte. Daß dies in Form eines Festes veranschaulicht wurde, ist zunächst nicht neu; das Mittelalter kannte Vergleichbares, und sogar der Auftritt eines Königs als Akteur in einem Schauspiel hatte Tradition. »Barock« daran war aber, daß das mittelalterliche, d. h. das anagogische Prinzip der transzendentalen Bilder gleichsam umgekehrt wurde. Wenn Abt Suger von St. Denis im 12. Jahrhundert argumentierte, daß die Künste und die edlen Materialien einen Weg nach oben öffnen könnten, bis hin zur Erkenntnis Gottes,[63] so kann man im Barock den Versuch beobachten, in häufig provisorischen Materialien und mit den Mitteln der Fiktion ein Bild vom Himmel in die irdische Realität zu projizieren. Das barocke Fest war dafür die Gelegenheit schlechthin.

Der Herzog von Saint Simon, der im Anschluß an seinen Bericht vom Tod Ludwigs XIV. noch einmal so etwas wie eine Abrechnung mit dessen Person und Charakter vornimmt, läßt am König nicht viel Gutes übrig. Vernichtend ist sein (sicherlich einseitiges) Urteil über dessen Erziehung, Bildung, Politik und Kunstverstand. Doch findet sich eingestreut in seine Kritik eine sehr bemerkenswerte Passage: *Bei Truppenbesichtigungen, Festen und überall, wo die Anwesenheit der Damen Liebenswürdigkeit erheischte, war er unvergleichlich ... Er blieb immer hoheitsvoll, wenn er auch zuweilen sehr fröhlicher Laune war. Die geringste Gebärde, sein Gang, seine Haltung, sein ganzes Äußeres, alles war maßvoll, ritterlich, vornehm, hoch und erhaben, dabei immer natürlich. Gewöhnung und der Vorteil einer wie dazu geschaffenen Gestalt trugen das Ihre bei. Bei ernsten Anlässen, bei Botschafterempfängen, bei Feierlichkeiten machte er einen großartigen Eindruck.* Der ebenso scharfe wie auch voreingenommene Beobachter erkannte offensichtlich etwas ganz Wesentliches an der Person Ludwigs XIV., nämlich daß diese sich ausschließlich in der *Darstellung* des »allerchristlichen Königs« erfüllte.

So wie es Gegenstimmen zum Bau von Schloß Versailles gegeben hatte, etwa von Saint Simon oder Colbert, so wurden auch Gegenstimmen zum barocken Fest laut. Im Zentrum stand dabei vor allem der Vorwurf, daß es doch lediglich dem »Divertissement« zu dienen habe, daß tatsächlich aber das Fest und die Zerstreuung in den unterschiedlichsten Formen, von den Liebschaften über die Turniere und Jagden bis zur Beschäftigung mit den Künsten nahezu den ganzen Tagesablauf eines barocken Herrn bestimme. Blaise Pascal erkannte aber zugleich, daß diese stete Sehnsucht nach dem Vergnügen von einer geradezu existentiellen Bedeutung war: *Man lasse einen König ganz allein, lasse ihm, ohne seine Sinne zu beschäftigen oder seinen Geist abzulenken, alle Muße, an nichts zu denken als an sich, und man wird erleben, daß ein König, der sich selbst erblickt, ein Mensch ist voller Elend, und daß er es fühlt wie irgend ein anderer. Darum vermeidet man dies so sorgfältig, und darum fehlen in der Nähe der königlichen Personen niemals die Menschen in großer Zahl, die darauf sehen, daß den Geschäften die Zerstreuungen folgen, Menschen, die ihre Mußezeit bewachen und für Vergnügungen und Spiele sorgen, damit nur ja keine Leere entstehe. So sind die Könige umgeben von Leuten, die wunderbar aufpassen, daß der König niemals allein sei und in die Lage komme, über sich nachzudenken, denn sie wissen, daß er dann – wie königlich er immer sei – unglücklich sein wird*[64]. Ex negativo ist hier etwas festgestellt, was man positiv so formulieren könnte: Lasse einen König seine Kriege und seinen Ruhm gewonnen haben, dann wird er nichts anderes mehr zu tun haben, als Feste zu feiern, ein Schloß zu bauen, mit Hilfe der Künste zu zeigen, daß seine Herrschaft ein Gleichnis für die göttliche Herrschaft ist.

Diesem ständigen Verlangen nach einem festlichen Rahmen haftete aber auch ein zugleich bitterer Zug an. *So wie für das Barock die Sprache erst der Metapher bedarf, um aus ihrer Gewöhnlichkeit erlöst zu werden, wie der Körper des Kostüms bedarf, nicht um seine Blöße zu verhüllen, sondern überhaupt seine kreatürliche Armseligkeit zu erhöhen, so ist ihm auch das Dasein ohne Fest arm und gemein. Am Grunde des barocken Festeifers liegt das Eingeständnis, daß das Leben es nötig habe. Damit enthüllt sich die Schwäche, aber auch die Größe des Zeitalters.*[65] Ein armseliges Leben war gleichbedeutend mit einem Leben in Langeweile. Und um dieser Langeweile zu entfliehen, gestaltete man das höfisches Leben als ein immerwährendes und totales Fest. *In ihm gibt es nichts als das Fest, außer ihm keinen Alltag und keine Arbeit, nichts als die leere Zeit und die lange Weile. Und es sieht aus, als ob es der horror vacui sei, der das höfische Fest erzeugt habe, der gleiche horror vacui, der dem barocken Auge eine leere Wand zu einem so unerträglichen Anblick macht, daß die Künstler angehalten werden, sie mit einem Netz von Pomp oder Zierlichkeit zu überspinnen. So scheint die Jagd nach dem Vergnügen nichts als die Flucht aus der Langeweile …*[66]

## Anmerkungen

1 Dazu: M. Kirsten, *Der Dresdner Zwinger*, in: *Matthäus Daniel Pöppelmann. Der Architekt des Dresdner Zwingers*, H. Marx Hg., Leipzig 1989, S. 148–174
2 Ebda., S. 173
3 Ebda.
4 Siehe auch: F. Löffler, *Der Zwinger in Dresden*, Leipzig 1976, besonders S. 48ff.

5 R. Alewyn – K. Sälzle, *Das große Welttheater. Die Epoche der höfischen Feste in Dokument und Deutung*, Hamburg 1959, S. 11f.
6 Dazu: Ausstellungskatalog *Barock in Baden-Württemberg* Bd. 1, Karlsruhe 1981, S. 95
7 Dazu: B. Kerber, *Andrea Pozzo*, Berlin–New York 1971, S. 54ff.
8 Die Kuppel der Wiener Universität ist aus der des Traktats entwickelt; dazu Kerber, op.cit, S. 94
9 Es gibt eine lange, bis in die Antike zurückreichende Tradition dieses Illusionismus; dazu: H.H. Schmitt, *Zur Inszenierung des Privatlebens des hellenistischen Herrschers*, in: *Hellenistische Studien. Gedenkschrift für H. Bentson*, J. Seibert Hg.,= Münchener Arbeiten zur Alten Geschichte 5, H.H. Schmitt Hg., München 1991, S. 75ff.
10 Dazu: R. Strong, *Splendour at Court. Renaissance Spectacle and Illusion*, London 1973, besonders Kap. 6, S. 213ff.
11 Dazu: Ausstellungskatalog *Britannia Triumphans. Inigo Jones – Rubens and Whitehall Palace*, London 1980
12 Ausstellungskatalog *Festival Designs by Inigo Jones*, 1967–68, besonders das Vorwort ebda. von R. Strong
13 Sir W. Davenant, *Britannia Triumphans* II, London 1637, S. 267
14 Ebda., II, S. 265ff.
15 Ebenfalls von Sir W. Davenant; siehe Ausstellungskatalog *Festival Designs*, Nr. 88ff.
16 Ebda.
17 Ausstellungskatalog *The King's Arcadia: Inigo Jones and the Stuart Court*, London 1973, S. 166
18 Zitiert nach G. Mander, *Die unverwesliche Krone. Das Hinrichtungsfest von Karl I.*, in: *Das Fest*, U. Schulz Hg., München 1988, S. 194; siehe auch Anm. 9
19 Roy Strong, in: Ausstellungskatalog *Britannia triumphans ...*, S. 14
20 Ebda., S. 15
21 Dazu: G. Mander, op.cit., dort siehe Anm. 14
22 Ebda., S. 189; dort auch Nachweis der vorangehenden Zitate
23 Die folgende Festbeschreibung nach Alewyn – Sälzle S. 98ff; das Fest ist überliefert in den Kupferstichen von Israel Silvestre, *Les plaisir de l'Isle enchantée, ou les Festes, et divertissements du Roy, à Versailles, Divisez en trois journées, et commencéz le 7me Jour de May, de Lánnée 1664*; die Festbeschreibung erschien gedruckt unter dem Titel *Les Plaisirs de L'Isle enchantée*, Paris 1665; siehe auch: É. Magne, *Les Fêtes en Europe au 17e siècle*, Paris 1930, S. 145ff.
24 J.Ch. Lünig, *Theatrum Ceremoniale historico-politicum Oder: Historisch-Politischer Schau-Platz aller Ceremonien ...*, Leipzig 1719–20
25 Dazu: W. Braunfels, *Der Glanz der 28 Tage*, in: *Das Fest*, U. Schulz Hg., München 1988, S. 217
26 Alewyn – Sälzle, S. 16f.
27 Abb. bei I.S. Weber, *Die Planetenfeste August des Starken: zur Hochzeit des Kronprinzen 1719*, München 1985
28 J. A. Corvinus, bei: I.S. Weber, op.cit.,Abb. 10
29 Nach Lünig, bei: I.S. Weber, op.cit., S. 46
30 Ebda.
31 Ebda., S. 47
32 J.H. Zedler, *Großes vollständiges Universal-Lexikon* IX, Halle–Leipzig 1734, Sp. 774
33 Ebda., Sp. 773

34 Vgl. den Beitrag von K. Möseneder, in: RDK VIII ,1987, s.v. Feuerwerk, dort auch weiterführende Lit.
35 Ebda., Sp. 560
36 I.S. Weber, op.cit., S. 53
37 Erwähnt wurde schon der Turnierplatz, den Johann Bernhard Fischer von Erlach im ersten Projekt für Schönbrunn vor das Schloß verlegte; auch bereits erwähnt wurde das Ringelstechen von Versailles
38 Alewyn – Sälzle, op.cit., S. 16
39 Ebda., S. 17
40 I.S. Weber, op.cit., S. 56
41 Ebda., S. 57
42 F. Sbarra, *La contesa dell' aria e dell' aqua. Siegstreit Deß Lufft und Wassers Freudenfest zu Pferd*, Wien 1667; siehe auch: Alewyn – Sälzle, op.cit., S. 105
43 Dazu: I.S. Weber, op.cit., S. 63
44 J.Ch. Lünig, *Theatrum Ceremoniale historico-politicum* ..., Leipzig 1719–20
45 I.S. Weber S. 66
46 Dazu: I.S. Weber, op.cit., S. 64
47 Dazu Alewyn – Sälzle, op.cit., S. 25
48 Ebda., S. 25
49 I.S. Weber. op.cit., S. 69
50 Dazu: Weber S. 75ff.
51 Dazu: R. Preimesberger, *Ephemere und monumentale Festdekoration im Rom des 17. Jahrhunderts*, in: *Stadt und Fest. Zu Geschichte und Gegenwart europäischer Festkultur*, P. Hugger Hg., Unterägeri–Stuttgart 1987, S. 114
52 Die Passage zitiert nach R. Preimesberger, ebda.
53 Zu den Ehrenpforten bei solchen Anlässen siehe: Reallexikon zur deutschen Kunstgeschichte IV, 1958, Sp. 1443ff., s.v. Ehrenpforte
54 K. Möseneder, *Zeremoniell und monumentale Poesie. Die ,Entrée solenelle' Ludwigs XIV 1660 in Paris*, Berlin 1983
55 Dictionnaire de Trévoux II, Paris 1721, Sp. 1236
56 K. Möseneder, op.cit., S. 11f.
57 Möseneder nennt als Beispiel eine Beschreibung des Einzugs Karls V. in Brügge, gedruckt 1515 in Paris erschienen, in: ders., op.cit., S.13
58 Siehe Möseneder, S. 15f.
59 Jeweils nach Möseneder, S. 25
60 Möseneder 32f.
61 Ebda.
62 Ebda., S. 95
63 Dazu: E. Panofsky, *Abbot Suger. On the Abbey of St.-Denis and its Art Treasures*, Princeton – New Jersey 1979, S. 42 u. 43
64 Nach Alewyn – Sälzle, op.cit., S. 13
65 Ebda., S. 14
66 Ebda., S. 13

# VII.

# Zeremoniell und Repräsentation

## Das burgundisch-spanische Erbe

Wie das Fest undenkbar ist ohne zeremonielle Regelungen, so ist umgekehrt das Zeremoniell festlicher Vollzug von nicht beliebigen, ständig wiederholten Verhaltensformen. In barocker Zeit wurden alle Herrschaftsbereiche bis hinunter zu den Kanzleien der Bürokratie von der Formalisierung erfaßt und geprägt. Im Buchtitel des voluminösen Zeremonialkompendiums von Johann Christian Lünig (im Auftrag Augusts des Starken geschrieben und 1719/20 gedruckt) wird das exemplarisch deutlich; er lautet wörtlich und ganz: *Theatrum Ceremoniale Historico-Politicum, oder Historisch- und Politischer Schau-Platz Aller Ceremonien, welche bey Päbst- und Kayser- auch Königlichen Wahlen und Crönungen, erlangten Chur-Würden, Creirung zu Cardinälen und Patriarchen, Ertz- und Bischöfflichen Einweyhungen, Niederlegung Cron und Szepters, Ernennung zum Successoren, Erwehlung derer Dogen zu Venedig und Genua, grosser Herren Huldigungen, Lehns-Empfängnissen, Kriegs- und Achts-Erklärungen, Conciliis, Reichs-Wahl-Churfürstl. Collegial-Deputations. Crays- Fürsten- Grafen- Ritter- Städte- Land- und auch andern Tägen, hohen Gerichten, auch andern ausser Teutschland üblichen öffentlichen Versammlungen, dann Friedens-Traktaten und Bündnissen, Ingleichen bey Grosser Herren und dero Gesandten Einholungen, Einzügen und Zusammenkünfften, Ertheilung Audienzen, Visiten und Revisiten, Rang-Streitigkeiten, Beylagern, Tauffen und Begräbnissen, Conferirung Geist- und Weltlicher Ritter-Orden, Turnieren, Jagten, bey der Miliz, zu Wasser und zu Lande, und andern an Europäischen Höfen und sonsten, so wohl in Ecclesiasticis, als Politicis, vorgegangen solennen actibus beobachtet worden; Auch wie Kayser, Könige, Chur- und Fürsten, Grafen und Herren, Dann Freye Republiquen, Reichs- Staats- Kriegs- und andere Geist- und weltliche hohe und niedere Collegia, und endlich Adel- und Unadeliche, Männ- und Weiblichen Geschlechtes, heutiges Tages einander in Briefen tractieren, Nebst unterschiedlichen Hof- Ordnungen, Rang-Reglementen, und andern zum Hof- und Cantzley- Ceremoniel dienliche Sachen ...*[1]

Das Grundproblem des Zeremoniells gab es auf all den Ebenen, die hier angeführt sind und in einigen Beispielen im Folgenden vorgeführt werden sollen. Von den Festlichkeiten anläßlich des Einzuges König Ludwigs XIV. in Paris nach seiner Hochzeit mit der spanischen Infantin Maria Teresa war im vorangehenden Kapitel die Rede. Sie waren nur der Abschluß einer lange auf diplomatischem Weg vorbereiteten Handlung, innerhalb derer ein Friede besiegelt und eine Verbindung der bisher verfeindeten Häuser Habsburg und Bourbon hergestellt werden sollte. Die Vorgeschichte war für Spanien unglücklich. Der 1648 am Ende des Dreißigjährigen Krieges geschlossene Friede von Münster machte Spanien zum eigentlichen Verlierer. Hatte Philipp IV. zuammen mit den Kaiserlichen schon 1643 in der Schlacht von Rocroy gegen die Franzosen eine schwere Niederlage hinnehmen müssen, so gingen in den nächsten Jahren unter dem Druck Frankreichs auf kriegerischem wie diplomatischem Weg die spanischen Niederlande endgültig verloren. Damit Frankreich nicht einen Keil zwischen Österreich und Spanien treiben konnte, wurde 1646 die Tochter des Kaisers, Erzherzogin Marianne, mit dem spanischen Thronerben Baltasar Carlos vermählt; der aber starb noch im gleichen Jahr. Der Kaiser machte ein neues Angebot: Der spanische König, Philipp IV., solle die junge (erst zwölfjährige) Witwe seines eigenen Sohnes heiraten, während der Kaisersohn, Erzherzog Leopold, Statthalter in Flandern werden könne. Die Hochzeit der Nichte mit dem Onkel wurde 1649 tatsächlich vollzogen. Freundin Mariannes wurde die Prinzessin aus Philipps erster Ehe, Maria Teresa. Inzwischen war Ludwig, König von Frankreich, im Jahre 1651 volljährig geworden. Mazarin verhandelte heimlich im Retiro, bis schließlich die Bombe platzte: Maria Teresa sollte Königin von Frankreich werden. Auf der Fasaneninsel im Bidassoa-Fluß, ganz im Nordosten Spaniens, die früher schon als neutraler Boden gedient hatte, wurden 1659 24 Konferenzen abgehalten, bis man den sogenannten »Pyrenäenpakt« geschlossen hatte, der im ganzen nur Spanien größere Verluste brachte. Auch die Hochzeit wurde unter Dach und Fach gebracht, was eine der bemerkenswertesten und seltsamsten Zeremonien der Barockzeit auslöste. Bemerkenswert schon deshalb, weil dabei das altgediente spanische Hofzeremoniell und die entsprechenden neuen Ambitionen Ludwigs XIV. auf Selbstdarstellung zusammenkamen. Vor allem aber gab es hier den sehr seltenen Fall, daß zwei allerhöchste Könige nicht durch ihre Gesandten vertreten wurden, sondern auf dem Höhepunkt eines zeremoniellen Aktes aufeinandertrafen, was eine absolute Symmetrie des Zeremoniells erforderte. Es würde hier zu weit führen, auch nur annähernd zu skizzieren, was sich bereits bei den Vorbereitungen zur Hochzeit abspielte.[2] Der von Mazarin ausgewählte Brautwerber, Antoine Duc de Gramont, Marschall und Pair von Frankreich, Gouverneur von Navarra und Béarn, traf in Begleitung seiner Söhne und 40 französischer Adeliger am 16. Oktober 1659 an der Stadtgrenze von Madrid ein. Dann ritt man in farbiger Kavalkade bis zum Alcázar, wo die Gesandtschaft vom Herzog von Medina und anderen Granden begrüßt wurde. Über die Treppe wurden die französischen Herren durch eine Reihe von Sälen und Gemächern bis zum »Goldenen Saal«, der Antecamarilla nach dem burgúndischen Hofzeremoniell, geleitet. Hier wurden sie vom König und zwanzig Grandes empfangen. Der König stand an der Schmalseite des Raumes unter einem Thronhimmel, schwarz gekleidet, ausgezeichnet mit dem Orden vom Goldenen Vlies, sein Hut war mit Edelsteinen geschmückt, seine Hand hatte er leicht auf einen Tisch gestützt. Hinter einer vergitterten Loge sahen die Königin und die beiden Infantinnen zu. Die Eintretenden verbeugten sich tief, der König dankte mit einem leichten Lüften des Hutes; Gramont näherte sich dem König, wobei er alle drei Schritte seine Verbeugung wiederholte. Vor dem König hielt er in der Verbeugung inne und wurde aufgefordert: *Bedeckt Euch, Herzog.* Dann hielt der Gesandte seine Ansprache, in der die geplante Verbindung der Häuser Habsburg und Bourbon gepriesen wurde. Zuletzt bedankte sich der König mit einem Kopfnicken, und die Audienz war beendet. Es folgte noch eine zweite bei der Königin und den beiden Infantinnen, dann wurden die französischen Herren in Kutschen zu ihrem Quartier gefahren. Der Herzog von Medina hatte dafür seinen Madrider Palast zur Verfügung gestellt. Hier wurden jeden Tag Festmähler abgehalten, danach regelmäßig Komödien und andere Spiele aufgeführt. Die Franzosen wurden so mit Näschereien versorgt, daß sie das meiste davon aus den Fenstern unter das Volk warfen. Am 21. Oktober war dann Abschiedsaudienz in kleinem Kreis bei Hofe; Gramont wurde reich beschenkt. Am Abschiedsabend wurde im Theatersaal des Alcázar in Anwesenheit der Königsfamilie ein Stück aufgeführt. Die strikt eingehaltene Etikette sorgte dafür, daß alles sehr steif ablief und selbst der Hofzwerg unbeweglich zu Füßen seines noch unbewegteren Königs saß. *Das war die Welt der ewigen Verneigungen und Verbeugungen, der zwangsweise-freiwilligen Selbsterniedrigung, der dauernden Beteuerung: Du bist mehr als ich und ich bin weniger als du. Das war die Welt des burgundischen Zeremoniells und des spanisch-habsburgischen Königtums.*[3]

Im Sommer 1660 sollte die Braut an der spanisch-französischen Grenze übergeben werden. Weil eine Reise mit dem burgundischen Hofstaat immense Kosten verursacht hätte, der Staat jedoch so gut wie bankrott war, gab der König bekannt, man wolle *ir a la ligera*, d. h. nur mit der allernötigsten Begleitung reisen. Das sah dann so aus: Wer von dem bei Hofe zugelassenen Adel außerdienstlich mitkommen wollte, war dazu eingeladen, mußte aber seine Unkosten selbst tragen. So gab es immerhin eine lange Reihe von Adeligen, die zum Teil bis zu 200 Bedienstete mitführten, Reitpferde, Zugtiere, Gepäck und Vorräte für Monate dabeihatten. *Die unmittelbare Umgebung des Monarchen beschränkte sich auf drei Mayordomos, den Sumiler de corps und drei Kammerherren. Dazu fügten sich je 24 Mann aus den drei Corps der Leibwachen und die nötige Anzahl von Kammerdienern. Etwas schwieriger lag die Sache schon bei den zwei Abteilungen Cocina und Aposentaduría des Hofdienstes. Denn die heroische Küche mit dem unendlichen Drum und Dran ihrer Hilfskräfte, ihrer Obergeschirrmeister, Oberfruchtmeister, Oberkellermeister, Obertunkenmeister, deren jeder über zahlreiche Untermeister und ähnliche dienstbare Geister gebot, war schon aus Prestige-Gründen unentbehrlich. Wir wissen zur Genüge aus der Biographie Philipps II., wie sehr gerade dieser Sektor des burgundischen Zeremoniells dazu beitrug, die Kraft und den Sinn der uralten Tabu-Gesetze aufrechtzuerhalten, auf denen das ganze Ideengebäude des spanisch-habsburgischen Königtums beruhte. Auch die Aposentaduría oder der Stab des Palastquartiermeisters war nicht gut zu umgehen, und zwar mehr aus praktischen Gründen, weil nämlich sowohl die Unterbringung des Hofes auf der Reise, wo die Schlösser aus königlichem Besitz oder Adelspaläste nur in vereinzelten Fällen zur Verfügung standen, als auch die Ausstattung des Konferenzgebäudes auf der Fasaneninsel im Bidassoa-Flusse mit endlosen Umständen und Schwierigkeiten verbunden waren.*[4] Quartiermeister war übrigens kein geringerer als Diego Velásquez. Der Hofstaat der mitreisenden Damen ist hier noch gar nicht erwähnt. Am 15. April 1660 setzte sich der unübersehbare Zug von den Heiligtümern der Nuestra Señora de la Almudena und Nuestra Señora de la Atocha über die Plaza Mayor in Bewegung. Berichte über die Reise seien übergangen bis zur Ankunft im Grenzstädtchen Fuenterrabía am 2. Juni, nach 37 Tagen. Hier gingen zwei Staatsakte über die Bühne: die eidliche Verzichterklärung der Infantin auf alle Erbrechte und die Vermählung per procurationem; der französische König wurde dabei vom ersten spanischen Minister Don Luis Méndez de Haro vertreten; die Trauung vollzog der Bischof von Pamplona, der seinen ganzen Stab mit Domherren und Ministranten mitgebracht hatte. Nach der Trauung redete Philipp II. seine Tochter mit »Euer Majestät« an, was sie sehr erröten ließ. Danach konnten die Zeremonien auf der Fasaneninsel beginnen. Sie waren deshalb besonders bemerkenswert, weil es nicht mehr galt, sich innerhalb *einer* hierarchischen Linie zu bewegen, sondern im Zeremoniell *zwei* höchst Gleichrangige völlig gleich gestellt werden mußten. Der Ort hieß auch die »Insel der Tränen«, weil hier 1615 zwei nicht sehr glückliche Königsbräute ausgetauscht worden waren, Isabel de Bourbon als Gemahlin Philipps IV. und dessen Schwester Ana de Austria, Braut Ludwigs XIII. Auf der gleichen Insel war übrigens 1525 der in der Schlacht von Pavia gefangene Franz I. von Frankreich gegen seine beiden als Geiseln nach Spanien überführten Söhne ausgetauscht worden. Jetzt war nach einem Jahr der Verhandlungen die Fasaneninsel wiederum für die Übergabe einer Braut vorgesehen.

Für diesen Anlaß wurde ein provisorischer Bau errichtet (Abb. 52), über dessen Form einer der spanischen Sekretäre in seinen gedruckten Erinnerungen berichtet. Er war erdgeschossig und hatte die Form eines T, dessen Querbalken eine gedeckte Galerie bildete, mit je zwei Türmen an beiden Enden. So war fast die ganze Insel überbaut; von beiden Seiten konnte man über Brücken zu den Köpfen des Baues gelangen. Es handelte sich um den Konferenzbau, der durch

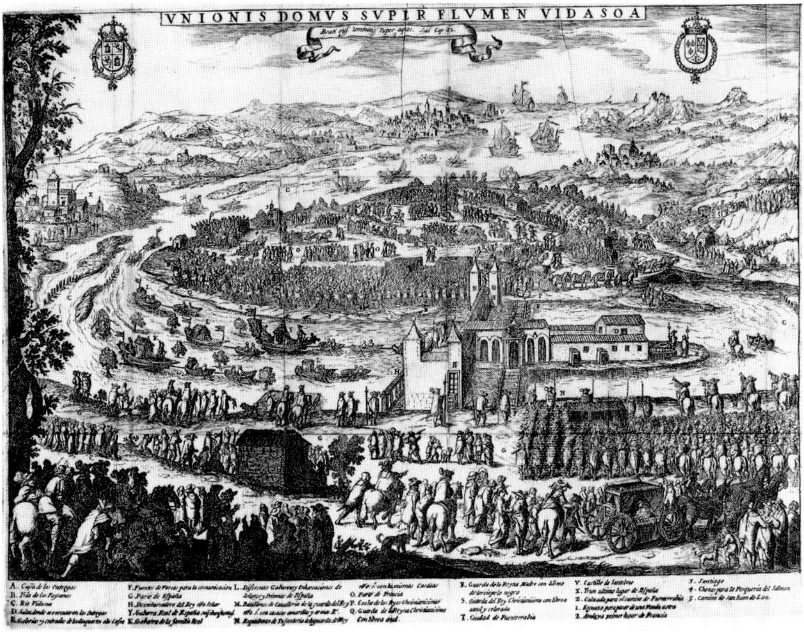


52 Holzschnitt aus *Viage del Rey Phelipe IV. el Grande a la Frontera de Francia* ... von L. de Castillo, 1667

einen langen Mittelgang in zwei Hälften geteilt war; hier lagen je drei Gemächer, auf der einen Seite für die Spanier, auf der anderen für die Franzosen. Am unteren Ende lag der gemeinsame »Salón de las entregas«, und hier schloß wieder je ein kleines Privatzimmer für die Könige an. Die Ausstattung der spanischen Teile lag beim spanischen Hof, und entsprechend die der anderen Hälfte bei den Franzosen; sogar der erwähnte Salón war »bilateral« eingerichtet: Die Ausstattung durch die Wandteppiche ist noch bekannt und erhalten, sie war von keinem geringeren als Velásquez besorgt worden.

Der erste der drei Tage sollte »privatissime« ablaufen: Am Nachmittag trafen sich zum erstenmal seit 45 Jahren Philipp von Spanien und seine Schwester Anna von Österreich, die Königinwitwe, wieder. Dabei waren Maria Teresa, die Braut, und auf der anderen Seite der jüngste Sohn Annas, der Herzog von Anjou. Zwei Stunden waren dafür im Salón des Inselschlosses vorgesehen. Ludwig (22 Jahre alt) war nicht dabei; er produzierte sich vielmehr am Ufer des Bidassoa vor den Kavalieren auf beiden Seiten als Reiter auf seinem feurigen Lieblingspferd. Dann preschte der Herzog von Créqui heran und flüsterte dem König etwas ins Ohr, was später so tradiert wurde: *Kardinal Mazarin hat soeben von Don Luis Méndez de Haro die inständig erbetene Erlaubnis erhalten, Daß S. M. unbeobachtet und von sicherer Deckung aus die allerhöchste Gemahlin in Augenschein nehmen können, und zwar so, daß weder sie selbst noch ihr Vater dessen gewahr wird.* Ludwig von Frankreich durfte also durch ein Guckloch in der Wand seine (bereits angetraute) Gemahlin in Augenschein nehmen. Als dann gegen Abend die Franzosen mit der Karosse, die Spanier auf einer Prunkbarke zum Quartier zurückkehrten, sorgte der Bräutigam noch für ein offensichtlich geplantes Capriccio: Auf dem Pferd sprengte er schnell flußabwärts, und als die Barke auftauchte, sprang er graziös ab und grüßte mit einer tiefen Verbeugung zum König von Spanien und seiner Braut hin. Jetzt hatte also auch Maria Teresa ihren Bräutigam sehen können.

Der zweite Tag brachte am Nachmittag den Staatsakt. Auf die gleiche Sekunde mußten beide Könige durch zwei gleiche, gegenüberliegende Türen den Saal betreten, um auch nicht den geringsten Verstoß gegen die absolute Symmetrie im Zeremoniell zu begehen. Die Braut war ebenso anwesend wie die Mutter und der Bruder Ludwigs. Man tauschte artige Komplimente aus; Mazarin mußte dolmetschen, weil Ludwig kein Spanisch und Philipp kein Französisch verstand. Gegenüber den schwarzgekleideten Spaniern wirkte Ludwig von Frankreich wie ein bunter Vogel: *El Rey Christianissimo, con un vestido, en que igualmente se valiò el artefice de la plata, y del oro con que le bordò, vistosa, y esparcída multitud de plumas y de cintas, unas, y otras verdes, y de cara, manos, y pies, blancos, aunque sin cola, à la usança Francessa, passeò por la orilla del Rio, con airoso, y apresurado movimiento …*[5] Erst nach den ersten Höflichkeiten wurde die Braut in die Gruppe aufgenommen. Dann bat Mazarin, den eigentlichen Staatsakt beginnen zu lassen. Die Könige traten zurück; es wurden zwei völlig gleiche Tische hereingetragen und in der Mitte des Saales zusammengestellt. Dann kam das jeweilige Gefolge, Verwandtschaft, Minister und höchster Adel. Der Erzbischof von Tyrus, Patriarch von Indien und Großalmosenier des Königs von Spanien, war kirchlicher Leiter der Zeremonie, die damit begann, daß die beiden Könige sich auf Kissen vor den Tischen, auf denen ein Kruzifix stand, niederknieten. Jetzt wurde in spanisch und französisch der Eid verlesen, der den Pyrenäenvertrag bekräftigen sollte, dann schworen beide Könige Frieden und Freundschaft. Anna von Österreich soll vor Rührung geweint haben, aber es waren wohl die Tränen einer Schwiegermutter, nicht einer Politikerin. Schließlich bildeten sich um die Könige Gruppen; die gegenseitigen Vorstellungen begannen unter vielen Verbeugungen und bei peinlicher Vermeidung von Rangverletzungen.

Die Brautübergabe erfolgte erst am dritten Tag. Der spanische König kam wieder auf seiner Prunkbarke an, der französische von Saint-Jean-de-Luz mit einer von acht Schimmeln gezogenen Karosse. Ludwig glitzerte nur so von Edelsteinen. Im Salon des Inselschlößchens gab es eine schlichte Zeremonie. Man saß etwa eine Stunde beisammen, während das Gefolge sich zurückgezogen hatte. Dann verabschiedete man sich unter Tränen, aber in der richtigen Reihenfolge. Der ältere König von Spanien stand als erster auf, um den König von Frankreich zu umarmen, dann dessen Mutter, während die neue Königin niedergekniet war. Sie wurde vom Vater hochgehoben. Noch einmal verbeugte man sich, die anwesenden Kavaliere waren längst gebückt erstarrt, die Damen im Knicks tief versunken. Dann ging man auseinander.

Die kirchliche Trauung fand erst nach den Bidassoa-Zeremonien in Saint-Jean-de-Luz statt.

Für den spanischen König waren zeremonielle Haltung und Aufwand aus langer Übung heraus eine Selbstverständlichkeit. Für den 22jährigen König von Frankreich war die Etikette solch strenger Observanz dagegen etwas Neues, mit dem er sich, wie die Berichte von der Fasaneninsel zeigen, spielerisch auseinandersetzte. Zugleich scheint Ludwig XIV. bei solchen Gelegenheiten die Möglichkeiten des höfischen Zeremoniells für sich und die zukünftige Darstellung seines Sonnenkönigtums erkannt zu haben. *Die meisten Elemente jedenfalls waren im spanischen Zeremoniell bereits vorhanden. Hier wurde ein entscheidender Schritt getan, als das Haus Habsburg die burgundische Etikette als Hofzeremoniell übernahm.*

Als der Herzog von Alba im Januar 1548 von Augsburg her nach Spanien kommt, da ist er bereits mit der neuesten aller Würden des spanischen Hofes bekleidet: er ist Mayordomo mayor des Prinzen nach burgundischer Etikette. Er wird die sofortige Einführung dieser höfischen Rangordnung und ihrer streng kodifizierten Gesetzmäßigkeit persönlich in die Wege leiten, er wird auch auf Jahre hinaus den sachgemäßen und reibungslosen Ablauf dieser nur scheinbar äußerlichen und sinnlosen, in Wirklichkeit aber tief im archaischen Denken der Menschheit verwurzelten Mechanismen steuern und überwachen. Dieses burgundische Hofzeremoniell wird dann als etwas Neues, unerhört Eindrucksvolles seinen Siegeszug nach Wien und Paris, sowie an die zahllosen kleinen Fürstenhöfe Deutschlands und Italiens antreten ... Nicht die spanische Etikette ist es also, die, gedämpft oder übersteigert, die großen und kleinen Höfe des 17. und 18. Jahrhunderts beherrscht, sondern die burgundische Etikette, die durch den größten Zeremonienmeister aller Zeiten und Völker, durch Karl V., ihre höchste Entfaltung und ihre letzte Auswirkungsmöglichkeit erhalten hat.[6]

In Spanien hatte es etwa eines halben Jahres an Vorbereitungen bedurft, ehe alle Ernennungen vollzogen waren und der entsprechend hierarchisch gestufte Hofstaat »stand«. Der König residierte in Valladolid, als am Himmelfahrtsfest 1548 die Umstellung auf die burgundische Etikette erfolgen konnte. Bezeichnenderweise war es das Mittagsmahl, das nach dem neuen Ritus abgehalten wurde.[7] Noch war, wie in burgundischen Zeiten, das festliche Mahl zeremonieller Höhepunkt.

An dieser Stelle soll nun weniger davon die Rede sein, wie seit dem ausgehenden Mittelalter im Okzident ein System von Kulthandlungen um den Herrscher als Stellvertreter Gottes entstand, in denen die himmlische Liturgie wiederholt wurde. Vielmehr geht es um die Form der permanenten Kulthandlungen im barock-absolutistischen Bereich. Das wohl Wesentliche und Zentrale des barocken höfischen Zeremoniells war, daß am Herrscher nicht mehr unterschieden werden sollte zwischen einer privaten und einer öffentlich-politischen Person, sondern vielmehr dessen Tageslauf als Metapher der göttlichen Epiphanie galt. Barock daran war, daß es sich dabei um ein permanentes Schauspiel handelte, bei dem schließlich das Significandum wichtiger wurde als das Significatum, was die eigentliche Blasphemie bedeutete.
Die wichtigsten Elemente des Herrscherzeremoniells waren:

– Der hierarchisch eingeteilte Hofstaat um die zentrale Person des Herrschers. Dieser Hofstaat aber unterstützt nicht den Herrscher in seinen Regierungsgeschäften, sondern dient allein seinen persönlichen Bedürfnissen.

– Der Tageslauf des Herrschers ist so bedeutsam geworden, da durch ihn eine höhere Wirklichkeit repräsentiert wird. Weil jede Person auf diese Weise in einem Rollenspiel, besser in einer Repräsentation, befindlich ist, also nicht sich selbst, sondern etwas anderes vertretend darstellt, konnte auch die geringste Kleinigkeit gewichtig sein.

– Das Bild einer hierarchischen Pyramide mit dem Herrscher an der Spitze beinhaltet eine Distanzierung dieses Herrschers. Die Audienz muß somit zwangsläufig zu einem weiten Weg werden, so wie umgekehrt ein Wunsch des Herrschers nur über Distanzen erfüllt werden kann.

– »Diensteifer« (Servilität) und »Herablassung« haben theatralische Züge angenommen, sie werden jeden Tag neu gespielt, um den eigentlichen Charakter der Herrschaft, nämlich ihren metaphorischen, zu erweisen.

Das bedeutete auch, daß jeder Wunsch des Souveräns in seinem Tageslauf zu einer Staatsaktion wurde. Diese Formulierung gebrauchen wir heute noch im Sinne von unnötigem Aufwand. Jetzt sollte alles am König tatsächlich Staatsaktion sein in dem Sinn, daß jede Bewegung, jede Regung, jeder Gedanke des Königs etwas im Hinblick auf seinen Status bedeutete, was von den Kritikern zu der Zeit bereits als bloßer Aufwand, Luxus und Schauspielerei abgetan wurde. Dutzende von Köpfen und Händen wurden durch eine Regung des Königs in Bewegung gesetzt. Jedes seiner Bedürfnisse fand sich in einem höfischen Amt personifiziert, dessen Träger selbst wiederum über einen Stab von Mitarbeitern gebot. Aus dem burgundischen Luxus war in Spanien etwas anderes geworden: Das immerwährende Schauspiel von der Herrschaft des Vertreters Gottes. Wie bei einem Relais löste der geringste Wink des Königs Dienstleitungen aus, der Befehl wurde weiter und weiter gegeben bis er den eigentlichen Adressaten erreichte, was vor allem erneut zu den nötigen Distanzierungen beitrug.[8] Wenn Philipp IV. von Spanien ein Glas Wasser verlangte, wanderte dieses durch sieben Paar Hände, unter Ludwig XIV. wurde das sogar noch gesteigert. In der Übersetzung von Lünig ist die Ordnung beschrieben, *wie der König in Franckreich Mittags-Tafel zu halten pfleget, wenn er en public speiset. Derjenige, so das Mund-Schencken-Amt verwaltet, ruffet so offt, als der König zu trincken fordert, mit lauter Stimme: Zu trincken vor den König; machet hierauf einen Reverenz vor Ihrer Majestät, gehet an den Schenck-Tisch, von dem Ober-Schencken den goldenen Unter-Becher, der mit einem offenen Glaße garniret ist, nebst zwey crystallinen Caraffen zu empfangen, welche voll Wein und Wasser sind; Hierauf gehet der Ober-Schencke und sein Gehülffe vor dem Mund-Schencken her wieder zurück nach der Tafel. Wenn sie alle drey an der Königlichen Tafel angelanget, machen sie einen Reverenz vor dem Könige, der Ober-Schencke tritt an die Seite, und der Gentil-homme servant gieset aus denen Caraffen ein wenig Wein und Wasser in eine silberne inwendig vergoldete Tasse, welche der Ober-Schencke hält. Hierauf gieset der Ober-Schencke die Helffte dessen, was ihm eingeschencket worden in eine kleine, ihm von seinem Gehülffen überreichte Tasse. Sodann credenzet der Ober-Schencke dasselbe, und der Gentil-homme servant kehret sich gegen den König, und thut solches gleichfalls, giebt hierauf dem Ober-Schencke die Tasse, womit er credenzet zurücke, dieser aber beyde dem Gehülffen. Von diesen beyden kleinen Tassen ist zu merken, daß sie auch Essais genannt werden. Wenn nun das Credentzen auf solche Art im Angesicht des Königs geschehen, so machet der Gentil-homme servant noch einen Reverenz vor seiner Majestät, decket deroselben das Glaß ab, und praesentiret ihr zugleich die Soucoupe oder den Unter-Becher, in welcher die Caraffen stehen. Der König schencket sich selber Wein und Wasser ein …*[9]

Analog zu liturgischen Vorbildern fand eine Ritualisierung des Tageslaufes des Herrschers statt, was auch in einer Umwertung der höfischen Chargen seinen Ausdruck fand. Die bedeutendsten Ämter wurden diejenigen, die ursprünglich mit dem leiblichen Wohl zu tun hatten. So nahm der Herzog von Alba unter Philipp II. die Stellung des Mayordomo mayor, also die des obersten Haushofmeisters, ein, was die höchsten Machtbefugnisse bedeutete. Unter ihm gab es die Mayordomos, die sich aus dem höchsten Adel rekrutierten. Sie bedienten den König an der Tafel; gegenüber allen anderen Beamten des Hofstaates hatten sie das Vorrecht, in knappem Ton befehlen zu dürfen: *Yo digo*. Ein wichtiges Amt war auch das der Kammerherren, die an ihrer Hüfte einen goldenen Schlüssel trugen, teilweise Zutritt zum Schlafgemach des Königs hatten oder beim Ankleiden Dienste leisteten. Alle Türen oberhalb der Treppe hatten im Madrider Königspalast nur einen Typ von Schlössern; dazu gab es drei Schlüssel: einen für den König, der ihn aber zu tragen ablehnen mußte, die anderen beiden wurden von einer weiteren wichtigen Charge verwahrt, dem Palastquartiermeister, dem »Aposentador de palacio«. Auf den »Meninas« des Velásquez ist er dargestellt, wie er, im rückwärtigen Türrahmen stehend, einen Vorhang lüftet. Dann gab es eine Reihe von »Sumillers«, Kammerherren verschiedener Sparten, in der Küche, in den Ställen usw., wobei die höchste Charge wiederum die des »Sumiller de corps«, des Obersten Kammerherren, war. Gegen 1500 umfaßte der Hofstaat des spanischen Königs an die 1500 Personen. Gegen 1600 (inzwischen war das burgundische Zeremoniell eingeführt), stellte der Geschichtsschreiber Gregorio Leti fest: *In ganz Europa gibt es keine Residenz, in der soviel Geld für Hofstaat und Zeremonienwesen verpulvert wird wie in Spanien*[10].

Vor den extremen Phänomenen des spanischen Hofzeremoniells wurde bereits auf deren theatralische Basis hingewiesen: *Der Mensch als König verwandelt sich durch seine Rolle, ähnlich der Verwandlung, der sich der Schauspieler im Theater unterwirft. Und gebunden durch die Rolle – Wort und Gebärde –, die ihnen aufgetragen ist, sind sie wohl beide auch.*[11]

Der 1734 bei einem Brand zugrunde gegangene Alcázar von Madrid war ein Konglomerat von älteren und neueren Burgteilen. Die Inschrift am Neubau von 1738 erinnert an den alten Bau: *Aedes Maurorum quas Henricus IV composuit Carolus V amplivicavit Philippus III ornavit ignis consumpsit* …[12]. Durch dauernde Umbauten wurden seit der Zeit Philipps II. und vor allem unter Philipp IV. geeignete zeremonielle Raumzusammenhänge geschaffen, wie sie schon von Carl Justi in seiner Velásquez-Monographie beschrieben wurden. Gerade die Tätigkeit von Velásquez am Hofe des spanischen Königs läßt die Zusammenhänge zwischen den Künsten und den zeremoniellen Gegebenheiten erkennen. Von seiner Reise nach Rom zurückgekehrt, *auf der Höhe des Könnens, wo er Werke hätte schaffen können, nach denen man noch nach Jahrhunderten pilgern würde, bewirbt er sich um die Stelle des Schloßmarschalls*[13]. 1652 wurde er gegen aussichtsreichere Bewerber vom König zum »Aposentador de palacio« ernannt. Damit war ihm das Innere der königlichen Wohnung unterstellt, außerdem die Organisation der königlichen Reisen. Im Mantel, aber ohne Hut und Degen, hatte er hier dauernd anwesend zu sein, um die Türen und Fenster zu öffnen. Zu seiner Kompetenz gehörten die Einrichtung, Ordnung und Ausschmückung des Palastes, die Reinigung und Heizung. Er besaß einen Schlüssel, der alle Türen sperrte. Wenn der König öffentlich speiste, setzte er ihm den Stuhl hin, er hob auch die Tafel auf usw. Außerdem hatte er Feste zu rüsten, bei Masken, Komödien,

Turnieren und Bällen mit dem König das Programm zu beraten und den Personen des Hofes Plätze anzuweisen.[14] Der Velásquez-Biograph Justi ergeht sich in ausgedehnten Schilderungen, wie der Maler als Palastmarschall jetzt auch für die unziemliche Notdurft der Palastwachen oder für die Schilfmatten auf den kalten Gängen des Palastes zuständig war. Unter einer anderen Dynastie, nur wenige Jahre später kritisierte Palomino die Zustände: *Eine große Ehre war es für Velázquez; dennoch hat es nicht an Stimmen gefehlt, die eine Behandlung dieser Sache nach höhern Gesichtspunkten für passend erachteten. Belohnung von Künstlern ist wohl zu unterscheiden von der anderer Verdienste.*[15]

Darüber sollte man allerdings nicht vergessen, daß Velásquez zuständig war für die bildliche und damit auch programmatische Ausstattung der königlichen Räume, für die Aufhängung von Bildern und Teppichen verantwortlich war und damit wesentlich den zeremoniellen Ort Alcázar formte.

Es gab hier an der Westseite des Komplexes eine Reihe von Staatszimmern: einen Saal der Consultas, einen Audienzsaal, einen Speisesaal, die »Audienz des Präsidenten«. Dort tagten die Cortes, der König beriet mit dem Rat von Kastilien, empfing und hörte die Gesandten und Kardinäle, verlieh den Orden des Goldenen Vlieses und ernannte die Santiago-Ritter, empfing den Eid der Vizekönige und »capitanes generales«, wurde morgens vom Nuntius und den Gesandten zum Gang in die Messe erwartet und nahm die Fußwaschung und Speisung am Gründonnerstag vor. Zum Hof hin lag die Antecamera; früher war hier auch die Guardaropa. Im Westflügel befand sich die königliche Winterwohnung.

Mittelpunkt und Heiligtum dieses Palastes war jedoch das Arbeitszimmer seiner Majestät. Der Weg dorthin führte durch vier Räume. Zuerst gelangte man von der Haupttreppe aus in den großen Salon, die Sala, von da aus in den kleinen Salon oder die Saleta, von hier aus wiederum in das große Vorzimmer, die Antecamera, und dann endlich in das kleine Vorzimmer oder Antecamarilla. Hier schlossen sich das Arbeitszimmer seiner Majestät und das Schlafzimmer an. Es folgte das Ankleidezimmer, dann ein Zwischenraum (Camarín) und schließlich das Örtchen. Die Sitzgelegenheit war allerdings mit einem kleinen Baldachin überdacht. Je nach sozialer Stellung oder höfischem Rang mußte ein Besucher in dem einen oder anderen Vorsaal warten, bis ihm der Anblick und die Gegenwart der allerhöchsten Person zuteil wurde. An der Tür zur Sala und Saleta standen je zwei Türhüter. Am Eingang zur Antecamera und Antecamarilla waren je zwei Wächter höheren Grades postiert. In der Antecamera stand ein Thronhimmel, weil hier der König zuweilen Audienzen gab. Aufgabe der Wärter war es, aufzupassen, daß niemand mit dem Hut auf dem Kopf und ohne Verbeugung am leeren Thronhimmel vorbeiging. Beispielsweise gelangten die gewöhnlichen Untertanen, soweit ihnen die Gnade einer Audienz erteilt wurde, die Gesandten der kleineren Fürstenhöfe, Offiziere des Heeres, Beamte, Künstler und Gelehrte,

Weltreisende und Ordensleute stets nur bis zur Antecamera. Bis zur Antecamarilla kamen die Bevorzugten, die das Recht des »cubríos« hatten – sie forderte der König auf, sich in seiner Gegenwart zu bedecken –, also die Grandes, die Bischöfe, die Ordensgenerale, die Räte, die Gesandten der gekrönten Häupter und Venedigs und die Ordensritter vom Goldenen Vlies. Zum Aposento schließlich waren nur Kardinäle, päpstliche Nuntien, der Präsident des Staatsrates und die Vizekönige zugelassen. Änderungen dieser Zutrittsordnung fanden nur als ganz große und persönliche Gnadenerweise statt: *El Rey le hizo merced de la entrada.* Von diesen offiziellen Fluchten sind die Wohnräume des Königs, der Königin und der Familie weit entfernt. Während die Staatsgeschäfte in den oben beschriebenen Teilen des Palastes abgewickelt wurden, bzw. der König sich hier als Herrscher präsentierte, war die Privatsphäre in Räume verlegt, die oft nur durch Geheimgänge zugänglich waren. Die essentiellen Teile der zeremoniellen Ausübung von Herrschaft waren die Raumflucht der Audienz und der Speisesaal. Nach burgundischer Tradition war das öffentliche rituelle Speisen Höhepunkt fürstlicher Epiphanie.

## Versailles und das monumentale Zeremoniell

In Frankreich sollte sich das mit Ludwig XIV. insofern ändern, als diese Epiphanie mit dem Tageslauf des Königs, also mit dessen Lever als bereits absolutem Höhepunkt, einsetzte – als Metapher des Sonnenaufganges.
Mit Aussparungen sei hier die deutsche Übersetzung Lünigs zitiert,[16] der sich penibel an die entsprechenden französischen Quellen hält:[17] *Ausführlicher Bericht von dem Königl. Frantzösischen Hauß- und Cammer-Ceremoniel, welches gegen den König, so wohl bey dessen Auffstehen als Schlaffengehen, ingleichen inner- und ausserhalb seines Zimmers, den gantzen Tag über beobachtet wird … Der König stehet in der von ihm des Abends vor dem Schlaffen-gehen bestimmten Stunde auf, wenn er nun zu bemeldter Stunde nicht aufwachet, so wecket ihn der erste Cammer-Diener auf, und zwar mit den Worten: Sire, voila l'heure. Des Morgens stehet der erste Cammer-Diener … so in Ihrer Majestät Cammer geschlaffen hat, ingemein eine Stunde vor dem Könige auf, gehet gantz sachte aus Ihrer Majestät Cammer heraus, sich in der Anti-Chambre anzuziehen. Eine Viertel-Stunde vorher ehe der König aufwachet, welches meistentheils um halb 9 Uhr geschicht, gehet der erste Cammer-Diener gantz sachte in die Cammer des Königs, wohin sodann ein Bedienter oder Junge aus dem Holtz-Amt kommt, um, wenn es Sommer ist, Feuer anzumachen, Winters-Zeit aber Holtz ins Feuer zu legen. Zu gleicher Zeit machen die Cammer-Knechte die Fenster-La-*

*den auff, und nehmen die Lampe nebst dem langen Wachs-Lichte weg, welche die gantze Nacht über gebrannt haben. Sie tragen auch den Nacht-Tisch, welcher aus Brod, Wein, einem Glaß und Credentz-Teller, oder Tasse von Silber, auch einigen Serviетten und Tellern bestehet, weg, ingleichen das Bette des ersten Cammer Dieners, welches man das Wacht-Bette nennet. Wenn dieses geschehen, bleibet der erste Cammer-Diener allein in der Cammer, die andern Bedienten aber retiriren sich biß zu der Stunde, in welcher der König sich aufzuwecken befohlen hat. Wenn die vom König bestimmte Stunde geschlagen, so nähert sich der erste Cammer-Diener dem Bette des Königs, und saget zu ihm: Sire, voila l'heure. Sodann gehet er, denen Cammer-Knechten auf zu machen, von welchen einer eine Viertel-Stunde vorher dem Ober Cammer-Herrn und ersten Cammer-Juncker ... Nachricht davon zu geben ... Ein anderer gehet in die Speiß und Mund-Cammer, Nachricht zu ertheilen, daß das Frühstück herbey gebracht werden solle; ein anderer aber postiret sich an die Thüre, und läst nun folgende Personen herein, deren Rang und Chargen ihnen den Eingang verstatten, wenn Ihre Majestät aufgewacht und noch im Bette sind ...* In der nun folgenden Liste – es ist die Rangliste am französischen Hof schlechthin – wird die Spitze von Monseigneur, dem Herzog von Orleans, angeführt, dann folgen die Herzöge von Maine und Toulouse – nur für diese öffnet der Kammerdiener beide Türflügel, dann folgen die Chargen ersten Ranges, mit den Ober-Kammerherren, den Herzögen von Bouillon und Albret. Die nächsten sind die vier ersten Kammer-Junker usw. *Dem Könige, der alsdann noch in seinem Bette ist, gießet der erste Cammer-Diener, der eine Flasche in seiner rechten Hand hat, etwas von Spiritu Vini auf die Hände, unter welche derselbe mit der lincken einen silbernen Teller hält. Der Ober-Cämmerer oder der erste Cammer-Juncker ... praesentiret Ihrer Majestät den Weyh-Kessel, welche Weyh-Wasser nehmen, ein Creutz damit machen, und in kurtzer Zeit einige Gebete sprechen. In dem Augenblick, da der König aus dem Bette steiget, ziehet er die Pantoffeln an, welche ihm der erste Cammer-Diener überreichet. Der Ober-Cammer-Herr oder erste Cammer-Juncker legen dem Könige den Schlafrock an, welchen der erste Cammer-Diener hält, der ihn auch in ihrer Abwesenheit dem Könige anziehen würde. Wenn der König aufgestanden, nimmt er Weyh-Wasser, und gehet nach seinem Fauteuil, der an dem Orte stehet, wo sich der König anziehen soll; kaum aber ist er aus der Balustre oder Schrancken heraus gegangen, so gehet ein Diener der Garderobe hinein, welcher von dem nahe am Bette stehenden Fauteuil des Königs Bein-Kleider und Degen wegnimmt; allhier fängt sich nun dasjenige an, was am Frantzösischen Hofe le petit lever, oder das kleine Aufstehen genennet wird, welches man auch mit dieser Redens-Art auszudrücken pfleget: Il commence a faire petit jour chez le Roy. Hierauff nimmt der Ober-Cammer-Herr ... Ihrer Majestät die Schlaff-Mütze von dem Haupte herunter, welche ein Diener der Garderobe empfängt, einer aber von den Barbierern kämmet den König, welches er auch selbsten thut. Mittlerweile hält Ihrer Majestät der erste Cammer Diener stets einen Spiegel vor, welchen dieser von einem Cammer-Knechte bekommen hat. Ohngefehr um diese Zeit fraget der König nach der ersten Entrée oder Eingange, welches der erste Cammer-Juncker dem Cammer-Knecht, der an der Thüre ist, mit lauter Stimme saget. Sodann fängt sich la premier-Entrée oder der erste Eingang an, nehmlich es lässet der Cammer-Knecht, wenn sie sich praesentiren, diejenigen hinein, solches Recht entweder vermöge ihrer Aemter gebühret, oder die ein Brevet d'Entrée haben, nemlich den Herrn Marschall von Villeroy, den Herrn Hertzog von Charrots …*

Es folgt an dieser Stelle wieder eine längere Liste der nun Zugelassenen. Gleichzeitig nähern sich die Diener der königlichen Garderobe; während der König langsam und umständlich angekleidet wird, geht die Audienz weiter, flüstert der Kammer-Türhüter dem ersten Kammer-Junker die Namen der Wartenden ins Ohr: *zum Exempel der Cardinäle, Erz-Bischöffe, Bischöffe, des Päpstl. Nuncii, der Ambassadeurs, Hertzogen und Pairs, Marschälle von Frankreich, Gouverneurs der Provintzen, General-Lieutenante, Ober-Praesidenten der Parlamenter und dergleichen mehr … Mittler Zeit kleidet sich der König an, und der Anfang wird mit den Beinen gemacht, und gleich Anfangs reichet ein Bedienter der Garderobe die Socken und Knie-Bänder dem ersten Diener der Garderobe, welcher erstlich Ihrer Majestät eine Socke nach der andern praesentiret, die sie selbst anziehen; nachgehends überreichet ihm ein Bedienter von der Garderobe die Bein-Kleider, woran die Strümpffe hängen. Ein Diener der Garderobe ziehet ihm die Schuhe an, deren Schnallen gemeiniglich mit Diamanten besetzet sind; die zwey Cammer-Pagen aber, welche selbigen Tages am Dienst sind, heben des Königs Pantoffeln von der Erden auf. Hiernächst giebt ihm der erste Diener der Garderobe die Knie-Bänder mit den Diamantenen Schnallen, eines nach dem andern, welche der König selbst umknüpffet …* Die Schilderung des Rituals ist noch lange nicht am Ende, denn es muß auch erörtert werden, welche Schuhe oder eventuell Reitstiefel der König braucht. Wenn etwa Sporen nötig sind, muß eigens der Stallmeister zum Anschnallen erscheinen. *Wenn zu laut in dem Gemach geredet wird, so legen die Thür-Hüter Stillschweigen auf. Der König fordert sein Frühstücke, und wenn er Fleisch-Brühe, die alle Tage in dem Mund-Amt parat stehet, haben will, so wird ihm selbige zuvor gebracht; manchmal nimmt er auch ein Glaß voll Wasser und Wein zu sich, wovon der Ober-Cammer-Herr … eines und das andre überreichen. Sodann bringen die Mund-Bedienten ein Brod auf einem Teller, und eine gebroche Serviette, welche zwischen zwey Tellern lieget …* Die Prozedur des anschließenden Trinkens ist entsprechend umweghaft. Wenn der Herzog von Orleans oder ein Prinz zugegen ist, reicht er dem König die Serviette. Vorher muß dieser aber einem Kammerdiener Hut und Handschuhe übergeben haben. Noch ist der König nicht angekleidet. *Wenn ihre Majestät das Frühstück zu sich genommen haben, so legen sie den Schlaff-Rock aber, und der Meister der Garderobe zieht ihnen das Nacht-Camisol zur rechten, der erste Diener der Garderobe aber zur lincken Seite aus, und geben sodann dieses Camisol einem Bedienten der Garderobe. Der König, ehe er sein Nacht-Hembde ausziehet, nimmt die Reliquien ab, so er Tag und Nacht an sich trägt, und giebt sie dem ersten oder in seiner Abwesenheit einem andern Cammer-Diener ...* Was nun folgt, ist der vielleicht aufschlußreichste Teil des ganzen Rituals, aufschlußreich deshalb, weil es sich um eine alte rituelle Form einer Investitur handelt, jetzt jedoch in gänzlich verwandelter Interpretation: *Mittlerweile bringet ein Diener der Garderobe das Hemde des Königs, welches, wenn es nöthig, gewärmet, und biß zum Übergeben mit weissen Taffet bedecket ist. Hierauf nimmt, um Ihrer Majestät das Hemde zugeben, wenn Monseigneur der Hertzog von Orleans bey dem Aufstehen zu gegen ist, der Ober-Cammer-Herr oder erste Cammer-Juncker, der Groß-Meister der Garderobe oder ein andrer hoher Bedienter das Hemde von dem Diener der Garderobe, und praesentiret es Monseigneur, dem Hertzog von Orleans, solches Ihrer Majestät zu überreichen ... In dem Augenblick, als der König das weisse Hemde über die Schulter ziehet, und die Helffte angezogen hat, empfängt oder nimmt von den Händen Ihr. Maj. des Königs derjenige Diener von der Garderobe, der das weisse Hemde gebracht hat, das ausgezogene Hemde Ihrer Majestät kniend weg. Während der Zeit als Ihre Majestät das Nacht-Hemde aus- und das Tages-Hemde anziehen, stehen an der Seite des Faueuils zwey Cammer-Diener, welche dero Nacht-Rock vorhalten, um sie zu verbergen.* Bis es etwa zur Übergabe der Schnupftücher kommt, bedarf die weitere Schilderung einer langen ganzen Seite. Während der König sich immer noch ankleidet, stellt ein Uhrmacher die Uhren im Schlafzimmer und die Sackuhr des Königs auf den richtigen Schlag. Zuletzt geht der König in den Gang zwischen Bett und Wand, kniet sich dort auf zwei Kissen nieder, um zu beten; dann nimmt er Weihwasser. *Nachdem der König gebetet und Audientz ertheilet, so gehet er aus dem Geländer seines Bettes heraus, um sich in sein Cabinet zu begeben, und vor ihm her ein Cammer-Thürhüter, welcher vor Ihrer Majestät her durch das Volck durchdringet und Platz machet, der Capitain von der Guarde aber gehet hinter deroselben her, und hat acht auf Sie.*

Es bleibt nachzutragen, daß dies eine der »offiziellen« Versionen des französischen barocken Königszeremoniells ist, wohingegen etwa Saint-Simon in seiner Beschreibung vom Tageslauf[18] summarischer vorgeht und dennoch entsetzt ist über die totale Gewalt, die das Zeremoniell über den König ausübte.

Da es ein ungeschriebenes Recht der Franzosen gab – von Ludwig XIV. seinen Nachfolgern eingeschärft –, das Schloß als Bittsteller oder Zuschauer zu betre-

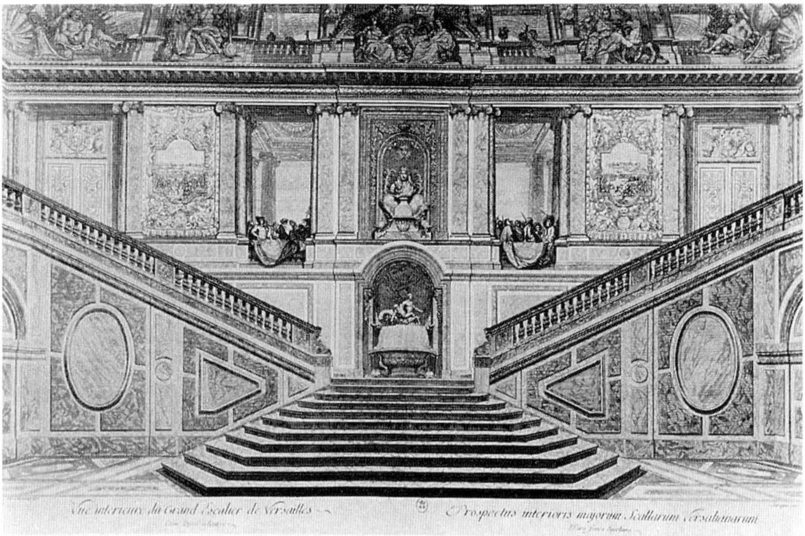


53 Versailles, Escalier des Ambassadeurs, Radierung von J.M. Chevotet

ten, gab es eine permanente Spannung zwischen hermetischer Abschirmung und öffentlicher Theatralik. Nachdem letztlich der Staat im metaphorischen Dienst seiner einzelnen Glieder am Königtum bestand, waren Rangeleien an der Tagesordnung, um möglichst zu den wenigen Allernächsten in der Königsliturgie zu gehören. Umgekehrt sollte vom Glanz der Sonne das ganze Land erwärmt werden, sollte die Erscheinung des Königs, etwa beim öffentlichen Speisen, möglichst vielen zu einem gnadenvollen Erlebnis werden. Saint-Simons Beschreibung des königlichen Tageslaufes läßt erkennen, wie Ludwig durch hermetische Privilegierung im Zeremoniell und leutselige Gnadenerweise (allein seiner Erscheinung) im Volk regierte. *Der König forderte die ständige Gegenwart nicht nur des gesamten hohen, sondern auch des niederen Adels bei seinem Lever, bei seinem Coucher, bei seinen Mahlzeiten, wenn er durch die ‚Appartements' ging, oder bei den Spaziergängen in den Gärten von Versailles, auf denen ihn nur einige Höflinge begleiten durften, immer und überall ließ er die Blicke wachsam nach rechts und links schweifen, er sah und bemerkte einen jeden, keiner entging seiner Aufmerksamkeit, selbst jene nicht, die nicht die geringste Hoffnung hegten, gesehen zu werden; er registrierte genauestens die Abwesenheit derer, die zum Hof gehörten, oder derer, die nur vorübergehend zu erscheinen pflegten: er rechnete die allgemeinen und besonderen Ursachen dieses Nichterscheinens zusammen, und er versäumte keine Gelegenheit, die Betreffenden dementspre-*

*chend zu behandeln. Es wurde den Vornehmen übel vermerkt, wenn sie den Hof nicht zu ihrem ständigen Aufenthaltsort machten, den anderen, wenn sie nur selten erschienen, und jene, die sich nie oder fast niemals blicken ließen, konnten der vollen Ungnade gewiß sein.*[19]

Eines der Beispiele, wie eine scheinbare Äußerlichkeit in der Vertauschung von Significandum und Significatum zum Gegenstand erbitterter Auseinandersetzungen wurde, war die sogenannte »Guerre des tabourets«, der Krieg der Hocker. Niemand durfte in Gegenwart des Königs einen Sitz benutzen außer Königin, Königinmutter, Prinzen und Prinzessinnen. Nur einigen Herzoginnen und Edeldamen wurde das Recht zugestanden, ein kleines Hockerchen mitzubringen. Schon seit 1649 gab es erbitterte Auseinandersetzungen im Hochadel über dieses Recht, das als größtes Privileg angesehen wurde.[20]

Der architektonische Schauplatz dieses Königszeremoniells, das Schloß von Versailles, ist ebenfalls nur von dieser Funktion her zu begreifen. Das völlig neue an dieser Residenz war die absolute Identität von Privaträumen und Staatsräumen. Die zwischen 1671 und 1681 von Le Brun konzipierten »Grands Appartements du Roi« waren der Bereich des täglichen Lebens des Königs *und* seiner Staatsgeschäfte. An der ursprünglichen Raumverteilung und Einrichtung wurden leider seit dem 18. Jahrhundert Veränderungen vorgenommen. So wurde der Salon d'Hercule als Durchgang von den königlichen Gemächern zur Schloßkirche erst nach 1710 eingerichtet, wobei das Deckenbild Lemoynes (1736) mit der Aufnahme des Herkules in den Olymp nicht nur die bislang eingehaltenen Proportionen in der Ausstattung, sondern auch das ikonographische Programm der Grands Appartements sprengte. 1752 wurde das große Treppenhaus als Zugang zu den Appartements du Roi abgebrochen. Es war der »Escalier des Ambassadeurs« (Abb. 53), nördlich des Marmorhofes und symmetrisch zum südlichen »Escalier de la Reine« (Abb. 54) gelegen, die erste, größte und imposanteste zeremonielle Treppe des Barock; immerhin ist ihre Form im Stich überliefert. In Versailles war diese Treppe allerdings nur ein Teil innerhalb einer zeremonialen Folge der Staatsräume, während in der Nachfolge, vor allem in Deutschland und Österreich, das Treppenhaus häufig zum größten und bedeutendsten Raum des Schlosses überhaupt werden sollte.[21] Gab es in den Enfiladen der Staatsräume die Möglichkeit, Rang und Bedeutung des Empfangenen durch die Distanz bzw. die Nähe zum Herrscher deutlich zu machen, so gab es in den Treppenhäusern mit der Gegebenheit des Weges von unten nach oben und umgekehrt die Möglichkeit, Aufstieg und Herablassung anschaulich zu machen. Die psychologischen Momente sind dabei unübersehbar, etwa wenn das »Entgegenkommen« zugleich ein Herabsteigen, also eine Herablassung des Herrschers ist. *Die Treppen dienen, seit dem veränderten Geschmack in der Baukunst und nach Abschaffung der beschwerlichen Wendel- wie auch anderer unbequemer Treppen, nicht nur zu Vergrößerung der Pracht eines Schloßgebäudes, dessen große Zierde sie ausmachen, sondern sie haben auch nicht geringen Einfluß in das Ceremoniel bey Hof überhaupt und gegen Fremde insbesondere. Die Treppen selbst seynd ihrem Gebrauch nach unterschieden; Wie man Parade-Zimmer hat, so hat man auch Parade-Treppen (ob solennen Audienzen der Gesandten und anderen grossen Feyerlichkeiten gebraucht werden, wie dann solchen falls auch die Gardes zu beyden Seiten postirt zu werden pflegen).*[22]

Die Treppe wurde zum Ort des Empfanges schlechthin, und auch die Gesandten, die selbst Aufwand zu treiben hatten – repräsentierten sie doch selbst wieder Mächte –, brauchten ebenfalls eigene Treppen in ihren Residenzen. Im ganzen Aufwand und in der Prachtentfaltung, die *ein Ambassadeur in seiner Wohnung soll blicken lassen, sind nicht nur eine große Zahl von Bedienten, Pferden und Wagen, Schmuck und Mobilar, sondern auch lichte und weite Treppen unumgänglich*[23]. Denn z. B. war es Etikette, *daß der Ambassadeur ongefehr biß auf die 2 letzten Staffeln herunter gehet, um den vom König geschickten Cammer-Herrn zu empfangen, bey den andern hingegen bleibet er etwas höher oben, also daß die Differenz in 3 oder 4 Staffeln bestehet.*

Die bedeutendste Treppe entstand in Versailles. Schon Le Vau hatte Pläne für eine Königstreppe gezeichnet. Nach seinem Tod 1670 änderte François d'Orbais den bis dato gültigen Grundriß und plante eine zweiläufige Treppe im Nordflügel.[24] Ab 1670 war sie im Bau und gegen 1674 fertig. Weil Ludwig XV. die Anlage zugunsten von Wohnräumen 1752 abbrechen ließ, sind wir auf eine Rekonstruktion nach den vielen Beschreibungen, aber auch durch sehr genaue Kupferstiche (von 1725) angewiesen.[25] Danach war diese Gesandtentreppe von ebenso außergewöhnlicher Form wie Magnifizenz. D'Orbais wandelte die Form einer zweischaligen Kuppel, also ein zunächst sakrales Motiv, ab: ein rechteckiges Spiegelgewölbe war im Scheitel in einem rechteckigen Lichtschacht perforiert, so daß Oberlicht wie durch eine Laterne eingeführt wurde. Stieg man über die vorgelagerten Stufen bis zur Gabelung der Läufe hoch, so hatte man in der Blickachse und Front der Rückwand die Büste Ludwigs XIV. vor sich. Seitlich schlossen sich die Fresken Le Bruns an (seine erste Arbeit für Versailles), illusionistische Durchblicke mit Darstellungen der Erdteile und in fingierten Tapisserien Belagerungen, Schlachten, Siege der Franzosen. Im Bereich der Wölbung erschienen die Monate, das Jahr, vor allem aber die Musen als Personifikationen. Hinter Kalliope sah man Apoll, auf den Dreifuß gestützt, nach der Tötung des Python. Im *Mercure galant* wird der Sinn so zusammengefaßt: *Der König hat die Bürgerkriege beendet, und er ist den geheimen Rebellionen zuvorgekommen, die seine Feinde in Frankreich anzetteln wollten. Diese sind mit der Pythonschlange gemeint, ... getötet von Apollo, der die Person unseres Königs repräsentiert ...*[26] Wie in der Ikonographie, sind auch im Bildsystem der Gesandtentreppe, aber auch der Grands Appartements, Korrespondenzen mit Pietro da Cortonas Freskierung in den Staatsräumen des Großherzogs im Palazzo Pitti in Florenz (ab 1645) zu finden. In das ikonographische Kalkül war auch das natürliche Licht im Scheitel des Treppenhauses einbezogen. Jedenfalls beschreibt Le Fevre[27] seine Wirkung so: *Der große Rahmen in Form eines Parallelogramms, den man im Scheitel sieht, … ist die einzige Quelle für das Licht in dieser großen Maschine … Durch die Unmöglichkeit, Licht an anderen Stellen hereinzuführen … wird ein wunderbarer Effekt erzielt. Der untere Teil des Raumes ist nicht durch Fenster unterbrochen … so ergibt sich größere Harmonie in den Gemälden, das Licht wird majestätisch und wenn jemand der Allegorie dieses ganzen Werks Aufmerksamkeit schenkt, dann kann er diese Lichtführung als ein Symbol ansehen des himmlischen Lichts, das alle Helden in ihren Taten begleitet und sie in der Ewigkeit krönen wird.*

Dem Vergleich sind sicherlich Grenzen gesetzt, doch unwillkürlich fühlt man sich an Inszenierungen Berninis, etwa in der Cornaro-Kapelle von S. Maria della Vittoria, erinnert, wo durch entsprechende Kunstgriffe das natürliche Licht als göttliche Emanation ausgegeben wird. Der Gesamtsinn des Treppenhauses in

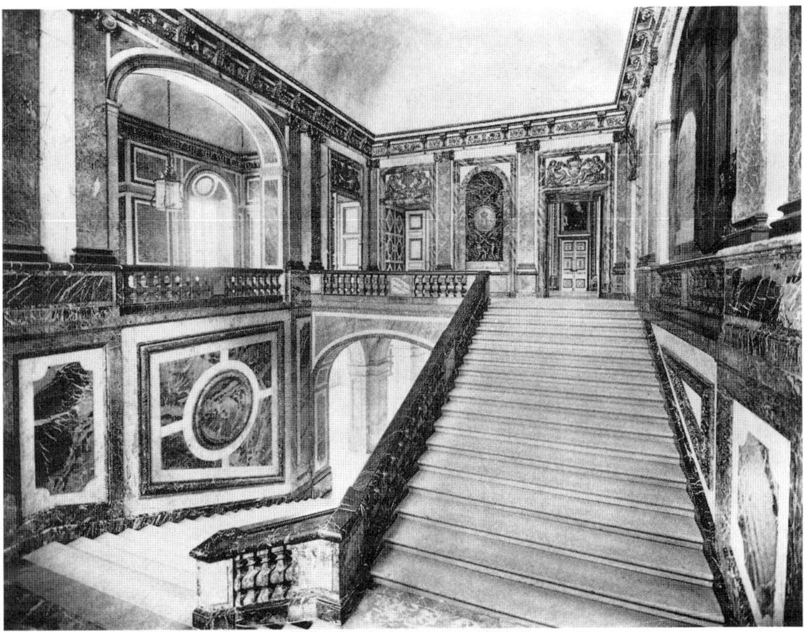

54 Versailles, Escalier de la Reine

Versailles wurde im *Mercure galant* von 1680 so zusammengefaßt: *All das ist in dieser Weise geschmückt, um einen festlichen Tag darzustellen, an dem die Götter des Parnass sich versammelt haben um den König zu empfangen bei seiner Rückkehr vom Krieg ... Seine Majestät ist im Zentrum (als Büste) angebracht, um deutlich zu machen, daß dieses Fest für ihn abgehalten wird*[28].

An einem weiteren Beispiel soll nochmals gezeigt werden, wie dieses Treppenhaus im Zeremoniell fungierte. Der Marquis de Sourches beschrieb einen Empfang der russischen Gesandten im Mai 1685 folgendermaßen: *Die Gesandten des Zaren der Moskoviter erhielten Audienz beim König in der gewohnten Weise; d. h. sie kamen von Paris in Kutschen des Königs, begleitet von dem ‚Introducteur' der Gesandten. Als sie den Avant-court betraten, traten zwei Wachkompanien an in Waffen, als die Kutschen passierten, wurden die Trommeln gerührt. Im Schloßhof waren die Torwachen und die Wachen des prévoté de l'hôtel in Waffen angetreten. Dann wurden die Moskoviter in den Raum zum Empfang der Gesandten geführt* [ein Raum im Erdgeschoß]. *Mittags kam der Großzeremonienmeister mit seinen Assistenten und brachte sie zum marmornen Treppenhaus, an dessen Fuß sie vom Kapitän der Wache mit seinen Offizieren in Empfang genommen wurden um sie zum König zu bringen. Hundert Schweizergardisten waren im Treppenhaus angetreten, während die Königlichen Wachen in den ersten beiden Räumen der Grands Apartements angetreten waren* [Salon de Venus und Salon de Diane]. *Der König befand sich im letzten Raum* [Salon d'Apollon] ... *er saß auf einem silbernen Stuhl, der als Thron aufgestellt auf einem Podest, das ausgelegt war in Gold, Silber und Seide. Die Moskoviter kamen dem Thron nicht näher als bis zum Podest ...*[29]

Wer in Versailles zu den Grands Appartements aufgestiegen war, wo der König montags, mittwochs und donnerstags von sieben bis zehn Uhr den Hof empfing, kam in den relativ kleinen Salon de l'Abondance (gegen 1680 ausgestattet), wo Prunkstücke der königlichen Sammlungen ausgestellt waren und im Deckenbild von René-Antoine Houasse die »Freigebigkeit des Königs« in Begleitung des »Genius des Fortschritts der Künste« erscheint. Der erste große Salon in der langen Abfolge jener Appartements, die an der Nordseite des in den Garten vorspringenden Mitteltraktes liegen, ist der Venus gewidmet; nachfolgend kommen in den weiteren Räumen die Planetengötter Diana, Mars und Merkur zu ihrer Verherrlichung. Vorbild für die Ikonographie dieser Raumfolge scheint ebenfalls der Palazzo Pitti mit den großherzoglichen Staatsräumen gewesen zu sein. Die Liebe, die Jagd, der Krieg (mit den Erfolgen des französischen Heeres) sind hier die Themen; wobei der Salon de Mars einst als Salle des Gardes diente, während im anschließenden Salon de Mercure das Paradebett des Königs stand. Die Enfilade kulminiert dann im Salon d'Apollon, wo der schon erwähnte silberne Thron des Königs stand, unter dem Deckenbild des Charles de La Fosse, in dem Apoll mit den vier Jahreszeiten und in dessen plastischem Rahmen die Musen erscheinen. Paradebett und Thron in den beiden letzten Salons zeigen eine zeremonielle Funktion an. In der Tat folgte mit dem Eckraum des Salon de la Guerre, der zur Spiegelgalerie überleitet, ein neuer Bereich. Dieser, sich über die ganze Gartenseite erstreckend, war außergewöhnlichen Anlässen vorbehalten. Nur beim Empfang wichtiger Botschafter und zu Hochzeiten wurden diese Prunkräume genutzt, während die Grands Appartements, wie schon festgestellt, neben der zeremoniellen noch eine weitere Funktion hatten. Hier wurde an den offenen Abenden getanzt (Thronsaal) und gespielt. An der Gartenseite wird die Grande Galerie von den zwei annähernd quadratischen Salons des Krieges und des Friedens gerahmt. Die lange »Triumphgalerie Frankreichs und des Königs«[30] ist der Staatsraum, in dem die Alleinherrschaft des Sonnenkönigs den Anbruch des neuen Goldenen Zeitalters verspricht. In den Deckenbildern sind die kriegerischen und politischen Triumphe gefeiert, kulminierend im zentralen Deckenbild von der Regierungsübernahme Ludwigs im Jahr 1661: *Le roi gouverne lui-même*. Colbert hatte die Erfindung eines eigenen »Ordre Français« verfügt; Le Bruns Entwurf für diese Art von Kompositkapitell gefiel am meisten. Über den Bourbonenlilien sieht man an den Ecken den gallischen Hahn, und an der Stirn der Deckplatte erstrahlt das Sonnenhaupt Apolls. Folgerichtig bildet diese Galerie den Querbalken eines T, dessen langer Schaft die Hauptachse des Gartens mit den beiden wichtigsten Brunnen darstellt: Die lykischen Bauern, die einst Latona, die Mutter von Apoll und Artemis, verhöhnten, werden als Frevler in Frösche verwandelt; und Apoll fährt auf seinem Sonnenwagen hoch zum Tagesanbruch. In dieser Achse, im Schloß zur Seite des Marmorhofes hin, lag direkt hinter der Grande Galerie das Schlafzimmer Ludwigs, das »Allerheiligste« des Königsrituals. Die Chambre du Roi, der Raum exakt über der Mitte des Marmorhofes, war ursprünglich unter Ludwig XIII. Grand Salon und verband die Gemächer des Königs mit denen der Königin. Erst 1701 wurde er von Ludwig XIV. zum Schlafzimmer gemacht, in dem Lever und Coucher rituell vollzogen wurden. Als Vorzimmer wurde der anschließende größere Salon de l'OEil-de-Boef eingerichtet.

Bleibt noch nachzutragen, daß entsprechend den Appartements des Königs an der Südseite eine Enfilade mit zeremonieller Abfolge für die Königin eingerichtet wurde, in der auch der Escalier de la Reine erhalten ist, der noch einen Begriff gibt von der ursprünglichen Pracht dieser Einrichtung. Die Grands Appartements von Versailles waren das Ziel eines langen zeremoniellen Weges, der schon im ersten der Höfe begann und über die Gesandtentreppe in die Bel Etage führte. Auch wurde hier ein hoher Aufwand bei der Ausstattung getrieben. Nach 1701 erfolgte allerdings eine Veränderung: Das Schlafzimmer wurde über die Mitte des Marmorhofes verlegt, was eine gewisse Trennung zwischen den Bereichen der Empfänge und des Wohnens und damit des zeremoniellen Levers und Couchers darstellte.[31]

## Zeremoniell und Repräsentation

Es liegt auf der Hand, daß Versailles bei aller Vorbildlichkeit nur bedingt die zeremonielle Raumfolge im europäischen Schloßbau beeinflußte, wie es beim Schloßbau für den Kurfürsten und Erzbischof Joseph Clemens in Bonn der Fall war. Wie sein Bruder Max Emanuel war Joseph Clemens dem französischen König eng verbunden. Die Korrespondenz mit seinem Architekten Robert de Cotte ist noch erhalten. 1713 schrieb er ihm, was für ihn unabdingbar zu Staatsräumen gehörte (in dieser Reihenfolge): *Ein großes Treppenhaus, ein Vestibul, ein Salon, ein großer Saal für die Garde, ein Zimmer, zwei Vorzimmer, ein Audienz- oder Thronsaal, ein Kabinett, das auch für Beratungen dienen kann, ein Staats-Schlafraum, einige Kabinette für die Sammlungen. Das Staats-Schlafzimmer befindet sich wie in Versailles im Zentrum der Enfilade, aber die privaten Räume liegen dahinter; das Grundmuster einer Folge von Staatsräumen mit Gardezimmer, einem oder mehreren Audienzräumen, Schlafzimmer und Kabinetten war bei den Schlössern der Reichsfürsten etc. immer sehr ähnlich, wie Baillie gezeigt hat*[32].

Faßt man nicht den Effekt, sondern den intendierten Sinn des absolutistischen Zeremoniells ins Auge, dann zeigt sich, daß alle Phänomene auf den Versuch zurückzuführen sind, eine gottgewollte Ordnung auf Erden anschaulich zu machen.

Heute werden Exzesse wie die laufenden »Präzedenzstreitigkeiten« kaum mehr verstanden. Solche Fragen, wer bei einem Empfang am Hofe vor wem durch welche Türen gehen durfte, würden Seiten füllen. Größte Konflikte konnten entstehen, wenn etwa ein Gesandter vor einem Gesandten eines gleichberechtigten anderen Landes durch eine Türe ging. Kleine Gefechte wurden aus solchen Anlässen heraus oft geführt, den Pferden das Zaumzeug zerschnitten, die Kutschen demoliert, List und Trug angewandt, damit man einem »anderen den Rang ablaufen« konnte. Verständlich wird dies alles nur, wenn man in den Akteuren solcher Präzedenzfragen nicht nur Eitle und Profilsüchtige sieht, sondern *Repräsentanten* eines Staates, einer Institution oder einer Person. Wenn es, wie im Barock, so ist, daß ein Ordnungsgefüge sich primär als Theatrum gestaltet, dann kann es bei den Rollen keine Beliebigkeit geben. Dazu seien noch einmal Beispiele angeführt. Als Bernini bei seinem Aufenthalt in Paris 1665 den Besuch der Mitglieder der Königlichen Akademie erhielt, empfing er diese an der Saaltüre und verabschiedete sie auch dort. Später beklagten sich die Herren bitter, daß er ihnen das Geleit verweigert habe. Beim Gegenbesuch wahrten sie allerdings die Form und brachten ihn bis zum Wagen. Und als Bernini sich vor seiner Heimreise beim venezianischen Gesandten verabschiedete, brachte dieser den sich Sträubenden bis zum Treppenpodest mit den Worten: *Die Republik wird es mir verzeihen*[33]. Die Mitglieder der Akademie waren nicht nur die Kollegen Berninis, sie repräsentierten die Königliche Akademie (eine recht neue, privilegierte Institution, die Bernini reichlich fremd war) und mußten im Benehmen des neapolitanischen Bildhauers einen Affront gegenüber dieser Einrichtung und deren Prinzipien sehen. Sehr bezeichnend ist auch die Bemerkung des venezianischen Gesandten. Bei einem Schritt über die Etikette hinaus stellte er dies als seine persönliche Angelegenheit dar und entschuldigte sich gleichzeitig bei der Instanz, die er repräsentierte, bei der Republik Venedig.

Stets waren Repräsentanten die Akteure von Zeremonien: *Besuchen aber die Wahlgesandten der nicht selbst anwesenden Kurfürsten den König, so bemühen sich die beiden obersten Hofchargen nicht bis zu dem Wagenschlag*, das ist eine von Hunderten ähnlicher Passagen bei Lünig. Oder: *Der Kays. Obrist Hofmarchall empfieng ermeldte Chur-Sächsische Gesandtschaft auf der untersten Stiegen beym Absatz, der Obrist Hofmeister oberhalb der Stiegen*. Erwidert dagegen der Kaiser den Besuch eines Kurfürsten, so empfängt ihn dieser, umgeben von seinem gesamten Hofstaat, am Wagenschlag. *Ihro Majestät den König empfieng der Churfürst am Außsteigen an der Carosse, worauf sie sich bald bedeckten, der Churfürst gieng ein paar Schritt hinter dem König Linker Seits … Als Sie eben über zwey Stiegen hinauf kommen, nahm der Churfürst den Hut ab, der König blieb noch bedeckt, biss in das erste Vorgemach*. Der König von Böhmen und Ungarn empfängt einen Kurfürsten oben an der Treppe, steigt also nicht zu ihm hinab, dagegen wartet bei der Revisit der Kurfürst *mit seinen sämtlichen Hoff-Cavaliers mitten auff der Stiegen*. Wenn der Kurfürst einen *königlichen extraordinairen Ambassadeur empfängt, so wird dieser mitten auff der Stiegen von dem Churfürsten, aber von dem Chur-Printzen drei Staffeln von der Erde empfangen*. Und: *Im Herausgehen wird er von dem Churfürsten etwas weiter, als er empfangen, begleitet*[34].

An keinem anderen Beispiel läßt sich so gut aufzeigen, was »Repräsentanten« sind, als an dem des Reichstages in barocker Zeit. Seit 1663 wurde dieser als »immerwährend« in Regensburg abgehalten, was bedeutete, daß, nachdem die drei Stände auf den drei »Bänken« vertreten, also repräsentiert waren, der Kaiser, der nicht immer selbst erschien, durch die sogenannten Prinzipal-Kommissare ebenfalls repräsentiert wurde, während andere Länder feste Gesandtschaften »beim Reich« in Regensburg einrichteten – ein bis 1806 andauerndes »Theatrum ceremoniale«.[35] Vor allem den Prinzipal-Kommissaren als den Vertretern des

Kaisers galten Huldigungen, sie hatten aber auch Feste auszurichten. Das gleiche galt von den ausländischen Gesandten, die ihrerseits dem Renommée durch festliche Veranstaltungen zu dienen hatten. Ganz zu schweigen von den Vertretern der Reichsstände, die ihrerseits als Emissäre die Bedeutung ihrer Mission durch Prunk unter Beweis zu stellen hatten. Der englische Gesandte meinte 1688: *Wir gingen davon aus, daß wir uns in einer Stadt befanden, die den allgemeinen Reichstag des Imperiums beherbergte, eine Institution, die sozusagen im Herzen der Christenheit ihren Sitz hat, wo Feste und öffentliche Feiern anläßlich der Krönung von Kaisern und der Wahl römischer Könige stattfanden; wo es mehr Gesandte gibt, als an den Höfen der größten Monarchen, die Nachrichtendienste in allen Teilen der Welt unterhalten …*[36] So kam es auch, um nur ein solches Beispiel zu nennen, zu der außergewöhnlichen Festivität anläßlich der Geburt des Duc de Bourgogne 1682, ausgerichtet vom französischen Bevollmächtigten, wofür kein geringerer als Claude-François Menestrier das Konzept erstellt hatte, mit Feuerwerk und großen Maschinen. Die Freude über die Geburt eines königlichen französischen Sprosses wurde sozusagen repräsentativ geäußert. Eine Folge des engen Zusammenlebens zahlreicher Repräsentanten waren andauernde Präzedenzprobleme, die sowohl im Reichstag geregelt werden mußten (entsprechende Schemata der Sitze vermerken auch die Präzedenz), als auch bei den Gesandten etc.: *Vortritt, Präcedenz heißt der Vorgang, Vorzug oder Vorsitz, so einem von Rangs- und Rechts wegen gebühret*, heißt es lapidar im Lexikon der Zeit[37]. Meistens ist in Zeremonialbüchern diesem Problem ein längeres Kapitel gewidmet.[38] Berichte, daß zwei Kutschen von Gesandten mit ihrem Gefolge, als sie in einer engen Gasse nicht aneinander vorbeikamen, einen Tag lang stehen blieben, weil keiner es hinnehmen konnte, umzukehren, erschienen schon damals kurios, aber verständlich, weil hier nicht Privatleute aneinandergerieten, sondern Repräsentanten von Institutionen, die in ihrem Ansehen nicht geschädigt werden durften.

Alles kreiste um die richtige Repräsentation der richtigen Rangordnung, die in vielen Traktaten abgehandelt wurde.[39] Im *Theatrum Praecedentiae* sollte eine angenommene Ordnung sichtbar werden, als Ergebnis von Politik, Kriegen, Auseinandersetzungen und Verträgen. In deutschen Ranglisten wurde selbstverständlich der Kaiser an die erste Stelle und vor die Könige, etwa den von Frankreich, gesetzt.[40] Der Diskurs über die Rangordnung wurde als Diskurs über die Weltordnung geführt, und dementsprechend wurde der angenommene Rang auch in den Bildern von der olympischen Hierarchie affirmiert.

Der Begriff der Repräsentation war in barocker Zeit zunächst juristisch angelegt. *Repräsentieren … heißt in denen Rechten einen anderen vertreten, daroder vorstellen, in sein Recht treten, u.d.g. Also repräsentiret der Sohn seinen Vater, das ist, er tritt in das Recht des Verstorbenen …*[41] Auch der größte Teil des entsprechenden Absatzes s.v. »Représentation« in der Diderotschen Enzyklopädie ist dem juristischen Problem der Succession und des Erbrechts gewidmet. Vorher jedoch, s.v. »Représentans (Droit politique, Histoire moderne)«, wird ausführlich davon gehandelt, wer in welcher Staats- und Regierungsform Repräsentant ist in dem Sinne, wie wir es heute noch etwa unter »Volksvertretern« verstehen: *Dans une monarchie absolue le souverain ou jouit, du consentement de son peuple, du droit d'être l'unique répresentant de sa nation ...*[42] Jeder Repräsentant kann seinerseits durch einen Vertreter repräsentiert werden. Gesandte haben einen »repräsentierenden Charakter«. Dieser *bestehet in nichts anderem, als in einem gantz besondern sehr erhabnen Ceremoniel, dessen ein blosser Staats-Minister eines auswärtigen Fürsten gegen einen regierenden Herrn, ohne solchem ihm beygelegten Charakter sich nicht würde anmassen können*[43]. Mit anderen Worten: Ein Gesandter erhält seinen repräsentativen Charakter zwar durch das Beglaubigungsschreiben, wie es bei Zedler heißt, aber er kann seinen Souverän nur vertreten, wenn er in zeremoniellem Aufwand dessen Glanz mitbringt.

Die späte und aufgeklärte Diderotsche Enzyklopädie holt schließlich s.v. »Représenter« zu einem kurzen und überraschenden Finale aus, das vollständig zitiert sei: *Représenter, v. act. (Gramm.) c'est rendre présent par une action, par une image, etc. Cette glace répresente fidèlement les objets; il est bien représenté fortement sur cette toile; ce phénomène est représenté dans cette description; La représentation de cette piece a été faite à étonner; il représente avec beaucoup de dignité; la pompe de son entrée représentoit toute la puissance de son souverain. C'est une fonction aussi périlleuse qu'inutile, que de représenter leurs devoirs aux grands. Pour enlever l'admiration des hommes, il faut se représenter à soi-même & aux autres les choses grandes en grand. Allez, mais soyez prêt à vous représenter au premier signe. Les rois représentent Dieu sur la terre*[44]. Obwohl hier die sprachlichen Anwendungsmöglichkeiten des Wortes »repräsentieren« in Beispielen vorgeführt sind und der Autor gleichsam für den Inhalt nicht verantwortlich sein will, so sind doch Grundlagen des barocken Denkens angesprochen: Daß die Repräsentation eines Souveräns nur durch Pomp erfolgen kann und daß die Könige Gott auf Erden repräsentieren. James I. von England hatte in einer Ansprache vom 21. März 1609 an das Parlament diesen Topos auf wenige primitive aber um so schlagkräftigere Sätze gebracht: *The state of Monarchy is the supremest thing upon earth: for Kings are not only God's lieutenants, and sit upon God's throne, but even by God himself they are called Gods. There be three principal similitudes that illustrate the state of Monarchy: one taken out of the word of God; and the two other out of the grounds of Policy and Philosophy. In the Scriptures Kings are called Gods, and so their power after a certain relation compared to the divine power. Kings are compa-*

*red to Fathers of families: for a King is trewly Parens patriae, the politique father of his people. And lastly, Kings are compared to the head of the Microcosm of the body of man*[45].

Es ist hier nicht der Platz, auf die lange Tradition dieser Herrschertopik einzugehen. Es muß die Feststellung genügen, daß diese bis tief ins 18. Jahrhundert hinein ungebrochen ist. *Wenn also die Könige Gottes Stellvertreter sind, von ihm selber auf Gottes Thron gesetzt, und das Volk Gottes Volk ist, aber dem Stellvertreter nur Ehre zuteil wird um dessentwillen, den er vertritt, so folgt daraus ohne Zweifel, daß dem König um Gottes Willen Gehorsam zu leisten ist.* Solche häufig vorkommenden Sätze, wie der von Junius Brutus[46] mündeten ebenso häufig in diese Folgerung: *Gott selbst befiehlt, daß sie* [die Fürsten] *sich ehren lassen so Ihnen zusteht und sich erhalten in dem Ansehen, welches ihre Majestät erfordert*[47]. Und hier setzt auch die zeitgenössische Begründung des Zeremoniells ein. Verabsäume es der Fürst, sich als Repräsentant Gottes auf Erden entsprechend darzustellen, komme der *aberwitzige Pöbel* schnell zu dem Schluß, dieser sei *keine wahre copie* des göttlichen Originals, *es fällt folglich dadurch alle Hochachtung weg und gerathen öfters gantze Länder darüber in die äußerste Confusion und Verfall*[48].

Bezeichnenderweise gebrauchte die Barockzeit das Wort »repräsentieren« regelmäßig, wenn von Symbolen die Rede war. Im umfänglichsten emblematischen Kompendium, Filippo Picinellis *Mundus symbolicus* von 1687, gibt es einleitend eine Abhandlung zum Emblem, wobei die Funktionen des Symbols genannt sind.[49] Dieses bezeichnet etwas (significat), macht etwas anschaulich (illustrat), deutet auf etwas hin (designat), teilt etwas mit (refert) und stellt etwas als gegenwärtig vor: repraesentat. Diese Macht, einen höheren Begriff der Herrschaft, nämlich Gott, auf Erden gegenwärtig vorzustellen, hat gerade der absolutistische Herrscher unter Aufbietung aller bildhaften Mittel für sich in Anspruch genommen. Eine Verknüpfung zwischen dem Begriff der Repräsentation und der barocken Philosophie findet sich bei Hans Barth: *Vielleicht sind die Begriffe, durch welche die Leibnizische Philosophie am innigsten mit dem Zeitalter des Barocks verbunden werden kann, die Begriffe der Repräsentation und des Theaters. Repräsentieren heißt darstellen. Das, was repräsentiert, weist über sich hinaus auf das hin, was es repräsentiert. Wer repräsentiert, steht für etwas anderes oder einen andern. Repräsentation ist kein Werk, das aus eigener Macht gelingt und eigene Verfügungsgewalt verrät. In der Repräsentation erscheint vielmehr etwas Höheres – das Eigentliche, das dem, der repräsentiert, erst seine Würde verleiht und seine Kraft mitteilt. Repräsentation erfolgt als Auftrag. Repräsentation ist aber auch das Wesen der Monaden. Sie stellen das Universum dar, jede auf ihre Weise, nach Graden der Verworrenheit und Klarheit. Sie repräsentieren insofern die Gottheit, als diese das Universum geschaffen hat.*

*Sie sind eine Repräsentation des Unendlichen, das sie auf endliche Weise ausdrücken. Was der Mensch zustande bringt, das ist die Nachahmung des Universums durch architektonische Muster – ,échatillons architectoniques', wie Leibniz gesagt hatte*[50].

Noch in einem anderen Bereich wurde stets das Wort von der Repräsentation gebraucht (im Deutschen, Englischen, Italienischen wie im Französischen): In der zeitgenössischen Literatur zum Theater heißt »etwas darstellen«, in einer bestimmten Rolle auftreten oder einen bestimmten Ort anzeigen stets »repräsentieren«, die Aufführung selbst wird Repräsentation genannt.[51] Die irdischen Erscheinungsweisen aller Personen und Dinge werden in einem einzigen Rollenspiel als Stellvertretungen von etwas anderem begriffen und besitzen so gesehen nur ein geborgtes Dasein.

## Das zeitgenössische Verständnis vom Zeremoniell

In seiner Einleitung[52] macht Lünig sich unter anderem über Sinn und Entstehung des Zeremoniells seine Gedanken: *Wenn das menschliche Geschlecht im Stande der Unschuld geblieben wäre, so hätte man keiner äusserlichen Gebräuche und Ceremonien vonnöthen gehabt. Nachdem aber, nach dem bejammernswürdigen Fall der Menschen, leider! alle Menschen mit dem schädlichen Gifft der verderbten Lüste inficiret worden, so ist auch selbst unter ihnen eine große Ungleichheit dadurch entstanden; indem sich diejenigen, welche der unbändige Ehrgeitz übermeistert, nach und nach aus dem Stande der Gleichheit über andre erhoben, auch selbige, durch allerhand Bedrohungen und gegebene Exempel ihres ungezähmten Zorns, zu Vollbringung ihres Willens und ertheilter Befehle genöthiget. Doch wie ein Ehrgeitziger Mensch immer das plus ultra im Kopfe hat, also war es auch denen von eitler ambition getriebenen Leuten nicht genug, daß ihre Befehle durch eine behende Vollziehung respectiret wurden, sondern sie waren sodann vornehmlich darauff bedacht, daß diejenigen, die sie ihrer Bothmäßigkeit unterworfen, ihren Gehorsam und Ehrfurcht auch durch allerhand äuserliche Zeichen gegen sie an den Tag legen mussten. Und hieraus erhellet der rechte Ursprung und die wahren Quellen des so genanten Ceremoniels gar wahrscheinlich*[53]. Allerdings – hätte es nicht den menschlichen Sündenfall gegeben, wäre das Zeremoniell nie nötig geworden: *Man glaubt alles durch Zeremonien, auch den Götzendienst erledigen zu können … Es ist also, Teutsch von der Sache zu reden, das Ceremoniel- oder Solemnitäten-Wesen eine Brut der verderbten menschlichen Natur und sündlichen Affecten.* In der Zeit nach dem Sündenfall aber, da alle Ordnungen nicht mehr ohne weiteres sichtbar sind, ist das Zeremoniell unumgänglich, und so ergibt sich auch Lünigs Definition: *Es ist aber das Ceremoniel eine unter Souverainen, oder ihnen gleichgeltenden Personen aus eigner Bewegniß und Willkühr, durch einen stillschweigenden Consens, ausdrücklichen Vergleich, Usurpation, Possess und Praescription eingeführte Ordnung, nach welcher sowohl sie, bey allerhand menschlichen Begebenheiten, an ihren Höfen, und bei solennen Zusammenkünfften, als auch ihre unter verschiedenen Characteren abgeschickte Ministri sich an frembden Höfen und überhaupt an allen Orten, wo sie zusammen kommen, zu achten haben, um sich dadurch bey Unterthanen und Fremden in gutem* Ansehen [Hervorhebung des Autors] *zu erhalten, auch keinem weder zu viel noch zu wenig zu thun … Ceremoniell ist eine Ordnung. Alle Dinge haben in der Welt ihre gewisse Ordnung, und es ist immer eines dem andern subordiniret; Warum? sie kommen von einem so vollkommenen Wesen her, das nicht anders hat als procediren können. Das große Werck der Schöpfung der Welt stellet ein vollkommenes Muster der schönsten Ordnung dar. Und wie der Mensch die kleine Welt der Ordnung nach die letzte, aber auch die vortrefflichste unter allen Creaturen gewesen, also ist ihm auch zugleich mit der gesunden Vernunft, die Liebe zu einer vernünfftigen Ordnung eingeprägt worden. Und eben daher kommen so viele Anordnungen, Verordnungen, oder wie man nur sonsten alle Gesetze nennen mag, in der Welt; ja wenn man der Sache recht auf den Grund siehet, so findet man, dass in die Länge nichts ohne Ordnung bestehen könne. Da nun das Ceremoniel einmahl in der Welt eingeführt worden, so würde es freilich nach und nach in die grösste Confusion gerathen seyn, wenn nicht sorgfältige Regenten solches an ihren Höfen und in ihren Ländern auf einen gewissen Fuss gesetzet und nach und nach in eine gewissen Ordnung gebracht hätten. Also, dass sie dadurch wissen, wie sie selbst in Person sich gegen Höhere, ihres gleichen, und gegen Personen von niedrigerm Stande als sie sind, verhalten sollen. Ja da ist es an den meisten Höfen ausgemacht, wie sich grosse Herren bei ihrem Auffstehen, Anziehen, Kirchengehen, Frühstücken, Essen und Trincken, Ausfahren, Ausreuten, Lust- und andern Reisen u.s.f. bey ihrem Auskleiden und Schlafengehen verhalten wollen, und alles deßwegen in ein gewisses Reglement gebracht, damit sich diejenigen, deren Beyhülffe ein grosser Herr bey dergleichen Dingen vonnöthen hat, ordentlich danach richten können … Doch nunmehro auch auf den Endzweck, oder den Nutzen des Ceremoniels zu kommen … Grosse Herren sind zwar sterbliche Menschen, … Weil sie aber GOTT selbst über andre in dieser Zeitlichkeit erhoben, und zu seinen Stadthaltern auf Erden gemacht, also dass sie von der Heil. Schrifft in solchem Verstande gar Götter genennet werden, so haben sie freylich Ursache, sich durch allerhand äußerliche Marquen vor andern Menschen zu distinguiren, um sich dadurch bey ihren Unterthanen in desto grössern Respect und Ansehn zu setzen …*

*Weil also der äuserliche Staat und die dabei gebrauchten Ceremonien, in den Gemüthern der Untherthanen, wenn sie gebührendermassen gebrauchet werden, eine so gute Würckung haben, auchfolglich die Hochachtung derer Ausländer gegen einen Printzen, der sich dißfalls punktuel aufführet, zu wege bringen; so ist es kein Wunder, warum die berühmtesten Regenten sich die Excolir- und Beobachtungen des Ceremoniels sich sorgfältig angelegen seyn lassen*[54].

Insgesamt lapidarer ist Julius Bernhard von Rohr in seiner *Einleitung zur Ceremoniel-Wissenschaft*[55]: *Eine Ceremonie ist eine gewisse Handlung, dadurch, als ein Zeichen, etwas angedeutet wird, und entweder denjenigen selbst, der die Ceremonie vornimmt, oder mit denen sie vorgenommen wird, oder auch wohl nach Gelegenheit die Zuschauer und Zuhörer einer gewissen Pflicht erinnern soll*[56]. Was durch den zeremoniellen Aufwand und die Distanzierungen hergestellt werden soll, ist »Respekt«: *Respectus, ist ein Affect, dadurch man in seinem Gemüth einem Menschen nach Proportion der Opinion, die man von ihm hat, eine Hoheit zugestehet und in Ansehung dessen Scheu vor ihm träget. Er setzet eine Opinion, oder innerliche Überzeugung von den Vollkommenheiten und Geschicklichkeiten, die jemand an sich hat, zum voraus,, und würcket in Faveur dessen, der solcher gestalt hochgeachtet wird, ein Gepränge von äusserlichen Ehr-Bezeugungen nebst einer sorgfältigen Behutsamkeit, der Sachen hierinnen nicht zu wenig zu thun, noch sonst in einige Wege, der im Gemüth zugetheilten Hoheit zu nahe zu treten*[57].

Der Pragmatiker Julius Bernhard von Rohr machte sich ebenfalls nur wenig Gedanken über die Metaphysik des Zeremoniells: Die Zeremonien *sind als Mittel anzusehen, dadurch ein Landes-Herr einen gewissen Endzweck erreicht, inmassen den Unterthanen hiedurch eine besondere Ehrfurcht und Ehrerbietung gegen ihren Landes-Herrn zuwege gebracht wird. Sollen die Unterthanen die Majestät des Königes erkennen, so müssen sie begreiffen, daß bey ihm die höchste Gewalt und Macht sey, und demnach müssen sie ihre Handlungen dergestalt einrichten, damit sie Anlaß nehmen, seine Macht und Gewalt daraus zu erkennen. Der gemeine Mann, welcher bloß an die äusserlichen Sinnen hangt, und die Vernunfft wenig gebrauchet, kan sich nicht allein vorstellen, was die Majestät des Königes ist, aber durch die Dinge, so in die Augen fallen, und seine übrigen Sinnen rühren, bekommt er einen klaren Begriff von seiner Majestät, Macht und Gewalt*[58].

Man sah zunächst im Zeremoniell etwas »Äußerliches«, ein Zeichensystem[59], das jedoch als Mittel einer wirksamen und überzeugenden Repräsentation unumgänglich war. Bossuet, die Autorität schlechthin in solchen Fragen, hatte die Frage nach dem Respekt gegenüber dem König mit der Frage nach dem Sinn des Gottesdienstes gekoppelt: *Le service de Dieu et le respect pour les rois sont choses unies*[60]. In einer *Dissertatio politica* brachte es ein Hallenser Autor[61] 1701 auf diesen Punkt (unter Berufung auf den mittelalterlichen Durandus): *... sufficit enim, quod triplex fere in his omnibus intendatur finis. Primo, ut divina principum constitutio populo repraesentetur, & tum principes, tum subditi, suorum admoneantur officiorum ... Alter finis est, ut magnifico & splendido apparatu populo veneratio erga imperantes iniiciatur, quorum omnes apparatus ac splendorem actui conciliandum, ipsu quoque ornamenta regia & principalia, illustrium quoque virorum ... comparata sunt. Tertius non multum hinc abludit finis, qui eo tendit, ut amor ac benevolentia subditorum erga imperantes aut excitetur, aut conservetur ...*

## »Apparatus ac splendor«

Zeremoniell war nicht die Sache selbst, sondern eine theatralische wie bildliche Aufführung davon. Wie Möseneder jedoch zu Recht feststellt, kann hier unser Verständnis von Mimesis als Verhalten eines Abbildes zu einem Vorbild hin nur wenig leisten.[62] Das barocke Zeremoniell sollte eine bestimmte angenommene Weltordnung auf rituelle Weise anschaulich machen. Das Ordnungssystem beruhte auf Repräsentanzen, was bedeutet, daß jeder in diesem Rollenspiel eine höhere Instanz vertrat und unter Berufung auf den göttlichen Willen auch Anteil hatte am repräsentierten höheren Wesen. Wenn Emanuele Tesauro, einer der Vordenker des Concettismo, zeremonielle Handlungen als *imprese vive & Metafore animate*[63] bezeichnete, dann schrieb er diesen einen ähnlichen Offenbarungscharakter zu wie Imprese und Metapher: Beide sind nicht einfach Hilfen bei der Wahrheitsfindung; die metaphorischen Gegenstände sind nach dem göttlichen Willen ein Teil der Ordnungshierarchie und somit Teil der Wahrheit an sich. Was den Pomp betrifft, so war man sich bereits der psychologischen Effekte bewußt. Sub verbo »Einbildungs-Kraft« führt Zedler in seinem *Universal-Lexikon* an: *Es kann ein Lehrer durch Exempel, Gleichnisse und andre Arten einer sinnlichen Vorstellung seine Lehre gar wohl deutlicher machen, wenn er nur die gehörige Behutsamkeit dabey in Acht nimmt, daß er niemand irrige Concepte beybringe ... Ein Wollüstiger läst sich eher durch ein bloß erdichtetes Gespenst erschrecken, als wenn man ihm den weitläuffigsten Discours von der Gerechtigkeit Gottes hält. Auf diesem Grunde beruhet auch ein grosser Theil derer Ceremonien, so wohl in geist- als weltlichen Handlungen*[64].

Wir dürfen nicht allzuviel an Reflexion bei Ludwig XIV. selbst erwarten, wenn er in seinem politischen Testament auch über den Sinn des von ihm zur bedeutendsten politischen Waffe gemachten Zeremoniells spricht: *Ceux-là s'abusent lourdement qui s'imaginent que ce ne sont là que des affaires de cérémonie. Les peuples sur qui nous régnons, ne pouvant pénétrer le fond des choses, règlent d'ordinaire leurs jugements sur ce qu'ils voient au dehors, et c'est le plus souvent sur les préséances et les rangs qu'ils mesurent leur respect et leur obéissance. Comme il est important au public de n'être gouverné que par un seul, il lui est important aussi que celui qui fait cette fonction soit élevé de telle sorte au-dessus des autres qu'il n'y ait personne qu'il puisse ni confondre ni comparer avec lui, et l'on ne peut, sans faire tort à tout le corps d l'Etat, ôter à son chef les moindres marques de la supériorité qui le distingue des membres*[65]. Das Zeremoniell ist ein Machtinstrument, aber es wird nur wirksam als Schau. Es kann seine Wirkung nicht in der Beliebigkeit erzielen und ist abhängig vom äußerlichen Eindruck. Durch Wiederholungen wird eine Handlung zum Ritual. Das setzt aber auch voraus, daß nicht »die Sache selbst«, sondern deren mimetische Aufführung, die Repräsentation, in Kraft tritt. *Als Akt der Darstellung bedeutet dies für jeden der Festteilnehmer gleichgültig ob der König, eine Evidentsetzung dessen, was tagtäglich unreflektiert vollzogen wurde – das Aufzeigen der Stellung im Staate, eines Dienstes, bezw. dessen, worauf der Staat ruht, was aber sonst unsichtbar und verborgen blieb. Man faßte sich im Zeremoniell zusammen, klärte gewissermaßen das zerstreute Verhältnis zum Staat und bildete daraus ein positives Verhalten, streifte dabei gleichzeitig schädliches, unbestimmtes Verhalten ab. In diesem Sinn war das Zeremoniell zustimmende Nachahmung, Identifikation. Zugleich ordnete man das Verhalten gegen sich und andere, niedrigere und höhere in der Stufenleiter, seine Bezüge zum König, zur Macht. Als Akt geformten, nämlich zeremoniellen Verhaltens war diese Nachahmung, die einem Sichtbarmachen eines Unsichtbaren gleichkommt, potentiell ‚Kunst' oder ‚Bild'.*[66] Was mit sich bringt, daß ein zeremonieller Akt, wenn er nicht, wie meistens, mit Hilfe künstlerischer Mittel gestaltet wurde, sich nur graduell von affirmierenden Bildern, etwa gemalten, unterschied. Garantierte doch z. B. ein Deckenbild die permanente Wiederholung und Spiegelung eines Aktes auf dem noch »höheren Niveau« der bei Gott liegenden Begriffe.

Norbert Elias hat (im Vorbeigehen, wie er sagt) auf die Katholizität dieser Haltung hingewiesen, in der auch die Grenzen zwischen höfischem und kirchlichem Ritual unscharf geworden sind.[67] In der Tat bot Rom (aber auch die anglikanische Kirche) das divinatorische Prinzip für das Königtum geradezu an. Was aber mehr ins Gewicht fiel, war die Vorbereitung einer Sonnenliturgie im römischen Hochbarock, wie sie sich z. B. in der Ausstattung von St. Peter in Rom andeutet.

Zum Ende dieses Kapitels noch eine kurze Sottise: Hätte Ludwig XVI., der sowieso nur noch einen Bruchteil des zeremoniellen Aufwandes seiner Vorgänger trieb, nicht unter dem offensichtlich unvermeidlichen Zwang des Zeremoniells gestanden, als er während der Revolution nach Varennes floh, und hätte er nicht soviel belastenden Aufwand dabei getrieben, wäre seine Flucht wohl geglückt. So aber wurde er ein Opfer des königlichen Rollenspiels. Es kann nicht Sinn dieser Darstellung sein, von den tatsächlichen politischen Funktionen und historischen Entwicklungsstufen des absolutistischen Hofes zu handeln. Hier ist nur die Rede von den sichtbaren Ausprägungen – unabhängig von einer soziologischen Beurteilung. Dennoch sei auch auf eine Tradition in der historisch-soziologischen Forschung verwiesen, die – mit den Vertretern Veblen oder Sombart[68] – auf folgenden Sachverhalt verweist: Die im Absolutismus unabdingbare Zurschaustellung von Macht und Reichtum (beides ist letztlich identisch) erfolgt auf zwei Arten: demonstrative Muße und demonstrativer Konsum.[69] Hier und in unserem Zusammenhang geht es um den Aspekt der Demonstration – und darum, daß Muße (die Kunst hervorbrachte) im barocken Zeitalter eine Sache repräsentativer Demonstration war.[70]

## Anmerkungen

1 Erschienen in Leipzig 1719–20
2 Anschaulich beschrieben bei: L. Pfandl, *Karl II. Das Ende der spanischen Machtstellung in Europa*, München 1940, S. 59ff.
3 Ebda., S. 66
4 Ebda., S. 69; Reise und Geschehnisse auf der Fasaneninsel sind beschrieben bei: L. del Castillo, *Viage del Rey N. S. D. Phelipe IV a la frontera de Francia …*, Madrid 1667, Reisebericht bis S. 162, dann S. 221f. Beschreibung der Heiratskontrakte etc. der Fasaneninsel und des provisorischen Baus
5 Ludwig IX. ist beschrieben in seinem silber- und goldbestickten Kleid, mit Federn geschmückt, und ohne den üblichen spanischen Kragen; ebda., S. 234
6 L. Pfandl, *Philipp II.*, München 1938, S. 120
7 Ebda., S. 152f.
8 Den besten Überblick über das spanische Hofzeremoniell gibt: Ch. Hofmann, Das spanische Hofzeremoniell von 1500–1700, Frankfurt–Bern–New York 1985, dort die gesamte neuere Lit.
9 J.Ch. Lünig, op. cit., darin ab S. 303ff.: *Das französische Hof- Haus und Cammer-Ceremoniel*
10 L. Pfandl, *Philipp II.*, S. 151
11 M. de Ferdinandy, *Die theatralische Bedeutung des spanischen Hofzeremoniells Kaiser Karls V.*, in: Archiv für Kulturgeschichte 47, 1965, S. 306f.
12 C. Justi, *Diego Velásquez und sein Jahrhundert*, Zürich 1933, S. 184
13 Ebda., S. 599
14 Nach C. Justi, op.cit., S. 602ff.
15 A. Palomino de Castro y Velasco, *El museo pictórico óptica*, 3 Bde, Madrid 1715–24, Neudruck Madrid 1947

16 J.Ch. Lünig, op.cit., S. 304ff.
17 Ebda.
18 Saint Simon, *Rückblick auf Ludwig XIV*, geschrieben nach 1715
19 Ebda.
20 Siehe: *Mémoires du Cardinal de Retz, IIe partie* und *Mémoires de Madame de Motteville* III, S. 389
21 Dazu: H. Keller, *Das Treppenhaus im deutschen Schloß- und Klosterbau des Barock*, München 1936
22 J.Ch. Lünig, op.cit., S. 341f.
23 Ebda., S. 342
24 Dazu: R.W. Berger, *Versailles. The Château of Louis XIV*, University Park–London 1985, S. 30ff.
25 Beschreibung auch in: *Le Mercure galant*, September 1680, II, S. 276ff; die Kupferstiche von L. Surugue nach J. M. Chevotet in: *Grand escalier du château de Versailles. dit Escalier des Ambassadeurs*, Paris 1725; in Versailles wird auch ein Modell aus neuerer Zeit (von Arquinet) ausgestellt
26 *Le Mercure galant*, S. 310
27 Ebda.
28 Ebda., S. 302; der französische Text bei: R.W. Berger, op.cit., S. 82 Anm.42
29 *Mémoires du marquis de Sourches*, Comte de Cosnac u. a. Hgg., Paris 1882–93, Bd. I, 223f; siehe auch: Berger S. 93 Anm. 2
30 Ch. Beutler, *Reclams Kunstführer Frankreich* I, Stuttgart 1979, S. 491
31 Dazu: H. Murray Baillie, *Etiquette and the Planning of the State Apartments in Baroque Palaces*, in: Archaeologia 101, London 1967, S. 189
32 Ebda., S. 196ff.
33 P.F. de Chantelou, *Journal du voyage en France du cavalier Bernin*, Pennsylvania University 1930, S. 282, ... que la République le lui pardonnerait
34 J.Ch. Lünig, op.cit., passim
35 Dazu: K. Möseneder Hg., *Feste in Regensburg*, Regensburg 1986
36 Ebda., S. 68
37 J.H. Zedler, Großes vollständiges Universal-Lexikon L, Leipzig–Halle 1746, Spalte 1328
38 J.B. von Rohr, *Der andere Theil. Von dem Ceremoniel der grossen Herren in Ansehung ihrer Regenten*, als zweiter Teil der *Einleitung zur Ceremoniel-Wissenschaft der grossen Herren*, Berlin 1733, das erste Kapitel lautet: Vom Rang und Praezedenz der großen Herren unter sich, ebda., S. 339–357
39 Nur zwei Beispiele: Balthasar Sigismund von Stosch, *Tractat vom Praecedenz- oder Vorder-Recht*, Breslau 1678; Zacharias Zwantzig, *Theatrum Praecedentiae oder eines Theils Illustre Rang-Streit andern Theils Illustre Rang-Ordnung*, Frankfurt a.M. 1706
40 Dazu: J.Ch. Lünig, op.cit., S. 12–30
41 J.H. Zedler, Großes vollständiges Universal-Lexikon XXXI, Leipzig–Halle 1742, Sp. 649
42 Encyclopédie ou Dictionnaire raisonné des Sciences ... XXVIII, Genf 1778, S. 850
43 Zedler, ebda.
44 Repräsentieren bedeutet, durch eine Aktion oder ein Bild etc., präsent sein. Ein Spiegel repräsentiert getreulich seinen Gegenstand. Dann folgen weitere Beispiele entsprechend der Anwendung »repräsentieren». Zuletzt wird festgestellt, daß die Könige auf Erden Gott repräsentieren; Encyclopédie, S. 857

45 Zitiert nach R. Strong, *Splendour at Court. Renaissance Spectacle and Illusion*, London 1973, S. 223

46 Vindiciae contra tyrannos; dazu auch: *Die politischen Theorien im Zeitalter der absoluten Monarchie bis zur Französischen Revolution. Politische Theorien* II, G. Möbus, Köln 1966, S. 230

47 *Mundus Christiano Bavaro Politicus oder allerhandt politische Anmerckhungen*, MS Bayerische Staatsbibliothek München, gegen 1711 von einem Sohn des Kanzlers Kaspar von Schmid verfaßt; dazu auch: E. Straub, *Repraesentatio Maiestatis oder churbayerische Freudenfeste. Die höfischen Feste in der Münchner Residenz vom 16. bis zum Ende des 18. Jahrhunderts*, München 1969; der Titel der ausgezeichneten Arbeit ist allerdings irreführend, denn der Begriff einer ‚Repraesentatio Maiestatis' ist nicht nachweisbar, sondern Erfindung des Autors

48 J.Ch. Lünig, op. cit. S. 292

49 F. Picinelli, *Mundus symbolicus*, in der lat. Übersetzung von A. Erath, Köln 1687, Neudruck mit einer Einleitung und einem bibliographischen Beitrag von Dietrich Donath, Hildesheim – New York; hier: S. 9 und *Tractatus*

50 H. Barth, *Barock und die Philosophie von Leibniz*, in: *Die Kunstformen des Barockzeitalters*, Bern 1956, S. 433

51 Um nur ein Beispiel zu nennen: Louis Riccoboni, *Réflexions historiques et critiques sur les différents théatres d'Europe*, Paris 1740

52 J.Ch. Lünig, op. cit., S. 2ff.

53 Theatrum Ceremoniale, Erste Abtheilung, Caput I, *vom Ceremoniel insgemein …*

54 Ebda.

55 Ebda.

56 Ebda.

57 J.H. Zedler, Grosses Vollständiges Universal-Lexikon XXXI, Leipzig–Halle 1742, Sp. 747

58 J.B. von Rohr, *Einleitung zur Ceremoniel-Wissenschaft der grossen Herren*, Berlin 1733, Neudruck von M. Schlechte Hg., Leipzig 1990, S. 2

59 Dazu: J.B. von Rohr, *Einleitung zur Ceremoniel-Wissenschaft der Privat-Personen*, Berlin 1728, Neudruck von G. Frühsorge Hg., Leipzig 1990, Nachwort S. 4

60 J.B. Bossuet, *Politique tirée des propres paroles de l'ecriture sainte*, in: Oeuvres complètes 7, Paris 1862, S. 620

61 Sinngemäß: Es gibt drei Ziele der Verehrung der Fürsten, nämlich dem Volk die göttliche Einrichtung der Herrschaft vor Augen zu führen, durch einen aufwendigen Apparat dem Volk die Verehrung der Herrscher nahezulegen, und zum dritten soll dem Volk die Großzügigkeit der Herrscher verdeutlicht werden; J.F. Budde, *De Concordia Religionis Christianae statusque civilis*, Halle 1701

62 K. Möseneder, op.cit., S. 73

63 E. Tesauro, *Il Cannocchiale Aristotelico*, Turin 1670, Faksimile-Neudruck von A. Buck Hg., Homburg–Berlin–Zürich 1968, S. 38; siehe auch: K. Möseneder, S. 76

64 J.H. Zedler, Grosses Vollständiges Universal-Lexikon VIII, Halle–Leipzig 1734, Sp. 538

65 Sinngemäß: Das Volk, über das wir regieren, kann den Grund der Dinge nicht erkennen, deshalb muß ihm Respekt vor der Hierarchie beigebracht werden; *Memoires de Louis XIV*, II, Paris 1928, S. 15

66 Ebda., S. 73

67 N. Elias, *Die höfische Gesellschaft*, Neuwied–Berlin 1969, S. 179

68 W. Sombart, *Luxus und Kapitalismus*, München 1912

69 T. Veblen, *The Theory of the Leisure Class. An Economic Study of Institutions*, New York 1899, siehe S. 64

70 Neuere Lit. in der hervorragenden Arbeit von A. Winterling, *Der Hof der Kurfürsten von Köln. Eine Fallstudie zur Bedeutung ‚absolutistischer' Hofhaltung* = Veröffentlichungen des Historischen Vereins am Niederrhein 15, Bonn 1986

# VIII.

# Concettismo

## Konzepte und Konzeptoren

Der vielstrapazierte Begriff der »Invention« hing im Barock auch am Inhaltlichen und am »Sujet«, wie es später in der Malersprache hieß. Für Roger de Piles ist die Erfindung letztlich die richtige Wahl der Themen.[1] Zwar reguliert die Erfindung auch die richtige Anordnung der Gegenstände, also die Disposition im Bild,[2] aber um eine gute Invention zu machen, braucht der Künstler Esprit und Wissen wie zum Zeichnen Kenntnisse in der Anatomie. Damit wurde, zumindest in der Theorie, der vornehmste Teil der Bildnerei zu einer Sache des Denkens und Wissens. Am konsequentesten spiegelt sich das bei Gérard de Lairesse, im *Großen Malerbuch*[3]: *So ist zunächst bei der Konzipierung einer Historie, einer Dichtung oder eines Sinnbildes ein flüchtiger Entwurf zu machen. Im Anschluß daran muß der Maler die besten und ausführlichsten Autoren hierüber nachlesen, damit er den Gegenstand völlig beherrsche und bis in die Details seinem Gedächtnis einpräge. Wird dann der erste Entwurf gemacht, so muß das Land, die Jahres- und Tageszeit, der Ort, ob in freier Luft oder im geschlossenen Raum, die Eigenschaften und die Würde der Personen beachtet werden. Mit allen Personen muß sich der Maler identifizieren können, und seine Gedanken müssen bis zu dem Orte des Geschehens hinwandern können. Im Anschluß daran ist der eigentliche Kern der Sache zu überlegen ...*[4] Die Meinung Johann Georg Sulzers datiert zwar später, aber sie stützt sich auf eine lange Tradition des Kunstdenkens: *Die glückliche Erfindung einer Allegorie gibt einem Gemälde einen größeren Wert, als es selbst durch Tizians Pinsel erlangen würde, wenn dieser nicht mit höherem Verdienst verbunden ist*[5]. Bei einer solchen Gewichtsverlagerung im Kunstverständnis zur Seite der Invention, d. h. zum »eigentlichen Inhalt« der Historien und Metaphern hin, konnte es nicht ausbleiben, daß entweder der gelehrte Maler vom Schlage eines Vasari, der die Geschichte der Kunst beherrschte und selbst Concetti zu erfinden in der Lage war, oder gelehrte Konzeptoren den weniger beschlagenen Malern zur Hand gingen. Man könnte es als einen neuen Berufsstand bezeichnen, einen Stand von gelehrten Spezialisten, die in barocker Zeit für Kirche und Höfe die Konzepte erstellten, wie man sie für Theater, Feste und bildliche Ausstattungen benötigte. Unter ihnen waren Dichter, Hofleute, Juristen, aber auch viele Geistliche, nicht zuletzt Jesuiten; manche dachten sich Konzepte neben ihrer eigentlichen Beschäftigung aus, einige betrieben dieses Metier ausschließlich. Man hatte sich auch ein Modell zurechtgelegt, in dem die erstaunliche Tatsache, daß die Invention, als der wesentliche Teil am Kunstwerk, vor der Tätigkeit des Malers selbst am Werk war, rechtfertigend illustriert wurde: Weil er selbst in solchen Dingen noch zu unerfahren gewesen sei, habe Raffael sich vor der Arbeit an der vatikanischen *Disputa* an Ariost um Hilfe gewandt, damit er die einzelnen Charaktere besser treffen könne; außerdem hätten Castiglione, Politian und Papst Leo X. selbst ihn beraten.[6]

Einer der professionellen »Inventoren« oder Konzeptoren war Claude-François Menestrier. Er wurde 1631 als Sohn eines Apothekers in Lyon geboren, wo er fünfzehnjährig in das Jesuitenkolleg eintrat. Anschließend war er Lehrer der »Humaniora« in Chamberry, Vienne, Grenoble und schließlich Lyon, wo er 1667 die Leitung der Bibliothek des Kollegs übernahm. Nach zwei Jahren begab er sich auf die »große Reise« nach Italien, Deutschland, und England. Zurückgekehrt 1670, war er in Paris bereits eine Berühmtheit, aufgenommen in den berühmten literarischen Salon des Präsidenten Lamoignon. Bis zu seinem Tod 1705 blieb er hier; manchmal reiste er noch in die Provinz, um zu predigen, aber von den Predigten ist nichts mehr erhalten. Kritisch hieß es von ihm: *Le P. Menestrier ... est poëte et decorateur de profession, et non ministre de Jesus-Christ*[7]. Die Bezeichnung trifft die »Profession« Menestriers recht gut, weil damit die poetische Komponente der Konzepte und zugleich der hohe Rang der »Dekoration« im Sinne von Bildausstattung von Schlössern, Kirchen oder Festen etc. bezeichnet ist.

Die folgenden Feststellungen beruhen auf Karl Möseneder, der auch die einzelnen Schriften Menestriers ausweist: Erste Berühmtheit erlangte Menestrier als Endzwanziger mit einem streitbaren Traktat über die Wappenkunst; 1658 konzipierte er anläßlich des Besuchs Ludwigs XIV. in Lyon ein Ballett; 1659 entwarf er Devisen, Embleme und Anagramme für Kanzler Séguier; 1660 entstanden zum Pyrenäenfrieden und 1664 zum Einzug des Kardinals Flavio Chigis nach Menestriers Entwurf in Lyon Festdekorationen, 1665 in Paris ein Trauergerüst für General Turenne und 1699 ein emblematischer Feuerwerksaufbau zur Aufstellung von Girardons Reiterstatue Ludwigs XIV. 1679 verteidigte er die umstrittene Devise Ludwigs XIV. »Nec pluribus impar« gegen Angriffe, und 1689 erschien zum ersten Mal sein *Histoire du roy Louis-le-Grand par les médailles, emblemes, devises*. Als kleine Nebenarbeiten sind die Inschriften für Stiche des »Premier peintre du Roi« Charles Le Brun und für die Schlachtendarstellungen Van der Meulens anzusehen. Und um Menestriers reiche Erfahrung auf dem Gebiet der Emblematik zu illustrieren, sei noch angeführt, daß von den fünfundzwanzig Emblembüchern, die in der Provinz Lyon in der Societas Jesu zwischen 1637 und 1726 entstanden, Menestrier allein sechzehn verfaßte. Die außergewöhnliche Bedeutung Menestriers für eine Geschichte der festlichen Repräsentation liegt allerdings nicht nur in der Vielfalt und Qualität des von ihm

Hervorgebrachten, sondern auch darin, daß er nahezu für jede seiner praktischen Unternehmungen eine theoretische Begründung lieferte. Dies gilt für Feuerwerksaufbauten, Castra Doloris, Ehrenpforten der Entrées solennelles genauso wie für den Ballet de Cour, Carrousels und andere Reiterspiele oder Musikaufführungen. Devisen behandelte Menestrier ausführlich in dem Traktat *La Philosophie des images* (1682), die enigmatischen Bilder in seiner grundlegenden *Philosophie des images énigmatiques* (1694)[8].

Nicht unähnlich war der Lebenslauf eines anderen »Konzeptisten«: Emanuele Tesauro, geboren 1592, entstammte einer piemontesischen Adelsfamilie. Neunzehnjährig trat er in den Jesuitenorden ein, verließ diesen jedoch 1634 wieder. Zunächst, 1616–1619, vollendete er seine Studien in Mailand, aber bereits 1619 erhielt er einen Lehrstuhl für Rhetorik an der »Academia dei Musanti« von Cremona. Er war vor allem Prediger, auch bei seinen folgenden Stationen in Neapel, Rom und wieder in Mailand. Ende der 20er Jahre arbeitete er an einem Traktat über die »Arte dell'Argutezza«, der schließlich im *Cannocchiale* aufging. Nachdem er, als Folge von politischen Querelen, aus dem Jesuitenorden ausgetreten war, wurde er vom Fürsten Tommaso di Savoia als Erzieher des Erbprinzen Emanuele Filiberto nach Turin berufen; hier war er auch Beichtvater der Madama Reale. Sein literarisches Werk ist angetan, ihn als Rhetoriklehrer, Theologen und Prediger, Philosophen, Dichter und Historiker zu bezeichnen. Er schrieb lateinische Epigramme, drei Tragödien (*Edippo*, *Hippolito*, *Hermenegildus* (1661)), *Panegirici sacri* (1663), einen Traktat über die Briefkunst, eine Abhandlung zur Geschichte Piemonts (*Campeggiamenti overo istorie del Piemonte* (1643–45)) und *Del Regno d'Italie sotto i Barbari* (1664), eine Geschichte Turins (1679), eine vielgelesene *Filosofia morale* (1670). Mit dem Erscheinen des *Cannocchiale* häuften sich auch die Aufträge für »Inscriptiones«, Konzepte für Dekorationen zu höfischen oder kirchlichen Festen. Die Apparate zur Geburt des Prinzen Baltasar Carlos von Spanien in Mailand (1630), für einen Empfang der Königin Christina von Schweden in Turin (1656), die Castra Doloris für Carlo Emanuele I. in Turin (1630) waren ebenfalls von ihm konzipiert. Zu alledem war er auch für Bildprogramme in Baulichkeiten zuständig. Das Programm der Gartenskulpturen von Racconigi (ab 1655), des Palazzo Reale von Turin (ab 1658) und Venaria Reale (gleichzeitig) stammt von ihm. Die Liste ließe sich verlängern.[9] Ein Brief der bayerischen Kurfürstin Henriette Adelaide, einer savoyischen Prinzessin, bestätigt, daß Tesauro auch für die Concetti der ersten Ausstattung von Schloß Nymphenburg (ab 1666) bemüht wurde. Über Piemont hinaus wurde Tesauro berühmt durch *Il Cannocchiale Aristotelico* (Abb. 55), gedruckt erstmals in Turin 1654. Noch 1670 wurde eine fünfte Auflage des Buches verkauft, die der Autor überarbeitete, eine römische Ausgabe von 1663 war nicht autorisiert und wurde nach Tesauros Tod, 1675, weiter vertrieben.

Dieses *Aristotelische Fernrohr* wurde nicht zuletzt deshalb berühmt, weil es eine Theorie der modernen Rhetorik, besser des »Concettismo« anbot und darüber hinaus deren Anwendungsmöglichkeiten über den engeren Bereich der gewandten Rede des Predigers oder Dichters hinaus auch in den Bildenden Künsten, behandelte. Das Programm geht bereits aus dem Titel hervor, der im Ganzen lautet: *Il Cannocchiale Aristotelico o sia Idea dell' arguta et ingeniosa Elocutione che serve à tutta l'Arte oratoria, Lapidaria; et simbolica esaminata co' Principij del divino Aristotele dal Conte & Cavalier Gran Croce D. Emanuele Tesauro Patritio Torinese*[10]. Das bedeutet: es wird eine Idee der scharfsinnigen und einfallsreichen Beredsamkeit angeboten, die der ganzen Kunst, der Rhetorik wie den bildenden Künsten dienen soll. Wobei bereits die Koinzidenz von Rhetorik und Kunst bemerkenswert ist; das ist allerdings ein Kennzeichen des Barock überhaupt. Auffallend ist aber auch, daß als die wichtigsten Eigenschaften dieser Redekunst die Argutezza, also der scharfsinnige Witz, und Ingenium, die geistreiche Erfindung, genannt sind.

Auch das Kaiserhaus in Wien hatte seine Konzeptoren. So war eine Art von ikonologischem Faktotum Carl Gustav Heraeus, 1671 in Stockholm als Kind deutscher Eltern geboren, der sich zunächst als Hofpoet und somit Applaudeur an verschiedensten Orten verdingte.[11] In Schwarzburg-Sondershausen war er Hofrat und konvertierte der Karriere wegen zum Katholizismus. Schließlich ernannte ihn Kaiser Joseph I. zum Antiquitäten-Inspektor. Karl VI. machte ihn zum kaiserlichen Rat; als solcher hatte er Inschriften für Medaillen, die Ikonographie von Trauergerüsten, Festilluminationen etc. zu besorgen. Seine poetischen Werke erschienen 1721 unter dem Titel: *Gedichte und lateinische Inschriften des … Heraeus*, worin ein Versuch der Erfindung einer »neuen Teutschen Reim-Art« bemerkenswert war, die 1713 in einem Huldigungsgedicht auf Karl VI. tatsächlich angewandt wurde. Er arbeitete an Fischer von Erlachs *Historischer Architektur* mit;[12] seine Emblemerfindungen wurden als *Inscriptiones et Symbola* gedruckt[13]. Zahlreich sind auch seine numismatischen Schriften.[14] Und als »Medailleninspektor« entwarf er für Kaiser Karl VI. neue Medaillen, welche dessen Taten verewigen sollten, wobei man in Wien wohl an das Vorbild der »Histoire metallique« Ludwig XIV. dachte, die in Paris von einer eigenen Akademie der Medaillen und Inschriften herausgegeben worden war.[15] Einige seiner emblematischen Erfindungen, etwa zu einer Illumination für den sächsischen Erbprinzen, erschienen im Druck.[16] Ein wesentlicher Teil der Symbole in der sogenannten »Reichskunst« eines Fischer von Erlach dürfte auf Heraeus zurückgehen.[17]

Heraeus hatte einen Nachfolger mit Conrad Adolph von Albrecht, »des Heil. Röm. Reichs Ritter und Sr. kaiserlichen Majestät Rath«. Er war 1682 in Wien geboren, stammte aus einer begüterten Familie, was es ihm erlaubte, selbst eine

Kunstsammlung und Bibliothek anzulegen und in Rom zeitweise Ausgrabungen zu unternehmen. 1730 bewarb er sich um eine Residentschaft am portugiesischen Hof, wo er bis zu seinem Tod 1751 mehrmals weilte. In der Österreichischen Nationalbibliothek befindet sich als Hinterlassenschaft Albrechts ein Codex.[18] Es handelt sich offensichtlich um eine Druckvorlage, deren Titel folgendermaßen lautet: *Verschiedene Erfindungen Hieroglyphisch-Historisch- und Poetischer Gedancken, mit vielerley darzu erforderlichen Lapidarischen Inschriften, welche alle zu denen unter Caroli VI. Röm: Kayl: und Königl: Cathol: Hispanisch- auch Hungarisch- und Böhm: Maytt: Glorwürdigster Regierung Neu vorgenohmenen Hof-Gebäuen der Kayl: Burgg, Bibliothec, St. Caroli Kirchen und Josephi Saulen Ingleichen Anderwärtigen ... ansehentlich-Offentlichen Denckmahlen. mit Tauglicher Ausarbeit- und Erklärung theils würcklich in Bau Mahlerey, u. Bildhauer Kunst-Wercken entworffener versehen, theils zu Dienste künftig gebräuchlicher Auszierung vorräthig ersonnen worden. in Teutscher Mutter Sprach darumen verfasset, damit die mehren Theils auch Teutsche Arbeits Vollführer den bequemlicheren Verstand ihrer zu Ende zu bringen habenden Stücken mitgeniessen können ...* Für den Druck sollte auch ein Porträt Albrechts in den Vorsatz kommen. Eine Zeichnung im Codex jedenfalls zeigt ihn vor einem offenen Münzschrank sitzend – womit auch eine der wichtigsten historischen Quellen dieser Konzeptoren, wie Menestrier, Heraeus oder Albrecht, angesprochen ist: Medaillen, Münzen etc. Einen großen Teil des Codex Albrecht beansprucht das ausführliche Konzept für die Freskierung der Hofbibliothek, das von Albrecht stammte.

Nicht selten waren auch die Maler in der Lage, mit eigenen Concetti aufzuwarten, was oft auch mit Stolz vermerkt wurde. Gérard de Lairesse war in der Lage und auch stolz darauf, eine sinnvolle bildliche Gesamtausstattung für ganze Komplexe[19] erdenken zu können und vor allem auch, das für jeweilige Gegebenheiten Angemessene zu finden. Der Freskant Daniel Gran schrieb für seinen Malerkollegen Martin Altomonte ein Konzept für die Ausmalung des Bibliothekssaales im Stift St. Florian;[20] in Spanien war Antonio Palomino erudit genug, nicht nur einen Malereitraktat zu verfassen, sondern auch darin, die zumeist von ihm selbst erstellten Konzepte zu eigenen Monumentalmalereien aufzunehmen. *El museo pictórico y Escala óptica*[21] (komplett gedruckt 1724) bedeutete ähnlich der Kunstgeschichtsschreibung Sandrarts eine Aufwertung der nationalen Kunst, weshalb im dritten Band der »spanische Parnaß« mit den Viten der hervorragenden spanischen Maler und Bildhauer ausgestattet wurde. Der erste Band ist der Theorie der Malerei gewidmet, der zweite der Praxis. Es ist der Band, in welchem bereits durch die Reihenfolge der Gegenstände in der Systematik viel ausgesagt ist. Buch IV beginnt mit dem »Anfänger«, das nächste mit dem zweiten Grad in der Malerei, dem Kopieren, dann folgt der dritte Grad der Fortgeschrittenen, der vierte ist der des eigenständigen Erfinders, der fünfte der des selbständigen Praktikers, während der sechste und letzte Grad der des Perfekten ist. Hier ist die Rede etwa von *la gracia, dulzura y melodía de la pintura* oder von den Proportionen. Ehe Palomino Beispiele eigener Invention beibringt, schreibt er – immer noch unter der Überschrift El Perfecto: *De las ideas o asuntos que suelen discurrirse en las obras de consecuencia que se ofrecen en la pintura*, also von den »Ideen« (= Konzepten) und Gegenständen. Unter Berufung auf sein Vorbild Luca Giordano stellt er fest: *Para las ideas de la Pintura non basta ser hombres doctos, si non tienen inteligencia del arte*[22]. Oft sei es völlig unmöglich, das alles zu malen, was ein gelehrter Kopf so an »Ideen« ausgebrütet habe. Deshalb müsse der Maler selbst gebildet genug sein, sich, was die Konzepte betreffe, zu helfen. Dann müsse er aber auch die Grundregeln kennen, um nicht zu dilettieren. Zwei Arten von Argumenten, also inhaltlichen Aussagen, gebe es: die historische und die ideale – metaphorische. Als Praktiker nennt Palomino anschließend die Hilfsmittel eines gebildeten Malers für den einen Teil, der sich wie die Literaturliste eines kunsthistorischen Propädeutikums liest: er beginnt mit der Bibel, geht über die antiken Geschichtsschreiber bis zu den Kirchenvätern. Die »idea« hingegen *no es otra cosa, que un concepto formal intelectivo, fabricado en la mente del artífice*. Diese Spezies nennen die Philosophen Impresen, auf denen dann die Reduktion auf den äußeren Akt beruht, entweder des rhetorischen Wortes oder des stummen Pinsels. Auch hier nennt er die einschlägigen Autoren: Pierio Valerian, Alciat, Cesare Ripa und andere. Dann folgen die ersten Beispiele von richtigen Konzepten (ausgeführt von Palomino selbst). Es ist u. a. eine Festdekoration in Madrid zur Vermählung von Karl II. von 1690. Inschriften und Argumente legen Zeugnis ab von den Fähigkeiten der Argutezza Palominos. Das Deckenfresko von San Juan del Mercado in Valencia (1700), die Capilla de Nuestra Señora de los Desamparados, ebenfalls Valencia (1701), die Kuppel in der Cartuja von Granada (1712) und andere Werke Palominos sind hier nach ihren Konzepten aufgeführt. Die didaktische Logik in den Texten ist dabei beachtlich und gibt Hinweise für die Lesart von barocken Deckenbildern. Ein Beispiel: Der Anfang des Kapitels über die Ausmalung der Kuppel in der »Capilla de Nuestra Señora de los Desamparados« in Valencia: *Weil die Malerei in dieser Wölbung ein stummes Gedicht über die Glorie, den höchsten Rang und die Bedeutung unserer Herrin handelt und vor allem davon, was sie ruhmreich als Beschützerin der Verlassenen (desamparados) tut, hat die schweigende Rede in diesem gemalten Gebet so einzurichten: Im obersten Teil des Gemäldes, in der Hauptansicht steht ein Wolkenthron mit Engeln, auf dem die Dreifaltigkeit zu sehen ist … Christus krönt die reine Königin und weil diese der Schutz der Verlassenen ist, ist sie gemalt im Akte der Intercessio …*[23] Alle hermetische Tändelei des Concettismo ist hier fern, wo ein Maler sich Gedanken macht über die Möglichkeiten einer Verbildlichung der »rétorica silenciosa«.

# Emanuele Tesauro: Die rhetorische Struktur des barocken Bildes

Es ist sicherlich kein Zufall, daß die beiden bedeutendsten Theoretiker der barocken Symbolik, Tesauro und Menestrier, keine echte Differenz zwischen den Erkenntnismöglichkeiten im Geiste und durch Bilder sahen. Die Operationen des Geistes, gleich ob in der Philosophie oder in den bildenden Künsten, erstellen Bilder von etwas,[24] denn *unser Geist macht nichts, es sei denn, er arbeitet bei fast allen seinen Operationen mit Bildern*[25]. Er unterscheidet sich hierin nicht von Giordano Bruno, der vor ihm schon feststellte: *Alles unser Erkennen, also alle Tätigkeit unseres Verstandes, ist entweder selbst bildlich oder doch nicht ohne Bild*[26]. Das ist fast wörtlich ein Zitat aus Cicero: *Nulla enim spezies cogitari potest nisi pulsu imaginum*[27]. Vor allem aber konnte man sich auf die Autorität des Aristoteles berufen,[28] wie es expressis verbis bei Emanuele Tesauro im *Cannocchiale Aristotelico* der Fall war: *Der menschliche Geist ist eine Art von reinem Spiegel ... er drückt in sich selbst die Bilder der Gegenstände aus, die sich ihm vorher bieten: und das sind die Gedanken. Wie im geistigen Diskurs handelt es sich hier um eine Ordnung und einen Zusammenhang von inneren Bildern. Der äußerliche Diskurs ist eine Ordnung von sichtbaren Zeichen (Segni esteriori), kopiert aus den geistigen Bildern, wie der Typus vom Antetypus. Von diesen äußeren Zeichen sind die einen sprechend, die anderen stumm, andere wieder von einer stummen Beredtheit oder auch von beredtem Schweigen*[29]. Diese Meinung Tesauros findet sich dort, wo er von den »Argutezze Oratorie, Simboliche, et Lapidarie« handelt, d. h. von *der* rhetorischen Überzeugungsmöglichkeit in der Rede, Symbolik oder Bildnerei. Menestrier meint, *die Theologie entwerfe Bilder des Übernatürlichen, um die hohen Wahrheiten und Geheimnisse, die an und für sich das menschliche Fassungsvermögen übersteigen, faßbar zu machen. Die Jurisprudenz sei ein Bild des öffentlichen Wohles, das man sich als einen Körper vorzustellen hätte, dessen Haupt der Souverän sei, und dessen wichtigste Körperteile von Adel und Verwaltung, die weniger bedeutsamen vom Volk eingenommen würden. Die Geschichte könne als Gemälde von Ereignissen, Absichten und Unternehmungen angesehen werden; die Astronomie habe den Himmel mit Bildern erfüllt, um die Bewegungen der Sterne zu verstehen. Auch die Mathematik operiere nur mit Bildern, und selbst die musikalischen Akkorde und Harmonien würden letztlich durch die Augen beurteilt. Die antike Fabel, so lautet ein Beispiel aus dem Bereich der Poesie, sei nichts anderes gewesen als eine ‚Philosophie des images'. Die Poesie insgesamt sei eine ‚faiseuse d'images' und die Rhetorik die Kunst, mit Bildern zu überzeugen*[30]. Der Buchtitel Tesauros (Abb. 55) bezieht sich direkt auf die neueste Erfindung der Zeit, das Fernrohr, das Galilei und Scheiner mit als erste systematisch benutzten; bei Tesauro wird der Zusammenhang

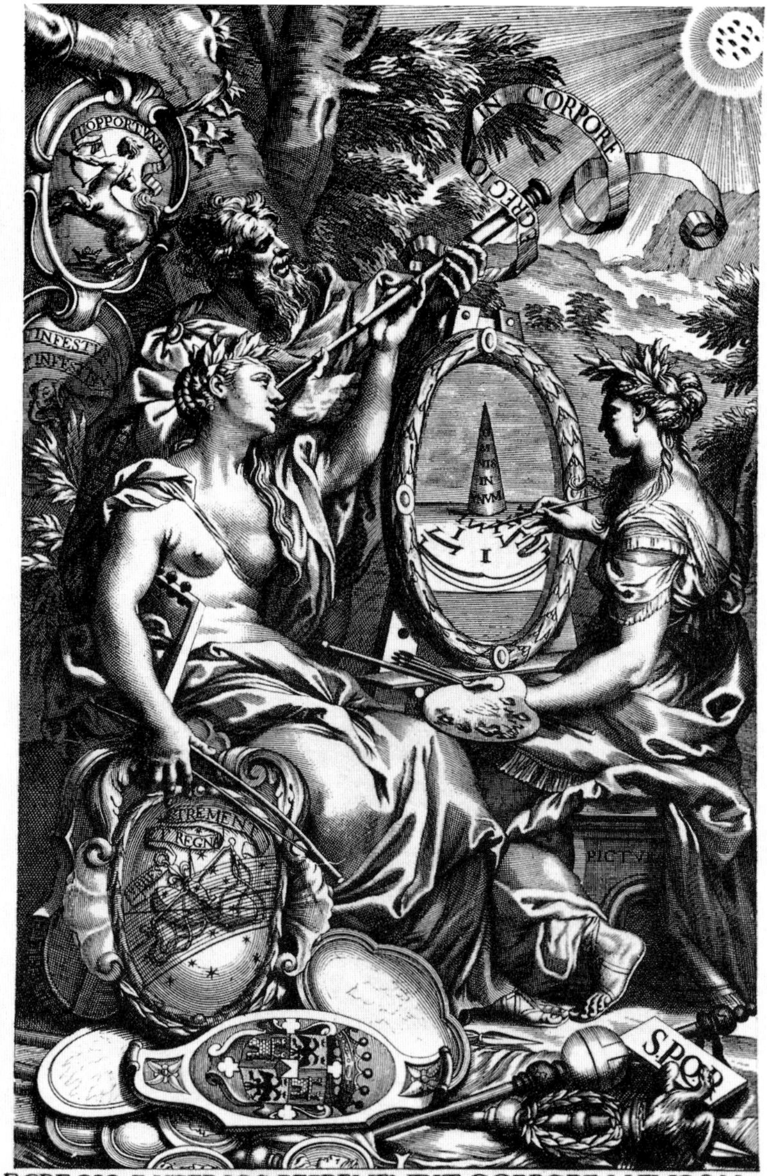


55 Radierung als Vorsatz von *Il Cannonochale Aristotelico* des E. Tesauro, 1670

mit Aristoteles hergestellt, und zwar in einem Bild von emblematischer Struktur, in einem metaphorischen Witz. Als Vorsatz zum Buch ist ein Kupferstich zu sehen: Aristoteles überreicht einer Personifikation der Poesie ein Fernrohr, durch das sie zur Sonne emporblickt und somit das Licht der Erkenntnis gewinnt. Diese Sonne ist mit dunklen Flecken gesprenkelt, deren Sinn aber erst klar wird, wenn man die Unterschrift des Bildes liest, die eine Art von Lemma darstellt. Der Satz ist aus einem ganz anderen Zusammenhang der Satiren des Horaz genommen,[31] wo von den Muttermalen auf einem ansonsten wohlgebildeten Leib die Rede ist: *Egregio inspersos reprehendit corpore naevos* – das besagt im neuen Zusammenhang bei Tesauro, daß selbst die Sonne Makel hat. Der Jesuit Christoph Scheiner hatte dieses Phänomen gleichzeitig zu Galilei entdeckt und 1612 publiziert in den *Tres epistolae de maculis solaribus*. Auch für Tesauro scheint das nur unerklärte Phänomen einen Makel bedeutet zu haben; der Sinn des Emblems vom Fernrohr, das auf die Sonne gerichtet ist, wird durch das Lemma nahegelegt, aber wie in einer kommentierenden Subscriptio wird das Gemeinte voll verständlich, wenn wir auf Seite 2 im *Cannocchiale* lesen: *Talche possiam chiamar le sue* (des Aristoteles) *Rettoriche Un limpidissimo CANNOCCHIALE; per esaminare tutte le perfettioni, & le imperfettioni della Eloquenza*. In der Rhetorik des Aristoteles besitzen wir also ein lichtstarkes Fernrohr, um nicht nur das Vollendete, sondern auch das weniger Gelungene zu erkennen. Als Metapher gehört das Fernrohr zu den »argutezze optiche«, *die menschlichen Augen dringen durch dieses Rohr dahin, wohin nicht einmal die Vögel gelangen … man beobachtet die Sonnenflecken, erblickt einen Vulkan auf der Venus, mißt die Berge und Meere auf dem Mond aus …* – geeignet als Metapher für die Erkenntniskraft der Rhetorik des Aristoteles. Auf dem Titelkupfer sitzt neben der Poesie auch Pictura. Sie malt an einem für uns zunächst eigenartigen Bild: Auf einem spitzen Kegel als Spiegel liest man *Omnis in unum* (Alles in Einem); auf der Fläche vor dem Spiegel sieht man die gleiche Schrift, jedoch verzerrt. Es handelt sich um eine Anamorphose, das Lemma wird nur in der Spiegelung auf dem spitzen Kegel richtig sichtbar und lesbar. Der spitze Gegenstand aber dürfte das Symbol der Argutezza sein, des scharfsinnigen Witzes, in dem die Erkenntnis der Dinge möglich wird. Das ganze ist jedoch eine Imprese des Kardinals Maurizio aus dem Hause Savoia für seine Akademie: *Ingegnosissima è quella che il Principe Mauritio di Savoia, come perpetuo Mecenate degl' ingegni; dirizzò per sua Heroica, e famosa Academia d'Arme, e di Lettere intitolata, de' Solinghi, cioè lo Specchio Conico, in cui quelle, che nella superficie paion macchie; Unitamente riflettendo in alto, divengono perfette, e compostissime Figure.*[32]

Zu Füßen von Poesie und Malerei liegen Schilde und Wappen. Schilde sind die »Heimat der Impresen«, die auf dem Titelkupfer noch dem Carlo Emanuele I. zugehören (Kentaur als Schütze, »opportune«) und dem Emanuele Filiberto (Elefant, »infestus infestis«); dem Tomaso di Savoia ist die Imprese mit dem

Sternzeichen der Waage zugeordnet (»trement et regna urbes«); wobei nach Tesauro die letztere zusammen mit der Spiegel-Imprese Maurizios den Ehrgeiz hat, zu den perfektesten zu gehören – eine für uns kaum mehr nachvollziehbare Vorstellung, daß mit derartigen arguten Chiffren und gerade durch die wechselseitige Erhellung von Bild und Wort Wahrheit gewonnen werden könne, die zudem jeweils mit einem »hohen Herrn« untrennbar verknüpft ist. Tesauros *Aristotelisches Fernrohr* ist ein Beispiel des »Concettismo«, was in neuerer Zeit als geistreich zugespitzte rhetorische Form gilt und damit, folgt man Benedetto Croce,[33] auch nicht zur ernstzunehmenden Kunst gerechnet werden kann. Es ist jedoch nicht zu übersehen, daß zum Barock hin alle Künste zunehmend »rhetorisiert« wurden und damit auch mehr oder weniger jenen rhetorischen Konzepten unterworfen, nach denen die Überredung, die »persuasio« Wahrheiten vermittelt. Bereits im Untertitel spricht Tesauro die *arguta et ingegnosa elocutione* an, um im Buch selbst anzusetzen mit einer Erörterung der »argutezza«. Wenn der Künstler diese besitzt, die »Gran Madre d'ogni ingegnoso concetto«, dann hat er das Prinzip der Welterklärung verstanden. Die Argutezza ist die Spur Gottes in der menschlichen Seele, denn Gott selbst bedient sich ihrer. *Gli Angeli stessi, la Natura il grande Iddio, nel ragionar con gli huomini, hanno espresso con argutezze o verbali o simboliche gli lor più astrusi e importanti secreti.* Dank ihrer reden die leblosen Dinge; der Kosmos spricht zum Menschen in »argutezze«. So ist der Himmel *un vasto ceruleo scudo, ove l'ingegnosa Natura disegna ciò che medita: formando eroiche Imprese, e Simboli misteriosi e arguti de' suoi Segreti.* Dafür hat Tesauro auch ein Bild bereit: In der metaphorischen Sprache erscheinen die Blitze als *formidabili Arguzie e simboliche Cifre della Natura, mute insieme e vocali: avendo la Saetta per corpo e il Tuono per motto.* Gott, die Natur, die Engel haben beim Reden mit den Menschen durch »argutezze«, ob in Worten oder Symbolen, ihre »abstrusen und wichtigen Geheimnisse« ausgedrückt. Aber nicht nur durch diese pythische Tugend unterscheidet sich dieses Sprechen der »ingegnosi« von dem der Plebejer wie das der Engel von dem der Menschen. Wie durch ein Wunder sprechen die stummen Dinge, die Leblosen leben, die Toten erstehen auf. Die Gräber, die Marmorsteine, die Statuen haben Stimme, Geist und Bewegung und unterhalten sich mit dem ingeniösen Menschen. Alles ist zunächst tot, wenn es nicht von der Argutezza belebt wird.

Das Organ für den kunstvollen dichterischen Ausdruck, der eine selbständige Form der Welterkenntnis darstellt, ist der »ingegno«, die über dem »intelletto« stehende Fähigkeit der Phantasie, die Welt in einer subjektiven Vision zu erfassen. Gleich der göttlichen »creatio ex nihilo« hat »ingegno« die Kraft aus Nicht-Seiendem ein Seiendes zu machen, und, um wieder ein Beispiel Tesauros zu nennen, aus einem Löwen einen Menschen: *Sicome Iddio di quel che non è, produce quel che è, così l'ingegno di non ente, fa ente, e fa che il Leone divenga un huomo, e l'aquila una città, Innesta una femina sopra un pesce, e fabrica una sirena per simbolo dell'adulatore. Accoppia una busta di capra al deretano di un serpe; e forma la chimera per ieroglifico della pazzia. Onde fra gli antichi filosofi alcuni chiamaron l'ingegno particella della mente divina.* Ingenium hat Teil am göttlichen Verstand, und dadurch können die zunächst noch gar nicht seienden (eigentlich) Bilder zu seienden Wesen werden.[34] Tesauro setzt diese Fähigkeit geradezu mit dem platonischen »furor« gleich, wobei die überlieferte Vorstellung vom göttlichen Wahnsinn des Dichters eine neue Formulierung erfährt. Tesauro deutet sie sogar pathologisch und stellt fest, Wahnsinnige seien eher als Gesunde fähig, »arguzie« hervorzubringen: ... *meglio che i sani sono conditionatii (i matti) a fabricar nella loro fantasia metafore facete e simboli arguti; anzi la pazzia altro non è che metafora, laqual prende una cosa per altra.*

Die Welt ist eine einzige Chiffre. Baltasar Gracián, von den Philologen zu den Urhebern des Concettismo gerechnet, brachte es auf eine kritisch übertreibende Formel: ... *Es hat wohl gesprochen, wer sagte, der Welt bestes Buch sei die Welt selbst, geheimnisvoll, so offen es daliegt; ausgebreitete Häute, das heißt, beschriebene Pergamente nannte der größte der Weisen diese Himmel, die mit Lichtern anstelle der Federzüge und mit Sternen anstatt der Buchstaben illuminiert sind. Leicht sind die funkelnden Schriftzeichen zu verstehen, mögen auch manche sie schwierige Rätsel nennen. Ich aber finde die Schwierigkeit im Lesen und Verstehen dessen, was sich unterhalb der Dächer befindet; denn da alles chiffriert ist und die Menschenherzen gar so versiegelt und unerforschlich sind, versichere ich euch, daß auch der beste Leser den Faden verliert. Und noch etwas: besitzt ihr nicht wohleinstudiert den Chiffrierschlüssel, dann müßt ihr in die Irre gehen, ohne daß es euch gelänge, ein Wort zu lesen und einen Buchstaben zu erkennen ... ohne daß ein Tüftelchen ausgenommen wäre, sind alle Dinge in Chiffren niedergelegt.*[35] Mit anderen Worten: Alles auf der Welt bedeutet etwas, gibt eine Chiffre ab für ein anderes, ebenso wie jede Chiffre, also etwas Seiendes, wiederum auf etwas anderes hin etwas aussagt. Den Circulus spricht Gracián an, wenn er sagt, *der Welt bestes Buch sei die Welt selbst.* Durch einen rhetorischen Concetto kann allerdings »dechiffriert« werden. Denn der Kosmos spricht zum Menschen eben in den »argutezze«.

Wenn Ludwig XIV. selbst seine Devise »nec pluribus impar« mit der alles überstrahlenden Sonne beschreibt und rechtfertigt,[36] wird deutlich, wie in solchen Symbolen, Emblemen, Devisen etc. mehr hergestellt werden soll als anschauliche Wahrheit. Der König schreibt von einem Instrument der Größe und Magnifizenz, und wie nach den Regeln der Emblematik die Sonne die höchsten Qualitäten besitze und so die geeignetste Metapher für den König sei, *la plus belle image d'un grand monarque*[37]. Der Text ist nicht nur in seiner Würde sehr bemerkenswert, sondern auch deshalb, weil hier der König unwillkürlich zugleich mit der Sonne sich selbst und vor allem sein Amt beschreibt (*produisant sans cesse de tous côtés la vie, la joie et l'action ...*). Man gewinnt den Eindruck von einer geradezu magischen Teilhabe des Königs an den Qualitäten der Sonne – die Metapher beschwört Identität, der Gegenstand dieser Metapher, die Sonne, wird in diesem Fall wie eine Kroninsignie als Unterpfand dieser Identität vorgewiesen. Damit war ein Concetto auch mehr als das, was wir heute unter Konzept verstehen (nämlich Ordnung in einer gedanklichen Operation). Ein Concetto ist der Vorgang, in dem Wahrheit nicht nur freigelegt, sondern auch vermittelt wird. Die Entdeckung dessen, was man unter Concetti verstand, wurde dem Sokrates zugeschrieben. Er hatte nämlich eine Anschauung der Dinge in Begriffen. Plato und vor allem dann Aristoteles dachten in Concetti, denn durch diese konnte das Sein definiert werden. Literarisch-künstlerische Concetti setzen die scholastischen Denkweisen voraus, vor allem aber die Poetik und Rhetorik des Aristoteles. 1542 sind Concetti und die Acutezza bei Sperone Speroni in der *Retorica*, 1639 bei Matteo Pellegrini in seiner *delle Acutezze*, 1648 bei Balthasar Graciàn die *Agudeza y Arte de Ingenio* beschrieben, so wie etwas später beim zitierten Tesauro. Immer ist die »Concettosità« eine Dialektik der Redeteile oder genereller der Künste, die sich im wesentlichen in den Metaphern ausdrückt. Diese Argutie geht (nach Tesauro) aus drei Operationen des Intellektes hervor. Eine ist die einfache Metapher, »unica radice di tutte le Argutezze«; die zweite Operation sind die »Metafore continuate«, die Sätze, in denen etwa die Allegorie gebildet ist, und die dritte Operation ist aus der Argutia, die aus dem Argument besteht, entsprungen dem menschlichen Geist.

Acht Möglichkeiten einer »guten« Wendung kennt Tesauro: Eine ist die Proportion, durch die man ein Objekt im Vergleich erkennt, die Attribution, wodurch man ein Objekt schnell durch einen damit verbundenen Gegenstand erkennt. Die Zweideutigkeit gibt einen Concetto durch die Ähnlichkeit im Namen. Die Hypotyposis erstellt vor den Augen jedem Wort seine Bedeutung. Die Hyperbel verbreitert die Rede. Der Lakonismus benennt eine Sache und bezeichnet die andere. Die Opposition erhellt schnell einen Widerspruch durch einen anderen. Dann noch die Täuschung, die darin besteht, daß man den Hörer glauben macht, man wolle etwas sagen, und dann mit etwas anderem endet.

1954 stellte Tagliabue eine überzeugende These im Hinblick auf diese Art von künstlerischem Conzeptismus vor.[38] Dieser sei in der Renaissance aus einer Krise und Störung des Gleichgewichtes zwischen dem »docere« und »delectare« entstanden. Rhetorik sei jetzt im Barock auf die reine »delectatio« reduziert und mit der Dialektik in eines gefallen, das Enthymen sei zum dialektischen Syllogismus geworden. Enthymen bedeutet *das im Geiste, im Kopf Befindliche*, es ist der verkürzte und vorausgesetzte Schluß in der traditionellen Logik. In der barocken Praxis sieht das (sehr vereinfacht) etwa so aus: Aristoteles wird dem

Buchstaben nach interpretiert. Die drei Teile der Rhetorik, inventio – docere, dispositio – movere, elocutio – delectare streben zu den drei Teilen der Poetik (Mythos, Peripetie, Poetische Sprache) durch drei Funktionen (Mimesis, Pathos, die Meraviglia i.e. das Wundersame).

Die Krise entstand jetzt allerdings da, wo die zwar immer zitierte, aber nicht mehr sehr wirksame Inventio schwächlich wurde. Als Ersatz zog man Ordnung und Ornamentalisierung vor, Dispositio und Elocutio. Der Concettismo ist jetzt auf der Suche nach Invention, und er muß das ersetzen, was bei Aristoteles die Endoxa waren, der Bezug auf das Allgemeine. Von Aristoteles bekam es den Sinn der »metafora concettosa«, von Cicero den der »elocuzione arguta«. Ekel vor dem Einfachen, Plebejischen führt zur Meraviglia, geboren aus der Peripetie, und zum zweideutigen »utile-dulce, prodesse-delectare«. So entsteht der barocke Concetto, ein Paradoxon, nicht reines Ornament und nicht reines Delektieren, immer eine Kontraposition von Begriffen, eine dialektische Rhetorik. Durch den Mißbrauch von Spezialmetaphern (für Aristoteles ist die Metapher das normale Verständigungsmittel) des dialektischen Ornates zum ästhetisierenden, »giuco« des »ingegno«, der Vergnügen bereitet.[39] In einem Concetto spielt die Bildvorstellung schon deshalb eine große Rolle, weil im Bild metaphorische Qualitäten vorhanden sind. Es ist sicherlich kein Zufall, daß jetzt, im sogenannten Concettismo, auch Kunstwerke, Bilder zum Ausgangspunkt von arguten, emblematischen Konzepten gemacht wurden. Das beste Beispiel findet sich beim Haupt des italienischen Concettismo, Gian Battista Marino. Seine Dichtung *La Galleria*, 1619 gedruckt, beinhaltet 600 einzelne Gedichte, Sonette, Madrigale, eingeteilt in »Favole, Historie, Ritratti, Capricci, Statue und Relievi, Modelli, e Medaglie«. Dabei ist der Concetto der einzelnen Dichtungen jeweils aus Bildern entwickelt, Kupferstichen vor allem und Zeichnungen (etwa Lodovico Carraccis, Tizians, Caravaggios). Es handelt sich um keine Bildinterpretationen, vielmehr gibt die im Bild vorhandene Fabel wie ein »icon« den Gegenstand für einen emblematischen Concetto ab.[40]

# Cesare Ripa:
# Die allegorische Personifikation

In der Geschichte der ikonographischen Kunstwissenschaft war die Wiederentdeckung der *Iconologia* des Cesare Ripa durch Emile Mâle geradezu eine Sensation. Als er 1927 mit Hilfe dieses Buches allegorische Komplexe zu entschlüsseln begann, taten sich ganz neue Möglichkeiten für die Barockforschung auf.[41]

Wenn Cesare Ripas *Iconologia* in barocker Zeit zu einem vielbenutzten Handbuch wurde, dann entsprang das zweifellos den Intentionen des Autors, zunächst jedoch war sein Vorhaben weniger pragmatisch, ein gelehrter Systematisierungsversuch ähnlich den Inventionen eines Alciati oder anderer Emblemerfinder. Über die Person Ripas wissen wir nicht viel. Er dürfte gegen 1560 in Perugia geboren sein und kam in jungen Jahren nach Rom an den Hof des Kardinals Antonio Maria Salviati, wo er Truchseß war, ein Amt, das er später auch an anderen Höfen ausübte. Dem Kardinal ist dann auch die *Iconologia* gewidmet, die solches Aufsehen machte, daß Ripa vom Herzog von Savoyen den Orden der Hll. Maurizius und Lazarus verliehen bekam. Ripas Todesjahr ist nicht genau bekannt, jedenfalls nennt ihn die Auflage der *Iconologia* von 1625 bereits als verstorben. Sein Freund Giovanni Zarettino Castellini nahm eine Neubearbeitung und Erweiterung des Buches vor.[42] Wie der spätere Tesauro wollte er Verbindlichkeit herstellen in dem so weiten Feld der Bildsymbolik: *Die Bilder, gemacht, um etwas zu bezeichnen, was davon verschieden ist, bei denen gibt es keine sicheren Anhaltspunkte und keine verbindlichen universellen Regeln, es sei denn bei dem, was wir in den Büchern, Medaillen, Marmorwerken der Römer und Griechen und auch noch älterer Völker finden und nachahmen können*[43]. Auch der Untertitel der *Iconologia* ist deutlich: Ripa will entsprechende Bilder aus der Antike sammeln und solche erfinden, um sie auch zu erklären. Ripas Erfolg hat sicherlich seinen Grund darin, daß er sich nicht an den Redner oder Prediger wandte, sondern *à Dipintori,* [i.e. die Maler] *overo à quelli, che per mezzo di colori, ò d'altra Cosa visibile possono rappresentare qualche cosa differente da essa.* Zunächst, in der ersten Auflage von 1593, war die *Iconologia* ein kleines Büchlein mit hundert Allegorien und noch ohne die Holzschnitt-Illustrationen, die erst in der Ausgabe von 1603 hinzukamen, so wie auch weitere vierhundert Beispiele. Jetzt war ein Bestseller entstanden, der bis ins 19. Jahrhundert hinein Neuauflagen und vor allem Übersetzungen in viele Sprachen und auch Zusätze erfuhr.[44] Ripas Rekurs auf Aristoteles ist deutlich und bestimmt auch seine allegorische Konstruktion. Sie sollen als Definition einen Denkakt leisten und auf die vier aristotelischen »causae« zurückgeführt, die causa materialis, causa efficiens, causa formalis und causa finalis. Richtig gedacht, konstruiert ist eine Allegorie, wenn die Qualität, die vierfache causa, die Eigentümlichkeit und die Akzidentien in der Definition bekannt werden. Dann erst kann mit Hilfe der Ähnlichkeit das gute Bild geschaffen werden. Dabei gehören der »materia« die einzelnen Bilder zu, die Grundlage der Allegorie sind. Gut ist eine solche vor allem, wenn ein einziges Bild zur Anschaulichmachung eines Begriffes genügt. »Efficiente« ist die Umsetzung der einzelnen Bilder in die Form der Allegorie, »forma« die endgültige Gestaltung eines Bildes mittels der Attribute, und »fine« als Zweck der Form besteht darin, den abstrakten Begriff anschaulich zu machen. Nur der Mensch, die menschliche Gestalt, kann diese Definition leisten: *Percioche, si come l'huomo tutto è misura di tutte le cose, secondo la commune opinione de Filosofi, & d'Aristotile in Particolare, quasi come la definitione è misura del definito, cosi medesimamente la forma accidentale delle apparisce esteriormente d'esso, può esser misura accidentale delle qualità definibili, qualunque si siano, ò dell'anima nostra sola, o di tutto il composto*[45] – Bilder, die nicht die Gestalt des Menschen tragen, sind schlecht bestimmte Bilder, weil kein Hauptkörper vorhanden ist, der analog zum Definieren die Funktion der Definition erfüllen kann.[46]

Die Alten kannten einst mehrere Wege, um einzelne Allegorien »herzustellen«. Neben bestimmten Attributen sind es auch bestimmte Erscheinungsformen des Menschen, die dazu dienen, und die in Dispositionen und Qualitäten unterschieden werden können. Disposition ist dabei der Ausdruck, der sichtbare psychische Affekt, der etwa im Gesicht erscheint, wie Weinen oder Lachen; während Qualitäten dasjenige sind, was von der Sache nicht abgetrennt werden kann, ohne diese zu zerstören, wie die Farben oder die Proportionen oder die Altersstufen. Schon in der Einleitung bringt Ripa auch Beispiele für seine Art der definierenden Konstruktion. Dabei zeigt sich auch, daß er mit Hilfe antiker Beispiele eine breite Basis der Verständigung sucht. Für die Stärke, Fortezza, wählt er die Säule, weil diese an den Gebäuden alles zusammenhält und stützt, unverrückbar ist, und so ist die Stärke im Menschen, schweres Schicksal und alle Schwierigkeiten zu ertragen. Für die Beredtheit, Rettorica, wählt er das Schwert und den Schild, denn wie der Soldat sein eigenes Leben damit verteidigt oder angreift, so geht der Redner mit seinen Argumenten vor.

Für die Praxis der barocken Bildnerei war in der Tat keine Symbolform so geeignet wie diese Art der allegorischen Verkörperungen Ripas. Das beruht auf dessen besonderem System der Konstruktion, das eben »Verkörperungen« herstellt, die Begriffe an den menschlichen Körper bindet. Damit zusammen hängt die Nähe zur Antike, d. h. daß die Konstruktion sich dieser Verkörperungen griechischer und römischer Vorleistungen bediente und vor allem die Gestalten des Mythos als allegorische Verkörperungen miteinbezog. Damit gab es eine moderne »Interpretatio christiana«

*des Emblémes.* 227

Vn Ours qui lutte avec un Lion, a auſſi je ne ſçay quoy de fier, d'animé & de genereux, qui plaiſt davantage que pluſieurs autres figures.

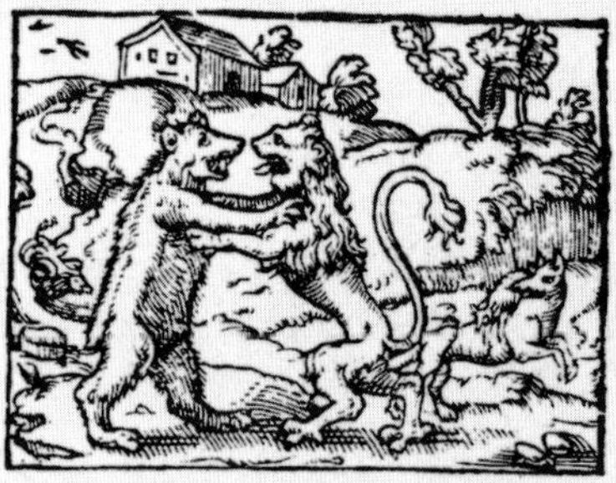

Les Chiens ſont auſſi des animaux domeſtiques dont la vûë eſt agreable, & dont la peinture eſt propre à faire de beaux Emblémes.

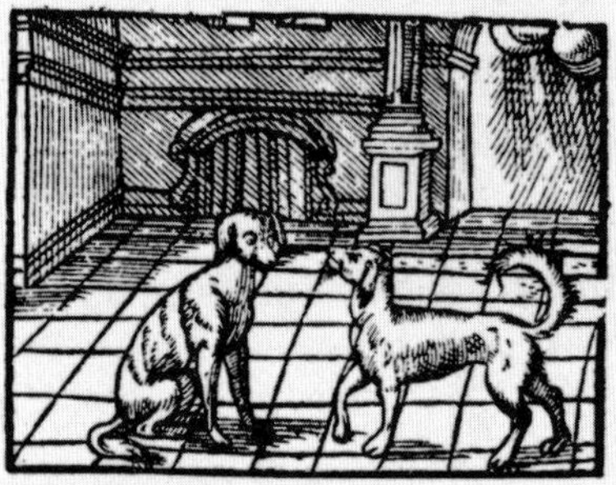

Il y a des diſpoſitions extraordinaires des figures, qui donnent de la nouveauté à ces images. Comme celuy qui a fait un

P ij

56 Holzschnitt aus *L'Art des Emblemes* von C.-F. Menestrier, 1684

# Claude-François Menestrier: Die emblematische Struktur des Bildes

Die Malerei, meint Menestrier mit Horaz, sei dem Geiste sehr hilfreich, wenn sie ihre Gestalten so weise disponiere, daß diejenigen, die sie betrachten, nachdenklich werden.[47] Das horazische Wort von »ut pictura poesis«[48] war bereits zu einem Schlagwort geworden, das es theoretisch zu erläutern galt. Aber man war sich einig, daß nichts sosehr die Vorzüge jener Identität von Bild und Wort besäße wie die Kunstform des Emblems. Nichts sei besser geeignet, den Geist zu formen und zu belehren als die »Inventions Emblematiques«: *J'appelle inventions Emblematiques ces Inscriptions ingenieuses qui se mettent sur les Cadrans, sur les Fontaines, sur les Cheminées, sur les portes des Jardins, & sur les ouvrages publics, où elles nous font des leçons & des Instructions Morales, par l'application des proprietez du Soleil, de l'ombre & des heures, de l'écoulement des eaux, de la fumée, du feu, & du peu de durée des fleurs avec la briéveté de la vie, la rapidité du temps, & la conduite des moeurs & des actions civiles ...*[49] Menestrier kennt noch viele andere Anwendungsgebiete für derartige Inventionen, die zu einer »Philosophie des images« gehören. *In der modernen wissenschaftlichen Terminologie ist Emblem ein Sachbegriff, der, an die antike Wortbedeutung anknüpfend, auf den synthetischen Charakter der Kunstform aus den scheinbar unvereinbaren Elementen Wort und Bild hinweist und ausschließlich eine besondere Form bildlich-literärer Gestaltungen bezeichnet.* Die moderne Definition[50] nennt auch die verschiedenen Bestandteile eines Emblems: *a) Lemma; b) Icon; c) Epigramm. Diese formale Struktur des Emblems bezeichnet die strenge Form, wie sie durch Alciati im ersten Drittel des 16. Jahrhunderts geprägt wurde und grundsätzlich für die Folgezeit verbindlich blieb ... Das Lemma ... ist ein knapper Ausspruch, dessen Inhalt eine bedenkenswerte sittliche oder ethische Wahrheit ... einen Wahlspruch oder eine Lebensregel bietet ...* Die Funktion des Epigrammes im Emblem ist es, das durch Lemma und Icon gestellte Rätsel aufzulösen oder wenigstens seine Auflösung zu erleichtern. Häufig hat der mit einem Emblem konfrontierte selbst jedoch die Stelle des Epigramms einzunehmen, d. h. in der Auflösung, oder besser gesagt, in der Lösung einer emblematischen Aufgabe, also in der Dechiffrierung, vollzieht sich ein Akt der Erkenntnis. *Man hat sich landläufig angewöhnt, das Emblem als synästhetisches Gebilde zu verstehen, deren Teile – Motto, Icon und Epigramm – so geartet sind, daß jeder von ihnen für sich genommen unvollständig ist und sie erst im Zusammenblick aller drei zu einem sinnvollen Ganzen werden,*[51] die dreihundertjährige Geschichte des Emblems zeigt jedoch, daß im Verhältnis dieser Bestandteile Änderungen auftreten konnten. Das Epigramm, ursprünglich als eigentliche Aussage Grundlage des Emblems, konnte in den Hintergrund treten oder aufgegeben werden.[52] Bei Menestrier besteht das Emblem aus zwei Teilen (Abb. 56): *aus dem Wohlgefälligen Bild für das Auge und dem geheimen offenzulegenden Sinn für den Geist. Den geheimen Sinn, der, im rätselhaften Bild verborgen, doch eigentlich das Ziel der Belehrung ist, eröffnen in der Regel Motto oder/und Epigramm. Sie entdecken dem Betrachter die allgemeine Bedeutung des in der Icon dargestellten Besonderen oder verweisen zumindest auf eine allgemeine Moral.*[53] *On donne ordinairement trois parties aux Emblêmes, la Peinture, le Mot, & les Vers. La Peinture est tirée ou des choses naturelles, ou de la Fable, ou de l'Histoire, ou des Corps Symboliques, ou des Images Poëtiques ...*[54]

Ohne den Glauben an eine magische Verbindung der einzelnen Bestandteile eines emblematischen Symbols ist dessen große Beliebtheit kaum denkbar. Recht anschaulich hat es Filippo Picinelli formuliert,[55] wenn er von einer »sympathetischen« Übereinstimmung von Lemma und Pictura, vergleichbar einer Ehe, spricht. Dabei werden beide Teile mit corpus und anima, materia und forma in Beziehung gesetzt, was nicht neu ist, aber wieder einmal die Macht des aristotelischen Denkens bezeugt. Corpus und anima, pictura und Lemma verhalten sich wie Literalsinn und Spiritualsinn zueinander – und bilden zugleich eine Einheit. Picinellis *Mundus symbolicus* ist der Versuch, den ganzen Kosmos, des Corpora, also die ganze Dingwelt auf ihren »eigentlichen«, den spirituellen Sinn hin zu befragen. Es ist eine Enzyklopädie, in der das ganze Wissen von der eigentlichen Bedeutung aller Gegenstände eingebracht ist. Grundlage dieses emblematischen Systems ist die Metapher. Die Metapher leistet – etwa in der Icon – eine gewisse Ähnlichkeit. *Die Metapher macht das durch die Ähnlichkeit Erklärte in gewisser Weise bekannter. Denn wer sich einer Übertragung bedient, gebraucht sie auf Grund irgendeiner Ähnlichkeit* – ein Satz von Aristoteles,[56] der in späteren Argumentationen immer wieder aufscheint. Ebenfalls bei Aristoteles ist schon zu finden, was im Barock die emblematische Struktur bestimmen sollte: Daß es Vergnügen bereitet, wenn eine Brücke geschlagen werden kann zwischen weit auseinanderliegendem Significandum und Signifikat. *Die Icon bietet als Metapher, so wird man sagen, eine angenehme und das Auge fesselnde Maske oder einen Schleier, hinter der sich eine Wahrheit verbirgt. Sie ist, um Worte Martin Luthers zu gebrauchen, eine ‚luestige Luegenfarbe' durch die man zur Wahrheit betrogen wird. Und in der Entlarvung der Icon als ‚nur' Bild, als Metapher für etwas anderes, im Aufheben einer Täuschung also, erfährt der Mensch angenehme Belehrung. Emanuele Tesauro, der dies wie vieles andere am deutlichsten gesehen und ausgesprochen hat, meint, der Mensch habe ein angeborenes geheimes Vergnügen daran, getäuscht zu werden, denn der Übergang von der Täuschung zur ‚Enttäuschung' sei ein unerwar-*

*teter und deshalb angenehmer Lernvorgang. Das Bild bietet Sinnenreiz und weckt die Neugier, wird aber bald als Mittel des Aufstiegs zu Geistigem zurückgelassen.*[57] So ist eine Ausweitung des konventionellen Emblembegriffes möglich. Jedes Gebilde kann ein Gleichnis abgeben, ist Metapher. Jedes Gemälde etwa ist nur sinnvoll, wenn es Icon ist in dem Sinn, daß es Metapher ist und in einer geistigen Operation in seinem Sinn auf einen Begriff hin gelesen werden will. *Nulla res est sub Sole, quae materiam Emblemati dare non possit* schrieb 1687 Bohuslaus Balbinus.[58] Die Inflation in der Metaphorik war ungeheuer. *Wenn also der Dichter mit Hilfe der Metapher perspektivische Durchblicke auf die Wirklichkeit geben soll, rückte ihn Tesauro damit nicht nur in die Nähe des barocken Malers, der sich der Illusionsperspektive bediente, sondern deutet zugleich an, daß jede Kunst eine Illusion der Welt vermittelt, d. h. in ihrem Wesen theatralisch ist. Unter der Perspektive der Metapher ist die Welt der Erscheinungen ein Theater voller Wunder: ‚E questo è quel veloce e facile insegnamento da cui ci nasce il diletto: parendo alle mente di chi ode, vedere in un vocabulo solo, un pien teatro di meraviglie'*. Zugleich wird gerade bei Tesauro auch die große Gefahr des bloßen Scheins und der Lüge sichtbar. Wenn er über die schon erwähnte Metapher der Täuschung spricht, treibt er das barocke Spiel mit der Metapher zu den äußersten Konsequenzen. Mit der Metapher, die zum Scherz den Verstand täuscht und ihm durch die Möglichkeit, die Täuschung zu entdecken, ein geheimes Vergnügen bereitet, – ein Vergnügen, wie man es angesichts der Entdeckung eines Taschenspielertricks empfindet – vollzieht Tesauro eine absolute Trennung zwischen den lediglich den Einfällen der Phantasie folgenden »argomenti metaforici« und den den Gesetzen der Logik gehorchenden Argumenten der Dialektik. Während diese der Wahrheitsfindung dienen, wollen jene nur unterhalten: *rallegrare l'animo degli Uditori con la piacevolezza, senza ingombro del vero*. Die Argumente der Täuschungsmetapher, »argomenti urbanamenti fallaci«, halten einer näheren Prüfung nicht stand *come le mele del Mar Negro, di veduta son belle e colorite; ma se le mordi, ti lasciano le fauci piene di cenere e di fumo*. Buck: *Wo vor dem Barock in der dichtungstheoretischen Tradition von Lügen die Rede gewesen war, bedeuten sie dem Gesetz der Wahrscheinlichkeit unterworfene Fiktionen des Dichters, Lügen, hinter denen sich die Wahrheit verbirgt; Tesauro jedoch empfiehlt die Lüge als ‚das willentlich gesetzte Falsche und Sinnwidrige, die absolute Unwahrheit, den höchsten Selbstgenuß des ingeniösen Witzes'. ‚Tachè io conchiudo l'unica lode delle argutezze consistere nel saper ben mentire'. Die mit dem Barock einsetzende Distanzierung der Dichtung von der Wahrheit ist damit an ihrem äussersten Punkt angelangt. Im Rausch des ‚metaforeggiare' – der Ausdruck kam damals auf – wurde das letzte Band zwischen dichterischer Phantasie und Wirklichkeit zerschnitten. Das ‚Verbum' hat die ‚Res' völlig verdrängt. So fruchtbar die Befreiung der dichterischen Phantasie von allen Bindungen für die Ausbildung der modernen Ästhetik gewesen ist, konnte doch der Dichter nicht auf die Dauer den Kontakt mit der Realität entbehren*[59].

Man versuchte der metaphorischen Inflationsgefahr auch dadurch zu entgehen, daß man aus den Emblemen oder Allegorien die niederen Gegenstände zu tilgen suchte, wobei man sich auf Cicero berufen konnte,[60] am allgemeinen Prinzip und dessen Gefahren änderte das allerdings wenig. In Walter Benjamins Dissertation über den Ursprung des deutschen Trauerspieles finden sich Sätze, die auf diese Inflation der Symbolik gemünzt sind: *Dieser Umstand führt auf die Antinomien des Allegorischen, deren dialektische Abhandlung sich nicht umgehen lässt, wenn anders das Bild der Trauerspiele beschworen sein will. Jede Person, jedwedes Ding, jedes Verhältnis kann ein beliebiges anderes bedeuten. Diese Möglichkeit spricht der profanen Welt ein vernichtendes doch gerechtes Urteil: sie wird gekennzeichnet als eine Welt, in der es aufs Detail so streng nicht ankommt. Doch wird, und dem zumal, dem allegorische Schriftexegese gegenwärtig ist, ganz unverkennbar, daß jene Requisiten des Bedeutens alle mit eben ihrem Weisen auf ein anderes eine Mächtigkeit gewinnen, die sie den profanen Dingen inkommensurabel erscheinen läßt und sie in eine höhere Ebene hebt, ja heiligen kann. Demnach wird die profane Welt in allegorischer Betrachtung sowohl im Rang erhoben wie entwertet*[61].

## Beispiele »arguter« Concetti

### Galleria Pamphilj

Die bildliche Ausstattung der Galleria Pamphilj in Rom durch Pietro da Cortona beruhte auf einem Konzept, dessen typische Vielschichtigkeit von Rudolf Preimesberger aufgedeckt wurde.[62] 1574 war Giambattista Pamphilj im Vicolo di S. Agnese geboren worden, also in dem Bereich der Piazza Navona bzw. des Pasquino, wo seit dem 15. Jahrhundert ein Familienpalast entstanden war. Pamphilj durchlief die geistliche Laufbahn, wurde Kardinal. Aus der Ehe seines Bruders mit Donna Olimpia Maidalchini gab es einen Sohn Camillo. 1644 wurde Giambattista Pamphilj Papst und nannte sich Innozenz X. Seinen Neffen bestimmte er zunächst als weltlichen Nepoten, er wurde General der Kirche, Oberbefehlshaber der päpstlichen Flotte, aber 1644 wurde er dann in das Kardinalskollegium aufgenommen, dann wurde er wieder dispensiert, um heiraten zu können. Gerade in dieser Zeit wurden neue Ankäufe für das Grundstück an der Piazza Navona getätigt, hatte man Pläne für den Palastbau. Es seien hier die

Planstadien und Entwurfsstufen übergangen. Hauptbestandteil der neuen Räumlichkeiten war schließlich die große Galleria. Sie war der Sala Regia des Vatikans ähnlich und trug zunächst ein Deckenbild des Giovanni Antonio Gallo, genannt Spadarino, das aber wieder abgeschlagen wurde, als man den Auftrag einer Freskierung an Cortona gab. Der wurde offenbar 1650 für den Auftrag gewonnen. Inzwischen war Camillo Pamphilj, der Nepot, wegen seiner Heirat einigermaßen in Ungnade gefallen, wurde aber wieder aufgenommen. Jedenfalls ist festzustellen, daß, nachdem Innocenz auch mit dem anschließenden Bau der Kirche von S. Agnese hatte beginnen lassen, der Palast mit seiner Galerie zur päpstlichen Hofhaltung bestimmt war. Und für die Galerie wurde nun als Thema das römische Epos schlechthin, die Aeneassage vorgesehen: *In dem repräsentativsten Raum eines römischen Familienpalastes, der zudem zur päpstlichen Residenz bestimmt war, dürfte der Gestalt des Gründers des römischen Weltreichs und seinem Weg nach Latium eine besondere Funktion und eine besonders geartete Aussage zukommen … Einige der Motivationen, die zu dem Entschluß führten, lassen sich vermuten. Eine erste liegt wohl darin, daß Vergils Gedicht, ‚dessen eigentlicher Held Rom ist' (Zitat nach Klingner) den angemessenen Hinweis auf Romanitas und Antiquitas der Papstfamilie darstellt. So wie andere herrschende Familien besaßen auch die Pamphilj eine pseudohistorische Genealogie, die bis in die mythische Vorzeit zurückreichte. Ahnherr der ‚Gens Pamphilia' ist ihr zufolge der von Herkules abstammende Dorerkönig Pamphilos, der die Peloponnes erobert. Seine Nachkommen werden aus Sparta vertrieben und siedeln schon vor der Ankunft des Aeneas im Sabinerland. Numa, der Priesterkönig, der den Römern Religion und Sitte brachte, ist, wie sein durch Überlieferung korrumpierter Name ‚Pompilius' beweist, ein ‚Pamphilius'. Seine Nachkommen haben in Republik und Kaiserreich hohe Magistrate. Mit dem Imperium übersiedelt die Familie nach Norden in das Frankenreich. Doch kehrt sie im Mittelalter nach Italien zurück und wird in Gubbio ansäßig. Hier geht die geschichtliche Fiktion allmählich in echte geschichtliche Überlieferung über. Im Gegensatz zu manchen Päpsten von auswärts haben die Pamphilj die Romanitas ihrer Familie allem Anschein nach besonders betont. So erklärt sich die auffallende Insistenz auf römische Themen in Bauform und Ausstattung der Villa Belrespiro und in der Ausstattung wichtiger Räume des Familienpalastes*[63]. Cortonas Fresken in der Galleria des Palastes sind aus einem Concetto hervorgegangen, der um den Antetypus des Aeneas enwickelt wurde. *Bekanntlich besteht das Wappen des Papstes aus einer Taube mit dem Ölzweig im Schnabel und drei Lilien. In der Panegyrik wird das Wappen des Fürsten als die Verbindung und Versöhnung seiner Bestandteile und der durch diese symbolisierten Werte interpretiert … Da die Taube der Venus, die Lilie der Juno und der Ölzweig der Minerva heilig ist, verbinden und versöhnen sich im Zeichen Pamphiljs die drei*

*Göttinnen. Dies ist der Inhalt eines panegyrischen Gedichtes, das anläßlich der Wahl Innozenz' X. von Baldassare Bonifacio herausgegeben wurde: Entzweit waren Juno, Venus und Minerva, weil sie für Griechen und Trojaner Partei nahmen. Doch nun, da sie den Penaten der Pamphilj anhängen, verbindet Liebe sie zu ewiger Eintracht und Bündnis ... Die Entzweiung der Göttinnen verkörpert sich geschichtlich im Urteil des Paris, durch das der trojanische Krieg entsteht, den die Ilias dichterisch überliefert. Doch auch die Versöhnung der Göttinnen ist geschichtlich verkörpert: In der Aeneis. Vergils Epos von der langen Fahrt des Aeneas in das latinische Land ist nichts anderes als die Geschichte vom Kampf und der schließlichen Versöhnung der Göttinnen: Venus, die ihren Sohn dem Land der Verheißung, Italien, und der ihm vom Schicksal vorherbestimmten Friedensherrschaft über die Erde entgegenführt, gegen Juno, die Freundin der Griechen und Karthager, die die Trojaner haßt, weil sie ihrer Berufung folgen und einst beide Völker unterjochen werden. Die Lösung dieses Konfliktes, dessen gottgewollte welthistorische Folge die Friedensherrschaft Roms im Imperium und in der Kirche ist, ist das Thema des Mittelfeldes der Galeriefresken: In dem Augenblick, da Aeneas nach langen Fährnissen, die ihm Juno bereitet hat, zum letzten Kampf um das latinische Land mit Turnus antritt, in diesem Augenblick, da sich die künftige Weltherrschaft der Römer im Imperium und in der Kirche entscheiden soll, versammeln sich im Olymp die Götter. Noch einmal war der Streit der Göttinnen aufgeflammt. Doch nun umgeben sie versöhnt Jupiter, Venus, die Mutter des Aeneas und Stammutter des römischen Volkes – die Taube; Juno, die endlich ihren Groll aufgegeben hat und dem Sieg des Aeneas und der Gründung des fromm-religiösen Volkes der Römer zugestimmt hat – die Lilie; Minerva, die bei Vergil nicht vorkommt, doch hier eingefügt ist, Freundin der Griechen und nun die versöhnte Freundin auch der Troer – der Ölzweig; während Jupiter sich der höheren Macht, dem Fatum, unterwirft und Aeneas siegen lässt. Dem zentralen Bildfeld – und, wie sich zeigen wird, dem Zyklus – ist ein heraldischer concetto der geschilderten Art unterlegt: Im Wappenzeichen Pamphiljs verbinden und versöhnen sich die zweigtragende Taube mit der Lilie, und diese Verbindung und Versöhnung verkörpert sich geschichtlich in der Versöhnung der Göttinnen in der Aeneis. Diese ist Verkörperung des Wappenzeichens Pamphiljs.*[64]

Bereits ein Wappen, Teile einer Imprese können so schon Wahrheit freilegen. Genauere Analysen Preimesbergers weisen nach, daß dieser heraldische Concetto auch der Bildauswahl in der Darstellung des Epos zugrunde liegt, des Aeneas Abstieg in den Hades und die Auffahrt nach Rom vollziehen sich im Zeichen des Zweiges, der den Zweig des Pamphiljwappens assoziieren läßt.[65] Das ist zunächst nichts anderes, als eine Anbindung des Mythos an das Haus bzw. die Person des Pamphilj, dessen Wappen im Mythos selbst eine Rolle spielte, wie die

Malerei und ihr Concetto schließlich beweisen. Aber es ist nicht so sehr der Mythos, der hier verbildlicht wurde, sondern die aus ihm zu ziehende moralisch-allegorische Auslegung. Dem war längstens vorgearbeitet, hatte doch Cristoforo Landino in seinen *Disputationes Camaldulenses* Vergil moral-allegorisch ausgelegt, wie es vorher schon im Mittelalter Ovid widerfahren war. Von da an war es, wie Preimesberger feststellt, geradezu unmöglich, die Aeneis anders denn als Moralisatio und Allegorese zu lesen. Sie wurde zu einer Art von Läuterungsepos, in dem die Befreiung der Seele aus den Fesseln des diesseitigen Lebens und ihr Weg zur eigentlichen Bestimmung geschildert wird. Aeneas ist der römische Odysseus, Symbol auch der Menschenseele, die sich in verschiedenen Stufen zur eigentlichen Bestimmung durchringt. Troja – Karthago – Latium sind die drei wichtigsten Stationen seines Weges, und diese drei geographischen Begriffe sind auch die Symbole ebensovieler Lebensarten: Das brennende Troja symbolisiert die vita voluptuosa mit ihren brennenden Leidenschaften. Ihr entsprechen Lebensinhalte der körperlichen Natur, wie Gesundheit und Stärke. Im Gegensatz zu seinem Bruder Paris, der in den Flammen umkommt, wird Aeneas von seiner Mutter Venus einer höheren Bestimmung entgegengeführt. Sie verkörpert den Amor divinus, der Aeneas nach dem sittlichen Ziel, der Kontemplation streben läßt. Karthago, das er an der Seite Didos mitgründen half, bedeutet die nächste moralische Station, die vita activa mit ihren Reichtümern und äußeren Glücksgütern. Durch ihre Beziehung zu Karthago ist Juno die Göttin der Herrschaft und der ihr folgenden Ehren. In der moralischen Allegorese steht die Göttin für den Ehrgeiz, die cupiditas regnandi oder ambitio. Durch sie ließ Aeneas sich in Karthago durch die Aussicht auf äußere Ehren festhalten. Schließlich durch Merkur den göttlichen Geist gemahnt, folgte er seiner höheren und eigentlichen Berufung, erreichte Latium und Rom, das sittliche Ziel der Kontemplation mit ihren Gütern der Seele, den ethischen und spekulativen Tugenden. Soweit die Allegorese Landinos, manches war humanistisches Gemeingut. So versah dann 1575 Giovanni Fabrini seine kommentierte Aeneisausgabe mit einem enormen Scholium und er bot dabei eine *espositione delle parole, delle favole, delle historie, e luoghi grammaticali* sowie *luoghi rettorici* in den *sensi fisici, allegorici e morali*. Mit anderen Worten: die Aeneis ist als rhetorische Metapher zu lesen. Was die Galleria Pamphilj betrifft, so konnte Preimesberger aufzeigen, daß die hier gemalte Aeneis ebenso gelesen werden sollte. Die Irrfahrten des Helden sind moralische Irrfahrten, erst in ihrem Verlauf entwickelt sich sein Charakter. Die letzte Station ist die Erreichung der vita contemplativa. Aber auch dieses »itinerarium mentis« stellt nicht die letzte metaphorische Schicht in der Auslegungsmöglichkeit dar. Es scheint noch einen weiteren Sinn zu geben, das wäre dann, schließt man sich den Modalitäten der vierfachen Lesbarkeit der Heiligen Schrift an, der »mystische oder anagogische Sinn«. Das gemalte Epos dürfte als

Präfiguration des gottgelenkten Schicksals der römischen Kirche und des Papsttums zu sehen sein. Göttliche Providenz – Rom – Kirche – Papsttum – Pamphilj: mit diesen konvergierenden – im Bild vielfach identischen – Begriffen scheint das Thema umschrieben zu sein, das als das eigentliche und bestimmende hinter dem Aufbau steht. *Bekanntlich hatte bereits Vergil in seinem Epos das augustäische Rom als Ziel einer von Urzeiten her göttlich gelenkten Geschichte gesehen und in dem Abstieg des Aeneas in die Unterwelt und der Offenbarung künftiger Weltherrschaft, die ihm dort zuteil wird, Anfang und Ende dieses Vorgangs in eins zusammengefaßt. Unter demselben, aber radikal neu akzentuierten Providenzgedanken steht die christliche Sicht Roms: das römische Reich hat seine positive providentielle Rolle nur im Heilsplan. Das augusteische Rom ist nicht Ziel, sondern vorbereitende Macht im größeren Zusammenhang. Es ist zum Sitz der Kirche vorbestimmt … Aeneas, zum Vater des Imperiums ersehen, ist deshalb auch Ahnherr für Kirche und Papsttum.*

Die Argumentationweise der Bilder kann Preimesberger durch folgendes Beispiel belegen: *Drei Episoden des berühmten sechsten Buches sind in dem Fresko dargestellt: Der Abstieg des Aeneas in Begleitung der Sibylle, die Begegnung mit Cerberus und die Begegnung mit Anchises. Diese sehr klare dreiteilige Bildstruktur legt es nahe, auch eine dreiteilige Bedeutungsstruktur zu vermuten, beziehungsweise in den drei Episoden den Hinweis auf drei verschiedene Bedeutungskomplexe zu erwarten: Aeneas ist, auf seinen tiefsten anagogischen Sinn hin betrachtet, ein Bild Petri und des römischen Papstes. Mit dem kompositorisch so eigenartig betonten und isolierten Motiv des Cerberus am Eingang des Hades ist offenbar auf den Bedeutungskomplex ‚Pforten der Hölle' angespielt. Im dritten Motiv schließlich, der Gestalt des Anchises, die im Hintergrund im lichten Widerschein der seligen Gefilde wie eine Verheißung erscheint, wächst dem poetisch verrätselten Bild der Kirche und des Papsttums die providentielle historische Dimension zu. Mit der Gestalt ist nichts geringeres als der innere Höhepunkt der Aeneis, die Prophezeiung ewiger Weltherrschaft Roms, in das Bild eingeführt, in christlicher Sinndeutung Bild der Verheißung fortwährenden Bestandes der Kirche bis an das Ende der Tage, die zugleich die Verheißung fortwährender Weltherrschaft – ‚imperium sine fine' – der ewigen Stadt in Kirche und Papsttum ist*[66].

Sucht man in diesem Concetto nach dem Modus einer rhetorischen Argutezza, wird man bereits dort mit dieser konfrontiert, wo das Pamphilj-Wappen die metaphorischen Grundlagen für die Darstellung des Streites der Göttinnen liefert. Hier wird der Grund für die tragende Rolle der Aeneasgeschichte und dem Dechiffrierenden auch die geheime, aber doch eindeutige Verbindung zum Haus der Pamphilj offenbart. *Wie hängen diese verschiedenen Verständnisebenen im Bild zusammen? Es muß in Hinblick auf Cortonas ikonologische Technik wohl nicht besonders betont werden, daß die Fresken alles andere sind, als eine systematische Illustration der verschiedenen sensus, die dem Vergilschen Epos abzugewinnen sind. Keineswegs ist es aber so, daß von jedem einzelnen Bild zum wörtlichen ein allegorischer, moralischer und anagogischer Sinn abgehoben werden könnte. Es führt vielmehr bereits an einen wesentlichen Aspekt der künstlerischen Leistung Cortonas ... heran, wenn man beobachtet, wie in durchaus wechselnder Intensität, mit wechselnden Akzenten die einzelnen Sinnschichten allein oder in gegenseitiger Durchdringung zum epischen Charakter der Bilder hinzutreten ... Der tiefere Sinn, dem jedes Bild, jede Einzelheit des Zyklus allegiert ist, ist in der Gestalt der göttlichen Providenz gesammelt.*[67]

Zur Argutezza einer rhetorischen Argumentation – das unterscheidet ein derartiges symbolhaltiges Bild von einem Concetto etwa Tesauros – ist die Überzeugungskraft der sinnlichen Erscheinung getreten. Dazu bedurfte es einer theatralischen Aufführung des Concetto, einer Verlebendigung, die ihrerseits dann in einem dialektischen Prozeß den metaphorischen Gegenstand hinter sich läßt.

## Poussin, »Et in Arcadia ego«

In seiner Abhandlung über Poussin schreibt Bellori[68] von drei Bildern, gemalt für den Kirchenfürsten und Dichter Giulio Rospigliosi. Dieser schlug auch wohl die Themen vor – Allegorien der Vergänglichkeit und des Todes. Wahrscheinlich entstanden sie kurz vor 1640. Bellori beschreibt sie als »moral poesia«, was bemerkenswert ist, war doch der Begriff der »Poesia« gleichbedeutend mit »conceptionell«, »symbolhaltig«. Tizian beispielsweise nannte seine Bilder mythologisch-erotischen Inhalts mehrmals »poesie«.[69] Im Text Belloris ist das eine der Bilder als »il ballo della vita humana«, das zweite als »la verità scoperto del tempo« und das dritte als »la felicità soggetta alla morte« bezeichnet. Die »Veritas victrix« ist nur noch in Kopien überliefert und beschäftigte auch Bellori nicht sehr. Der »Tanz des menschlichen Lebens« und das »Et in Arcadia ego«, wie die Bilder auch tituliert werden können, gehören nach wie vor zu den klassischen Leistungen der Barockmalerei. Die Beschreibung Belloris (des dritten Bildes) kann man als ebenso klassisch lehrhaft lesen: *La terza moral poesia è la memoria della morte nelle prosperità umane. Finse un pastore della felice Arcadia, il quale, piegato un ginocchio a terra, addita e legge l'iscrizzione di un sepolcro scolpito in questi caratteri: ‚ET IN ARCADIA EGO'* (Abb. 57)*, cioè che il sepolcro si trova ancora in Arcadia, e che la morte ha luogo in mezzo le felicità. Evvi dietro un giovine inghirlandato che s'appoggia a quel sepolcro e guarda intento e pensieroso, ed un altro incontro s'inclina et addita le parole ad una leggiadra Ninfa vagamente adorna, la quale tiene la mano su la spallo di esso, e nel riguardavi sospende il riso e dà luogo al pensiero della morte*[70].

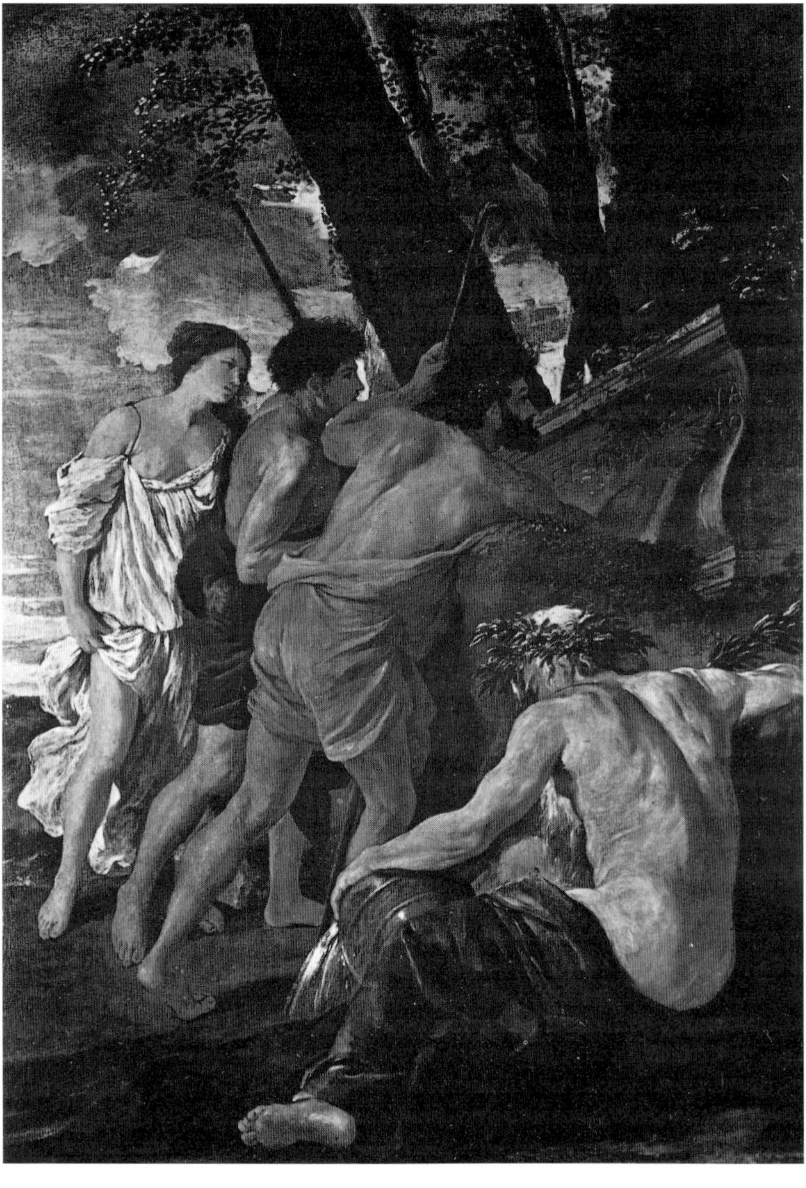

57 N. Poussin, Et in Arcadia ego, ca. 1630, Paris Louvre

Vor dem 17. Jahrhundert ist die Sarkophaginschrift nicht nachzuweisen, dann allerdings auf drei Bildern, einem von Guercino und dann den zwei Fassungen, die es von Poussin gibt. Das Bild Guercinos ist etwas älter und 1644 nachweisbar.[71] Offensichtlich handelt es sich in der Thematik und Bildlösung um einen barocken Concetto, in dem emblematische Strukturen auffallend sind. Der Sarkophag inmitten der Szene ist so etwas wie ein Eikon. Noch ist sein Sinn nicht deutlich; aber auch die Inschrift »Et in Arcadia ego«, das Lemma, ist für sich gelesen, noch rätselhaft. Wenn der Sarkophag, das Eikon und die Inschrift darauf ein Lemma abgibt, dann kann man hier auch das bei Emblemen als dritter Bestandteil vorkommende auflösende Epigramm gleichsam dargestellt finden in den Akteuren, die über den Sinn des Ganzen rätseln und denken. Ihnen wie uns erschließt sich in diesem hermeneutischen Prozeß eine Wahrheit als Sinn des ganzen Bildes: Auch in Arkadien gibt es den Tod. Die Frage, wer hier diesen Satz spricht und wie sie in der Interpretation von Erwin Panofsky beantwortet wurde, kann hier als zweitrangig angesehen werden. Wichtiger ist die Dialektik, die hier aus der emblematischen Argutezza sich entwickelt.

Nimmt man als gegeben an, daß auf diesem Bild der Schatten des einen Hirten wichtig ist, der sich auf dem Sarkophag abzeichnet und wohl auf die Malerei verweist und auf das Zeichnen und zugleich auch Saturn mit seiner Sense im Kontur anzudeuten scheint, ergibt sich folgender Bildsinn: *Beide Fassungen Poussins zeigen die Dialektik der Schrift. Sie hat Dauer, ist Überrest auf den Sarkophagen, die schon ruinös sind, ist reproduzierbar, und sie bezeugt den Tod. Ob nun der Tod der Autor sei oder der Tote, die Inschrift ist in jedem Fall testimonium mortis ... Die Gruppe auf der rechten Seite des Sarkophags erscheint als eine Auseinanderlegung und freie Paraphrase der Historia mit umgekehrter Richtung. Schreibt die Historia nach vorwärts zum Zeugnis des Vergangenen, das sie hinter sich erblickt, so leitet der Hirte, der sich zurückwendet, die Zeugnisse des Vergangenen, die Schrift und das Schattenbild, zu der stehenden Frau, der Gestalt der Reflexion. Durch die Paraphrase zur Historia, durch den Ausdruck der Frau und durch die Gruppe der Bäume, die ihr zugeordnet sind, wird dreifach der Inhalt der Reflexion ins Sichtbare gebracht: Es ist die Erfahrung der künftigen Vergangenheit in der Gegenwart. Der physiognomische Ausdruck ist der des Umschlags von Glück in Trauer. Bellori hat diesen Vorgang an der Frau gelesen und beschrieben: sospende il riso e dà luogo als pensiero della morte ... Die Gruppe auf der linken Seite des Sarkophags zeigt das einfache Glück und seinen Verlust. Das einfache Glück wird verloren im Lesen, im Erwerben des Namens durch die Schrift. Der Lesende ist der Wissende, und dieser ist die Beute Saturns und der Trauer ...*[72]

Dialektisch in hohem Maße ist auch das Umschlagen der arkadischen Schöheit in diesem Bild in die entsetzliche Wahrheit von der Vanitas alles Irdischen.

Ikonographisch ausgedrückt müßte das Ergebnis etwa so lauten: Ein Emblem legt hier in der hohen Form einer »historia« die unumstößliche Wahrheit vom unausweichlichen Tod frei.

## Velásquez, »Die Fabel der Arachne«

In einem Inventar eines Freundes von Velásquez, des Don Pedro de Arce, wird das wohl um 1656 entstandene Bild »Die Fabel der Arachne« (Abb. 58) genannt. Diese ist in der Tat im Hintergrund, vor dem dort aufgehängten Bildteppich dargestellt, während vorne Spinnerinnen, »Las Hilanderas« am Werk sind. Bei näherer Betrachtung ist es tunlich, die Anstückungen des 18. Jahrhunderts zu übergehen. Ursprünglich verlief die obere Bildgrenze etwas oberhalb des Teppichs. Das Bild stellt viele Fragen, seit überhaupt der Inhalt der Geschichte von Arachne und ihrem Übermut klar ist. Sie wurde aus Ovid genommen.[73] Pallas Athene war zu Ohren gekommen, daß die Lyderin Arachne unschlagbar sein sollte, was die textile Kunst betraf: *Mochte die rohe Wolle zunächst zu Knäueln sie ballen / oder sie schlichten darauf mit den Fingern, entfilzen mit langen / oft wiederholten Zügen die wolkengleichenden Flocken, mochte mit leichtem Daumen die glatte Spindel sie drehen, / mochte sie wirken in Bunt …* Pallas Athene verwandelt sich in eine alte Frau, die mit Arachne in Wettstreit trat, ehe sie sich zu erkennen gab. *Pallas webt in Farben den Hügel des Mars bei des Cecrops / Burg und den alten Streit, wer den Namen gebe dem Lande.* Anders bei Arachne: *Lydiens Tochter wirkt dagegen die von des Stieres Trugbild getäuschte Europa.* Pallas Athene sah sich von der Pracht dieses textilen Bildes geschlagen, zerriß den Teppich der Arachne, stach mit dem Schiffchen in deren Stirn, und als Arachne sich an der Schnur erhängen wollte, wurde sie von der Göttin in eine Spinne verwandelt. So sollte sie weiterhin ihrer Kunst dienen.

Es ist der Teppich der Arachne, der im Hintergrund des Bildes von Velásquez zu sehen ist, denn auf ihm erkennt man den Raub der Europa – und zwar so, wie ihn Tizian malte. Dessen Version, heute in Boston, befand sich damals in Madrid. Wir erkennen die gehelmte Pallas Athene mit ihrem Attribut, der Eule, und in der Mitte stehend Arachne. Nachdem es wohl keine barocke »poesia« oder »historia« gibt, die sich bereits in ihrem Literalsinn erschöpft, ist auch in diesem Fall die Frage nach dem emblematischen Sinn unumgänglich, zumal die Bildform allein verschiedene Bedeutungsebenen anzeigt.

Wie muß man sich den Concetto dieses Bildes wohl vorstellen? Mit Arachne kann zunächst ein Exempel für die perennierende Macht der Kunst vorliegen. Doch Arachne war auch hochmütig und undankbar gegenüber den Göttern, hatte sie doch ihre Kunst von Pallas selbst gelernt und sie später zum Wettkampf herausgefordert. Allein eine moralische Warnung vor Hochmut und Undankbar-

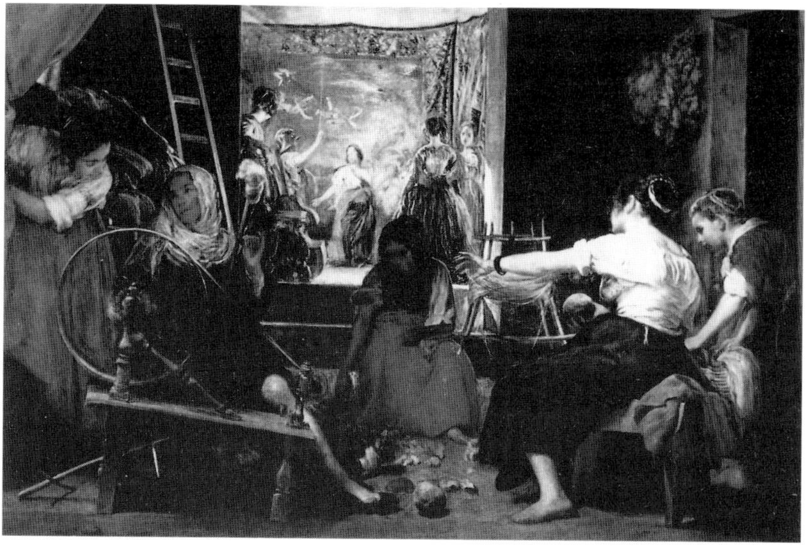

58 D. Velásquez, Die Spinnerinnen, ca. 1655, Madrid Prado

keit scheint bei diesem großen und auch repräsentativen Bild nicht der ausschließliche Sinn zu sein. Einen Hinweis erhalten wir durch das Lexikon des 18. Jahrhunderts,[74] das feststellt, unter Arachne sei die Natur zu verstehen, unter Pallas aber die Kunst, welche die Natur vervollkommne und somit übertreffe.

In seiner *Teutschen Mythologie* bemerkt Magnus Daniel Omeis zur Metamorphose der Arachne: *Andere bemerken bei diesem Gedicht folgende Sitten-Lehren: daß Arachne ihre Kunst von der Pallas erlernet, hernach aber solche Wolthat nicht allein undankbarlich gelaugnet, sondern auch so vermeßen gewesen, daß sie sich mit dieser Göttin, ihrer Lehrerin, in einen Wett-Streit einlaßen dürfen. Wodurch dann beschämet und bestraffet werden diejenige, so ihre gött- und natürliche Gaben und erlangte Künste allzusehr erheben, als ob sie etwas gutes von sich selbsten, und nicht von Gott hätten. Weil sie denn diesen verachten, so verfallen sie durch ihren Übermut in die eußerste Verachtung; und indem sie nur an ihrem Eigendünkel und eitlen Weltwesen Lust und Gefallen haben, werden ihre Werke mit nichts füglicher, als mit liederlich- und unnützen Spinnerweben verglichen. Etliche deuten diese Fabel auf die argutias Sophistarum, und geben vor, ideo invisam esse Palladi araneam, quod Sophistarum argutiae sapientibussint odosae. wie denn auch Antoninus Pius zu sagen pflegte, Sophisticas argutias similes esse aranearum telis: ut quae haberent plurimum artefici, sed minimum utilitatis*[75]. Die Spinnerinnen im Vordergrund werden schon länger und sicher zu Recht mit den Parzen identifiziert, mit den Mächten, die den unabänderlichen Lauf der Zeit bedeuten. Der Inhalt des Bildes kann demnach folgendermaßen angenommen werden: Die Künste sind »eitel Sophisterei«, wenn sie nicht in Gott begründet sind. Sie sind imstande, die Zeiten zu überdauern, die Natur zu vervollkommnen, aber sie sind von Gott gegeben, und wenn wir das vergessen, sind sie nur Spinnweben.

Gerade dieses Bild des Velásquez, drei Jahre vor dessen Tod gemalt, wurde auch als persönliche Metapher des Kampfes um Stellung und Anerkennung am Hofe gedeutet.[76] Es gibt zwar keine Indizien für eine Deutung als autobiographische Aussage, aber es ist sicherlich ein Concetto sichtbar, der einen Triumph der Künste beinhaltet. Gerade an diesem Beispiel zeigt sich aber auch, daß zur arguten Konzeption untrennbar die argute, also einfallsreiche und kunstvolle Ausführung gehört.

Bei Velásquez gibt es mehrmals eine quasi distanzlose Darstellung des Mythos in den Formen des Alltags. Das ist so in den »Trinkern mit Bacchus« (Prado, 1628) oder dem späten »Merkur und Argus« (Prado, 1659) wie dem »Mars« (Prado, 1640), wo jeweils eine Art von Entmythologisierung mit den Mitteln eines (caravaggesken) Realismus stattfindet, der Mythos in den erlebbaren Alltag verlegt ist. Auf vergleichbare Weise wird der Betrachter der »Spinnerinnen« zunächst in einen kahlen Raum, die Werkstatt der hier arbeitenden Frauen eingeführt. Ungewöhnlich ist allerdings, daß am linken Bildrand von einer Frau in energischer Bewegung ein roter Vorhang zur Seite gerafft wird, ein Vorhang, der nicht zur Ausstattung des Raumes gerechnet werden kann, sondern Bildvorhang ist, wie wir ihn vor allem in der niederländischen Malerei kennen,[77] wo er nachweislich auf einen »höheren«, metaphorischen Inhalt auch bei scheinbaren Genreszenen, hinweist. Nach hinten, über zwei Stufen erhöht, öffnet sich wie die Apsis einer Kirche ein heller Raum, an dessen Rückwand der Teppich mit der Arachne-Szene (nach Tizian) hängt, davor stehen Edeldamen, eine davon mit einem Cello; und zwar so, daß es schwer fällt, in der Substantialität zwischen diesen Damen und den zwei Akteuren auf dem Teppich zu unterscheiden.

Die Spinnerinnen auf der vordersten Bühne repräsentieren die wirkliche Handarbeit, wenngleich ihre Haltung und Gesten dem höher angesiedelten Repertoire der Kunst entstammen. Hinten, über den Stufen ist die hiesige Welt des caravaggesken Hell-Dunkels, eine irdische Angelegenheit, zu Ende, öffnet sich ein lichter Raum, in dem nicht mehr etwas dargestellt wird, sondern die höfischen Damen direkt in der höheren Sphäre der Kunst die Wirklichkeit des Mythos erleben. Während den Abschluß des ganzen Bildes wiederum ein Kunstwerk, Tizians Europa auf einem Teppich, bildet.

Erinnern wir uns, was ein barocker Concetto eigentlich ist: Die poetische Kraft, in der die Dinge sich im Verweis verwandeln in ein Höheres. Eine Transformation ist im Gange, die sich im Barock als ein durchgehendes Prinzip erweist.

Von einem Rubensbild, der »Realität des Heiligen Sakramentes« (um 1609) findet sich bei Martin Warnke folgende Feststellung: *Rubens verbildlicht dieses abstrakte Thema so, daß er im Vordergrund die Kirchenväter heftig diskutieren, grübeln, anhand der Bücher argumentieren, die Folianten wälzen läßt. Während sie also Klarheit aus der Begriffs- und Wortforschung zu gewinnen suchen, stellt sich im Hintergrund über dem Altar die Wirklichkeit des Sakramentes durch den Willen Gottes bereits her. Oben übernimmt es eine Puttenschar, die heiligen Bücher in den wirklichen Betrachterraum hineinzutragen ... Bei Gemälden aus dem 17. Jahrhundert kann man immer mit solchen Übertragungen von einem Denk- und Lebensbereich in den anderen rechnen. Dies gehörte zu den Mitteln, mit denen die barocke Malerei die überlieferten Formeln und Begriffe mit nachvollziehbaren Erfahrungswerten füllte*[78]. Man könnte weiter feststellen: Daß ein Concetto gerade darin besteht, derartige Transformationen zu leisten, und daß dies nicht schlankweg eine Auflösung eines Bildrätsels bedeutet, das Erkennen eines Abstraktums hinter dem Gegenstand, sondern daß vielmehr in einem »kunstvollen« Concetto die Realitätsgrade der Verkörperung den Weg zur Sinnfindung angeben. Diese Transformation eines Gedankens durch verschiedene Bereiche hindurch ist konstitutiv im barocken Kunstwerk.

In den »Spinnerinnen« des Velásquez ist als Ergebnis einer feinen und kalkulierten Regie mitzuerleben, wie der Gedanke von der Unbeständigkeit und Vergänglichkeit des Lebens, realistisch im Vordergrund durch die so irdischen Parzen und das schnell kreisende Spinnrad zur Anschauung gebracht, wie dieser Gedanke auf der erhobenen Bühne des Bildgrundes seine Sublimierung erfährt in einer Sphäre, in der unter den Hoffräulein und den Darstellerinnen von Pallas und Arachne gedacht und gesprochen wird über die Macht und Unveränderlichkeit der Kunst, wo die Natur überwunden wird durch die perennierenden Künste, während der Raum sich wieder schließt, wo in einem Kunstwerk die Überwelt des Mythos erscheint, im Teppich von Zeus und Europa – dem Kunstwerk von Tizian. Ist im Concetto eine solche Transformation der Weg vom Gegenstand zu seiner Bedeutung (in der Metapher), so gibt es anschaulich in den »Spinnerinnen« auch einen Weg von einer »irdischen«, dunklen, »caravaggesken« Zone zur lichten hin, in dem die Erhellung der Dinge zu den Begriffen hin geschieht.

## Anmerkungen

1 R. de Piles, *Mahlerey aus Grundsätzen*, aus dem Französischen des Herrn R. v. Piles, Leipzig 1760, S. 39f.
2 *L'Art de Peinture de C.A. Du Fresnoy … Enrichy de Remarques.& augmenté d un Dialogue sur le Coloris … par monsieur de Piles*, Paris 1783 (5), S. 137
3 G. de Lairesse, *Het groot Schilderboek*, 2 Bde, Amsterdam 1707, 8. Kapitel
4 Dazu: W. Mrazek, *Ikonologie der barocken Deckenmalerei*, Wien 1953, S. 51, hier der beste und knappe Überblick zu diesem Themenbereich
5 J. G. Sulzer, *Allgemeine Theorie der Schönen Künste …*, Leipzig–Berlin 1771–74, s.v. Allegorie
6 Die Geschichte wird noch tradiert bei: J. Richardson, *An Essay on the Theory of painting*, London 1715, S. 47f.
7 Dazu: C.-F. Menestrier, *L'Art des Emblemes*, Lyon 1662, Faksimile-Neudruck von K. Möseneder Hg., Mittenwald 1981, mit dem Beitrag: ders., *Barocke Bildphilosophie und Emblem. Menestriers L'Art des Emblêmes*, S. 1
8 Bis hierher nach K. Möseneder, op.cit., S. 1f.
9 Dazu: L. Berghoff, *Emanuele Tesauro und seine Concetti. Unter besonderer Berücksichtigung von Schloß Nymphenburg*, Diss. ungedr. München 1967, S. 13ff.
10 Neudruck von A. Buck Hg., Bad Homburg–Berlin–Zürich 1968
11 Dazu: F. Matsche, *Die Kunst im Dienst der Staatsidee Kaiser Karls VI.*,Berlin–New York 1981, S. 43ff.
12 J. B. Fischer von Erlach, *Entwurf einer historischen Architectur*, Wien 1721
13 C.G. Heraeus, *Inscriptiones et Symbola varii argumenti*, Nürnberg 1721
14 Ders., *Brevis Explicatio numismatum aliquot ex historia Imp. Caroli VI*, o. O. u. J.; sowie: ders., *Thesaurus numismatum recentiorum Caroli VI Imperatoris jussu … exhibitus*, o. O. u. J.
15 Dazu: F. Matsche, op. cit., S. 44
16 Dazu: Literatur Lexikon. Autoren und Werke deutscher Sprache V, S. 222f; dort weitere Lit.
17 Dazu: F. Matsche, op. cit. S. 45; und H. Sedlmayr, *Johann Bernhard Fischer von Erlach*, Wien–München 1956, u. a. S. 128ff.
18 Cod. Vindob. Nr. 7853, genannt Codex Albrecht; dazu auch: W. Buchowiecki, *Der Barockbau der ehemaligen Hofbibliothek in Wien. Ein Werk J. B. Fischer von Erlachs*, Wien 1957, S. 89ff.
19 G. de Lairesse, *Het Groot Schilderboek*, Amsterdam 1707, besonders Buch II, Kap. 8
20 Der Komplex der Konzepte für Freskierungen in Österreich ist behandelt bei: K. L. Schwarz, *Zum ästhetischen Problem des ‚Programms' und der Symbolik und Allegorie in der barocken Malerei*, in: Wiener Jahrbuch für Kunstgeschichte 11, 1937, S. 79–88
21 Der erste Band war 1708 vollendet, er wurde 1715 gedruckt; der zweite Band mit den ‚Parnaso Español' erschien gedruckt 1724, Neudruck in 3 Bdn. von J.A. Ceán Bermúdez Hg., o. O. 1947 u.1988; vgl auch: S. Starbatty, *Die Fresken des Palomino*, Diss. München 1980; dort weitere Lit.
22 Bd. 3, S. 378
23 Ebda., S. 471
24 Dazu: K. Möseneder, *Barocke Bildphilosophie und Emblem. Menestriers L'Art des Em-*

*blêmes*, Einleitung zum Nachdruck von C.-F. Menstrier, ‚*L'Art des Emblemes*, Mittenwald 1981, S. 4ff.

25 C.-F. Menestrier, *Le Veritable art du Blason ou l' usage des armoiries*, Paris 1673, S. 1

26 G. Bruno, *De imaginum – signorum et idearum compositione*, Frankfurt 1591

27 Cicero, *De diviniatione* II, 63, 137

28 Aristoteles, *De memoria*, 449 b 30 – 450 a 9 und: *De anima* 432 a 3–14

29 E. Tesauro, *Il Cannocchiale Aristotelico*, S. 15

30 K. Möseneder, op.cit., Einleitung S. 5f.

31 Horaz, *Sermones* 16, Vers 67

32 Dazu auch: L. Berghoff, *Emanuele Tesauro und seine Concetti. Unter besonderer Berücksichtigung von Schloß Nymphenburg*, Diss.ungedr. München 1967, S. 88

33 Benedetto Croce, *Storia della età barocca in Italia*, Bari 1929, S 37 ..., arte non è mai barocco, e quel ch è barocco non è arte'

34 Sinngemäß: Wie Gott aus dem Nichts etwas schöpft, kann das Ingenium aus dem Nichts etwas schaffen. Ein Löwe wird ein Mensch, der Adler eine Stadt, etc.; vgl. A. Buck, op.cit., Einleitung S. XVIIIff.

35 B. Gracián, *El Criticón*, erstmals 1651, deutsch von H. Studnicka Hg., mit einem Essay ‚zum Verständnis des Werkes' von H. Friedrich, Hamburg 1957, S. 156

36 Siehe Kapitel III

37 Louis XIX, *Mémoires et divers ècrits*, B. Champigneulles Hg., Paris 1960, S. 92

38 G. M. Tagliabue, *Aristotelismo e Barocco*, in: *Retorica e Barocco*, Atti del III o Congresso Internazionale, a cura di E. Castelli, Rom 1955, S. 119ff.

39 Ebda.

40 Dazu: G. Ackerman, *Gian Battista Marino's Contribution to Seicento Art Theory*, in: The Art Bulletin, März 1960, XLIII 1, S. 326ff.

41 E. Mâle, *La clef des Allégories peintes et sculpteés*, in: Revue des deux mondes 97, 1927, S. 106ff. und 375ff.

42 Zu C. Ripa u. a.: E. Mandowsky, *Untersuchungen zur Iconologie des Cesare Ripa*, Diss.Hamburg 1934; sowie: G. Werner, *Ripas Iconologia*, Utrecht 1977; und die noch nicht gedruckte Magisterarbeit von M. Gluderer, *Sachregister zur Iconologia des Cesare Ripa. Ausgaben 1603–1618* (München 1988)

43 C. Ripa, *Iconologia ovvero Descrittione di diversi Imagini cavate dall'antichità. & di propria inventione. trovate. & dichiarate da Cesare Ripa* ..., Rom 1603, Neudruck von E. Mandowsky Hg., Hildesheim–Zürich–New York 1984, besonders die Einleitung S. 1

44 M. Gluderer, *Sachregister zur Iconologia des Cesare Ripa. Ausgaben 1603–1618*, Mag.arbeit ungedr. (München 1988)

45 Sinngemäß: Weil nach der allgemeinen Ansicht der Philosophen, und vor allem des Aristoteles, der Mensch das Maß aller Dinge ist, kann er auch in seiner Form Definitionen abgeben; ansonsten wie Anm.43

46 Siehe auch: W. Mrazek, *Ikonologie der barocken Deckenmalerei*, Wien 1953, S. 70f.

47 C.-F. Menestrier, *L'Art des Emblemes*, Lyon 1662, S. 13

48 Horaz, *De arte poetica*, v 361: *ut pictura poesis: erit quae, si propius stes, te capiat magis, et quaedam, si longius abstes*; Horaz spricht Gedichte an, die wie ein Gemälde, verschiedene Einstellungen des Betrachters verlangen

49 Sinngemäß: Emblematische Erfindungen anzuwenden an verschiedenen Teilen von Baulichkeiten, sind in der Lage, uns in moralischer Hinsicht und in Hinblick auf die Erscheinungen der Welt zu belehren; Menstrier, ebda.

50 Reallexikon zur deutschen Kunstgeschichte V, 1967, Sp. 88 s.v. Emblem, Emblembuch, ein Beitrag von W.S. Heckscher – K.-A. Wirth
51 K. Möseneder, op.cit., Einleitung S. 7 unter Hinweis auf Heckscher – Wirth, vgl. Anm.50
52 Ebda., S. 9
53 Ebda., S. 11
54 Hier sind die drei Teile des Emblems genannt: Ikon, Lemma, Epigramm. Das Bild ist aus der Natur den Fabeln, der Geschichte, symbolischen Gegenständen oder der Poesie entnommen; Menestrier, op.cit., S. 168
55 Siehe Anm.49 in Kap. Zeremoniell und Repräsentation
56 B. Balbinus, *Verisimila humaniorum disciplinarum seu judicium privatum de omnibus literarum (quas humaniores appelant) artificio*, Augsburg 1710, Erstausgabe 1687,139 b f.
57 K. Möseneder, op.cit., S. 19
58 Dazu: A. Henkel und A.Schöne, *Emblemata. Handbuch zur Sinnbildkunst des XVI. und XVII. Jahrhunderts*, Stuttgart 1967, Einleitung S. XII
59 A. Buck Hg., op.cit., Einleitung S. XIX
60 Cicero, *De Oratore*, III, 163
61 R. Tiedemann – H.Schwepperhäuser Hgg., *Walter Benjamin. Gesammelte Schriften* I, Frankfurt a.M., S. 350f.
62 R. Preimesberger, *Pontifex Romanus per Aeneam praesignatus. Die Galleria Pamphilj und ihre Fesken*, in: Römisches Jahrbuch für Kunstgeschichte 16, 1976, 223ff.
63 Ebda., S. 249
64 Ebda., S. 251ff.
65 Ebda., S. 275
66 Ebda.
67 Ebda., S. 280f.
68 G.P. Bellori, *Le Vite de Pittori.-Scultori e Architetti Moderni*, Neudruck Turin 1976, S. 419–481
69 Ebda., S. 463
70 Der italienische Text beschreibt das Bild ausdrücklich als eine ‚moral poesia'. In wenigen Worten sind die Gegenstände und die Handlung beschrieben; ebda., S. 464
71 Dazu: E. Panofsky, *Et in Arcadia Ego: Poussin and the Elegiac Tradition*, in: Meaning in the Visual Arts, Harmondsworth 1970, S. 340ff.
72 O. Bätschmann, *Dialektik der Malerei von Nicolas Poussin*, München 1982, S. 68ff.
73 Ovid, *Metamorphosen*, VI, 5ff.
74 J.H. Zedler, Grosses vollständiges Universal-Lexikon II, Halle–Leipzig 1732, Sp. 1096
75 M.D. Omeis, Teutsche Mythologie, als Kapitel in: *Gründlilche Anleitung zur Teutschen accuraten Reim- und Dichtkunst* ..., Nürnberg 1704, S. 47f.
76 Zur Deutung siehe: R. Stapleford – J. Potter, Velazquez' Las Hilanderas, in: Artibus et historiae 15, 1987, S. 159–181
77 Zur Tradition des Motivs siehe: J.K. Eberlein, *Apparitio regis – revelatio veritatis. Studien zur Darstellung des Vorhangs in der bildenden Kunst von der Spätantike bis zum Ende des Mittelalters*, Wiesbaden 1982
78 M. Warnke, *Peter Paul Rubens. Leben und Werk*, Köln 1977, S. 49

# IX.

## Theater und Theatralik

### Die »Maschinenoper«

Mit guten Gründen kann der Barock als eine Epoche des Theaters schlechthin bezeichnet werden. Allerdings kann nicht von einem Theater im Sinne einer bürgerlichen Bildungsinstitution die Rede sein. Es handelt sich vielmehr um ein vom höfischen Theater geprägtes: als übergreifende Form der visuellen Künste und der Feste wie des Zeremoniells.

Die neue Kunstform der Opera, *ein mit musikalischen Mitteln gestaltetes Bühnenstück, in dem Dichtung und Musik, Gesangs- und Schauspielkunst, Malerei und Bühnenarchitektur zusammenwirken,*[1] entstand um die Wende zum 17. Jahrhundert. Und damit waren eine ganze Reihe von Neuerungen und revolutionären Änderungen verbunden.

*Singespiel, oder Opern, auch Operetta ist eine Art der Schauspiele, welche die neuern Zeiten erdacht haben ... Die Verse der Opern werden nach Art der Cantaten gemacht und bestehen also aus Recitativen und Arien. Der Musicus componirt dieselben nach seiner Phantasie; die Sänger lernen Text und Music auswendig; die Schaubühne wird prächtig ausgezieret, und die gantze Vorstellung mit vielen Veränderungen und Maschinen abgewechselt. Der Vorhang öffnet sich mit einem Concerte der allerschönsten Instrumenten; und das gantze Sing-Spiel wird mit einer beständigen Begleitung einiger schwächern Instrumente erfüllet. Diese gantze Kunst ist indessen in Franckreich noch unvollkommen gewesen, bis der berühmte Lulli die Music auf einen gantz andern Fuß gesetzet hat. Dieser bemächtigte sich ihrer Operntheatri gantz und gar, und richtete alles nach seinem Kopfe ein. Die Poeten musten nach seiner Pfeffe tantzen, und solche Stücke ersinnen, darinnen fein viel buntes kund seltsames aufgeführet werden konnte.Die Schaubühne muste sich zum wenigsten in jeder Handlung ändern, bald einen güldenen Pallast, bald ein wilde See, bald Felsen und wüste Klippen, bald einen Garten, bald sonst eine bezauberte Gegend vorstellen. Es musten viel Götter in allerhand Maschinen erscheinen: Und sonderlich musten die Arien dem Musickmeister viel Gelegenheit geben, seine Künste anzubringen. Dabey hub man alle Regeln der guten Trauer- und Lust-Spiele gäntzlich auf. Es wurde nicht mehr auf die Erregung des Schreckens und Mitleidens, auch nicht auf die Verlachung menschlicher Thorheiten gesehen: Sondern die phantastische Roman-Liebe behielt allein Platz. Die Einigkeit der Zeit und des Ortes wurde aus den Augen gesetzet ... Mit einem Worte die Opera wurde ein gantz nagelneues Stück in der Poesie, davon sich bey den Alten wohl niemand hätte träumen lassen.*[2] Der hier formulierte Ansatz der Kritik aus dem klassizistischen Sachsen von 1743 ist klar: Aristoteles' Forderung nach Einheit von Raum und Zeit auf der Bühne und vor allem die nach einem moralischen Sinn der Mimesis konnten von der Oper nicht befriedigt werden. Das wird im weiteren Text des Lexikonartikels deutlich: *Ein Gedichte oder eine Fabel muß eine Nachahmung einer menschlichen Handlung seyn, dadurch eine gewisse moralische Lehre bestätiget wird ... Wer siehet aber nicht, daß die Oper alle Fehler der vernünftigen Schauspiele zu ihren grösten Schönheiten angenommen hat ... Wir müssen uns einbilden, wir wären in einer andern Welt, wenn wir eine Oper in ihren Zusammenhange ansehen: So gar unnatürlich ist alles.* Und besser als alle wissenschaftlichen Analysen charakterisiert der Kritiker von 1743 das Operntheater weiter: *Wo siehet man in dem gemeinen Leben Leute, die sich als Götter einander anbethen; Liebhaber die auf den Knien vor ihren Gebietherinnen liegen, und sich das Leben nehmen wollen; Prinzen, die in Gestalt der Sclaven in weit entlegne Länder ziehen, weil sie sich in den blossen Ruff von*

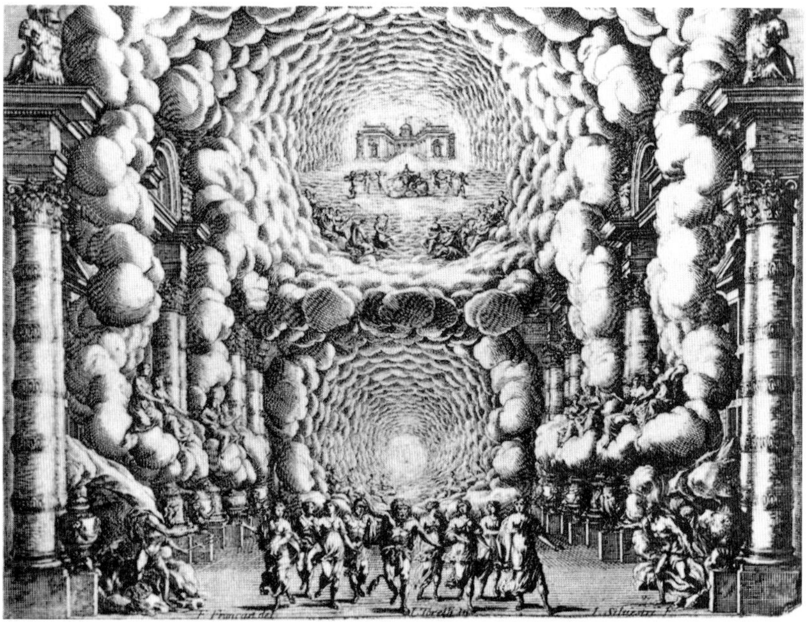

59 Szenenbild zu *Peleus und Thetis* von G. Torelli 1654, Radierung von I. Silvestre

*einer Schönheit verliebet haben; Könige, die ihre Cronen um eines schönen Weibes halber verlassen, und was dergleichen Phantasien mehr sind? Wo hört man die gewöhnliche Opersprache, von Sternen und Sonnen, von Felsenbrüsten und Aetna gleichen Hertzen, von verfluchten Geburtsstunden, um eines scheelen Blickes wegen, und von grausamen Donnerkeilen des unerbittlichen Verhängnisses, welches eine verliebte Seele nur zu lauter Marter erkohren hat? Alle diese Dinge sind uns so fremde, daß wir sie in keiner Reise-Beschreibung von Liliput für erträglich halten würden: Und gleichwohl sollen sie in der Opera schön seyn*[3].

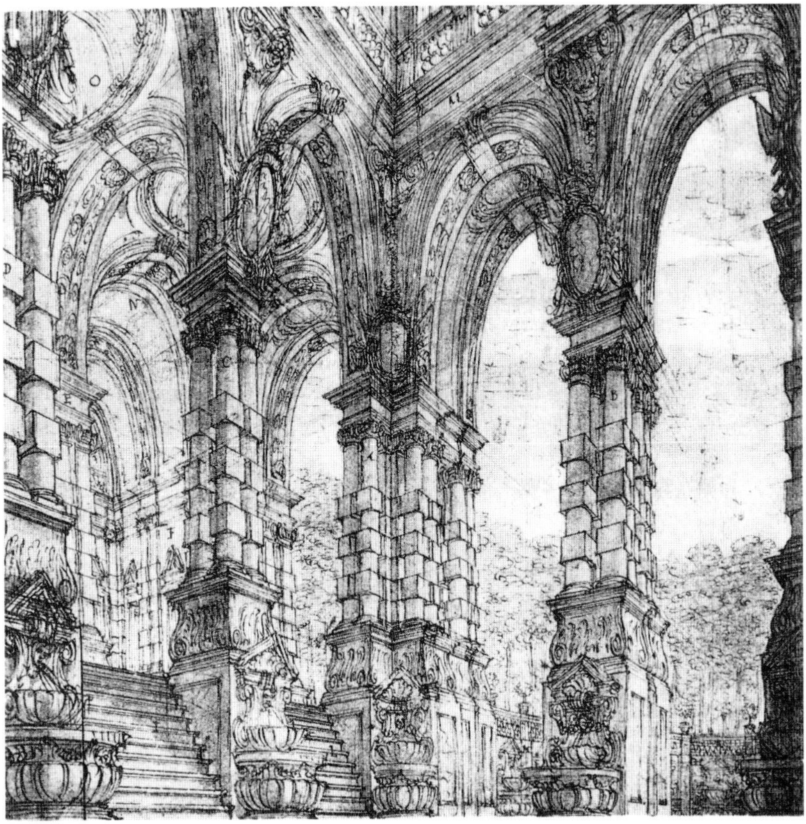

60 Entwurf eines Bühnenbildes, Federzeichnung von G. Galli-Bibiena, München Graphische Sammlung

Richard Alewyn charakterisierte die barocke Oper so: *Das Zeitalter ist geradezu besessen von einem schrankenlosen Bedürfnis nach Versinnlichung und Versichtbarung. Das barocke Theater ist zwar, wie wir glauben, ein in eminentem Maße geistiges Theater, das geistigste, das die Erde gesehen hat. Aber es ist ebensosehr das sinnlichste Theater, das jemals existiert hat. Darum spielt unter all den Bestandteilen, die zusammen das Theater ausmachen, das Wort die geringste Rolle. So belanglos war der Text, daß es nicht störte, wenn er unverständlich blieb, wie gewöhnlich in der Oper, die nur in italienischer Sprache gesungen wurde, oder in den Jesuitenspielen, deren Dialoge lateinisch waren. Daher gewännen wir, wenn wir uns allein an die Aussage der Texte hielten, nur eine sehr ungenügende Vorstellung, und niemand ist schneller bereit, dies zuzugeben, als die Verfasser selbst. Die Texte sind meist nichts als Vorwand: Libretti, für uns wenig genießbar, wie kalt gewordene Speisen. Es sind vielmehr die sinnlichen Elemente, aus denen eine barocke Aufführung sich aufbaut: die Künste des Mimen, des Malers, des Musikers, des Regisseurs und des Ingenieurs, die sich hier vereinigen, um alle Sinne gleichzeitig zu bestürmen, so daß dem Publikum kein Entrinnen gelassen ist: Schließt man das Auge, so wird das Ohr noch betäubt, verstopft man die Ohren, so werden die Augen geblendet.*

Bei dem Versuch, uns von dem szenischen Tumult der barocken Bühne eine wirkliche Vorstellung zu machen, sind wir freilich weitgehend auf unsere eigene Anstrengung verwiesen. Denn die zahlreichen Bilder barocker Theateraufführungen, die uns durch Maler und Stecher überliefert sind, sind stumm und starr. Sie vermitteln weder den Klang noch die Bewegung noch überhaupt das Gefühl des Raumes, das in der barocken Kunst immer so wichtig ist. Man muß sich zunächst ein ständiges Gewimmel vorstellen, das den Schauplatz bis zu allen Rändern füllt, ja, nach allen Seiten über diese hinausquillt. Szenen, wo, nach klassischem Brauch, zwei oder drei oder fünf Personen allein auf der Bühne stehen, gibt es – außerhalb des klassizistischen Wortbarock in Paris und den protestantischen Ländern – nur wenige, und diese sind nur gelegentliche Unterbrechungen der Großszenen, in denen Menschen, Tiere und Maschinen den Schauplatz überschwemmen. Ganze Spiele wurden komponiert aus nichts als ornamental gegliederten und rhythmisch bewegten Massen. Es ist ja das Zeitalter, das das Ballett erfunden hat und die Exerzierkunst.[4] Jedenfalls ist das, was gegen die Regeln der Natur, den klassischen Geist und die Einheit von Raum und Zeit zu verstoßen scheint, deutlich genannt: Es sind das Elemente der Wandlungen und Verwandlungen, also des Angebotes von Metaphern, und das Prinzip der Transitorik.

*Heut zu Tage ist insgemein an dem einen Ende des Saals oder Gebäudes, die eigentlich so genannte Schaubühne, welche etliche Fuß hoch von dem Boden des Saals oder Gebäudes erhaben, und deren Boden nach hinten zu, ein wenig erhöhet, an beyden Seiten aber sind gemahlte Wände überzwerch perspectivisch hintereinander gestellet, bis endlich der Platz durch eine breite Wand geschlossen wird. Bey den Opern oder Singspielen, wie auch bey den Baletten, werden sothane Wände also eingerichtet, daß sie im Augenblick verändert werden können, und z. E. aus einem Lustgarten eine Wüste, aus einem Gefängniß ein Königlicher Saal vorgestellet werden kan. Zwischen den Wänden traten diejenigen herfür, so ihre Person auf der Bühne vorstellen sollen. Oben in der Höhe wird nach Erfordern ein Himmel oder eine Decke vorgestellet, welche bedürffenden Falls auch verändert werden; zuweilen aus demselben einige der spielenden Personen hernieder und wieder hinauf fahren. Solche Veränderungen werden Maschinen genennet ...*[5]

Der Begriff der Opera wurde mit einem großen Aufwand an Maschinen identifiziert; nicht zufällig spricht man von der Maschinen-Oper als einer neuen Form der Aufführung, in der alle Künste aufgewendet wurden, um Transitorik in aller sichtbaren Anschaulichkeit zu leisten.

Seine erste Perfektion erfuhr dieser Typus in Venedig. Nach dem Teatro Cassiano von 1637 entstanden hier in der Folge 18 Opernhäuser. Der bedeutendste »inventore degli apparati« war Giacomo Torelli, der seit 1642 in Venedig inszenierte, so im Teatro Novissimo die Oper *Venere gelosa*. Ein Stich von Giorgi zeigt in einem Szenenbild den Koloß von Rhodos über dem Wasser des Hafens mit den Schiffen und gibt eine Vorstellung von der Maschinerie, welche die Bühne füllte. *Torelli wird die Koppelung von je zwei Kulissen, wobei die nach vorn rückende gleichzeitig die vorherige nach hinten zog, als eigene Erfindung zugeschrieben. Jedenfalls waren die Zeitgenossen von der in einem Momente bewerkstelligten Verwandlung von insgesamt 48 Kulissen so beeindruckt, daß sie von Gedankenschnelle sprachen, ja von ‚magia naturale', der natürlichen Zauberei eines großen Hexenmeisters, von einer ‚essenza della meraviglia', einem Inbegriff des Wunders.*[6] Ein Stich von Israel Silvestre gibt ein Szenenbild Torellis für *Peleus und Thetis* (Abb. 59) von 1654 wieder,[7] eine Oper, die bereits in Paris eingerichtet wurde, wo Torelli seit 1645 tätig war und die venezianische »Maschinenoper« populär machte.

Riccoboni, ein bedeutender Theatermann des 18. Jahrhunderts, schreibt in seiner Theatergeschichte von 1738, die Italiener hielten die *Euridice* von Rinucci, die 1600 zur Hochzeit von Maria von Medici und Heinrich IV. von Frankreich in Florenz aufgeführt worden sei, für die erste Oper.[8] Er selber denke eher an die *Andromache* von 1637 im Theater von San Cassan in Venedig und an die Aufführungen von *Peleus und Thetis*. Man konnte erleben, wie Welt und Überwelt sich in einem Bild durchdrangen und zugleich die Perspektive nicht einfach nur Raumtiefe suggerierte, sondern das Eindringen des Höheren in die irdische Realität.

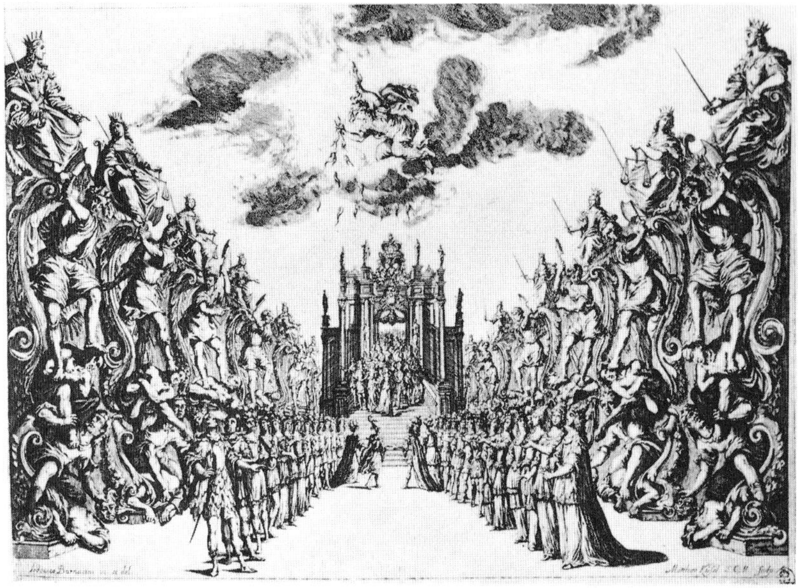

61 Radierung von Küsel nach L. Burnacini

Vor den Dekorationen der beiden Bibiena (Abb. 60) geht der ansonsten diesem Genre gegenüber reservierte Riccoboni schließlich so weit, festzustellen: *Les Machines sont les effets de la magie & du merveilleux;* und weiter: *L'illusion de nos sens, qui nous persuade que ce que nous voyons est véritable*[9]. Und er schwärmt von einer Inszenierung des *Cato in Utica* von 1701 im Teatro San Giovanni Crisostomo in Venedig, der erstmals 1670 aufgeführt worden war. *Für Caesar und sein Heer wird da am Ufer eines Flusses von den unterworfenen Völkerschaften ein Schauspiel vorgeführt. Inmitten einer weiten Ebene schwebt ein riesenhafter Erdglobus mit den damals bekannten Erdteilen und Meeren. Von einer Sinfonietta begleitet, bewegt sich die Erdkugel, von unsichtbaren Triebkräften geführt, nach vorne, Caesar und seinem Gefolge entgegen, die im Vordergrund der Bühne Platz genommen hatten. Es ist der erste Fall einer Bühnenbewegung aus der Bühnentiefe der Rampe zu; sonst gab es immer nur Bewegungsformen quer über die Bühne. Vor Caesar angekommen, spaltet sich der Globus in drei Teile, welche die zu Caesars Zeiten bekannten drei Erdteile darstellten. Den Mechanismus dieser Spaltung hatte schon Sabbatini beschrieben. Im Inneren des Globus aber, das mit Edelsteinen, Gold und Mosaiken verziert war, wurde eine ganze Kapelle mit Orchester und Sängern sichtbar.*[10]

Louis Riccoboni meinte dazu: *Voilà ce que le Théâtre peut faire ...*[11] Torelli war von Kardinal Mazarin nach Paris geholt worden, wo er 1645 im Théâtre du Bourbon *La finta pazza* mit größtem Erfolg einrichtete. Die Oper selbst fand man fad, die Bühnenbilder aber so faszinierend, daß die Königin weitere Aufführungen wünschte. Außerdem wurden sogar Opern zu den Bühnenbildern geschrieben und nicht umgekehrt diese der Handlung entsprechend erstellt. Jetzt mußten die Seitenwände des Theaters herausgerissen werden, um mehr Platz für die Bühnenmaschinerie zu bekommen. *Als die italienische Operntruppe mangels an Erfolgen nach Italien zurückkehrte, ließ Mazarin Pierre Corneille ein Maschinendrama, die ‚Andromède', verfassen, für deren Inszenierung 1650 lediglich ein neuer Hintergrund von Torelli bestellt wurde. Trotzdem im übrigen die alten Dekorationen und Maschinerien, u. a. der flammende Sonnenwagen von 1647, benutzt wurden, erregte die Aufführung wieder Sensationen.*[12]

Der schon mehrfach angesprochene Riccoboni zeigte sich noch später sehr beunruhigt über das, was zu Beginn des 17. Jahrhunderts im Theater vor sich gegangen war: *Il faut remarquer que dans ce temps-là insensiblement le Théâtre commença à se corrompre; & qu'on substitua à la severe Tragédie & à la Comédie reglée les Pastorales, qui degraderent tous les jours, & produiserent enfin les monstres dont nous avons parlé. Ces Intermedes en Musique, entrecoupés par l'action des Actes de la grande Piece, faisoient un Spectacle dans les formes; & s'ils avoient été tous seuls & detachés de la pastorale ou de la Tragicomédie, ausquelles ils étoient annexés, ils n'avoient besoin que d'un nom pour les caracteriser d'un genre de Representations tout-à-fait différent de la Tragédie & de la Comédie*[13].

Wie die Theatereinrichtungen Venedigs sich einem Fachmann, dem Architekten Nicodemus Tessin d. J., darstellten, geht aus dessen Aufzeichnungen der Jahre 1687 und 1688 hervor[14]. Vom Theater S. Giovanni Crisostomo heißt es u. a.: *Zu annotiren ist auch daß man in Venedig nicht wie in Paris fast immerforth nur bey der großen Interscene verenderung sich arrestiret, sondern daß man bald vorne interscenen herunterläst, baldt gantz im Eloignement, welches viel fremder und bizzarrer ist, imgleichen, daß man immerfort die lufft und dächer nach behör verendert, wie auch unten daß Theater o. den Palco zum öfftesten mitt gantzen Landschafften, beümen, brükken od: fontainen couppieret siehet. Weillen aber nur die vorderste 5 Scenen auf jeder seite durch den Contrepoid changiren, undt die Eloignemens durch gewisse leuthe allemahl aufgerichtet werden, kan man daß gantze eloignement vom Theatro nicht auf einmahl verwenden, ohne daß große Interscenium vorne hinter den 5 beweglichen Scenen herunterzulassen, od: auch die verenderung von den hintersten Scenen zugleich zu machen durch gerolte Scenen, o: die wie ein buch aufschlagen; imgleichen ist zu annotiren, daß wänn illuminirte Decorationen representiret werden, lästman auch die Scenen herunterfallen bey den vordersten undt hintersten thelaren, weillen man nicht Zeyt hat die lichter zu changiren, die nach den Scenen zu gebeugt seyn. Die schönste Verenderung in diesem theater, die ich habe gesehen, wahr auch wie daß gantz illuminirte Zimber enchanté in einer affreusen grotten wurde transmutiret, welches sehr herlich ist wegen der großen extremitet von zweyen so differenten Decorationen, daß illuminirte Theater wahr im dack alß hinter den Scenen treflich artig hinter grünen gelb und weißen farben eclairiret, da eß verenderte, kahmen die halbe Scenen der grotte von unten auf, die andere helfte von oben herunter, und joignirten sich dergestalt sehr artig ...*[15] Der Kontext besteht aus exakt notierten technischen Daten und Details, die allesamt den Effekten der Veränderungen dienen, von denen eine hier als ganz besonders wirkungsvolle beschrieben ist: die Verwandlung eines Zimmers in eine Grotte.

Wie bei allen Formen der darstellenden Repräsentation gab es auch beim festlichen Theater eine produktive Konkurrenz zwischen Paris bzw. Versailles und dem Kaiserhof in Wien. Schauplatz der aufwendigen Inszenierungen war dort das Lustschloß Favorita (Abb. 61), das die Türken 1683 niedergebrannt hatten, das aber Leopold I. durch Ludovico Ottavio Burnacini wieder aufrichten ließ. Damit ist bereits der Name eines der bedeutendsten Theaterleute des Barock

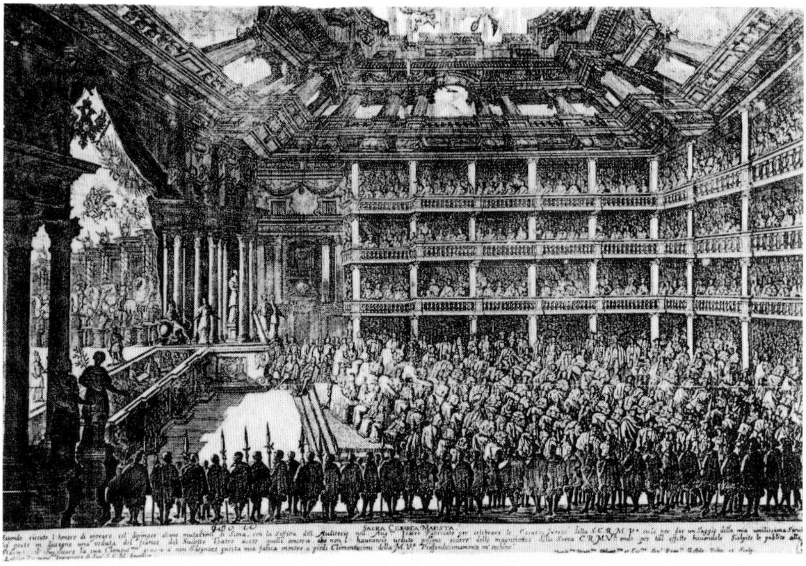

62 Innenansicht des kaiserlichen Theaters in Wien während der Aufführung des *Pomo d'Oro*, Radierung von Geffels

genannt. Im Garten der Favorita richtete er Freilichtaufführungen ein, ebenso in einzelnen Gärten bei der Hofburg oder im inneren Burghof. Später sollte er ein eigenes riesiges Komödienhaus auf der Cortina bauen, etwa an der Stelle der späteren Hofbibliothek. Das Theater, für größte Festaufführungen geeignet, wurde bei der Belagerung Wiens ebenfalls zerstört; danach spielte man im Großen Komödiensaal in der Hofburg. Zur Eröffnung des Hauses auf der Cortina wurde die Oper *Pomo d'oro* (Abb. 62) von Sbarra aufgeführt; Cestis *musica rappresentata da primi virtuosi di questo secolo* wurde von einem 25-Mann-Orchester gespielt. *Als sich der Vorhang hob, sah man zunächst ein ‚Teatro dalla gloria Austriaca' mit zwei praktikablen Raumteilen und dahinter mit einem Prospekt, der eine große Tiefe des Raumes vortäuschte. Nach diesem Huldigungsprolog von Chorsängern, die die Kronländer repräsentierten, verwandelte sich die Bühne vor den Augen der Zuschauer in ‚Reggia di Plutone'. Die düstere Dekoration des Hades bestand aus vier monumental angelegten Kulissenpaaren und einem riesigen Bogenprospekt. Bizarre Tiergestalten und groteske Teufelsfratzen bildeten die Ornamente. Nun aber erhob der erschütternde Klagegesang der Proserpina von der Lichtlosigkeit ihres Lebens an – eine der schönsten Sopranarien des Barock überhaupt. Pluto verweist ihr diese Klage … In neuer Verwandlung tut sich vor den staunenden Blicken der Zuschauer ‚Reggia di Giove', Jupiters Olymp also, auf, in dem Jupiter, Juno, Pallas, Venus, Apollo, Mars, Neptun, Bacchus, Merkur, bedient von Hebe und Ganymed, an einer gewaltigen, erhöhten Tafel der Hinterbühne sitzen. Auf den Kulissen der vorderen Spielbühne sieht man überdimensionale Nektarfässer zwischen Wolkengebilden, während ein Chor von Halbgöttern über die Vorderbühne tanzt …*[16] In einer nächsten Verwandlung sah man den Palast des Paris, vor dem die drei Göttinnen sich der Schönheitskonkurrenz stellen. Der nächste Akt beginnt mit einer der beliebten Meeresszenen, wobei Paris in Seenot gerät; als nächstes gibt es eine Schlacht mit einem furchtbaren Erdbeben. *Nun aber kommt eine der schönsten Szenen der ganzen Oper; sie spielt am Himmel mit seiner Milchstraße, über der Sphäre des Feuers. Man sieht Venus auf ihrem Stern und Amor auf einem Feuerwagen. Amor hat etwas Feuer geholt, um damit in der kühlen Meeresgöttin Amphitrite Liebe zu entzünden;* eine weitere Dekoration zeigt die »Fortezza di Marte«, schließlich öffnet sich der Himmel über dieser: man sieht Jupiter auf dem Thron, er befiehlt seinem Adler, den Goldenen Apfel aus dem Castello zu holen, dessen Turm zerschmettert wird. Jetzt wollen wieder alle drei Göttinnen den Preis. *Aber Jupiter findet in seinem Gewissenskonflikt den Ausweg: keine von ihnen erhält den ‚Pomo d'oro', sondern die wundervollste Frau unter der Sonne, die Juno an Grandezza, Pallas an Geist und Venus an Schönheit übertreffe, die Gemahlin und Tochter der zwei größten Monarchen, so daß in dieser Kaiserin jede der Göttinnen ihren Preis erhalte. Er läßt darauf das geheime Gemach des Fatums*

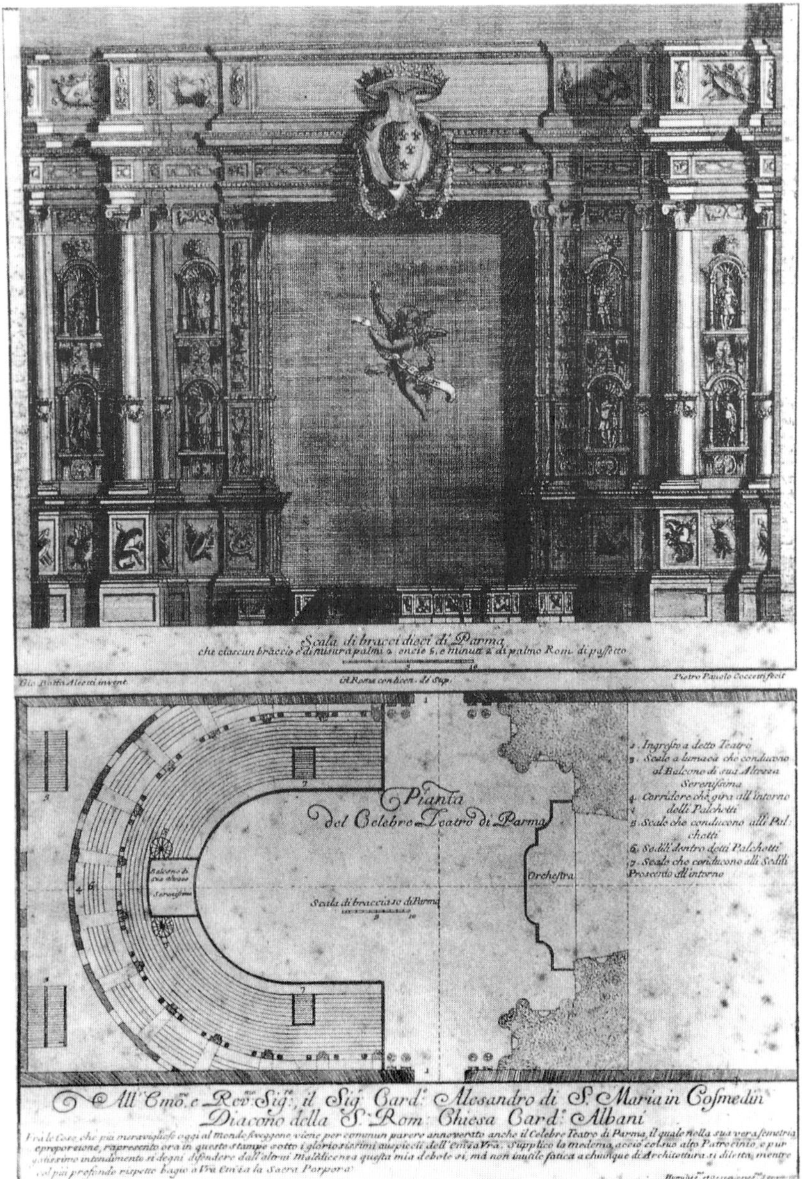


63 Parma, Teatro Farnese, Aufriße, Radierung von P.P. Cocetti

*öffnen, in dem sich das Bild der jungen Kaiserin Margherita mit einer unendlich erscheinenden Zahl von Nachkommen zeigt, und befiehlt darauf den Tanz der Elemente, mit dem zugleich alle Götter und Göttinnen neidlos der Kaiserin huldigen.*[17]

Für den modernen Betrachter ist die unverblümte Einbringung einer Huldigung die höchste Schwelle vor einem Verständnis einer solchen Oper als Kunstwerk. Wir haben in Kauf zu nehmen, daß die Huldigung Anlaß des Werkes war, und daß sowohl die Form der Oper als auch der Inszenierungsmaschinerie dazu diente, argute Metaphern für die Glorie des Fürsten bzw. die Schönheit der Fürstin zu leisten. Thematisiert wird diese überwältigende Anschaulichkeit der Metaphern durch die Maschinerie, die es ermöglicht, vor den Augen der Zuschauer den Schauplatz zu verändern, was einer Verschiebung der Bedeutungsebenen der Metaphern entspricht. Es werden die Elemente anschaulich aufgeboten: Wasser, Feuer, Erde, Luft erscheinen nicht nur in einzelnen Bühnenbildern, sie geben den Begriff von der absoluten Totalität der Bedeutungen.

*Das Theater vor dem Barock hatte sich mit einer Ebene begnügt. Auf ihr wurde die dramatische Auseinandersetzung ausgetragen. Nach allem, was wir in der barocken Kunst bisher sahen, ist es nicht mehr anzunehmen, daß die Bühne in dieser Zeit sich damit begnügen wird ... Die Horizontalbühne ist (zunächst) der Ausdruck einer Welt, die über die menschliche Ebene nicht hinausstrebt. Wenn nun umgekehrt im Barock, wie vorher im Mittelalter, das Theater sich nach oben und unten erweitert, wenn sich also die Vertikalbühne wiederherstellt, so ist hier mehr im Spiele als bloß die sinnliche Schaulust des Publikums oder die entfesselte Virtuosität der Ingenieure. Der ganze knarrende Apparat von Winden und Stricken, der das Bühnenflugwesen bediente, und die Eroberung des Luftraumes sind die Zeichen dafür, daß das Theater wieder den ganzen Durchmesser der christlichen Welt umspannte: ‚vom Himmel durch die Welt zur Hölle', und daß noch einmal die Comoedia humana von einer Comoedia divina überwölkt wurde. Es verschiebt sich nicht nur die Grenze des Sinnlichen weit in die geistigen Regionen hinauf, auch umgekehrt senkt sich das Jenseits in die Sphäre des Sinnlichen hinunter. So wird es möglich, das barocke Theater unter zwei entgegengesetzten und sich scheinbar ausschließenden Aspekten zu betrachten. Nicht nur auf der geistlichen, sondern auch auf der weltlichen Bühne ist alles Sichtbare nur ein dünner Firniß, unter dem man rasch auf allegorischen oder geistlichen Grund stößt. Das barocke Theater ist zwar nichts – ..., aber darum scheint es doch auch nicht nur, sondern es bedeutet auch etwas, wenn auch freilich nicht unbedingt das, was es scheint.*[18]

Eine der wichtigsten Erfindungen des Barocktheaters waren die beweglichen Kulissen, deren Maschinerie dauernde Verwandlungen garantierte. Giovanni Battista Aleotti (1546–1632) wandte erstmals bewegliche Kulissen an, wenn er

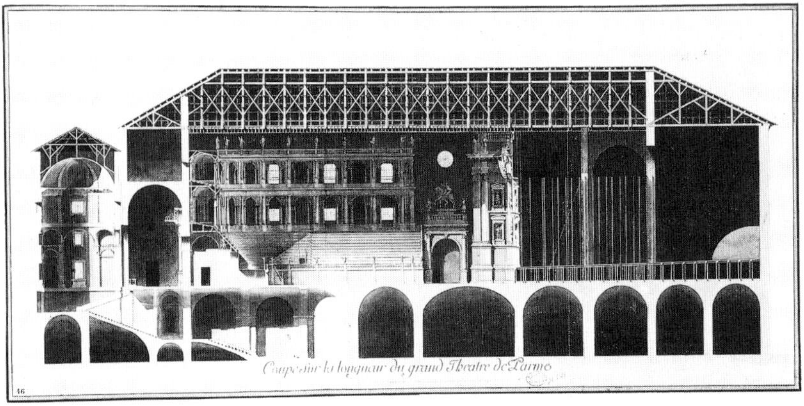


64 Parma, Teatro Farnese, Längsschnitt durch das Gebäude, anonyme Pinselzeichnung

nicht überhaupt das System erfand. Bereits 1606, und zwar in seinem später leider abgebrannten Theater der Academia degli Intrepidi von Ferrara, muß es dafür Einrichtungen gegeben haben. Die Bühne nahm mit einem feststehenden Proszenium die Hälfte des gesamten Theaterraumes ein; anders als in der offenen Reliefbühne der Renaissance wurde jetzt eine »Tiefenbühne« gerahmt. Schlitze im ansteigenden Bühnenboden dienten der Führung von Kulissenwagen oder Schlitten, welche die Kulissenrahmen trugen, die so schnell gewechselt werden konnten. Noch etwas war hier anders als in dem zunächst am antiken Theater orientierten Grundriß. Der Zuschauerraum war eine Rang- und Logenanlage. Zwölf Jahre später schrieb Aleotti, diese Anlage könne sich, was die technischen Möglichkeiten betreffe, sehen lassen; sie biete viel Pracht und Unterhaltung.[19] Das System wurde bald in ganz Italien nachgeahmt: So besaß das Teatro Farnese in Parma dann 1618 entsprechende Einrichtungen Aleottis. Bislang war das Theater, vor allem in Florenz, wo Buontalenti große Festsäle jeweils ad hoc für Theateraufführungen adaptiert hatte, als ein Bühnenbild auf der einen Seite mit Tribünen gegenüber erstellt worden. Es waren aufwendige Improvisationen. Aleotti richtete in einem riesigen und vor allem hohen Saal des Palastes in Parma dagegen ein Theater ein (Abb. 63, 64), das aus drei Hauptteilen bestand. Eine Bühne war erhöht und konnte jeweils wechselnde Schauplätze bieten. Getrennt wurde diese von einem Proszenium, das sich in architektonischen Großformen aufbaute und so den Rahmen der Bühne abgab. Damit war die »scenae frons«, wie sie in der Antike die Rückwand bildete und wie sie Palladio in seinem Teatro Olimpico wiederaufgenommen hatte, aus dem Bühnenbild herausgenommen und zu einem Rahmen geworden. Jetzt war die Bühne durch ein Portal hindurch zu sehen – während früher in Scamozzis Bühnenbild in Vicenza drei solcher Öffnungen in der »scenae frons« unpraktikable Perspektiven zeigten. In Parma gab es ein einziges riesiges Portal, das keineswegs zufällig das Motiv des Triumphbogens thematisierte. So konnte das Theater auch ein Trionfo werden: Durch die Triumphalarchitektur hindurch blickend erlebt der Zuschauer die Verwandlungen der Welt in eine höhere Bedeutung hinein. Interessant ist in Parma, daß all das noch in Holz ausgeführt ist, was einerseits auf die Herkunft aus Improvisationen verweist und andererseits die ganze Einrichtung dem Bühnenbild angleicht, das aus ebensolchen Materialien bestand und »Schein« war. Der Zuschauerraum war noch dem Teatro Olimpico vergleichbar. Während es sich dort jedoch um ein humanistisches Theater gehandelt hatte, verlangte das höfische grandiose Theater noch etwas anderes. Die Sitzreihen waren hufeisenförmig und ansteigend angeordnet, das Parterre aber war freigehalten für Ballette und Reiteraufzüge, die inzwischen einen Teil des »Ausstattungsturnieres« ausmachten.

Palladios Teatro Olimpico war für das Wort der antiken Tragödien und deren Repristination gedacht. Das Teatro Farnese war dagegen ein Ort für höfische theatralische Festaufführungen. Die besondere Kombination von Formen des Theaterbaues erklärt sich aus dem Zweck des Teatro Farnese als Theater und Festplatz in einem. 1628 spielte man ein mythologisches Schauspiel von Merkur und Mars,[20] das in einem Turnier gipfelte, einem Roßballett und schließlich in einer Naumachie. Neptun trat auf der Bühne vor und gebot den Wassern hereinzubrechen; diese füllten tatsächlich das Parterre. Wasserspeiende Ungeheuer trugen die Kämpfer herein, zwei schwimmende Inseln mit Galathea und Nymphen tauchten auf und vereinigten sich; dann senkte sich auf der Kulissenbühne eine riesige Wolkenmaschine mit den olympischen Göttern herab, und Jupiter versöhnte die streitenden Mars und Merkur. Unter dem Zeichen des Friedens schwanden die Wasser.

In den vierziger Jahren des 17. Jahrhunderts war das System voll ausgebildet. Fahrbare bemalte Leinwand über Rahmen wurde hintereinander eingestellt, was vor allem die laufenden Verwandlungen ermöglichte. Aus der Statik im Ambiente der Handlung war jetzt eine dynamische Handlung im Ambiente geworden. Das war der entscheidende Umbruch. 1672 erschien bereits ein theoretisches Werk von dem Bologneser Architekten Giulio Troili: *Paradossi per pratticare la prospettiva senza saperla*. Es geht um die Konstruktion solcher Kulissen, die jetzt ein einheitliches illusionistisches Bild ergeben, im Sinne eines »di-sotto-in-su«, nur daß es jetzt heißen könnte: von hinten nach vorne. Die Prinzipien sind jedenfalls die der Perspektivkonstruktion. Die Bühne, ansteigend im Verhältnis 1 : 10, hatte acht Kulissenschichten. Es wurden dann auch Schrägkulissen eingesetzt, die zur Schaffung räumlicher Illusion noch geeigneter waren. Deren Erfin-

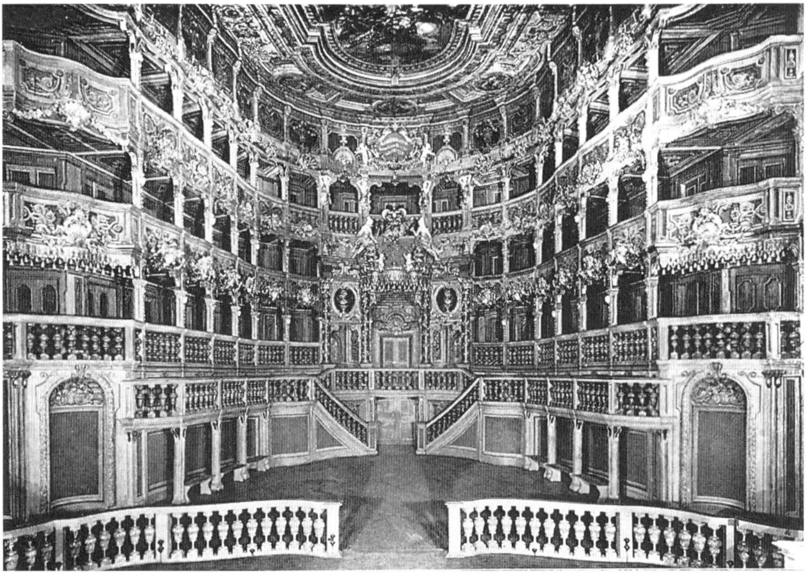

65 Bayreuth, Markgräfliches Opernhaus, Zuschauerraum

dung wurde zunächst Pozzo zugeschrieben; sie waren aber schon bei Troili vorhanden.

Einige, wenn auch relativ späte barocke Bühneneinrichtungen sind noch erhalten. Das Markgräfliche Opernhaus in Bayreuth (Abb. 65), ab 1744 von Giuseppe Galli-Bibiena eingerichtet, zeigt anschaulich die Folge von Zuschauerraum, Orchester-»graben«, Proszenium und eigentlicher Bühne, wobei sich der Eindruck von einem Trionfo in diesem Proszenium verdichtet: Neben den beiden Genien der Fama um das markgräfliche Wappen gibt es davor eigene »Trompeterlogen«, von welchen realiter der Ruhm des Fürsten verkündet wurde. Was wir als Bühnenbild durch die Öffnung sehen, ist gerade für die Bühnenbilder der Galli-Bibiena typisch. Die Kulissenarchitektur simuliert keineswegs eine Gasse in vorstellbare Realräume. Das hat es eher in den Gassen durch die »scenae frons« des Teatro Olimpico gegeben, die eine feste Einrichtung waren, während in barocker Zeit, seit der Erfindung Aleottis, die Kulissen eher eine völlig selbständig gewordene Prunkarchitektur zur Erscheinung bringen, kaum Einblicke in Binnenräume bieten, sondern eine Art von forensischer Architektur, die aus der Tradition der Quadratura stammte. Wichtig war, daß diese Würdearchitektur ihre Metamorphosen durchmachen konnte; der Wechsel der Kulissen für einzelne

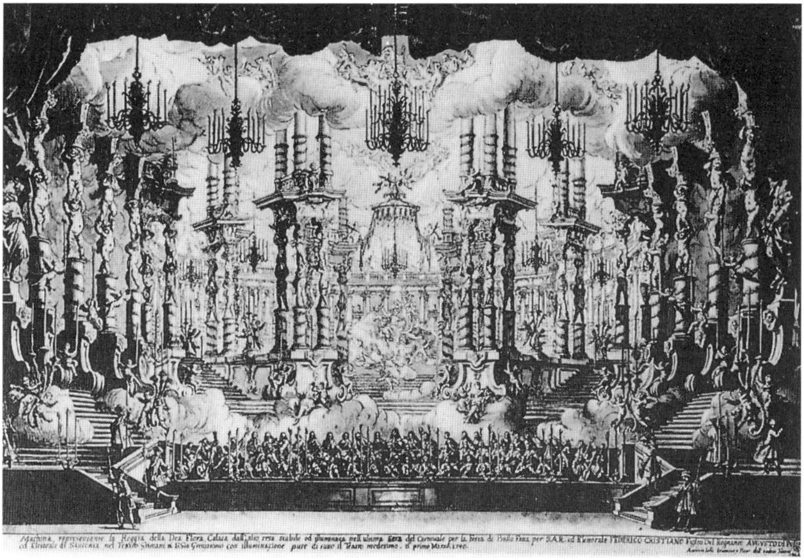

66 Königsburg der Flora Galata nach einer Aufführung im Teatro Grimani in Venedig, Pinselzeichnung von Jolli

Schauplätze war selbst bereits eine besondere und aufsehenerregende Aufführung. Die Kulisse hat gar nicht so sehr die mimetische Aufgabe, Räume für das Schauspiel zu suggerieren. Sie ermöglicht etwas anderes: Die Erscheinung einer von allen tektonischen Zwängen freien Architektur, die hier in dieser absoluten Freiheit ihre eigentliche Bestimmung fand – und vor allem darin, daß es sich gar nicht mehr um Realarchitektur handelte, sondern um eine Erscheinungsweise von ihr, die all diese Metamorphosen mitmachte. Weil sie Schein war, konnte sie jetzt sogar mit den Erscheinungen von Himmel und Hölle eins werden.

Zu einem Handbuch der Bühnenmaschinerie wurde Nicola Sabbattinis *Pratica di Fabricar Scene e Machine ne'Teatri* von 1638.[21] Sabbatini stammte aus Pesaro, arbeitete für den Hof in Urbino, wo er das Teatro del Sol baute, ging mit Lucrezia d'Este nach Modena und baute auch dort ein Theater in dem Jahr, in dem auch seine Theatertheorie erschien. *Für die Vorstellungen, die eingerichtet werden sollen, ist zunächst ein genügend weiter Raum zu wählen, und zwar von solcher Ausdehnung, daß hinter, neben, über und unter den Hintergründen wie der Szenerie genügend Platz sei für die vielerlei Maschinen, die zur Verwendung kommen sollen, für die Erscheinungen des Himmels, der Erde, des Meeres und der Unterwelt, auch für die Erweiterungen und Verkürzungen, die erforderlich sind* – so beginnt dieser Traktat, dessen zweites Buch eine einzige Steigerung der Techniken der Verwandlung und des Auftrittes der Elemente ist. Meer und Seesturm, die Wüste, Hölle und Paradies, Donner und Blitz, Ungeheuer und Gespenster sollen glaubwürdig auf die Bühne zu bringen sein. Sabbattini wurde des öfteren mit Serlio verglichen, doch dessen (ab 1545 publizierte) einschlägige Auslassungen zur Bühnenperspektive sind in ihrer statischen Art eher dazu geeignet, den gewaltigen Unterschied zu illustrieren, der zu den Verwandlungsszenerien Sabbattinis besteht. Bei diesem ist das Theater ein Prozeß, in dem jedes Bild bereits das nächste vorbereitet und jedes Bild aus der Veränderung besteht. So wird das Meer anschaulich im Sturm, der die Schiffe schüttelt, und im Donnergrollen; die Festung oder Burg hat im Angriff der Belagerer zu bersten; in die Höhlen der Unterwelt dringt schließlich das himmlische Licht, das alle Schrecken bannt.

Nicht nur die Akteure auf der barocken Bühne haben ihren bestimmten Part, nicht nur Himmel und Erde und die Elemente sind der Schauplatz, sondern auch die Architektur.

Das Theater konnte – Bernini lieferte dafür Beispiele – die Elemente freisetzen – und zwar nicht einfach als Naturgewalten, sondern als Erscheinungen in ihrer metaphorischen Bedeutung: In Verbindung mit den Göttern Neptun, Juno, Ceres, Demeter, Jupiter und Apoll, die sie regierten. Und wieder haben wir auf dem Theater diese Transformation von der Sache zur Bedeutung, diesmal als dramatisches Geschehen.

Ferdinando und Francesco Galli-Bibiena schufen für Parma 1690 die Bühnenbilder zum *Età dell'oro*. Anschaulicher könnte der Triumph der Elemente im Eingehen in die höhere Wirklichkeit nicht gezeigt werden. Durch die Elemente ist der Schauplatz über die Wirklichkeit (von Parma) eleviert, erstrahlt im hellsten Licht, dem höchsten Licht der Providenz. Barocke Eigenschaft daran ist, daß dies nicht nur gedacht wird, sondern daß die Elemente als jener Stoff, aus dem die Welt ist, eine sinnliche Anschauung leisten von jener Transformation, der alles in dieser Welt unterworfen ist.

Architektur ist auf der barocken Bühne zu reinem Selbstzweck geworden, dem Schaubedürfnis dienend, zugleich nur noch die »Erscheinungsweise« von Architektur.

Ein Bühnenbild des Antonio Jolli für das Teatro Grimani in Venedig (Abb. 66) von 1740 mag das verdeutlichen.[22] Die Reggia, der Königspalast, war ein fester Typus des Bühnenbildes, genauso wie der Kerker oder die stürmische See. Es ist die Maschinerie mit der vornehmsten Architektur überhaupt. Aber alles, was real-gebaute Architektur nicht verwirklichen konnte, ist hier zur Erscheinung gebracht: Auf den Treppen, wo die Piedestale der Doppelsäulen aufliegen, ballen sich bereits Wolken, wie um die Architektur hochzutragen. Auf den Säulen

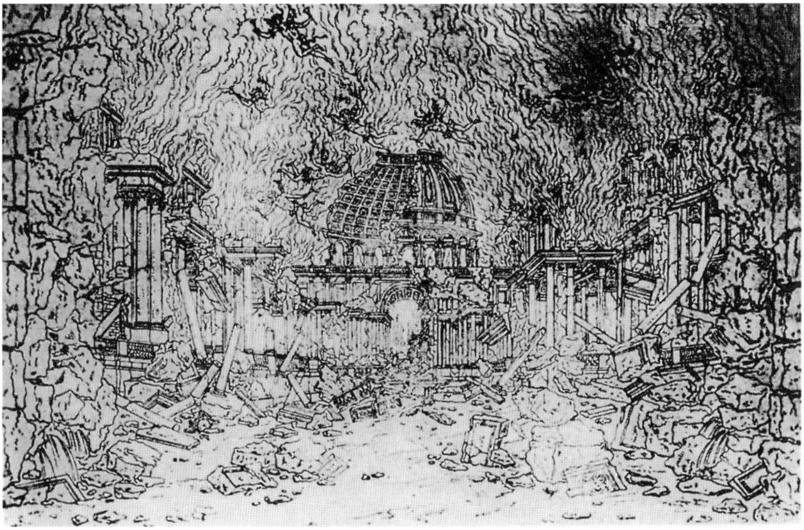

67 Zerstörung des Palastes der Armida, Federzeichnung von J. Bérain 1686, Paris Bibliothéque de l'Opéra

stehen jeweils zwei Putti, der eine auf den Schultern des anderen, so wird das Gebälk getragen, worauf wieder Säulen folgen, die dann bereits in die himmlischen Wolken hineinragen. Denn es senkt sich, wie könnte es anders sein, der Götterhimmel herab. Das Bildsystem ist kaum von dem der Deckenmalerei unterschieden. Über der realen Architektur bzw. hinter dem Proszenium und dessen architektonischem Rahmen beginnt ein eigener Bereich von Scheinarchitektur, die zwar als illusionistische Verlängerung eben des Realraumes gesehen, jedoch gleichzeitig nicht mehr an dieser gemessen werden kann, sondern bereits eine ornamentale wie irrationale Sphäre des Phantastischen herstellt. Darüber öffnet sich der Himmel, erscheinen die Götter oder werden an Schnüren heruntergelassen. Hans Tintelnot hat als erster diese Zusammenhänge erkannt und beschrieben.[23]

Die Möglichkeiten der vielschichtigen Bildmaschinerien waren im Anfangsstadium den Intermedien vorbehalten, wo durch solche Spektakel der Ablauf der eigentlichen Stücke unterbrochen wurde. So gab es im *Giudizio di Paride*, das 1608 im Teatro degli Uffizi in Florenz aus Anlaß der Hochzeit Cosimos II. gegeben wurde (Libretto von Buonarotti, Musik vom Kardinal Montalto und szenische Einrichtung von Giulio Parini), ein Intermedium Vulcano mit einem

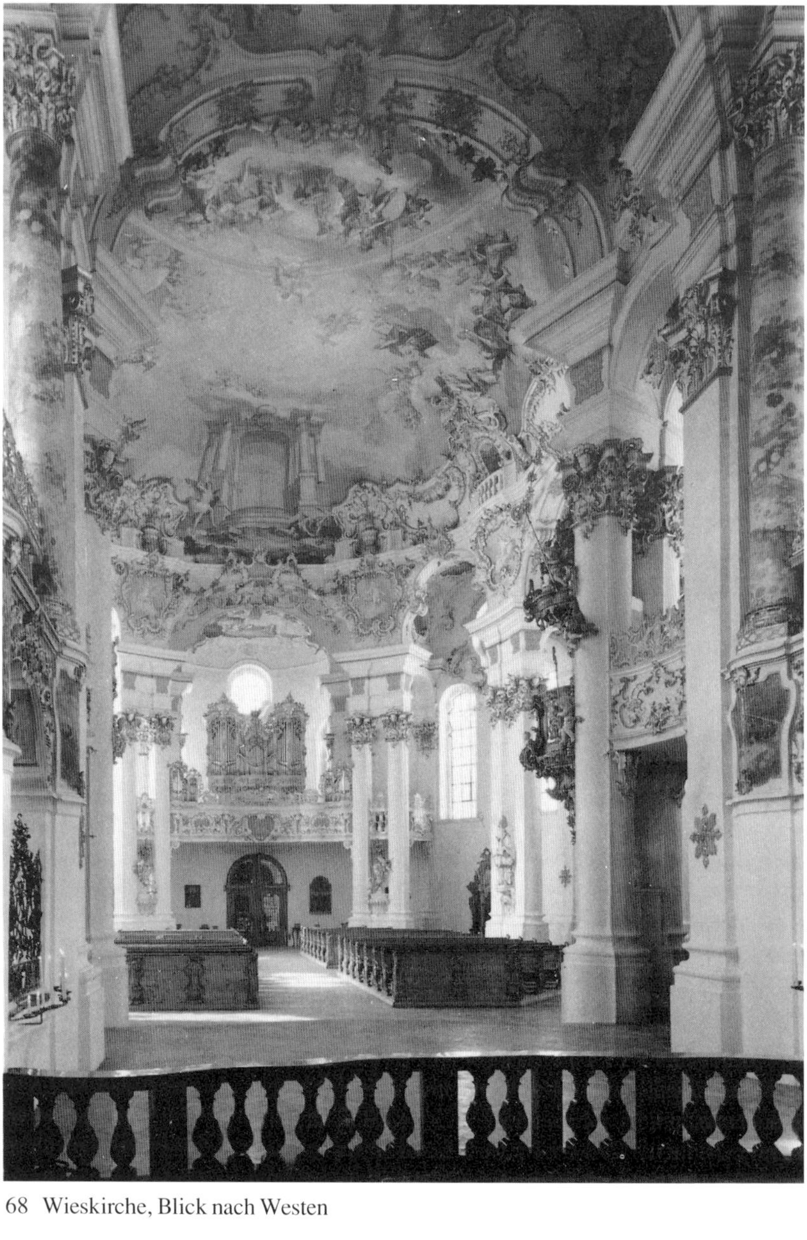

68 Wieskirche, Blick nach Westen

phantastischen Bühnenbild, bei dem man gleichzeitig in die unterirdischen Bergwerkshöhlen, darüber auf den ebenerdigen Ruinenschauplatz und im Himmel auf den Wolkenwagen des Mars blickte.

*Wenn auch das Streben nach effektiver räumlicher Tiefe und ihre Steigerungen durch malerische Illusion mit der allgemeinen barocken Kunstentwicklung Hand in Hand geht, so kann letztlich die Tiefenbühne mit flachen Kulissen und Soffitten nur von der Aufführung her erklärt werden. Eigentliches Triebrad der Entwicklung der Bildbühne von der starren reliefartigen Winkelrahmenbühne der Renaissance mit ihren drei Bühnenbildtypen zu der beweglichen tiefen Kulissenbühne des Barocks mit ihrer Vielfalt der bildlichen Sujets sind die Oper und ihre Vorläufer, die Intermedien ..., in denen Tanz- und Chorgruppen auftraten und Maschinenkünste sich entfalteten ... Diese Zwischenspiele spielten meist in mythologischen Gefilden der Antike und verlangten schon deshalb prächtigere Dekorationen und vor allem Maschinen für die Erscheinung von Göttern und die Verwandlung.*[24]

Ein Element, von dem bei barocker Architektur immer wieder die Rede sein muß, ist deren Dynamik: Architektur ist auf der Bühne ein Prozeß, der durch die entsprechende Maschinerie auch thematisiert wurde. Ein extremes und spätes Beispiel mag das illustrieren: 1738 brachte Niccolo Servandoni in der Pariser Salle des Machines, und zwar nach dem Gemälde Panninis (im Louvre),[25] eine Innenansicht von St. Peter in Rom auf die Bühne. Es war das erste von mehreren Beispielen eines reinen Architekturschauspiels, das durch wechselnde Kulissen und vor allem wechselnde Beleuchtung bewerkstelligt wurde. Musik untermalte die pantomimischen Metamorphosen der Bühnenarchitektur, was bereits die theatralische Handlung abgab.[26] Die Nähe zu einer weitgehend selbständig (etwa als Ruine) sinnvoll agierenden Architektur Piranesis ist unübersehbar. Verwandlung, Auflösung, Zerfall des architektonischen Schauplatzes waren allgemein in der Fest- wie Bühnenarchitektur ein Grundelement. Vom Fest Ludwigs XIV., der *Ile enchantée* in Versailles, war bereits die Rede. Das Titelblatt des Librettos der Pariser Erstaufführung der *Armide* von Lully (Abb. 67) 1686 zeigt ein Bühnenbild, das Jean Bérain entworfen hatte.[27] Das Bersten des Palastes der Armida (in einem Schloßfeuerwerk) war ein herrliches Spektakel, in dem die Architektur sich zurückverwandelte in ihre Nichtigkeit; die Transformation verlief in Richtung Vanitas, was nicht minder vergnüglich war. Von Bérain gab es im übrigen auch Entwürfe zu den Maschinen, die notwendig wurden, um Engel oder Teufel durch die Luft fliegen zu lassen oder den Sonnenwagen in den Theaterhimmel zu bringen.[28] Diesen Maschinen aus Holz, Pappe und Leinwand sind die Architekturen verwandt, die in einigen Bereichen, etwa im Süddeutschland des 18. Jahrhunderts, anzutreffen sind. Es handelt sich um eine Art von Scheinarchitektur, aufgeführt aus Stuck und Putz über Lattengerüsten, wobei nicht mehr massiv

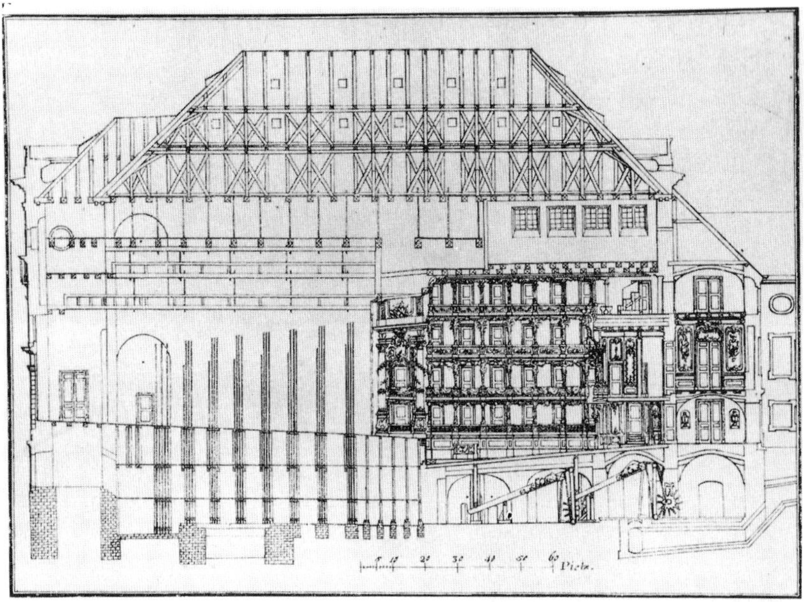

69 München, Residenztheater, Längsschnitt durch das Gebäude nach F. de Cuvilliés

gewölbt wurde. Am Beispiel der Wieskirche (Abb. 68) des Dominikus Zimmermann (1746) zeigt sich, daß in solch provisorischer Bauweise Formen möglich wurden, die jeder traditionellen Tektonik widersprachen und eher als Ornamentarchitektur zu bezeichnen sind. Im Beispiel der Wieskirche ist die Zone der Entablatur völlig aufgelöst und von Rocaillen gebildet, über denen das Himmelsbild des Freskos ansetzt. Technisch wurde das dadurch möglich, daß diese Ornamentzone der Entablatur aus einem stuckierten Holzgerüst besteht und das anschließende Gewölbe ebenfalls aus einem verputzten Lattenwerk.[29] Die potentielle Transitorik in dieser Art von Baukunst entspringt der gleichen Vorstellung von Architektur und Substanz wie bei theatralischen Maschinen.

Surrogate waren sehr beliebt. Stuckmarmor war kaum billiger als tatsächlicher Stein, aber er leistete ein vollkommeneres Bild von Marmor, dessen Apparenza, seiner illusionistischen Erscheinung. Dieses Phänomen gehört allerdings zumeist der Spätzeit des Rokoko bzw. einigen regionalen und volkstümlichen Stilen an.

*Oft wurde schluderig und in für uns heute unvorstellbarem Tempo gebaut. Das ‚Fapresto' des Bauens war ähnlich den Zurichtungen eines Festes. Molière hat es in seinem ‚Impromptu de Versailles' als eine Verlegenheit des Künstlers beschrieben, der immer nur Unvollkommenes erstellen kann. Um seiner Königin ein Fest zu geben, ließ der Graf von Artois sozusagen über Nacht das Schlößchen Bagatelle errichten. Neunhundert Arbeiter sind Tag und Nacht beschäftigt. Auf den Straßen werden die Fahrzeuge mit Stein- und Kalkfuhren beschlagnahmt. Und ein ähnlicher Bau, das ‚Monatsschlössel' steht bei Salzburg: Ein Impromptu. Das Barock ist eine ungeduldige Kultur. Es kann nicht warten. Es kann den Abstand zwischen Entwurf und Ausführung nicht ertragen. Lieber baut man unsolid. Bloße Kulissen, die sich an einem Tag aufrichten lassen, zieht man einem soliden Bau vor, dessen Fertigstellung sich ins Unabsehbare hinzieht. Zu keiner Zeit gab es so viele Einstürze wegen minderwertigen Materials oder schludriger Arbeit. Das Riesenwerk von Versailles ist kaum vollendet, da beginnen auch schon die Reparaturen, die neue Unsummen verschlingen. Die Hast war nicht unbegründet. Wer stand dafür, daß morgen die königliche Laune noch die nämliche war? Daß der Minister oder die Mätresse, für die man baute, noch in Gunst war? Wie ging es doch mit dem Schlößchen Clagny? Für die Montespan wurde es gebaut. Aber als es nach sechs Jahren fertig war, war ihr Stern schon im Sinken. Drei Jahre später diente es ihrer Abfindung. Zehn Jahre bewohnte sie es noch, dann schenkte sie es ihrem Sohn und ging ins Kloster. Ein paar weitere Jahre, und es wurde eingerissen, ohne daß eine Spur zurückblieb.*[30]

Der tiefere Grund jedoch für dieses Bauen im Paradox der festen Attrappen war, daß diese Architektur Festarchitektur war, d. h. Maschinerie und Inszenierung von Festabläufen und somit Einrichtung für den kurzlebigen, ephemeren Ablauf. Die Erscheinung im Fest und weniger der dieses Fest überdauernde Bestand war das Wichtigste. So kam es schließlich auch zu dieser Identität von Kulisse und Architektur, zu dem, was die späteren Zeiten als die barocke Lüge so erboste. Im Extremfall ist barocke Architektur tatsächlich nur eine stehengebliebene festliche Theaterkulisse.

Soweit die von Bernini für die Bühne eingerichteten Maschinerien rekonstruierbar sind, handelte es sich um einen erheblichen Aufwand an Argutezza und Technik, um die Illusionen als solche wieder zum Gegenstand von Illusionistik zu machen. Er schrieb Stücke, inszenierte sie, trat selber auf und war selbstverständlich sein eigener Szenograph. Dabei gab es lange Proben das Jahr über, bis die Effekte für die Aufführungen während des Karnevals saßen. Das Tagebuch Giglis aus der Bibliothek Rospigliosi beschreibt eine von ihm eingerichtete Aufführung auf der Barberinibühne anläßlich der Ankunft des Bruders des Königs von Polen *mit wunderbaren Szenen, erdacht und ausgeführt von Bernini, die viele Male wechselten zwischen Ansichten von Palästen, Gärten, Wildnis, Hölle und Engeln, die durch die Luft flogen und dabei sprachen und zuletzt sah man eine große Wolke sich nach unten senken, welche die Glorie des Paradieses erscheinen ließ*[31]. 1637 produzierte er ein Stück *De' due teatri*. Als der Vorhang sich hob, sahen die Zuschauer einen

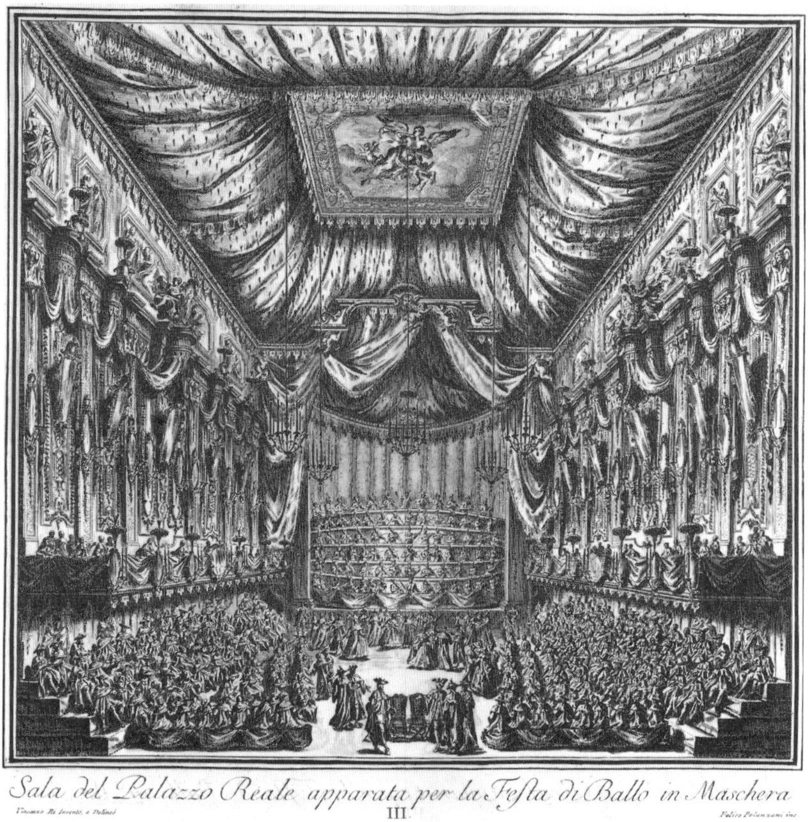


70 *Narrazione delle solenni feste fatte celebrati in Napoli…*, Neapel 1748, Tv. 3

Schauspieler auf der Bühne einen Prolog sprechen, aber dahinter stand ein anderer, der zu einem Publikum, das auf der Bühne saß, sprach. Die Rollen von Zuschauern im Zuschauerraum und Schauspielern auf der Bühne waren damit vertauscht bzw. austauschbar. Am Ende fiel der Vorhang, das Publikum sah das andere Publikum in Kutschen, während der Mond durch die Wolken schien. Dies war keine Erfindung Berninis, denn schon 1623 hatte es eine Aufführung von Andreini mit zwei Komödien in einer gegeben, womit letztlich das Prinzip von Shakespeares »Theater im Theater« aufgenommen wurde. Aber Bernini hatte jetzt daraus das Spektakel einer Reflexion über die Illusion gemacht. Lavin beschreibt es so: *Ein wachsender Realitätssinn scheint zusammengegangen zu sein mit einem wachsenden Bewußtein von der Illusorik aller Wirklichkeit*[32]. Diese Art der Inszenierung wurde

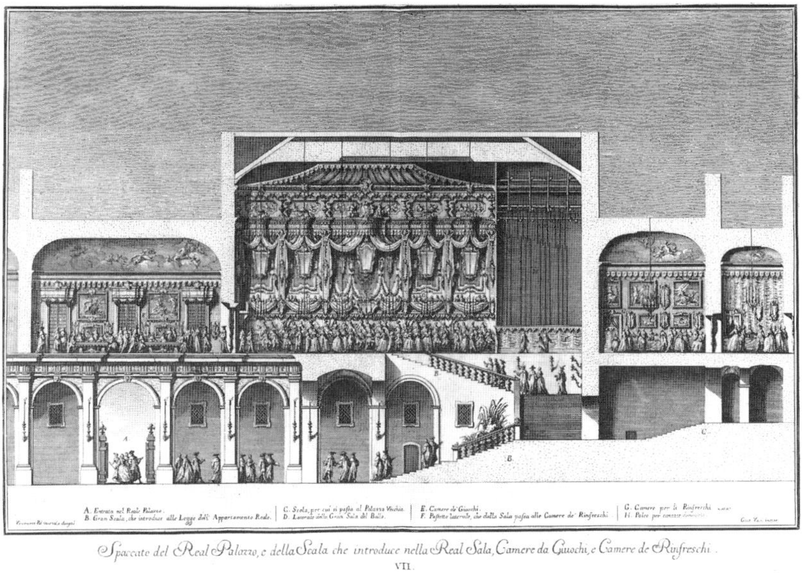


71 *Narrazione ...*, Tv. 7

noch einmal 1668 bei der Aufführung der *Baltasara* des Giovanni Rospigliosi im Palazzo Ludovisi übernommen, wobei allein die Eintrittskarten (in Majolika ausgeführt) 300 Scudi kosteten.

Berühmt wurde auch Berninis *Überschwemmung des Tiber* von 1638. Nachdem ein Jahr vorher der Tiber weit über die Ufer getreten war, gab das in der Folge auch den Stoff für das Theater ab. Boote schwammen da auf echtem Wasser, das schließlich auf die Zuschauer zuschwappte und erst im letzten Augenblick zurückgehalten wurde, Häuser stürzten in den Wassern ein und bedrohten krachend die Zuschauer. Das Ganze trug viel zum Ruhme Berninis bei, obwohl auch hier nachgewiesen werden kann,[33] daß die einzelnen Tricks und Einrichtungen nicht seine Erfindung waren, daß beispielsweise dieser Umgang mit dem Wasser auf dem Theater auf Aleotti zurückging. So hatte 1628 Francesco Guitti, Nachfolger Aleottis, das Teatro Farnese in Parma (im Obergeschoß des Palastes) geflutet, um eine Seeschlacht zu inszenieren. Aber gerade im Vergleich damit wird der Unterschied zu den Einrichtungen Berninis deutlich: In Parma handelte es sich um eine Naumachie alter Tradition, bei der nur ungewöhnlich war, daß sie nicht in einem Amphitheater, sondern in einem Theatersaal aufgeführt wurde. Bei Bernini wurde dagegen das Wasser selbst als elementare Erscheinung inszeniert und war somit Akteur innerhalb eines illusionären Bühnenstückes.

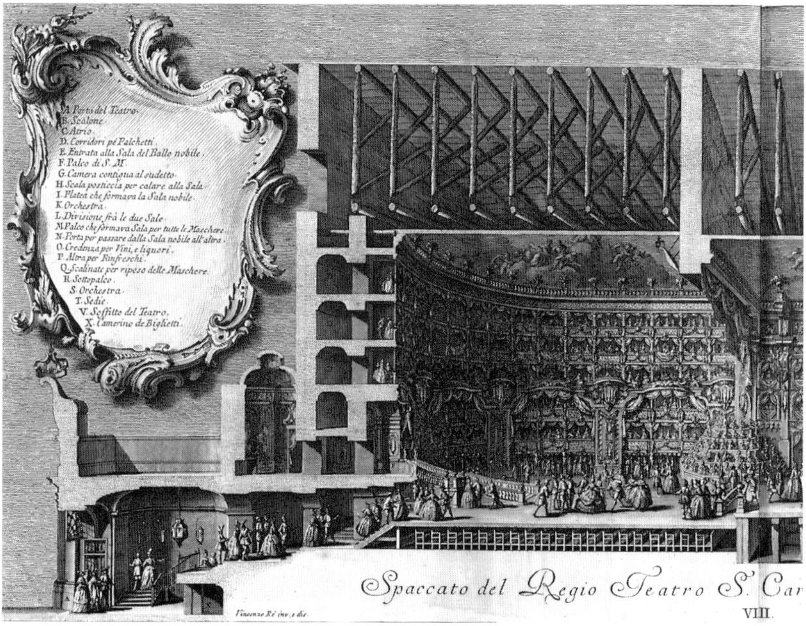


72 *Narrazione ...*, Tv. 8

In einer anderen Komödie, der *Fiera* von vor 1645, zeigte Bernini eine Karnevalsgesellschaft bei der Rückkehr vom Fest. Einer der Teilnehmer geriet mit seiner Kerze an die Dekoration, die zu brennen anfing. Das Publikum geriet verständlicherweise in Panik, aber plötzlich verschwand das Feuer, und stattdessen zeigte das Bühnenbild einen herrlichen Garten.

Der Ruhm solcher Inszenierungen drang bald auch in andere Länder. Ludwig XIII. von Frankreich beispielsweise wollte die Einrichtung von *La Marina*, in der es einen spektakulären Sonnenaufgang gab, auch in Paris sehen.[34]

Ein wirksames Prinzip Berninis scheint in seinen Inszenierungen gewesen zu sein, das Element der barocken Transformationen zu thematisieren. Der Weg von der Apparenza hin zur Desillusionierung wird umgekehrt: Zuerst wird »desillusioniert« (etwa durch das In-Brand-geraten des Theaters), dann wird »illusioniert«, bietet das Theater aus der Katastrophe der Desillusionierung heraus die Erscheinung einer heilen, überirdischen Welt an. Vor allem aber ist bemerkenswert, wie hier in diese Verwicklung von Illusion und Desillusion auch der Zuschauer miteinbezogen wird. Da, wo die Desillusionierung stattfindet, etwa Feuer auf der Bühne ausbricht, wird er zum Akteur, indem er in Panik gerät, während

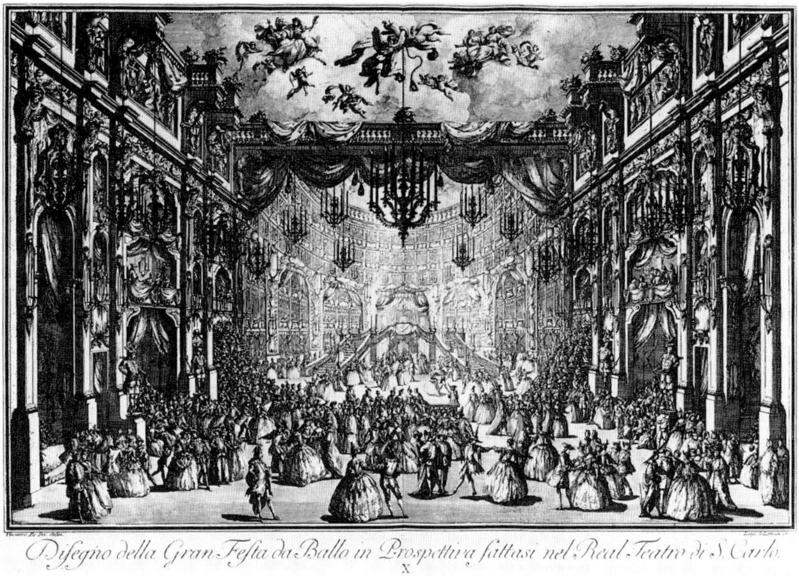


73 *Narrazione* ..., Tv. 10

er dann, bei der anschließenden Illusion, gläubiger Zuschauer wird.[35] War das Element der Verwandlung das Grundelement des barocken Theaters, so war im Spiel sogar die Metamorphose thematisierbar.

Richard Alewyn macht auf Beispiele aufmerksam: *Die Täuschung der Bühne ist auf der Bühne wiederholt, und von hier bedarf es nur noch eines Schrittes, um auf dem Theater noch einmal ein Theater zu errichten. Das Theater im Theater ist eine Schöpfung des Barock, eine seiner eigentümlichsten und aufschlußreichsten ... In keiner großen Aufführung fehlen die Einlagen, in denen sich die Schauspieler auf der Bühne noch einmal teilen in Zuschauer und solche, denen zugeschaut wird ... Nicht immer handelt es sich dabei um eine relativ so einfache Situation, wie wir sie aus dem ‚Sommernachtstraum' kennen, wo einfach dem Spiel ein Spiel eingelegt ist ... Das Barock widmet vielmehr höchst verwickelten Mischungen von Illusion und Wirklichkeit eine verräterische Virtuosität*[36]. Alewyn zitiert dann das Beispiel eines Stückes von Middleton, *A Mad World, My Masters*: *Es handelt sich um einen Tunichtgut aus guter Familie, der sein Geld durchgebracht hat und sich nun mit seinen Gesellen verbündet, um sich durch einen Beutezug bei seinem reichen Großvater, einem Friedensrichter, zu sanieren. Die Burschen verkleiden sich als wandernde Komödianten und bieten an einem Tag, an dem gerade Gäste da sind, ihre Künste an. Sie leihen sich zu diesem Zwecke den Talar und die goldene Amtskette des Hausherrn und von den Gästen andere Schmuckstücke aus, um nach dem Prolog damit das Weite zu suchen. Ihr Plan wird aber unerwartet durchkreuzt durch einen Konstabler, der ihnen auf der Spur ist und erscheint, um sie zu verhaften. Sie retten sich aus der Klemme durch eine halsbrecherische Improvisation. Sie verwandeln vor den Augen des ahnungslosen Publikums die ganze Situation in die angeblich geplante Komödie und weben den ebenso ahnungslosen Konstabler in dieses Stück mit hinein. Der Anführer der Bande erscheint, durch Talar und Kette beglaubigt, als Friedensrichter. Er läßt durch den Konstabler seine schon verhafteten Genossen vorführen, spricht diese nach kurzem Verhör frei und läßt statt dessen den Konstabler wegen Mißbrauchs der Amtsgewalt festnehmen und, als er sich wehrt, an einen Stuhl binden. Dann macht er sich mit der Bande und der Beute aus dem Staube, sehr zum Vergnügen der Zuschauer, die glauben, einem gelungen Spaß beizuwohnen, und zu spät erkennen, daß sie selber die Gefoppten sind. Die Zuschauer also halten für Spiel, was Wirklichkeit ist, der Konstabler hielt für Wirklichkeit, was Spiel war, die Diebe waren in Gefahr, bei ihrem Spiel durch die Wirklichkeit entlarvt zu werden, und retten sich, indem sie das Spiel in Wirklichkeit verwandeln, in die Wirklichkeit, zu der die Zuschauer und der Konstabler beide zu spät erwachen. Der wirkliche Zuschauer vor der Bühne aber sieht beides: die Täuschenden und die Getäuschten, er genießt die Täuschung, aber er weiß insgeheim, daß auch die scheinbar Getäuschten nur Täuschende sind und er allein der wahre Verzauberte ... Daß einem der Kopf dabei ein wenig schwindelt, das ist genau das, worauf es das Theater im Theater abgesehen hat. Die Verdoppelung der Illusion ist nur ein Mittel, um die verschiedenen Illusionsgrade durcheinanderzuspielen, bis am Ende niemand mehr genau weiß, wo die Wirklichkeit aufhört und der Schein beginnt, und damit überhaupt das Wirklichkeitsbewußtsein ins Schwanken geraten ist*[37]. Nachzutragen wäre hier nur noch, daß der Rollentausch, von dem zunächst eigentlich nur der Zuschauer weiß, geradezu die Basis der barocken Komödie war.

Das Theater war wesensgemäß Festplatz der höfischen Gesellschaft. Noch zu einer Zeit, da die Bühne des Barocktheaters zunehmend als eigenständiger Teil, als Bild, vom Zuschauerraum abgesondert wurde, gab es Einrichtungen, durch die eine Einheit von Zuschauer- und Illusionsraum hergestellt werden konnte. Im Residenztheater in München (Abb. 69), von François de Cuvilliés 1751 eingerichtet, konnte der Boden des Zuschauerraumes, normalerweise zur Bühne hin abfallend, durch eine Maschinerie so weit angehoben werden, daß, etwa für Bälle, eine einheitliche Ebene zusammen mit dem Bühnenraum entstand.[38] Für den Hof von Neapel schuf Vincenzo dal Ré Festeinrichtungen (Abb. 70–73), die geradezu als Musterbeispiel für diese Art von festlicher Verschmelzung von Fest und Theater, Zuschauerraum und Bühne gelten können. Zur Feier der Geburt des Thronerben wurden 1748 Räume im Palast und im Theater von San Carlo von Ré gestaltet; die Festfolge wurde in einem aufwendigen Stichwerk ein Jahr danach publiziert[39]. Am Samstag, dem 4. November, gab es eine *Gran Gala e festa di Ballo di Parata in Palazzo*, tags darauf eine *Gran Gala e Opera al Teatro*, dann eine *Gran Gala e Serenata* und so weiter. Am Sonntag, dem 5. November, *fu ordinato, che la sera si recitase nel Reale gran Teatro, detto di S. Carlo, il Siroe die Pietro Metastasio Poeta Drammatico il più celebre dei tempi nostri*, wobei der König freien Eintritt gewährte. Bei den Bällen fanden sich die Masken auf der Bühne wie im Zuschauerraum, während bei theatralischen Aufführungen auf dieser gleichen Bühne Verwandlungen vor sich gingen. Der Gast gelangte über eine Treppe in den sechs (!) -geschossigen Logenraum, der durch ein großes Proszenium von einem folgenden Ballsaal getrennt war; dann erst öffnete sich in einem weiteren Bogen die Bühne, auf der jedoch hinten Zuschauertribünen

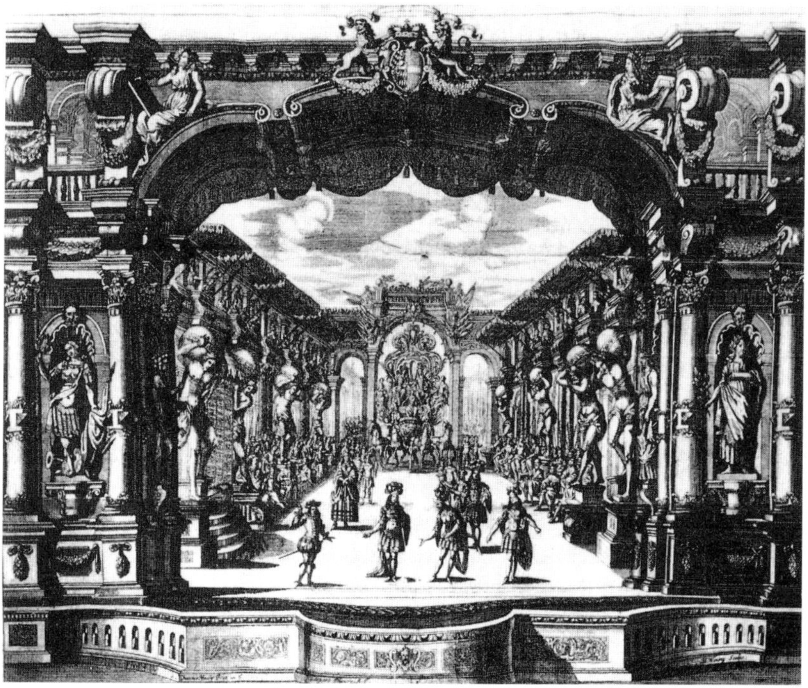

74 Szenenbild aus *Servio Tullio* von D. und G. Mauro, München 1685, Radierung von Wening

aufgeschlagen waren, so daß man als Zuschauer auch aus dem Bühnenraum heraus auf das Ballgeschehen blicken konnte.

Gleich, was hier stattfand, auch in den Räumlichkeiten des Theaters durchdrangen sich festlich die einzelnen Bereiche der Maskierungen, des Zusehens und der Aufführungen auf der Bühne. Nicht unwichtig ist es, wie das Proszenium, also jener Zwischenbereich zwischen den Zuschauern und der Bühne, sich entwickelte. Es wurde zu einem Bindeglied zwischen Bühne und Zuschauerraum und war neben der Fürstenloge der vornehmste Platz, denn hier lag jene Scheide zwischen Bühne und Realraum, also zwischen den Transformationen der Realitäten. Sie war zudem ein Triumphbogen wie der Triumphbogen zum Presbyterium einer Kirche. Pozzo kannte diese Verwandtschaft, wenn er entsprechende Bühnengerüste in Kirchen einrichtete, um damit durch einen Chorbogen den Blick auf eine andere, höhere Welt freizugeben.[40]

Der Zuschauerraum, der in Parma noch an die Anlage von Vicenza erinnert und deshalb auch noch das römische Theater beschwört, wird in der Folge zum barocken Rangtheater werden, wo die Balkone schließlich in mehreren Geschossen angeordnet wurden. Das Parterre dagegen behielt eine Doppelfunktion. Hier war zunächst der Sitzplatz für den Hof. Hoflogen kamen erst später auf. Aber man wurde in diesem Parterre von den Balkonen aus gesehen und damit miteinbezogen in das Schauspiel, wenn nicht dieses Parterre als zweiter Schauplatz genutzt wurde. Das Parterre konnte also Schauplatz, Zuschauerraum und Tanzfläche sein. Von der Tradition her jedenfalls war es der Ort des Turnieres, des Wettstreites. So zeigt ein Stich nach einer Bühneneinrichtung von Burnacini (angelegt in Wien für den *Pomo d' Oro* 1668) ein typisches Theaterinneres: Das Parterre wird von den Zuschauerlogen gesehen, und zugleich sieht man, wie der Hof, der Kaiser, nahe am Proszenium die Inszenierung sieht: durch die Triumphalarchitektur hindurch öffnet sich die Perspektive der neuen Kulissenkunst. Übrigens ist die Decke mit einer Quadratura versehen, öffnet sich der Blick auch im »di-sotto-in-su«. Das erinnert daran, daß das Theater in Parma nur einen offenen Dachstuhl hatte, nicht überwölbt war und somit die zwei Geschosse der Arkadenwand wie frei in den Himmel standen – bei künstlicher Beleuchtung war oben kein räumlicher Abschluß zu sehen.

1676 wurden die wesentlichen Elemente des barocken Theaters von dem Mantuaner Hof- und Theaterarchitekten Fabricio Carini Motta in einem *Trattato sopra la struttura de Teatri e scene* fixiert. Der rechteckige Zuschauerraum wird von einem reich bestückten Bühnenportal abgeschlossen, besser: einem Triumphbogen, in den auch der schmale Orchesterkasten eingebaut ist. Dem Parterre ist ein schmaler Raumstreifen vorgelagert. Die Zuschauerlogen werden jetzt schon amphitheatralisch rund geführt, während das Parterre noch frei bleibt. Sehr wichtig ist vor allem auch in der Entwicklung, daß im Orchesterkasten die

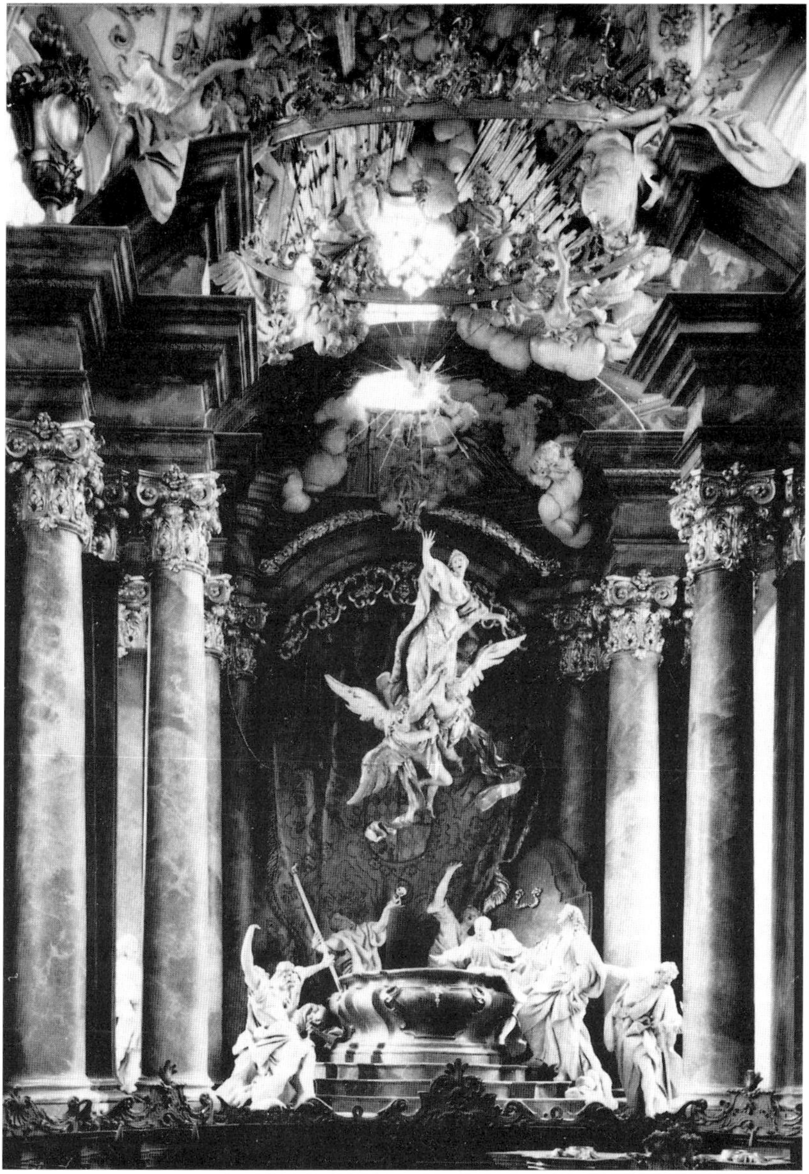

75 Rohr, Hochaltar der ehemaligen Klosterkirche von E.Qu. Asam, 1718–19

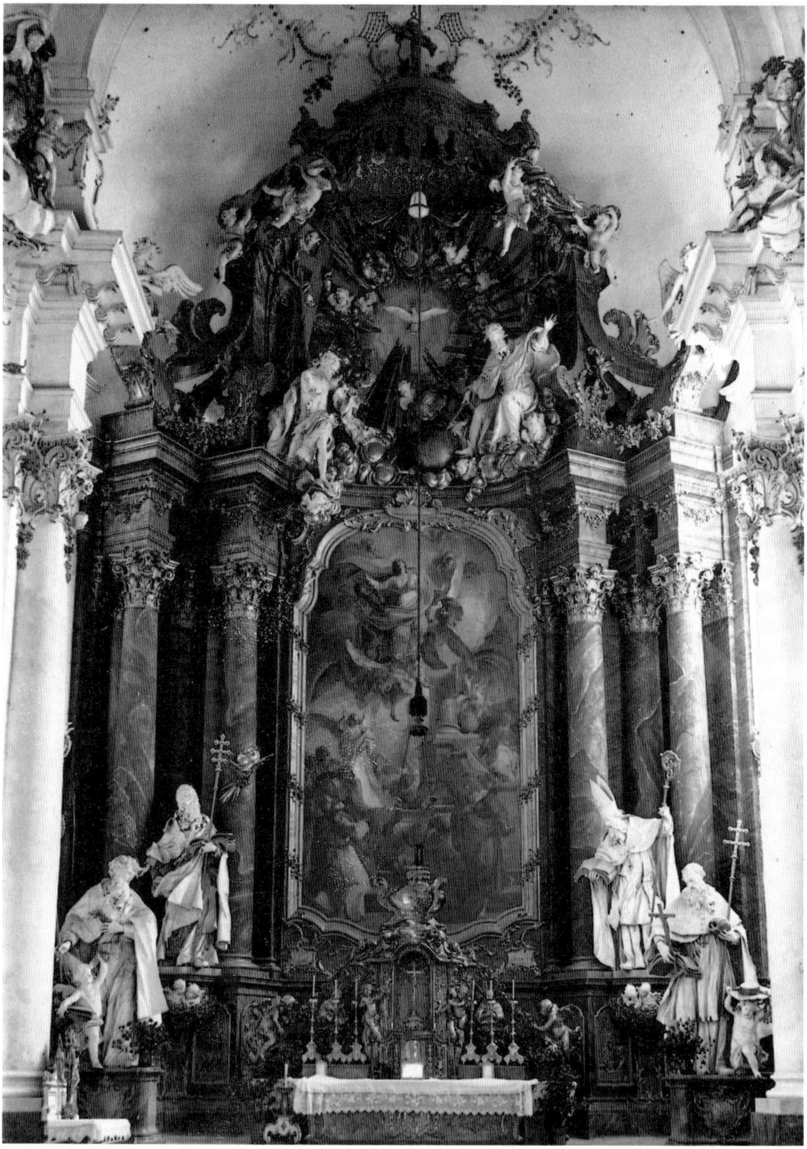

76 Dießen, Hochaltar der ehemaligen Klosterkirche von J.J. Dietrich, um 1738

Musiker verdeckt waren, wodurch der Illusionscharakter deutlich erhöht wurde: Die Quelle der Musik war nicht mehr sichtbar, ihr Charakter also geradezu überwirklich geworden.

Unübersehbar ist, daß im Barock alle Künste theatralisch wurden, daß alles Aufführungscharakter annahm. In der Vorhalle von St. Peter in Rom wurde 1670 als rechter Blickfang die Reiterstatue Konstantins von Bernini aufgestellt. Als Pendant kam gegenüber Karl der Große von Cornacchini 1725 dazu. Daß bei Berninis Bildwerk eine theatralische Regie am Werk war, ist keineswegs erstaunlich, denn gerade Bernini war auch ein Theaterregisseur. Wichtigstes Indiz eines solchen theatralischen Schaffens ist, daß nie ein Bildwerk bei ihm für sich geschaffen wurde, sondern der Aufstellungsort immer eine Rolle zugewiesen bekam. Cornacchini übernahm für sein Standbild Karls des Großen die Aufstellungsart Berninis. *Wiederum ist aus dem räumlichen Intervall der Durchfahrt die gleiche Situation geschaffen worden wie bei Bernini. Für das Auge öffnet sich hinter dem ersten hohen Bogen, der die Halle gegen die Durchfahrt abschließt, und hinter einem zweiten Bogen ein Tiefenraum, in dem das Reiterstandbild aufgestellt ist. Der Raum wirkt plastisch und ‚praktikabel', eine gewaltige Vorhangdrapierung öffnet ihn sogar gegen einen gemalten Landschaftsprospekt dahinter. Betrachtet man die Anordnung in der Nähe, so erkennt man, daß nur die Statue vollplastisch ist, daß bereits die seitlichen Bogenwangen in halbplastischer Scheinverkürzung in die Wandfläche dahinter übergehen, genau so wie der nur im Flachrelief ausgeführte Vorhang, der den fingierten Tiefenraum dahinter zu öffnen scheint … Daß sie auch dem barocken Menschen als ‚theatralisch' im Sinne der Bühnenwirksamkeit erschien, beweist die Tatsache, daß sie bereits 1729 auf der Bühne des Kardinals Ottoboni wieder verwertet wurde: Anläßlich der Geburt des Dauphins führte man eine Oper ‚Carlo magno' auf, zu der Ottoboni selbst den Text und Constanzi die Musik verfaßt hatte. Die Einleitung der Prachtpartitur erwähnt ausdrücklich, daß man in der Wahl des Stoffes auf den Ahnherrn des französischen Hauses und auf den Förderer der Kirche Bezug nehmen wollte. Wie die Stiche Michetti-Grabuggianis überliefern, erhob sich während des Vorspiels der Bühnenvorhang, um auf die Szene in voller Höhe des Portalbogens die Statue Cornacchinis aus der Vorhalle St. Peters mit allen Einzelheiten der dortigen örtlichen Gegebenheit sehen zu lassen.*[41]

*Man kann das barocke Theater gut mit dem vergleichen, was etwa von Gaulli im Gesù an die Langhausdecke gemalt wurde. Der Rahmen des Deckenbildes ist mit einem Proszenium vergleichbar, das innere Deckenbild mit dem jetzt tief gewordenen Bühnenraum und der Realraum mit dem Zuschauerraum, wobei laufend ‚Übergriffe' über Rahmen oder Proszenium zu erleben waren. Und nun brauchen wir unseren nach oben gewendeten Blick nur wieder in die Horizontale zu lenken, um den Vorgang, der sich an der Kirchendecke abspielt, auf der*

*Bühne wiederzuentdecken und damit das seltsame Wesen des Theaters zu erkennen. Von der Tiefe der Bühne her strömt Täuschung aus. In der Spätrenaissance von Palladios Teatro Olimpico sind die Wände der Bühne noch Architektur von der gleichen Art, wie sie den Zuschauer umgrenzt. Hier befinden sich Zuschauer und Schauspieler, Wirklichkeit und Bühnengeschehen noch im gleichen Raum. Aber hier schon ist die massive Rückwand der Bühne durchbrochen von drei Gassen, die durch perspektivische Mittel eine Tiefe vortäuschen, die sie in Wirklichkeit nicht besitzen. Ein Schritt weiter, und die Bühne wird statt von der festen Wand von einem gemalten Prospekt abgeschlossen. Etwas länger widerstehen die Seitenwände dem Drang nach Entkörperung. In den ersten Jahren des 17. Jahrhunderts werden auch sie durch die Kulisse verdrängt. So entsteht hier ein neuer Raum, der zwar da beginnt, wo der Zuschauerraum aufhört, der aber keineswegs mehr aus dem gleichen Stoff gemacht ist wie der Raum der Renaissance-Bühne Palladios, sondern dessen Grenzen und Ausmessungen durch ein System von optischen Täuschungen verschleiert sind. Es ist die Kulisse, der die*

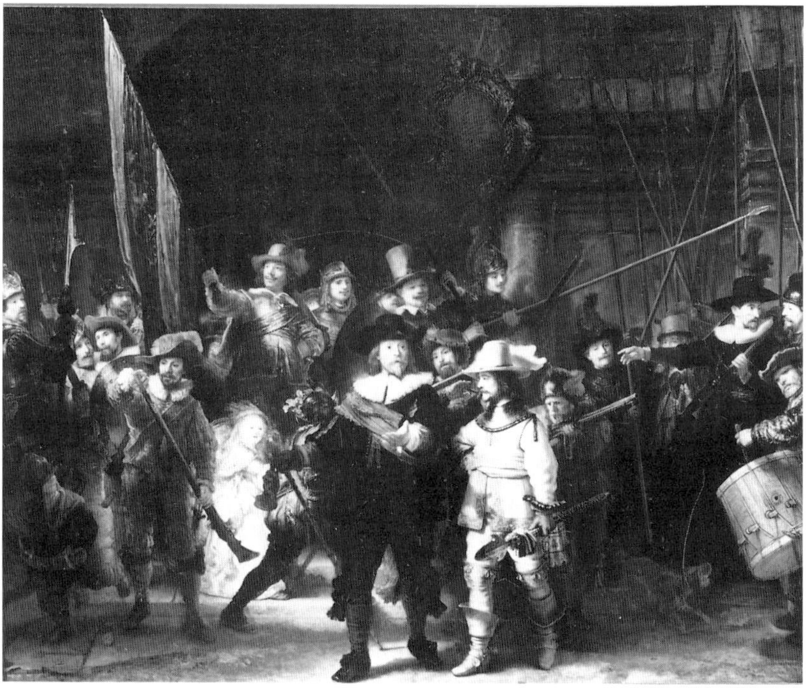

77 H. Rembrandt, Die Nachtwache, Amsterdam Rijksmuseum 1642

*Aufgabe zufällt. Wie die Decken die Architektur des Raumes, so scheint auch der Prospekt die Architektur der Kulisse noch eine Weile fortzusetzen, ehe er den Blick in die Unendlichkeit des Scheins entläßt. Auch hier kommt es vor, daß ein Motiv oder ein Gegenstand, der plastisch anhebt, von der Malerei aufgenommen wird. Und die erste Frage, die ein barockes Bühnenbild stellt, nämlich wo die Kulisse endet und der Prospekt beginnt, ist stets nur durch Vermutungen zu beantworten.*[42]

Ein Bühnenbild von Domenico und Gasparo Mauro (Abb. 74) für den 1685 in München gespielten *Servio Tullio* ist geeignet, den Vergleich mit einer Deckenmalerei noch zu unterstreichen. Da wird deutlich, in welchem Maße das Proszenium als Triumphalmotiv mit dem Rahmen gleichzusetzen ist und daß die in die Bildtiefe führende Kulissenarchitektur die Rolle der Quadratura übernommen hat, während der Prospekt etwa das Deckenbild selbst (mit seinen Erscheinungen aus einer höheren Welt) abgibt. Ein spätes Beispiel einer solchen Anwendung theatralischer Elemente im Kirchenraum ist der Hochaltar der Klosterkirche von Rohr von Egid Quirin Asam (Abb. 75). Die Altararchitektur mit ihren grandiosen Säulen ist Triumphalarchitektur und Proszenium zugleich. Dazwischen ereignet sich die triumphale Apotheose Mariens; unten bildet das Chorgestühl sogar so etwas wie einen Zuschauerraum. Im übrigen sind solche Übertragungen von theatralischen Elementen auf den Altarbau gerade im süddeutschen Bereich nicht selten. Eines weiteres Beispiel ist der Hochaltar von Dießen (Abb. 76). Der Entwurf stammte von Cuvilliés. Das Hochaltarblatt ist versenkbar, und an seiner Stelle können Szenen aus dem Leben Jesu gezeigt werden, wobei der Hochaltar bereits von den davor liegenden Wandpfeilern kulissenartig vorbereitet wird.

Rembrandts »Nachtwache« wurde 1642 gemalt (Abb. 77). Der Titel ist falsch, wie wir wissen; es handelt sich um ein Schützenstück, die Kompagnie des Kapitän Frans Banningh Cocq darstellend. Weil das Bild sich im Aufbau von anderen Gruppenporträts, etwa des Frans Hals, stark unterschied, ging man lange in den Interpretationen nicht von der Aufgabe des Schützenstückes aus, sondern suchte in immer neuen Interpretationen den eigentlichen Inhalt zu ergründen, was schließlich eine ganze Liste von Mißverständnissen hervorbrachte.[43] Darunter finden sich viele, die hier die Darstellung einer aktuellen und momentanen Aktion sehen. Näher kommt man dem Inhalt, wenn man, wie Hellinga, annimmt, daß Rembrandt vom Theater beeinflußt war. Er war 1638 in der Aufführung von Joost van Vondels »Gysbrecht van Amstel«, mit dem das neue Stadttheater eröffnet wurde. Nachweislich hielt er hier einiges in Zeichnungen fest. Aber die »Nachtwache« ist nicht die Abbildung eines Theateraufzuges, sondern vielmehr ein Gruppenbildnis, in dem die Gesetze des Theatralischen herrschen. Die ganze Gruppe ist »aufgeführt« im mehrfachen Sinn des Wortes. Sie tritt in Erscheinung. Zuletzt stellte Svetlana Alpers[44] fest, daß Rembrandt so etwas wie eine eigene

Theaterwerkstatt in seinem Atelier eingerichtet habe, nicht für Aufführungen, sondern als Muster- und Repertoire-Kammer für seine Bilder. Es ging um das »Theatralische«, das nun tatsächlich offensichtlich ist. Gesten, Modi, die »Aufführung« eines Bildes sind hier als theatralische Elemente sichtbar. Gleich, ob es bei Rembrandt eine besondere Strategie war, die Bilder so einem Publikum anzudienen, seine Bilder dieser Zeit sind »theatralisch« und zwar in mehrfacher Hinsicht. Einmal deshalb, weil bei Rembrandt immer das Rollenspiel als Maskierung, Aufführung von etwas sichtbar bleibt.[45] Seine Personen sind nicht identisch mit Flora, Mars oder Bathseba, sie sind Menschen in einer Rolle. Hier zeigt sich Rembrandt als Realist, der, wie schon angedeutet, den barocken Weg in umgekehrter Richtung geht: vom metaphorischen Verweis zum individuellen Menschen. »Theatralisch« ist Rembrandts Kunst aber auch, weil in den Bildern die Dialektik zwischen Schein und Wirklichkeit thematisiert bleibt.

## Anmerkungen

1 Der Große Brockhaus VIII, 1955, S. 565, s.v.Oper
2 J.H. Zedler, Großes vollständiges Universal-Lexikon XXXVII, Leipzig–Halle 1743, Sp. 1658f.
3 Ebda., Sp.1661f.
4 R. Alewyn – K. Sälzle, *Das große Welttheater. Die Epoche der höfischen Feste in Dokument und Deutung*, Hamburg 1959, S. 51f.
5 J.H. Zedler, Grosses vollständiges Universal-Lexikon XLIII, Leipzig–Halle 1745, Sp.461
6 E. Stadler, *Raumgestaltung im barocken Theater*, in: *Die Kunstformen des Barockzeitalters*, Rudolf Stamm Hg., Bern 1956, S. 214; vgl. zu Giacomo Torelli außerdem: P. Bjurstroem, *Giacomo Torelli and Baroque Stage Design*, Stockholm 1961
7 H. Tintelnot, *Barocktheater und barocke Kunst*, Berlin 1939, Abb.28
8 L. Riccoboni, *Reflexions Historiques et Critiques sur les Differents Théâtres dEurope ...*, Paris 1738, S. 40
9 Ebda., S. 44
10 Beschreibung aus: H. Kindermann, *Theatergeschichte Europas* III, hier unter: *Das Theater der Barockzeit*, Salzburg 1959, S. 339
11 L. Riccobini, op.cit., S. 45
12 E. Stadler, op.cit., S. 215, Abb. 47
13 Sinngemäß: In diesen Zeiten begann eine Korruption des Theaters. Schließlich wurden aus der Tragödie und der Komödie Monster durch die Vermischungen und das Überhandnehmen der Spektakel; L. Riccoboni, op.cit., S. 39f., unter: *De l'Opéra*
14 P. Bjurström, *Unveröffentlichtes von Nicodemus Tessin d. J. Reisenotizen über Barocktheater in Venedig und Piazzola*, in: Kleine Schriften der Gesellschaft für Theatergeschichte 21, Berlin 1966, S. 14ff.
15 Ebda., S. 20

16 Kindermann, op.cit., S. 500f.
17 Ebda., S. 502f.
18 Alewyn, op.cit., S. 54f.
19 Siehe Stadler, op.cit., S. 196f.
20 C. Achilline, *Mercurio e Marte Torneo Regale fatto nel superbissimo teatro di Parma ...*, Parma 1628; ebenfalls: A. Cavicchi – M. Dall'Acqua, *Il Teatro Farnese di Parma*, Parma 1986; dort weitere Lit; zur Funktion des Teatro Olimpico in Vicenza vgl.: A. Beyer, *Andrea Palladio. Teatro Olimpico. Triumpharchitektur für eine humanistische Gesellschaft*, Frankfurt a.M. 1987
21 2 Bde., Ravenna 1638
22 Tuschzeichnung, Dresden, Kupferstichkabinett; dazu: H. Tintelnot, op.cit., S. 95, Taf.35, Abb.83; es handelt sich um eine ‚machina rapresentante la Reggia della Dea Flora Galata ...', ein Bühnenbild für einen Karnevalsball zu Ehren des sächsischen Prinzen Friedrich Christian im März 1740
23 H. Tintelnot, op.cit., besonders S. 291
24 E. Stadler, op.cit., S. 209
25 N. Servandoni, *Description abregée de l'église Saint Pierre de Rome et de la Représentation de l'interieur ... dans la salle des Machines ...*, 1738
26 H. Tintelnot, op.cit., S. 226
27 Federzeichnung, Paris, Bibliothèque de l'Opera, Abb. bei H. Tintelnot, op.cit., Nr.44
28 Tintelnot, op. cit., S. 123
29 Ein entsprechendes Arbeitsheft des Bayerischen Landesamtes für Denkmalpflege befindet sich in Vorbereitung
30 R. Alewyn – K. Sälzle, op.cit., S. 12
31 Enciclopedia dello Spettacolo I, 1954, Sp.373, s.v. Bernini
32 I. Lavin, *Bernini and the Unity of the Visual Arts* 1, New York–London 1980, S. 154ff.
33 Ebda.
34 Siehe auch: V. Mariani, *Bernini regista e scenografo*, in: Studi di bibliografia e di argomento romano in memoria di L. De Gregori, Rom 1949, S. 254ff; neueste Lit.: B. Wisch – S.S. Munshower Hgg., *Theatrical Spectale and Spectacular Theatre*, 2 Bde. = Papers in Art History from The Pennsylvania State University VI, 1990
35 Dazu auch: Barocco *Romano e Barocco italiano. Il teatro. l'effimero. l'allegoria*, M. Fagiolo – M.L. Madonna Hgg., Rom–Reggio Calabria 1985, Kap.I. Bernini e la scena del barocco a Roma
36 R. Alewyn u. a.Hgg., op.cit., S. 66
37 Ebda., S. 66ff.
38 Vgl. dazu die Abbildung bei H. Steinmetz, *Das Alte Residenztheater zu München*, Starnberg–München o. J., S. 16
39 *Narrazione delle solenni Reali feste fatte celebrare in Napoli da Sua Maest'il Re delle due Sicilie Carlo Infante di Spagna ... per la nascita de Suo Primogenito Filippo Real Principe ... in Napoli 1748.*
40 Vgl. dazu: B. Kerber, *Andrea Pozzo*, Berlin–New York 1971, S. 125–133; V. De Feo, *Andrea Pozzo. Architettura e illusione*, Rom 1988
41 H. Tintelnot, op.cit., S. 133
42 R. Alewyn u. a.Hgg., op.cit., S. 62f.
43 Vgl. H. Bauer, *Holländische Malerei des 17. Jahrhunderts*, München 1979, S. 175ff.
44 S. Alpers, *Rembrandt als Unternehmer. Sein Atelier und der Markt*, Köln 1989, S. 80–127

45 H. Bauer, *Rembrandt vor der Staffelei*, in: Festschrift Wolfgang Braunfels, F. Piel – J. Traeger Hgg., Tübingen 1972, S. 1–11

# X.

# Illusionismus

## »Perspectiv-Kunst«

Noch zu Ende der barocken Epoche (oder schon wieder?) wird in der Diderot – d'Alembertschen Encyclopédie unter dem Stichwort Perspective diese als Grundlage aller Malerei bezeichnet: *Il est constant que l'imitation est non seulement la premiere regle de la peinture, mais qu'elle est son principe, sa source, enfin ce qui lui a donné la naissance*[1]. Folgerichtig müsse die Kunst der Perspektive eingesetzt werden, um eine überzeugende Imitation zu garantieren.

In Zedlers *Universal-Lexikon*, dessen entsprechender Band 1741 gedruckt wurde, ist das Stichwort *Perspectiv*, *Perspectiv-Kunst* folgendermaßen abgehandelt (wobei zu bedenken ist, daß Zedler keineswegs originell ist, sondern nur die gängige Meinung vorangehender Scribenten zusammenfaßt): *Lat. Perspectiva, ist eine Wissenschaft, eine Sache auf einer Tafel dergestalt zu zeichnen, wie sie in einer gewissen Weite und Höhe des Auges auf einer durchsichtigen Tafel erscheint, die zwischen ihm und derselben auf dem Horizont perpendicular aufgerichtet wird. Man hat dabey sonderlich auf drey Linien Acht zu haben, als 1) auf die Grund-Linie, 2) auf die Horizontal-Linie, auf welcher sich allezeit der Augen-Punct befindet, und 3) auf die Distantz- oder Entfernungs-Linie, welche allezeit parallel mit der Horizontal-Linie, oder selbst ein Theil derselben ist. Es bringet die Perspectiv die Mahler- und Zeichnungskunst zu der größten Vollkommenheit*[2]. Anschließend wird die im 18. Jahrhundert aktuelle Literatur zum Perspektiv-Problem aufgeführt und besprochen. Perspektiv-Kunst wird als eine Methode der Zentral-Projektion verstanden, und sie wird als Kunst begriffen, weil sie als Grundlage für die Malerei angesehen wird.

Damit schließt die Definition an das an, was seit dem 15. Jahrhundert als berechenbare Projektionsmethode galt. Vasari hatte von Brunelleschi berichtet, er sei der Erfinder einer solchen mathematisch-exakten perspektivischen Konstruktion gewesen, er habe Grund- und Aufriß zur Gewinnung eines perspektivischen Bildes verwendet. Als Bilddokument solcher Bemühungen sieht man zu Recht Masaccios Trinitätsfresko, den Gnadenstuhl in S. Maria Novella von Florenz an. Noch wie etwas später in Mantegnas Deckenbild der sogenannten Camera degli Sposi im Mantuaner Palast entstehen diese »Fensterbilder« zwar als eine Art von Durchbrechung der realen Wand – nach der Theorie Albertis –, aber sie machen, um es einmal so zu formulieren, aus dieser neuen Möglichkeit noch nicht viel. Bei Masaccio ist der Gnadenstuhl in die Bildebene, die Vorder-

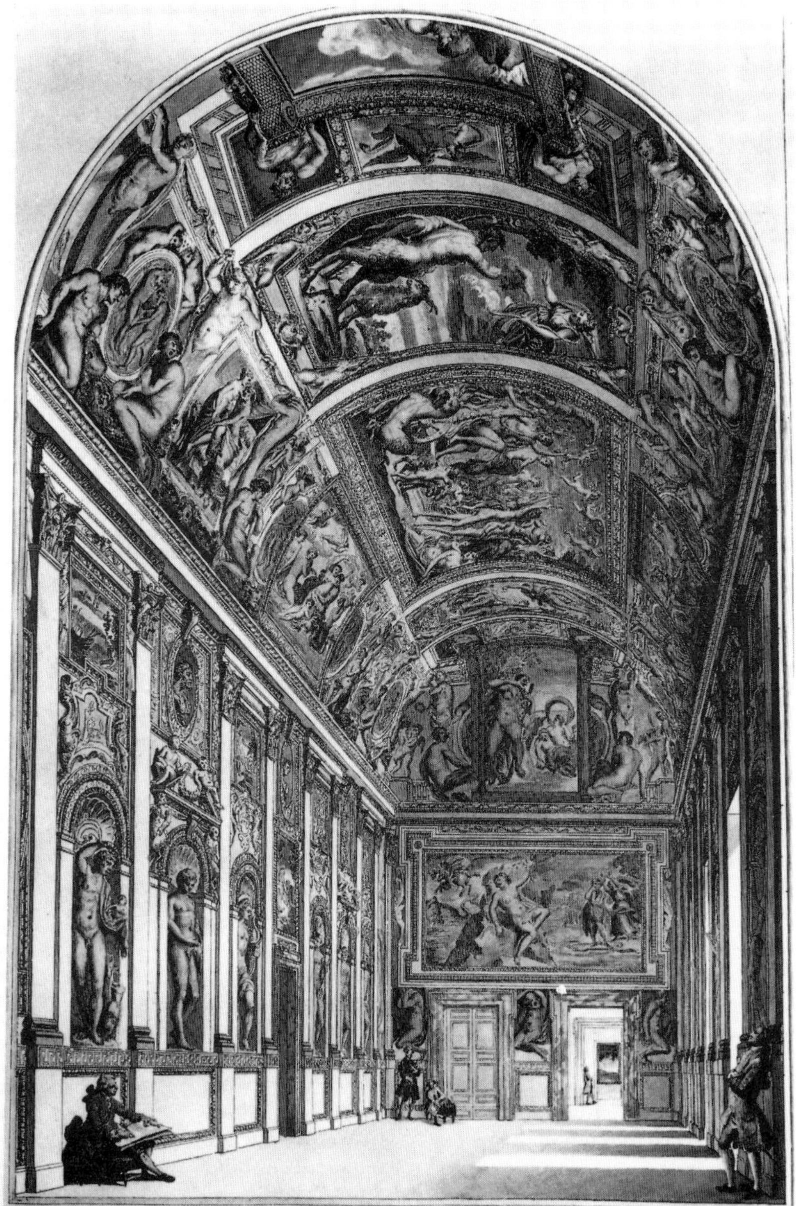

grundsebene der Wand gelegt, erstreckt sich der Tonnenraum *nur* als Öffnung nach hinten, während in der Decke der Camera degli Sposi ein Loch mit einem Scherzo an Perspektive übrigbleibt, ein Loch, auch in ikonographischer Hinsicht.[3]

Erst eine Generation später, 1482 verfaßte Piero della Francesca in Urbino eine perspektivische Lehrschrift; mit Leonardo endlich wurde aus der Perspektivkunst mehr als die Möglichkeit, in eine Wand eine Öffnung zu schneiden. Vor und um 1500 gibt es einen auffallenden Rückgang in der Anwendung dessen, was Quadratura genannt wurde, der perspektivisch imitierenden Scheinarchitektur (vor allem in der Rahmenzone) von Monumentalmalereien.[4] Raumtiefe wurde zu einem Eigenwert, während bislang die Schnittstelle zum Bild hin als die wichtige perspektivische Überleitung verstanden wurde. Raffaels Schule von Athen in der Stanza della Segnatura des Vatikanpalastes (ab 1509 gemalt) mag als Beleg dafür dienen. Wobei gerade die Hochrenaissance auch die konträre Möglichkeit einer Erweiterung des Realraumes durch ein gemaltes Kontinuum von Architektur ausschöpfte. Hier läßt sich als Beleg Baldassare Peruzzis Wandbild in der deswegen so genannten Sala delle Prospettive in der Villa Farnesina in Rom anführen (von ca. 1515). Die »Prospettiva« ist hier nicht mehr Darstellungsmittel, sondern Bildinhalt geworden.[5] Von Masaccio bis Peruzzi wird es zunehmend deutlich: Das illusionistische Bild ist nicht nur eine Öffnung, die sich als Fenster versteht. Das illusionistische neuzeitliche Bild entwickelte sich vor allem in einer Neuinterpretation des Rahmens, die Durchbrechung der Raumgrenze als solche wurde thematisiert.

Die Deckenbemalung in den vatikanischen Loggien (durch Raffael und seine Werkstatt, 1517–19) kombinierte erstmals Quadratura, also Scheinarchitektur, und den Typus des Quadro riportato, des gerahmten und als Ganzheit eingesetzten Bildes.[6] In mehr als einer Hinsicht stellte bereits Michelangelos Sixtinische Decke (1508–10) eine Wende in der Entwicklung illusionistischer Deckensysteme dar. Hier setzt die Fiktion nicht an der Binnenarchitektur des Raumes ein, sondern an einem Dekorationssystem. Die Genesis-Bilder im Scheitel der Wölbung sind »quadri riportati« und keine raumerweiternden Öffnungen, darunter ist ein Rahmensystem aufgebaut, an dem Figürliches entweder als »scultura finta« oder auf natürliche Weise erscheint. Unabhängig von der Realarchitektur der Kapelle ist hier ein Bildsystem in verschiedenen Realitätsgraden aufgebaut. Die 80 Jahre jüngere Freskierung der Galerie im Palazzo Farnese (Abb. 78) durch Annibale Carracci (1604 ff.)[7] ist ohne die Vorleistung Michelangelos nicht denkbar, das System der Sixtinischen Decke ist allerdings zu einem Dekorationssy-

78 Rom, Galleria Farnese, Radierung von J. Volpato

stem geworden, in dem die Grade der Fiktion changieren vom »stucco finto« bis zu fingierten Rahmensystemen und den »quadri riportati«.

Einen geradezu kuriosen Fall stellt die Deckenlösung über dem Eingang zur Biblioteca Marciana in Venedig dar (von 1560). Hier wurde eine Allegorie von Tizian eingesetzt, während der ausgedehnte Rahmen von den Brüdern Cristoforo und Stefano Rosa als Quadratura gemalt wurde, Scheinbilder von einer umlaufenden Kolonnade, mündend in einem venzianischen Rahmen.[8]

Parallel zu solchen Formen der Deckenmalerei gab es Beispiele eines konsequenten »di-sotto-in-su« als Quadratura, einer Himmelsöffnung mit schwebenden, elevierten Figuren (als Beispiele seien die Deckenmalereien in der Sala di Ganimede im römischen Palazzo Zuccaro, von Zuccaro ca. 1602 gemalt oder die Kuppelfreskierung Correggios in San Giovanni Evangelista von Parma von 1518 genannt).[9]

## Pozzo und die theatralische Perspektive

Andrea Pozzos Traktat von einer perspektivisch stringenten Illusionsmalerei scheint bei flüchtigem Zusehen ein Lehrbuch der Quadratura, also von Deckenmalerei mit Scheinarchitektur zu sein. Tatsächlich steht das Buch in der Tradition der Architekturtraktate, obwohl der Autor im Titel von einer Perspectiva Pictorum spricht. Der erste Teil erschien 1693, bald wurde das Buch, in mehrere Sprachen übersetzt, zu einem Bestseller.[10] Nimmt man die Entwicklung der Deckenmalerei seit dem frühen 17. Jahrhundert zum Maßstab, ist Pozzos theoretische Fundierung der Perspektive obsolet. Bei näherer Betrachtung zeigt sich allerdings, daß es dem Verfasser eher um die Herstellung von perspektivischen Einrichtungen ging, Maschinen, mit deren Hilfe theatralische Effekte des Scheins erzeugt werden sollten. Zunächst reiht sich der Traktat in die Tradition der Säulenbücher ein. Mit einem Unterschied zu älteren Beispielen dieser Gattung: nicht der richtige Entwurf eines architektonischen Gegenstandes, sondern die richtige *Darstellungsweise*, die Szenographie von diesem ist das wichtigste geworden. Pozzo will nicht den Entwurf von Architektur auf eine wissenschaftliche Grundlage stellen, sondern die Zeichnung des Erscheinungsbildes von Architektur. Nur so erhält die Perspektivlehre ihren Sinn. Geradezu zwangsläufig muß der Gegenstand von Pozzos Traktat Festarchitektur im weitesten Sinn sein: Ehrenpforten, Schaugerüste und, davon nicht unterscheidbar, Altäre oder

79 A. Pozzo, *Perspectiva Pictorum et Architectorum*, Fig. 71 Theatrum

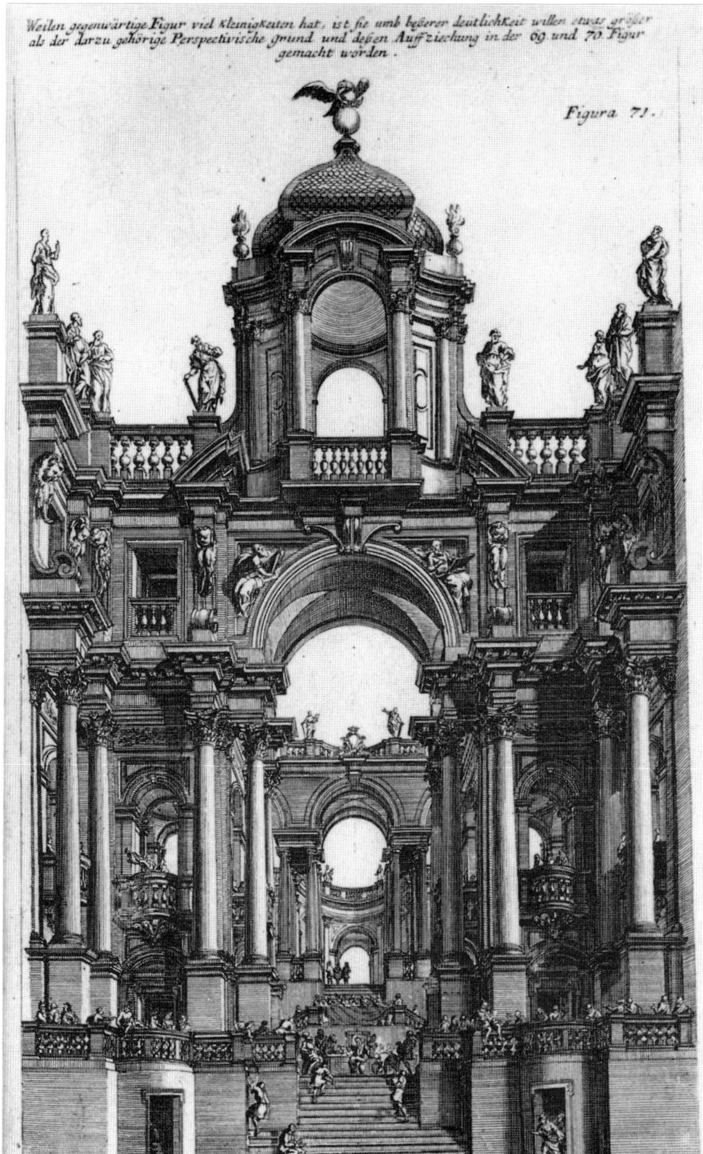
Weilen gegenwärtige Figur viel Kleinigkeiten hat, ist sie umb beßerer deutlichkeit willen etwas größer
als der darzu gehörige Perspectivische grund und deßen Auffziechung in der 69. und 70. Figur
gemacht worden.
Figura 71.
G. C. Bodenehr Sc.

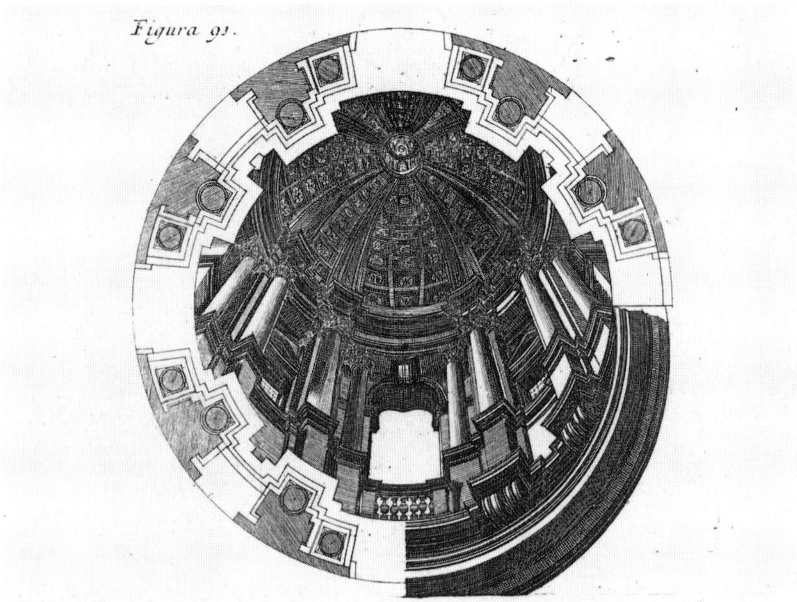


80 A. Pozzo, *Perspectiva* ..., Fig. 91 Scheinkuppel in Schrägansicht

Deckenbilder, die über der Realarchitektur noch einmal Festarchitektur imaginieren (die sogenannte Quadratura). Die Grenzen zwischen Architektur und ihrer perspektivischen Sehweise sind fließend geworden.[11] Ebenso fließend ist demgemäß auch die Grenze zwischen Realarchitektur, gemalter Perspektivarchitektur und ephemerem Gerüst. Pozzo versucht, der Fiktion als oberster barocker Instanz eine wissenschaftliche Grundlage zu geben. Weil es sich um die Fiktion als Gegenstand handelt, bewegt Pozzo sich bei seinen Vorschlägen auch fast immer im Bereich der Zubereitungen für Feste.

Was man zunächst als Vorbereitung einer Freskierung betrachten könnte, Pozzos Darstellung der Entwicklung des Perspektivsystems der Quadratura an der Decke von S. Ignazio, ist nicht zuletzt ein Vorschlag für die Konstruktion eines Festapparates, der über den Wänden der realen Architektur in dieser Kirche aufgerichtet werden sollte.

Nachdem zunächst die Modalitäten perspektivischer Konstruktionen erörtert wurden, geht Pozzo im Traktat dazu über, die einzelnen Typen der Säulenordnungen als Perpektivrisse vorzuführen, bis er schließlich zur Zeichnung ganzer Gebäude übergeht. Bis dahin ist sein Traktat u. a. ein Säulenbuch. Das ändert sich

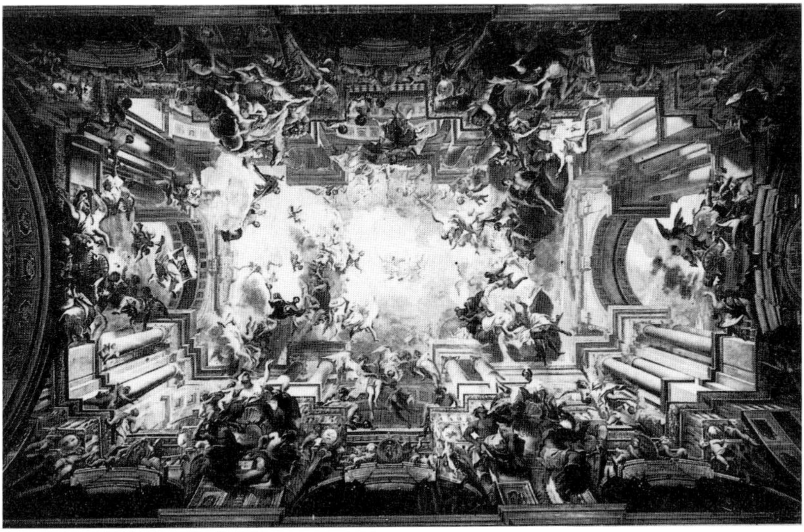

81 Rom, S. Ignazio, Deckengemälde im Langhaus von A. Pozzo, 1691–94

mit dem Vorschlag für ein achteckiges Gebäude korinthischer Ordnung (figura LVIII), das bestenfalls als Theaterkulisse vorstellbar ist. Tatsächlich bringen bereits figura LXI und LXII einen Vorschlag, *Wie man die aus zerschiedenen Reyhen von Tuch-Wänden bestehende Maschinen oder Gerüst auffrichten solle.*[12] Von nun an sind im Traktat nur noch *Scheinarchitekturen* vorgeschlagen, d.s. *telari quae repraesentant aedificia solida* oder, *Tuch-Wände oder Getäffel, die ein dichtes Gebäu vorstellen sollen*[13]. Aufwendige Altartabernakel geben noch einen Verwendungszweck vor. Unter figura LXXI erscheint dann ein großer Apparat (Abb. 79), *Ein Theatrum, so die Hochzeit zu Cana in Galiläa vorstellet, und Anno 1685 bey Außsetzung des Sacraments in der Farnesischen Jesuiter Kirchen zu Rom auffgerichtet worden.* Folgerichtig handelt Pozzo im Anschluß de Theatris Scenicis. Erst anschließend (ab figura LXXVIII) handelt Pozzo das ab, was als die eigentliche Leistung seines Traktates angesehen wird, nämlich die Horizontal-Perspektive. Vom Zeichnen einer schräg von unten gesehenen Konsole, dann einer Säule, schließlich eines Gebälks gelangt er zu seinem berühmt gewordenen Vorschlag einer Scheinkuppel in Schrägansicht (Figura XC) (Abb. 80) und zu den Entwürfen für die Quadratura an der Decke von S. Ignazio in Rom (ab fig. XCIII) (Abb. 81). Weil Pozzo sowohl einen Aufriß der Realarchitektur von S. Ignazio als auch einen Aufriß seiner Scheinarchitektur, wie er sie oben an der Wölbung malte, gibt, kann man das, was nach der Höhe zu in gemaltem Schein die Wand der Kirche verlängern sollte, gegeneinander stellen (Abb. 82, 83). Dann zeigt sich, daß über die realen, mit Pilastern ausgestatteten Arkaden des Langhauses durch die Malerei eine reiche Triumphalarchitektur eingerichtet wurde, ein festliches Szenarium für die Erscheinung des Himmels. Mit diesem Entwurf für S. Ignazio und Erörterungen zur Praxis der Quadraturamalerei endet der Traktat, der unübersehbar demonstriert: Es geht hier um eine Wissenschaft von der Scheinarchitektur, die als solche einzig in der Lage ist, einen Schauplatz für das abzugeben, was bereits außerhalb der irdischen Realität ist, nämlich das theatralische Fest.

Für die Kirche der Jesuiten S. Ignazio in Rom malte er (1694 war die Arbeit fertig) eine Scheinkuppel auf flache Leinwand als Ersatz für eine tatsächlich geplante und nicht ausgeführte Realkuppel – was den nicht mehr vermeidbaren Ruhm des Malers als eines Meisters der Täuschung, des »inganno« festigte. Nur mit der Feststellung, daß hier ein Apparat vorliegt, wie er in der Sphäre des Theaters immer schon als gemalte Kulisse gebraucht wurde, wird man dem gerecht. So wird auch die immense und zwanghaft richtige Perspektivapparatur im Langhaus von San Ignazio, eine konsequente und ausgedehnte Quadratura, verständlicher.

Der Concetto ist in einem 1694 gedruckten Brief Pozzos an den kaiserlichen Botschafter, den Fürsten Anton Florian von Liechtenstein, formuliert: *Il primo lume che ebbi a formar questa idea mi venne da quelle sacre parole: Ignem veni mittere in terram, et quid volo nisi ut accendatur (Luk. XII, 49), congruentemente adattate da santa chiesa a S. IGNAZIO, come a grande istromento di si grand' opera; essendo egli stato zelantissimo di propagar la Religione Cattolica, e la Luce dell' Evangelio per tutto il Mondo; servendosi perciò dell' opera de' suoi Compagni e figliuli frequentemente da lui incitativi con quelli celebri voci: Ite omnia incendite et inflammate. Ma perchè ogni fuoco ed ogni lume celeste convien che provenga dal Padre de' lumi; perciò nel mezzo della Volta dipinsi un immagine di Gesù, il qual communica un raggio di luce al cuor d'Ignazio, che poi vien da esso trasmesso ai seni più delle quattro Parti del Mondo da me figurate co' suoi geroglifici nelle quattro imposte della Volta ...*[14] Es folgt noch eine lange Erklärung der Details.

In gewisser Weise ist die verzerrte Malerei auf einem nicht planen, sondern gekrümmten Träger eine Anamorphose. Deren Aufgabe besteht *im Ausgleich von Spannungen, die überall entstehen, wo Werke der Bildnerei dem System der Baukunst integriert und zugleich auf den Rezipienten bezogen werden.*[15] Die Entwicklung im 17. bis zum 18. Jahrhundert lehrt allerdings, daß die konsequente Quadraturamalerei, wie sie seit der Mitte des 16. Jahrhunderts auftrat und in Pozzo ihren späten Vertreter fand, nicht der eigentliche Weg war, um die Unendlichkeit über der Realarchitektur abzubilden. *In den Innenräumen des Barock*

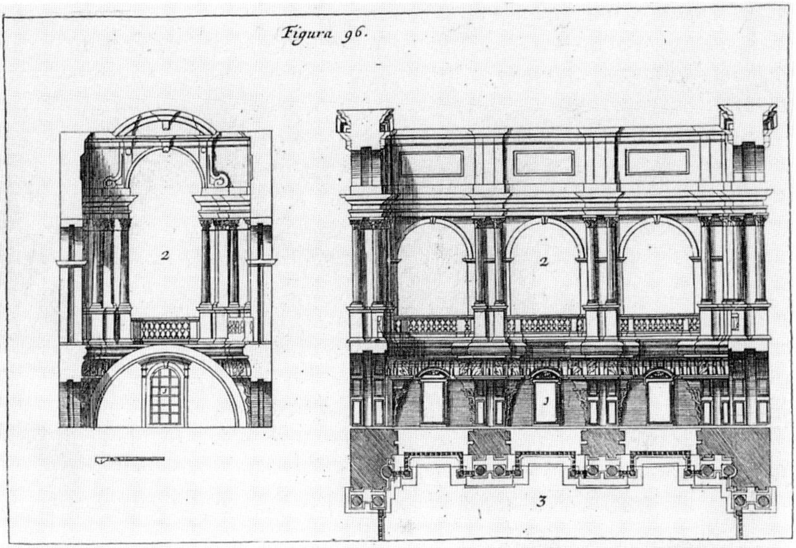


82 A. Pozzo, *Perspectiva* ..., Fig. 96

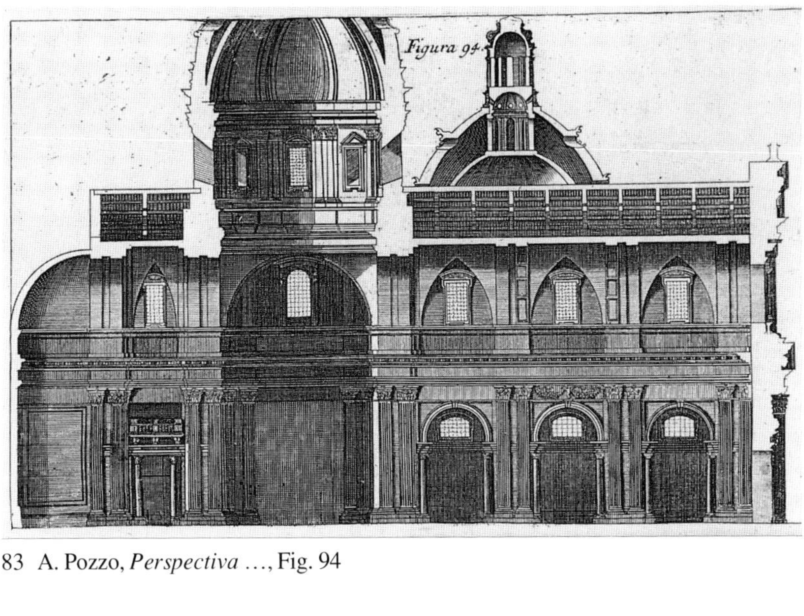


83 A. Pozzo, *Perspectiva* ..., Fig. 94

*konstituiert sich eine Raumqualität, die nicht mehr in der Baukunst allein ihren Grund hat. Vermehrt werden die Gemälde, Statuen, Reliefs, Mobilien und ornamentalen Dekorationen dem architektonischen Substrat im eminenten Sinne in-krustiert, und die tektonische Struktur verliert an Überschaubarkeit, was die Werke der Bildnerei an Wirklichkeitsnähe gewinnen. Der Illusionismus, der in der Renaissance das Ziel der Bildnerei war, entfaltet sich nun unter dem Prinzip des ästhetisch eigengesetzlichen Innenraumes aus dem besonderen Ensemble der verschiedenen Gattungen, und er bekommt darüberhinaus eine Dimension durch den Rahmen der Architektur selbst: Es lassen sich Strukturwandlungen beobachten, in deren Folge das architektonische System so verformt wird, daß es für den Rezipienten qua System negiert ist. Dominant wird die Bildnerei, hinter der ihr Träger zurücktritt. Dessen Elemente sind nun die bildnerisch ausgeformten Elemente eines Bezugssystems, das sich aus solchen topoi konstituiert, die der Bildnerei und dem liturgisch oder zeremonial fungierenden Requisitarium entnommen sind, das ebenso, sei es im Sinne der Bildnerei, sei es im Sinne der Architektur, verformt werden kann.*[16]

Erst nach diesen Überlegungen zur Bühnenarchitektur kommt Pozzo dann zur Abhandlung der Horizontalperspektive, d. h. er stellt jetzt erst, beginnend an einzelnen Elementen, Konsolen, dann Säulen, die Untersicht her. Ergebnis wird u. a. seine Konstruktion einer Schrägsicht unter eine Kuppel sein und die Konstruktion der Scheinarchitektur für San Ignazio. Damit schließt übrigens der Traktat.

Die Schwächen des Systems der Illusion in San Ignazio sind unübersehbar: Das Rechenexempel weist zwar eine richtige perspektivische Konstruktion vor, aber es legt den Betrachter auf einen einzigen richtigen Standpunkt fest. Die Quadratura stockt zwar auf die Realarchitektur eine bedeutsamere Triumphalarchitektur auf, aber diese kann, den Gesetzen der Perspektive nach, nur vordergründig, nicht hintergründig sein, sie ist nicht durchlässig zu einer Raumtiefe hin. Figuren können nur *vor* dieser Scheinarchitektur angebracht werden. Erst nach oben hin kann dann der Himmel imaginiert werden. Eine Folge davon wird sein, daß diese Quadratura eher Distanzen schafft, als daß sie den Betrachter miteinbezieht. Es ist der Effekt der Bühnenbilder, der hier im »di-sotto-in-su« angelegt wird.

Es stellt ein erhebliches Paradox dar, wenn die Deckenmalerei des 18. Jahrhunderts sich immer wieder auf Pozzos Perspektivmodelle berief, etwa das einer Kuppel in Schrägansicht, man bei solchen Übernahmen jedoch fast nie einen konsequenten Zusammenhang zwischen Realarchitektur und Scheinarchitektur herstellte, sondern eher diese Scheinkuppel als Bild über einer Öffnung an der Decke interpretierte, wie etwa in Cosmas Damian Asams Chorfresko in der Schloßkirche von Ettlingen (1728).[17] In einem Gewölbebild der Klosterkirche

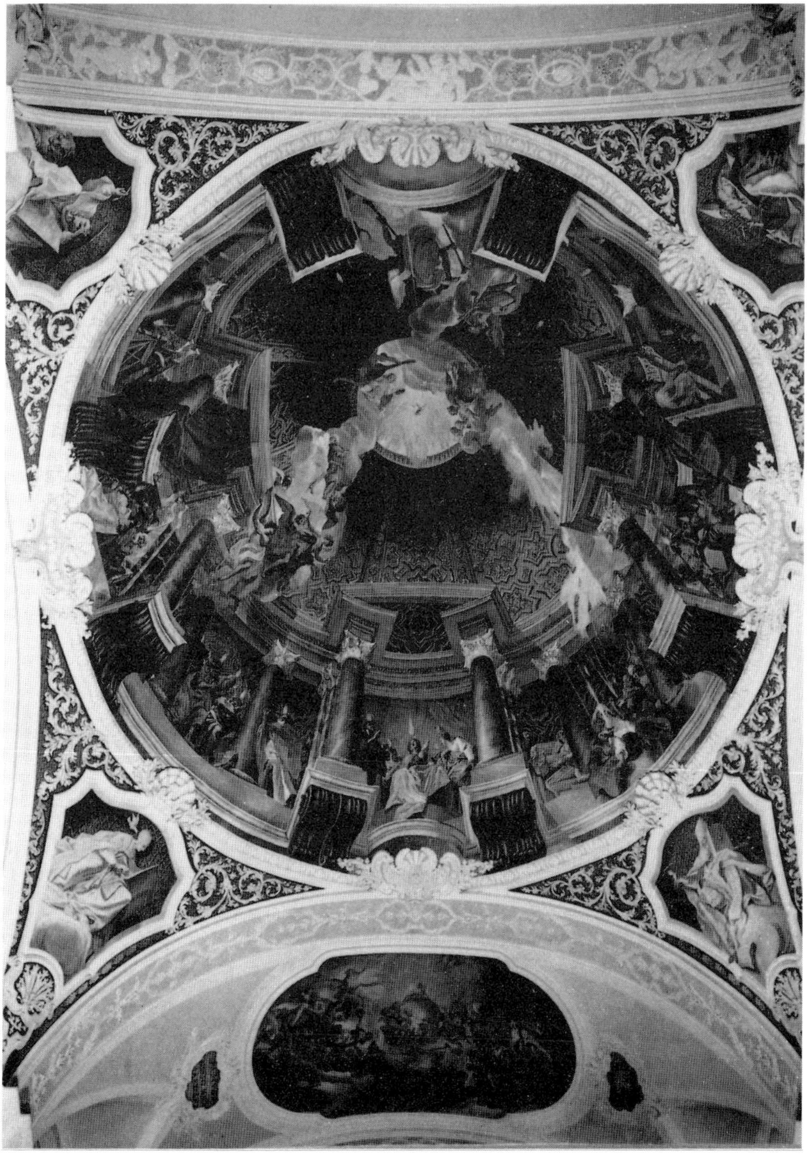

84 Weingarten, Deckenbild der Chorkuppel von C.D. Asam, 1718–19

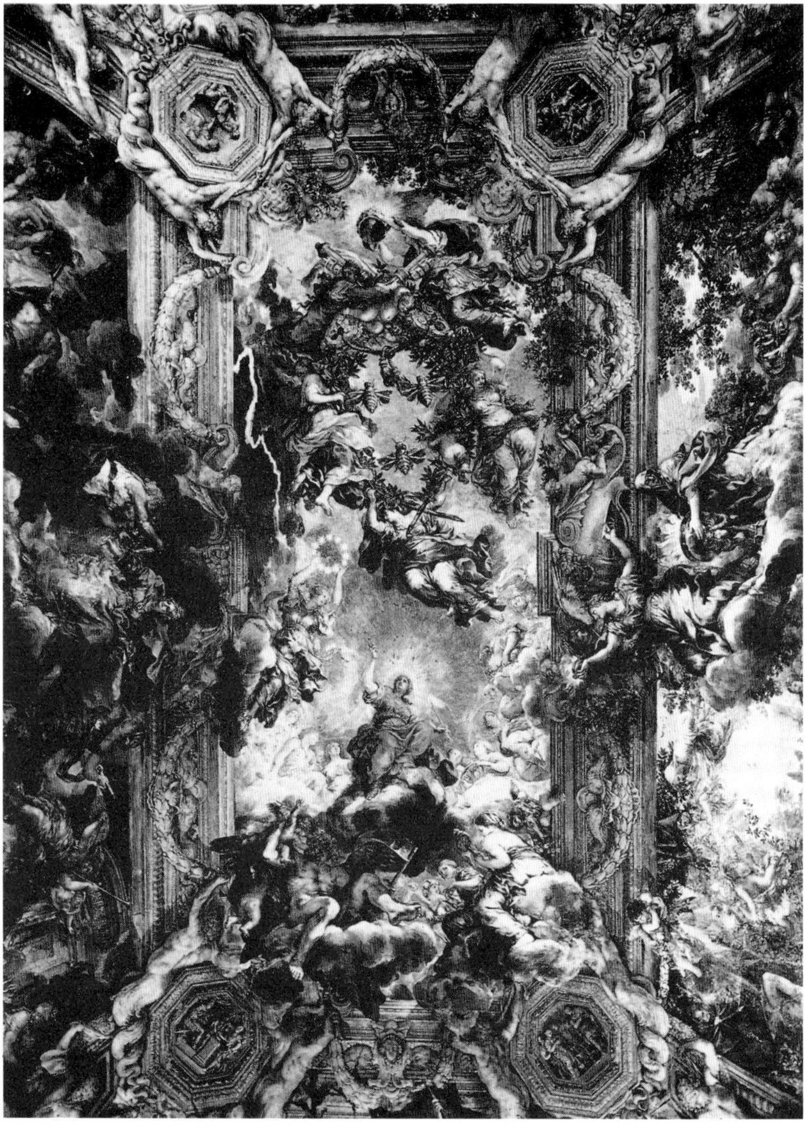

85 Rom, Palazzo Barberini, Deckenbild von P. da Cortona, 1632–39

von Weingarten (Abb. 84), auch von Asam freskiert (1718/19), erscheint ebenfalls die Scheinkuppel Pozzos, aber soweit eleviert, daß im geöffneten Kuppeltambour als Säulenhalle das Pfingstwunder aufgeführt werden kann.

## Der Schein vor und hinter der Realität

Der bedeutendste Freskant des italienischen Barock, Pietro da Cortona, setzte nicht in der Tradition der Quadratura, sondern in Michelangelos Sixtina und Annibale Carraccis Gallerie im Palazzo Farnese ein.

Seine Ausmalung der Decke (Abb. 85; Tf. VI) des Salone im Palazzo Barberini (1633–39) war die bedeutendste Aufgabe im damaligen Rom, und sie machte auch Geschichte.[18] Das Konzept ging wohl auf den Hausdichter der Barberini zurück, Francesco Bracciolini, der zur Wahl Urbans VIII. ein Gedicht geschrieben hatte unter dem Titel *La Divina Providenza*. Diese Göttliche Vorsehung erscheint im Hauptbild, umgeben von Justitia, Pietas, Sapientia, Potestas, Veritas u. a. Immortalitas krönt sie mit einem Sternenkranz, während im höheren Teil auch die theologischen Tugenden Fides, Spes und Caritas zum Ensemble gehören, sie tragen den Lorbeerkranz, in dem die Bienen des Barberiniwappens fliegen. Die Benennung ist gut möglich, weil 1640 eine wohl auf dem Concetto basierende *Dichiaratione delle pitture della salla de' signori Barberini* erschienen war. Die weitere metaphorische Exegese des Concettos bilden vier zum Hauptbild hinzutretende Teile: Die Schmiede Vulkans, gegenüber der Tempel der Pax, dazwischen thront Pax, beraten von Prudentia *Si vis pacem para bellum* als eine Devise Urbans. Und gegenüber: Der trunkene Silen, Venus, Amor wird von seinem coelestischen Gegenspieler besiegt. In der Mitte opfert Religio, weiht Sapientia sich mit Eifer und Verlangen dem Dienste an Gott. Dazu kommen die Schmalseiten, in denen einmal Herkules die Harpye vertreibt, darüber sehen wir Justitia, Liberalitas mit dem Füllhorn, und im letzten Feld vertreibt schließlich Minerva siegreich die Laster der Dummheit. Korrespondierend gibt es in den Ecken des oberen Rahmens Schilde: Die Klugheit des Fabius Maximus, die Großmut Scipios, der Heldenmut des Mutius Scaevola und die Gerechtigkeit des Konsuls Manlius finden sich hier als »atti storici«, während in der Basis des Rahmens vier Tiere dargestellt sind: Braunbären für die Scharfsinnigkeit, das Einhorn für die Reinheit, ein Löwe für die Stärke und ein Greif für die Scharfsichtigkeit.

Zu den bemerkenswerten Eigenheiten dieses grandiosen Deckenbildes gehört es, daß aus der Heraldik, also den Bienen der Barberini, mit Argutezza eine Verlebendigung und Veranschaulichung des Gedanken erreicht wurde. Inmitten eines triumphalen Vorganges fliegen die Bienen in den Barberinihimmel – womit dieses Deckenbild auch eine besondere Eigenschaft des Barock sichtbar werden läßt: Die Vitalisierung eines gedanklichen Concetto. Manieristische Konzeptionen verbargen den Gedanken oft vor den Zugängen zur Entschlüsselung, sie waren hermetisch. Jetzt gehört es genuin zur Rhetorik und zur Persuasio, Wahrheit geradezu blitzartig freizusetzen und in der Überraschung der Effekte so vorzuführen, daß es dem Betrachter wie Schuppen von den Augen fällt. Hier reicht nicht einfach die Leistungsfähigkeit eines arguten Concetto, hier muß die Bildform selbst argute Leistungen erbringen.

Im Mittelteil des gleichen Freskos wird denn auch anschaulich, wie unter dem Segen der Göttlichen Vorsehung das Wirken des Barberinipapstes heilbringend ist. Die Begriffe geben gerade dadurch Wahrheit preis, daß sie sich herablassen zur sinnlichen Anschauung. So entfernt sich das Geschehen auch nicht zu den unbegreiflichen Höhen hin, sondern vollzieht sich als eine Art von Herablassung aus diesem Himmel. Die Realarchitektur des Barberini-Salone hat sich nach oben zunächst in einem quasi-architektonischen Rahmen von »stucco finto« und »relievo finto« verlängert. Es ist ein Gerüst, das sich, wie schon festgestellt, letztlich auf die Sixtinische Decke bezieht. Es ist ein Triumphalgerüst, das transparent ist, von oben dringen die höchsten Begriffe in Verkörperungen herein, von den Seiten die Anschaulichkeit des Mythos, der hier anagogisch gemeint ist: den Weg der menschlichen Seele bezeichnet – von bemerkenswerter Sinnlichkeit der Anschauung. Am triumphalen Rahmengerüst sind die »fatti storici« festgemacht, hier wird die ideale Herkunft der barberinischen Nobilitas anschaulich. Und auch hier herrscht ein besonderer und mit dem rhetorischen Concetto eng zusammenhängender Illusionscharakter. Es gibt keine ungebremste perspektivische Steigerung des »di-sotto-in-su«, vielmehr scheint die bildhafte Anschaulichkeit aus den Tiefen der Unendlichkeit herangeholt, scheint zunächst gestaltlose Begrifflichkeit sich zu konkretisieren in den Körpern. Eine Rahmenarchitektur schafft Ordnung im rhetorischen System und erstellt zugleich die Fiktion einer Steigerung in die hohen triumphalen Formen der Architektur. Wie bei Triumphalaufbauten, etwa den Entwürfen des Rubens für Antwerpen, läßt die Rahmenarchitektur Einblicke in Vorstellungen von hoher Bedeutung zu. In den schriftlichen Quellen ist häufig von Öffnungen die Rede. Es geht nicht darum, augentäuschende Manöver zu inszenieren in Hinblick auf die Verlängerung des Realraumes nach oben, sondern Bilder einzuholen. Hier bei Cortona ist das Konpept der Realitätsgrade deutlich genug gestuft und variiert. Die unteren vier anagogisch-mythologischen Felder geben uns, obwohl schon sehr hoch angebracht, Einblick in die Welt der Natur, der Natur, in die der Mensch schließlich eingebettet ist und der gemäß er handeln sollte. Über den triumphalen Rahmen hinweg schwingt sich im Sieg des Guten und Richtigen jeweils der Glaube an

Gott und die Erkenntnis nach oben, dorthin, wo in der Mitte dann das Wirken Gottes, die Providenz sich nach unten mitteilt.

Dadurch, daß die unteren Öffnungen sich hinter der Quadratura des Rahmens in die Landschaftstiefe ausdehnen und zugleich die allegorischen Verkörperungen nach vorne über diesen Rahmen hochschweben, wird dieser von den Bildern gleichsam in die Mitte genommen, er fingiert noch den Zusammenhang mit der Realarchitektur des Raumes, aber er schwebt selbst als Teil des Trionfo. So gibt es einen illusionistischen Zusammenhang, die unteren Öffnungen scheinen dem zentralen Himmelsbild verbunden. Zugleich aber wird auch separiert, nicht zuletzt dadurch, daß Cortona auch unterscheidet in den Modi der einzelnen Bilder. Die Landschaften mit den Themen des Bacchanals und der kämpfenden Götter sind wild, zügellos, emphatisch gestaltet, während nach oben hin, dort, wo die Begriffe sich klären, der Modus hypolydisch ist, verklärt und voll Freude, wie Poussin gesagt hätte. Man sollte es nicht strapazieren, sondern es besser dabei belassen, daß dieses Deckenbild nicht einfach als perspektivisches »di-sotto-in-su« gelesen werden kann. Die Differenzierungen in den Realitätsgraden der einzelnen Teile und Öffnungen jedenfalls ergibt ein rhetorisches System. In den unteren Bildern mit den anagogischen Metaphern erscheint Tiefe als Einblick in die Natur und den Mythos. Die Rahmenarchitektur der Quadratura errichtet ein Ordnungssystem. Die Bezüge zum Hause Barbarini werden hier festgemacht. Über diesen Rahmen hinweg ereignet sich das anagogische Aufsteigen und in der Mitte dann das Sich-Herabsenken des Himmels, des Vollzuges der göttlichen Providenz. Die Illusion besteht nicht zuletzt aus einer Argumentation mit verschiedenen Realitätsgraden und Bildmodalitäten.

Wie wenig eine konsequente Illusion von Verlängerung der Realarchitektur durch die Möglichkeiten des Bildes angestrebt wurde, dagegen vielmehr eine Einbeziehung der Realität in den Schein von der Überwirklichkeit, das läßt sich an der Cornaro-Kapelle in S. Maria della Vittoria (Abb. 86) aufzeigen. Es handelt sich um die erste Kapelle links des Chores, für deren Ausgestaltung Bernini 1646 vom venezianischen Kardinal Cornaro den Auftrag erhielt. *Marmorplatten in den Farben von Bernstein, Rosa und Gelb, von dunklen Adern durchzogen, bekleiden die Wände. An der Stirnwand flankieren schwere, gekuppelte Säulen unter einem reichen Gebälkgiebel ein konvex hervortretendes Tabernakel. Dieser Rahmen dient nicht einem Altarbild, sondern einer plastischen Gruppe, die weiß aus der Nische leuchtet, vor die Folie großer goldener Sonnenstrahlen gestellt. Auf einer Marmorwolke schwebt die Heilige, hingestreckt in der Vision, in der sie den goldenen Pfeil des über ihr erscheinenden Engels im Herzen erwartet. Aus den Nischen, die in der Altarwand und in den Seitenwänden stehen, schauen Angehörige der venezianischen Familie Cornaro dem Ereignis zu. Die Bildgruppe ist oft als erotische Mißdeutung eines religiösen Erlebnisses kritisiert worden. Bernini nahm das Thema wörtlich aus der 1565 vollendeten Autobiographie der hl. Theresa von Avila, der Reformatorin des Ordens der Karmeliterinnen und glühenden Mystikerin …*[19] Der hier zitierte Guidentext kann kaum das Wichtigste nennen, es ist hier aber auch unterschlagen, daß es sich bei dieser Kapelle nicht nur um ein ikonographisches Konzept handelt, sondern um ein Gebilde, in dem Bernini *alle* illusionistischen Künste vereinigte zu dem, was Lavin als »Unity of Art«[20] bezeichnete. Da gibt es an der Decke Kassettenreliefs mit Szenen aus dem Leben der hl. Teresa. Sie sind teilweise mit Stuck überdeckt, worauf dann Himmelswolken freskiert sind. Lavin konnte diese Technik schon früher, vor Bernini, feststellen. Hier, mit den auf diese Weise *vor* die Stuckierung aufgetragenen Fresken Abbatinis ist eine sehr extreme und rigorose Form erreicht. Da gibt es u. a. ein Relief mit der Erscheinung Christi vor der hl. Teresa, in welchem gerade noch der Körper Christi, nicht mehr sein Kopf sichtbar ist, der von einer (gemalten) Wolke überdeckt wird. Der erste Eindruck könnte der von einer Deklassierung des Reliefs sein. Der Blick auf den Gesamtzusammenhang lehrt etwas anderes: Die stuckierte, skulpturale Dekoration der Kapelle ist jener Bereich, in dem eine komplexe und stringente Ikonologie vorgetragen wird. In toto wird die so durch die Kunst eingerichtete Kapelle durch das besondere Illusionsmittel des auf die vorderste Schicht gelegten Freskos vom Himmel her akzeptiert. Vor der ähnlich eingerichteten Cappella Pio Berninis beschreibt Lavin den Effekt so: Das Gewölbe repräsentiere eine Art von höherer Seinsstufe, in welcher die physische Realität, die Architektur, wörtlich zur Basis wird für eine Illusion, die sich nach vorne und weniger in den Raum hinein entwickelt.[21]

Die Kunstgeschichtsschreibung des 17. Jahrhunderts hat übrigens diese besondere Form des Illusionismus schon erkannt, Passeri schreibt in seiner Vita über den Freskanten Guido Ubaldo Abatini: *ha usato un arteficio nuovo, che inganna, e con certi riporti di rilieva ha fatto parere vero effettivo quel falso, che è finto*. Es sei darum gegangen: *unire insieme vagamente il finto col vero*. Dem Stuck an der Decke ist das »vero« zugeordnet, dem Fresko das »finto«. Jedenfalls stellt Passeri fest, daß hier ein besonderes Capriccio an »inganno« zustande gekommen sei. Es besteht darin, daß plastische Figurationen durch Mittel des malerischen Illusionismus in Bezüge hinein gehoben sind, die oberhalb der irdische Realität liegen.[22]

Seit 1672 malte Giovanni Battista Gaulli im römischen Gesù (Abb. 87). Die Mittelschiffdecke entstand zwischen 1676 und 79. Der Concetto ist aus dem Satz des Paulus entwickelt (Philipperbrief 2, 10–11): *In nomine Jesu omni genu flectatur, coelestium, terrestrium et infernorum* – es handelt sich also um einen Trionfo des Namens Jesu. Unter den Heiligen und Seligen, welche in der Anbetung die Knie beugen, sind auch zwei Kardinäle aus dem Hause Farnese zu

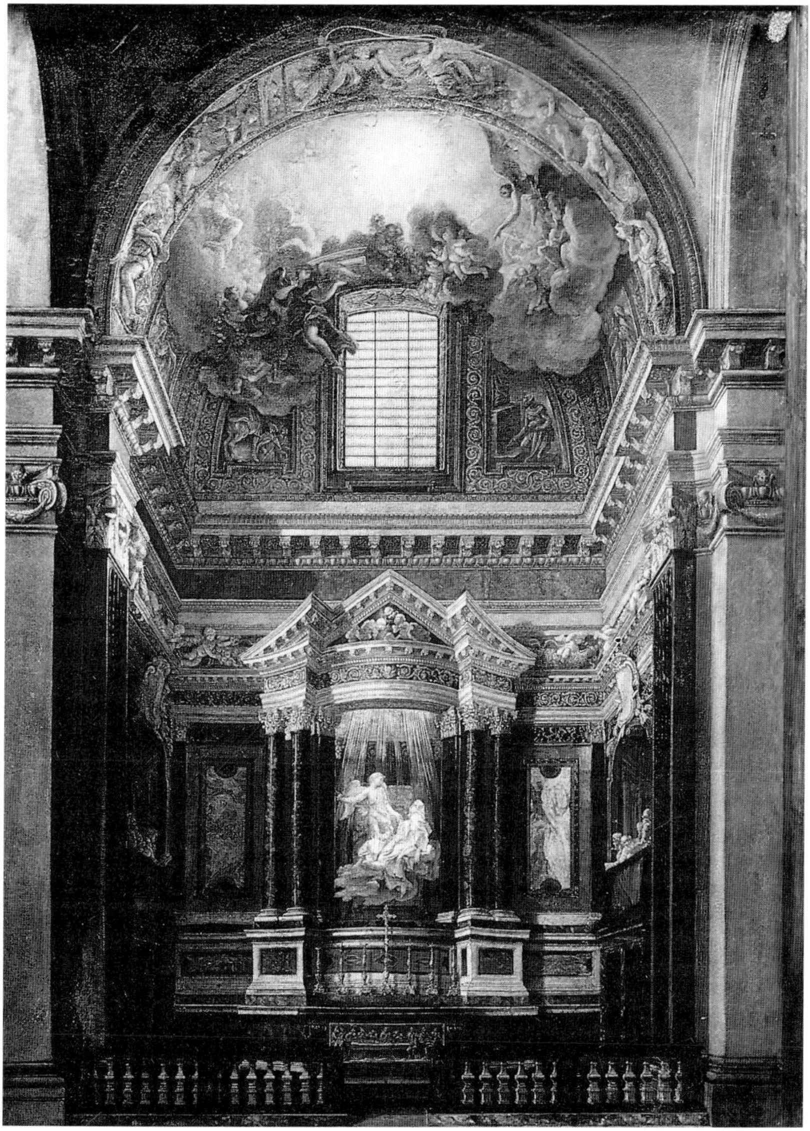

86 Rom, S. Maria della Vittoria, Cornaro-Kapelle von Bernini 1664, anonymes Gemälde, Schwerin Staatsgalerie

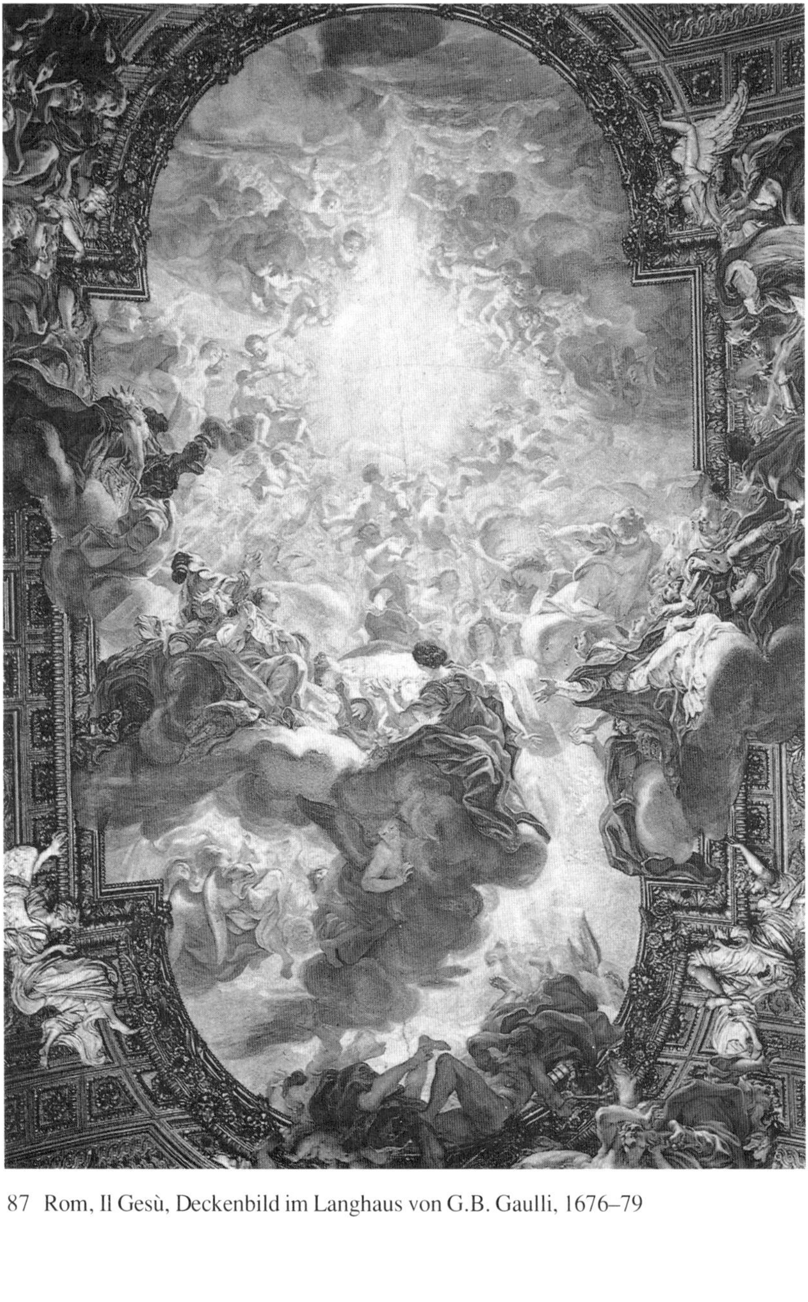

87 Rom, Il Gesù, Deckenbild im Langhaus von G.B. Gaulli, 1676–79

erkennen. Die gleichen Lichtstrahlen, welche die »coelestes« treffen, stürzen auch die »inferni« nach unten, Simonia, Superbia, Avaritia und Haeresia.

Welch falschen Eindruck eine Rekonstruktion herstellen kann, zeigt eine schematische Skizze in der Gaulli-Monographie von Enggaß.[23] Da ist die reale Wölbung als fingierte Öffnung gezeigt, durch welche der Aufwärtssog eines himmlischen Tornados zieht, während tatsächlich das »di-sotto-in-su« fast ausschliesslich vom Licht und der Entmaterialisierung geleistet wird. Das Verhältnis dieses Deckenbildes zur Realarchitektur ist äußerst kompliziert. Da gibt es zunächst eine inhaltliche Verklammerung: 16 große Stuckfiguren an den Fenstern des Obergadens verkörpern die Nationen der Welt, bei denen die Jesuiten tätig waren, also die bei Paulus genannten »terrestres«. Wir neigen dazu, solche konzeptionellen Bezüge zwar festzustellen, aber nicht wahrzunehmen, daß solche Bezüge auch visuell vorhanden sind: Hier sind es in beiden Fällen, Fresko und Stuck, Bilder, wenn auch verschiedenen Aggregatzustands, die einen Zusammenhang bilden. Der Kirchenraum wird so in Zusammenhang gebracht mit der gemalten Illusion von der Erscheinung des Himmels. Das wird noch eindringlicher sichtbar in der besonderen Lösung im Verhältnis von Fresko und Rahmen. Das zentrale Bild ist nämlich eindeutig gerahmt, ein bilobiertes Längsrechteck eines massiven Goldrahmens bildet sich aus der ebenfalls goldenen Stuckdekoration der Tonnenwölbung aus. Dabei taucht ein bei Bernini ganz häufig wiederkehrendes Motiv auf: weiße Stuckengel tragen diesen Rahmen hoch, wobei Ambivalenzen deutlich werden. Denn der Rahmen ist so fest in der Gesamtdekoration, daß er nicht getragen werden muß, also halten sich die Engel hier eher fest. Und zugleich wird eben diese Gesamtdekoration mit dem Rahmen eleviert. Der Rahmen leistet auch den Ausschnitt für das Fresko, das sich ebenso ambivalent erweist: Es erscheint in einer Bildöffnung, entwickelt sich nach oben, in die Raumtiefe, aber es dringt auch nach unten, über den Rahmen hinweg, dahin, wo die irdischen Heiligen und Seligen in der Anbetung in den Himmel hochgehoben werden oder die Laster, über den Rahmen hinweg, nach unten stürzen. Man bediente sich dabei jenes bei Bernini sonst angewandten Mittels (Cornaro-Kapelle) auf Stuck zu freskieren und wich an keiner Stelle von der nun einmal eingesetzten Logik ab. So ist an der einen Schmalseite von den rahmentragenden Engeln aus weißem Stuck nur noch ein Fuß (weiß) zu sehen, weil über ihn hinweg die Figuren des Freskobildes fliegen. So wird die Illusion ausgedehnt auf eine Verschränkung der verschiedensten Aggregatszustände: plastischer Stuck, Skulptur, Bild. Im Gesù nimmt das Bild vom Himmel die stuckierte Decke gleichsam in sich auf, quasi in die Mitte, damit wird die Realarchitektur distanziert, eleviert in den himmlischen Bereich hinein. Umgekehrt dringt das Bild in die Wirklichkeit herunter. Es sind illusionistische Tricks, wenn etwa Gliedmaßen von freskierten, schwebenden Körpern in die Realarchitektur hereinragen. Aber der Trick dient dazu, die Architektur als durchbrochenen Rahmen in die höhere Welt hochzuheben. Im übrigen scheint Gaulli auch den Modus zu wechseln. Verklärt, heiter, gelöst die Figuren der Anbetung im Himmel, angestrengt-körperhaft die in der Rahmenzone und vor der Dekoration.

Eine der letzten großen »Maschinen« in der Ausstattung von St. Peter in Rom war Berninis Cathedra (Abb. 23; Tf. VII), eine Art von Reliquienbehälter des Thrones Petri, der in den 30er Jahren des 17. Jahrhunderts nach St. Peter überführt worden war. Berninis Werk war 1666 vollendet. *Die Idee dieser Cathedra ist formal wie ideell gleich kolossal und gleich gewagt – auch als ikonologische Erfindung eine wahre tour de force, aber eine geglückte. Zwar den Bischofsstuhl Petri im Scheitel der Apsis aufzustellen, wo von alters her der Stuhl seiner römischen Nachfolger stand, ist gewiß ein naheliegender Gedanke. Der Custodia dieser Reliquie die Gestalt der Reliquie selbst zu geben, ist eine alte Gepflogenheit, nicht minder, sie weit sichtbar hinter dem Apsisaltar zu erhöhen. Das Neue ist formal das Schweben der Kathedra und das Entwickeln der gewaltigen Komposition durch alle Aggregatzustände des Bildlichen hindurch: von dem Flachbild der Taube des heiligen Geistes in dem ovalen Fenster, über alle Stufen des Reliefs bis zur freiräumlichen Vollplastik des Thrones und der vier Kirchenväter. Das Neue ist ikonologisch die Verbindung der Thron-Custodie mit den Gestalten der vier Kirchenväter einerseits, die Engels-, Strahlen- und Wolkenglorie andererseits.*[24] Die Cathedra ist ein großer Apparat, bei dem die Repraesentatio einer Reliquie unter Einsatz aller nur möglichen theatralischen wie illusionistischen Mitteln geschieht. Soweit die Genese der Anlage in den Zeichnungen nachzuvollziehen ist, zeigt sich, daß Bernini sich mit den vorhandenen Gegebenheiten der Tribuna auseinandersetzte, ganz offensichtlich etwa die zwei kleineren Säulen an den Kolossalpilastern berücksichtigte, schließlich jedoch seinen Apparat so weit ausdehnte, daß eine besondere Verschränkung von vorgegebener Architektur und der Cathedra zustandekam. Jedenfalls ist man geneigt, es für Verschränkungen zu halten, was dergestalt eingerichtet wurde. Glorienstrahlen, plastisch geformt, verlängern die gleichen Strahlen, die zunächst im Fensterglas des Ovals von der Taube des Geistes ausgehen. Sie dringen *hinter* den Pilaster und vor ihn. Was hier alles verändert wurde, zeigt ein Vergleich mit den beiden gleichen, seitlichen Konchen. Da, wo die Strahlen, plastisch wie die Engel, nach unten dringen, quellen Wolken hoch, sie hüllen von hinten die eingeschossigen kleineren Säulen an den Kämpfern ein, isolieren diese so aus dem architektonischen Verband. Und diese Wolken mit den so herausgehoben Würdesäulen bilden den Hintergrund der eigentlichen Cathedra. Wesentlicher Eindruck ist der vom Hereindringen der Glorie des Geistes in den Realraum, das, was Irving Lavin in einer durchaus brauchbaren Metapher »Osmose« genannt hat.[25] Es sind nur noch und kaum sichtbar die Ecken der ursprünglichen

Fenster-Ädikula bei diesen Überlappungen von verschiedenen Realitäten verblieben. Daß diese überhaupt als solche noch sichtbaren Reste von Bernini stehen gelassen wurden, signalisiert eine erstaunliche Systematik. Die Realarchitektur wird keineswegs durch die Illusionen vom Eindringen des Himmlischen aufgelöst, sie scheint vielmehr notwendig zu sein, um einen neuen Zusammenhang herzustellen: Verschränkt mit der Erscheinung des Überirdischen wird die Realarchitektur ihrer irdischen Seinsweise enthoben. Mit anderen Worten: Die Realität löst sich nicht einfach in illusionistischen Bildern von der Überwelt auf, vielmehr wird diese Realität (Architektur von St. Peter) in die Bilderscheinung vom Himmlischen hineingenommen.

## Die Illusionistik des Ephemeren

Daß solche Einrichtungen und Dekorationen einer Sphäre des Festes und der Zurüstungen für Feste nahestehen, liegt auf der Hand. Die goldgelbe Fenster-Glorie über der Kathedra in St. Peter gab es ähnlich bereits als theatralische Maschine für »quarantore« von 1640 von N. Menghini und zehn Jahre später von Pietro da Cortona.[26] Berninis Apparat war sicherlich davon nicht abhängig, was die Originalität der Schöpfung betrifft, aber solche ephemeren Vorbildungen sind eine Interpretationshilfe. Zeigen sie doch an, wie sehr bei Bernini jeweils das Ephemer-vergängliche und die illusionistische Erscheinungsweise an sich monumentalisiert sind.

Bernini war wohl der bedeutendste und auch der konsequenteste Regisseur des teatro Rom. Wenn die barocke Epoche der Stadt mit einer systematischen Erschließung aller heilbringenden Einrichtungen begann, dann gipfelte diese Epoche schließlich in einer Perpetuierung dramatischer Schauspiele: Das, was für den Kult bedeutsam ist, die Reliquie, das materielle Zeugnis der Glaubenswahrheit, es wird in den unübersehbaren, großen Formen von Fassaden, Einkleidungen, Ostensorien etc. und in einem theatralischen Akt hervorgehoben, interpretiert. Der Kunst ist die hohe Rolle der Illusionistik zugeteilt, d. h. einen Vorschein vom unsichtbaren Himmel zu leisten. Das wurde dann auch das eigentliche Ärgernis für alle späteren Kritiker des Barock: Nicht die Tatsache, daß eine andere (höhere) Wirklichkeit in die Welt »eingebildet«, imaginiert ist, sondern daß diese Welt bereits in ihrer Auflösung zum Anderen hin gezeigt wird. Dabei bediente der Barock sich häufig schon vorhandener Gegebenheit.[27]

Was jetzt in Rom als steinerne Barockarchitektur das Bild der Stadt prägt sind gleichsam die verbliebenen Reste aus Festdekorationen, die gerade in Rom ein ungeheueres Maß annahmen.[28] Anlaß für große Festapparaturen war vor allem der Possesso, die Besitzergreifung von Rom durch die neugewählten Päpste in Form eines Triumphzuges nach antikem Vorbild, wobei zunehmend ephemere Triumphalbauten den Weg bestückten. In den Kirchen, aber auch außerhalb, wurden für Funeralien entsprechend dem Rang der Verstorbenen Castra Doloris in architektonischer Form um die Katafalke aufgerichtet. Und eine spezifisch römische Einrichtung waren die »Quarantore«, theatralische Aufbauten in den Kirchen für das am Ende des Karnevals stattfindende Vierzigstündige Gebet.

In den entsprechenden graphischen Ansichten von solchen ephemeren Einrichtungen ist es häufig nicht möglich, zu unterscheiden, was fester oder architektonischer Bestand war oder was Schein aus den provisorischen Materialien von Holz und Pappe. Das hat seinen Grund im illusionistischen Charakter all dieser Provisorien. Spät, erst vor 1700, wurde dieser Illusionismus als Identität von Schein und Sein in ein pragmatisches System gebracht: Für das Heilige Jahr 1650 entwarf Carlo Rainaldi, der viel für derartige Einrichtungen herangezogen wurde, für den Gesù einen riesigen Apparat, der für die »quarantore« den ganzen Chorbereich veränderte. Es war ein Salomonischer Tempel in perspektivischer Innenansicht, bei dem die Doppelsäulen mit den verkröpften Gebälken in die Tiefe des Chores nach Art von Theaterkulissen gestaffelt waren. Oben im Gewölbe trugen Engel auf Wolken die Monstranz in einem Tempietto. Sechs Jahre später wurde dieser Apparat vom gleichen Architekten in sehr ähnlicher Form fest gebaut. Der Chor von S. Maria in Campitelli weist eine ganz ähnliche Säulenstellung auf, die große Gloriole über dem Hochaltar (von Melchiore Cafà) besteht aus Wolken um eine zentrale Lichtöffnung und goldenen Strahlen hinter anbetenden Engeln.[29] In entsprechenden Kupferstichen aus der Zeit ist bezeichnenderweise nur selten zwischen dem festen architektonischen und dem ephemeren Bestand solcher Apparate zu unterscheiden. Das gilt auch für den Fall der Ansicht vom Gesù 1650: Wolken und Tabernakel-Glorie könnten stuckiert oder gemalt sein, die Architektur aus Stein. Die Reproduktion kennt allein den Modus der festlichen Erscheinungsweise und nicht einzelne Modalitäten der Materialien, mit denen Illusion erzeugt wird.

Ein süddeutsches Beispiel von barockem Illusionismus, die Klosterkirche von Weltenburg, eine Gemeinschaftsarbeit der Brüder Asam, war 1721 geweiht worden. Zweimal, an den entscheidenden Partien, ist hier eine theatralische Apparenza inszeniert (Abb. 88). Über dem Oval des Hauptraumes setzt die untere Kuppelschale als »dome percée« aus, und darüber ist auf eine Flachdecke das Fresko einer Aufnahme Mariens in den Himmel so gemalt, daß dessen Beleuchtung indirekt erfolgt. Ebenso wird im Altarraum verfahren: Die Figur des hl. Georg steht im Licht, dessen Fenster ebenso unsichtbar sind, vor einem gemalten Himmel – freskiert an die Rückseite der Apsis (Tf. VIII). Hier ist die Abhängigkeit von theatralischen Vorstellungen noch deutlicher, wie ein Vergleich mit Pozzo aufweist. Die im

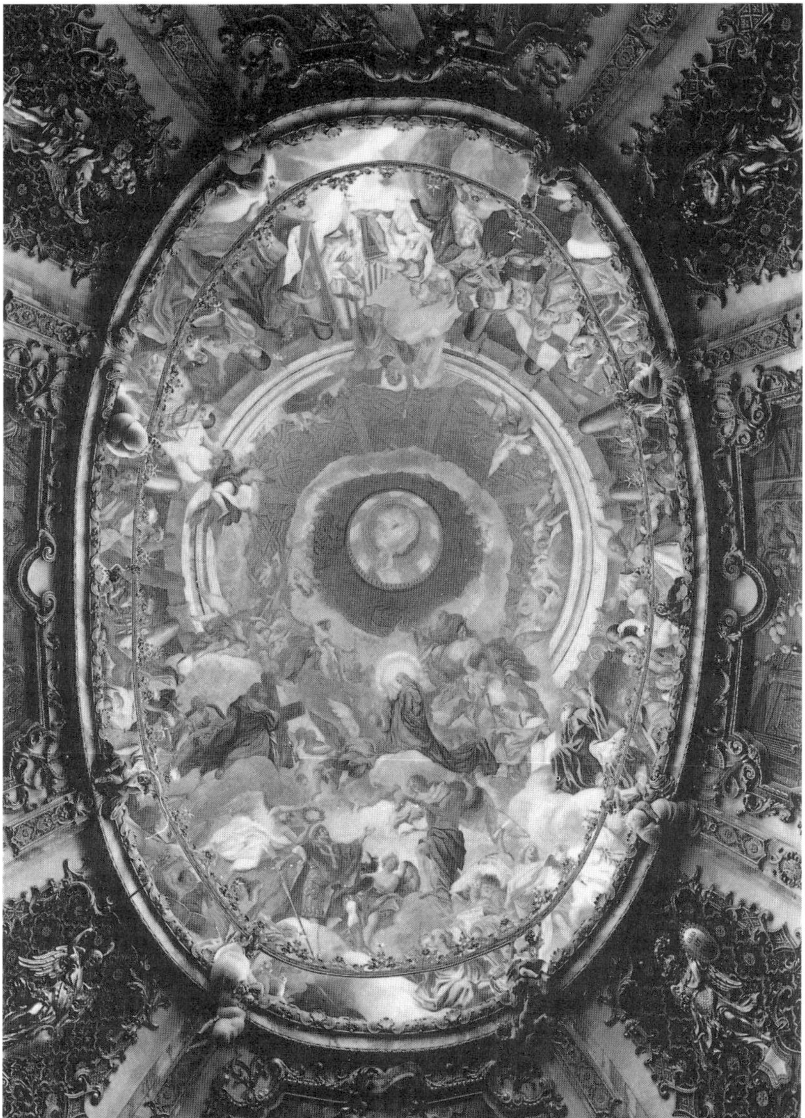

88 Weltenburg, Deckenbild der Kuppel über dem Gemeinderaum von C.D. und E.Qu. Asam, 1721

Barock so fundamentale Idee vom Trionfo, dem Übergang alles Irdischen in die höhere Wirklichkeit, hat eine volkstümliche und naiv-anschauliche Formulierung erfahren. Der Altar ist nicht nur ein Triumphbogen, er ist durchlässig. Über die höchsten Würdeformen, die die Architektur anzubieten hat, ist der Blick vom schon überirdisch genug ausgestatteten Kirchenraum in die Helligkeit des Himmels möglich, im Durchgang selbst die Figur des Reiters, dessen Trionfo ein Durchschreiten der Realitätsebenen des Bildes ist. Und nicht anders ist es mit dem Blick nach oben. Die durchbrochene Kuppelschale ist triumphal, nicht nur weil sie die Taten und Wunder des hl. Benedikt im goldenen Relief zeigt, sondern, weil hier wie in einem reliefierten römischen Triumphbogen, der Durchgang zur höheren Welt der Vergöttlichung angeboten wird. Nur als Randbemerkung: Wo die Architektur der Durchgang eines Trionfo durch die verschiedenen Aggregatszustände der Vorstellungen und Bilder ist, bedarf es keiner tektonisch-logischen Abfolge der Architekturelemente mehr, keiner richtigen Kuppel. Das ist eine späte Möglichkeit des barocken Illusionismus.

## Trompe-l'oeil und Unendlichkeit

Die gleiche barocke Epoche, in der die Unendlichkeit imaginiert werden sollte, kannte auch die gegenteilige Möglichkeit der distanzlosen Mimesis. Mit letzterer sind die sogenannten Augentäuscher-Bilder, die Trompe-l'oeils gemeint, im Holländischen »bedriegertjes« genannt. Es bedurfte nicht unbedingt der Bestätigung durch antike Quellen, aber die Geschichte aus der *Naturalis Historia* von Plinius gehörte nun einmal zu den Topoi von der vollendeten Mimesis: Der Maler Zeuxis habe im Wettstreit einen Jungen gemalt, der Trauben in der Hand hielt, Vögel flogen hinzu, um an diesen Trauben zu picken.

Alle solche Augentäuscherbilder des 17. und 18. Jahrhunderts (es gibt sogar noch moderne Vertreter) gleichen sich in Folgendem: Es wird nie versucht, Raumtiefe in die mimetischen Bemühungen miteinzubeziehen. Vielmehr wird die Täuschung im Vordergrundsbereich des Haptischen versucht. Deshalb muß das Trompe-l'oeil nach hinten zu geschlossen sein, entweder in einer ebenfalls fingierten Rückwand oder unbestimmt. Denn über eines war man sich im klaren: Die Fiktion konnte nur in einem sehr seichten Bereich aufrecht erhalten werden, einem Bereich, der sich deckte mit der Ebene der Malfläche.

Im Extremfall zeigt sich die Möglichkeit des Trompe-l'oeil bei Cornelis Norbertus Gysbrechts (Abb. 89) (nachweisbar 1659–75), der auch Hofmaler in Kopenhagen war, das heute noch mit die interessantesten seiner Gemälde besitzt. Gysbrechts stellte sogar ein Leinwandbild von der Rückseite her gesehen dar oder eine Staffelei mit Malutensilien, als Figurenbild ausgesägt und als Vortäuschung einer wirklichen Malerstaffelei. Er scheint auch der Erfinder des sogenannten »chantournée«, des ausgeschnittenen Bildes gewesen zu sein. Gerade in diesen Kunststücken Gysbrechts wird ein Prinzip der Antinomie im Trompe-l'oeil sichtbar: Damit es funktionierte, also zumindest in einer seichten Ebene die Mimesis durchgehalten werden konnte und damit das Kunststück entstand, mußte andererseits die Tatsache Bild anerkannt werden. Denn gab das Bild sich nicht als solches zu erkennen, war die Täuschung ja nicht auszumachen. Und Realität wollte die Malerei nicht herstellen, sondern ein kunstvolles Bild.

*Die Reproduktion von Wirklichkeit der Außenwelt hat in der holländischen Trompe-l'oeil-Malerei des 17. Jahrhunderts einen vorläufigen Endpunkt hinsichtlich einer objektiven, von jeder persönlichen und ideologischen Einflußnahme freien, porträthaften Darstellung erreicht. Die Trompe-l'oeil-Darstellung hat die in der gesamten Kunstproduktion der realitätsschaffenden optischen Wahrnehmung zum Prinzip erhoben, indem sie deren Reproduzierbarkeit im Bilde selber zum Gegenstand der Darstellung gemacht hat. In äußerster Verwirklichung der Absichten mußte diese Konsequenz folgerichtig zur Reproduktion von Reproduktionen führen, denn in Form der Reproduktion hat die Reproduzierbarkeit der optischen Wahrnehmung bereits dokumentarischen Beweis angetreten.*[30] Dem entsprechen dann auch die hier auftretenden Gegenstände, Geschriebenes, Gedrucktes, Artefakte (möglichst flach), Vorhänge (vor einem Bild etc.). Das Bewußtsein von der Reproduktion der Reproduktion ist dabei auslösendes Moment in einer Kunst, die in Holland das Bild als Tatsache anerkannt hat. Das Trompe-l'oeil scheint der Gegenpol zur barocken Verbildlichung der Unendlichkeit des Himmels zu sein. Während in letzterer Möglichkeit alle Ikonographie, d.i. Metaphorik, sich auflöst, besitzt umgekehrt und bezeichnenderweise das Trompe-l'oeil (noch) keine metaphorischen Qualitäten. Während im Normalfall des holländischen Stillebens stets mehr oder weniger die Vanitas-Bedeutung vorhanden ist, kennt der Extremfall des Trompe-l'oeil keine andere Bedeutung als die der dargestellten Gegenstände. Was wiederum den Schluß nahelegt, daß eine bloße Faksimilierung der Gegenstände durch die Malerei noch außerhalb eines metaphorischen Concettos liegt und zu einem solchen unabdingbar die Tiefenräumlichkeit gehört. Wie im Concetto die höchsten, ewigen Begriffe ins Irdische durchscheinen können, so kann die metaphorische Verkörperung nur funktionieren, wenn der Fluchtpunkt der sichtbaren Perspektive in die Unendlichkeit verlegt ist.

Vor allem bei Svetlana Alpers wurde der beschreibende Charakter der holländischen Kunst herausgestellt. Aber es sollte auch festgehalten werden, daß diese Kunst vor allem auch das Bild objektivierte. Ein Beispiel sei dafür genannt: Gabriel Metsus Dame mit Magd, von 1665/70, in der Sammlung Beit. Die Magd

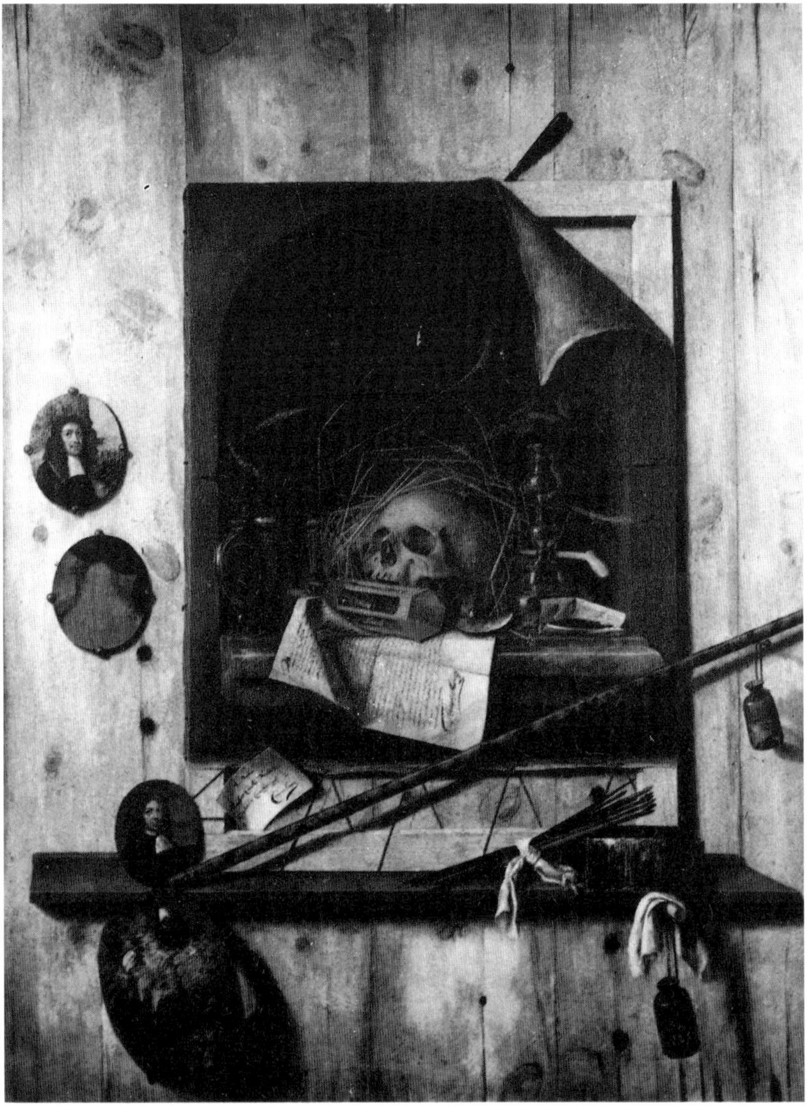

89 C.N. Gysbrechts, Trompe-l'oeil

zieht hier vor einer Marine den seidenen Vorhang zur Seite, wie er in Holland häufig die Bilder verhüllte oder wie er auch, aufgezogen, in die Bilder hineingemalt wurde. Neueren Forschungen nach ist dieser Vorhang in Zusammenhang zu sehen mit einer besonderen Bedeutungssteigerung. Wenn ein Bild also einen »sensus allegoricus« impliziert, dann erscheint gerne dieser geraffte Vorhang vor dem Bild, der auf rhetorische Bedeutung hinweist. Jedenfalls ist in diesem Gemälde Metsus wieder einmal ein Bild mit den mimetischen Mitteln des Trompe-l'oeil dargestellt und auch in den weiteren Zusammenhang eines Innenraumbildes miteinbezogen.

Es gilt, sich vor Augen zu halten, daß es im holländischen Bereich zwar für die Malerei die repräsentative Aufgabe von Ausstattungen von Repräsentationsarchitekturen gab, ein Beispiel ist das Amsterdamer Rathaus, daß der größte Teil der holländischen Bilder jedoch ohne vorherbestimmten Ort für den Handel oder bürgerliche Auftraggeber eben als Bilder hergestellt wurde. Damit entfiel zunächst die Möglichkeit, einen Kontext von Architektur und Bild herzustellen oder zu nutzen. Das holländische Bild mußte somit alle mimetische Illusion in das Bild selbst nehmen. Das geschah auf zweierlei Art. Entweder verselbständigte sich das Bild im Extremfall völlig im Trompe-l'oeil, oder es war, ebenfalls im Extremfall, ein Ausschnitt aus einer zum Bildgegenstand gewordenen Raumtiefe.

Von Rubens stammt die Madonna mit dem Kind im Blumenkranz (Abb. 90) (München, Alte Pinakothek), wobei der Freund und zeitweilige Mitarbeiter Jan Brueghel d. Ä. den Blumenkranz malte. Das Bild dürfte gegen 1620 entstanden sein und wird in Beschreibungen auch als Darstellung eines Bildes im Bild gewürdigt. In der Tat handelt es sich hier um eine ebenso simple wie komplizierte Struktur, was die Realitätsgrade der einzelnen Teile betrifft. Der Blumenkranz, auch so, wie er gemalt ist, hat einige Qualität eines Trompe-l'oeil. Die mimetischen Werte jedenfalls überwiegen, wie allgemein bei Stilleben. So liegt der Blumenkranz noch vor dem teilweise noch sichtbaren Bildrahmen, der ebenfalls trompe-l'oeil-wertig ist. Gleiches könnte man auch noch von dem gerahmten Bild der Madonna mit dem Kind aussagen, denn im Typus ist es eine Marienikone, eine Hodegetria, die zunächst einmal abgebildetes Bild ist, in eine Szenerie gestellt und gezeigt, wie es von Putti mit Blumen geschmückt wird. Einer solchen Sehweise widerspricht die Vitalität der Erscheinung der Madonna und vor allem des Kindes, das geradezu nach vorne, über den von den Trompe-l'oeil-Werten bestimmte vorderste Bildebene zu treten scheint. Der Rahmen wird gesprengt. Die vordergründig festgemachte Wirklichkeit des Blumenkranzes und des Bilderrahmens, die greifbare Wirklichkeit sozusagen, sinkt in die Tiefe eines Raumes ein, aus dem heraus eine ganz andere, höhere Wirklichkeit hervortritt, das Heilige in Menschengestalt. Es ist ein Bildprinzip, das nicht viel anders bei Bernini und in seinem Umkreis angewandt wurde: ornamentierte Architektur wurde dadurch in die himmlische Sphäre gehoben, daß dieser Himmel mit seinen Gestalten vor die Oberfläche der Architektur drang (Decke von Il Gesù). Es ist Prinzip, perspektivische Verkürzungen nicht gleichmäßig bis zum Punkt im Unendlichen hin zu konstruieren, sondern das Unendliche als überirdische Wirklichkeit vordergründig zu imaginieren, während die mimetischen Werte, die Vortäuschung von Wirklichkeit durch das Überirdische in die Tiefe gedrängt wird. Im Bild von Rubens tritt das Christuskind vor den Bildrahmen und über den Blumenkranz nach vorne. In der Cappella Cornaro Berninis dringen die Himmelswolken und die Strahlen der Glorie vor die reale Wölbung.

Illusionismus bedeutete in barocker Zeit nicht die Prolongierung der irdischen Wirklichkeit ad infinitum, sondern den Austausch der Positionen von Wirklichkeit und Schein bis zur tatsächlichen Verwirklichung des an sich nicht mehr Darstellbaren.

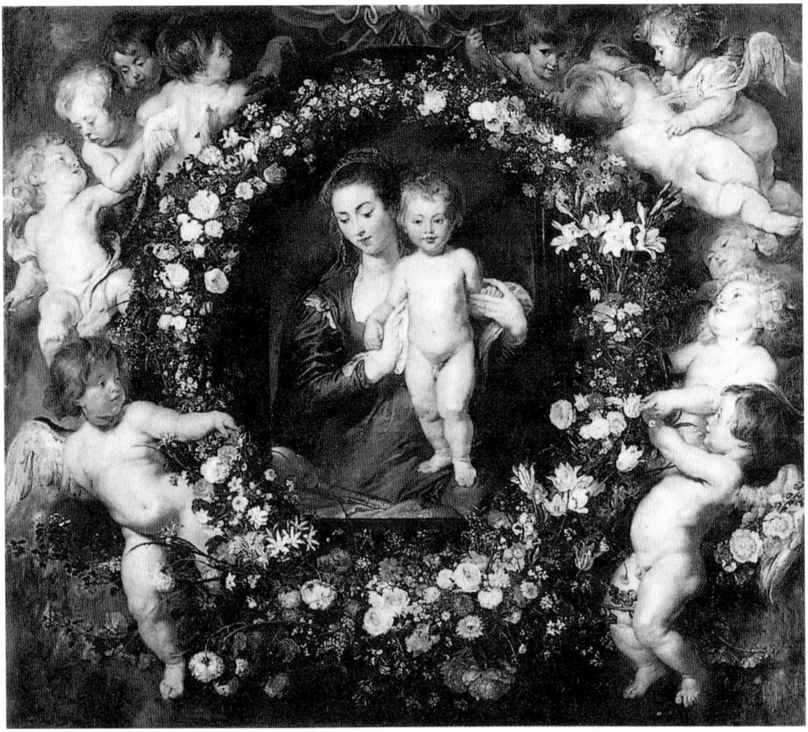

90 P.P. Rubens, Madonna im Blumenkranz, ca. 1620, München Staatsgemäldesammlung

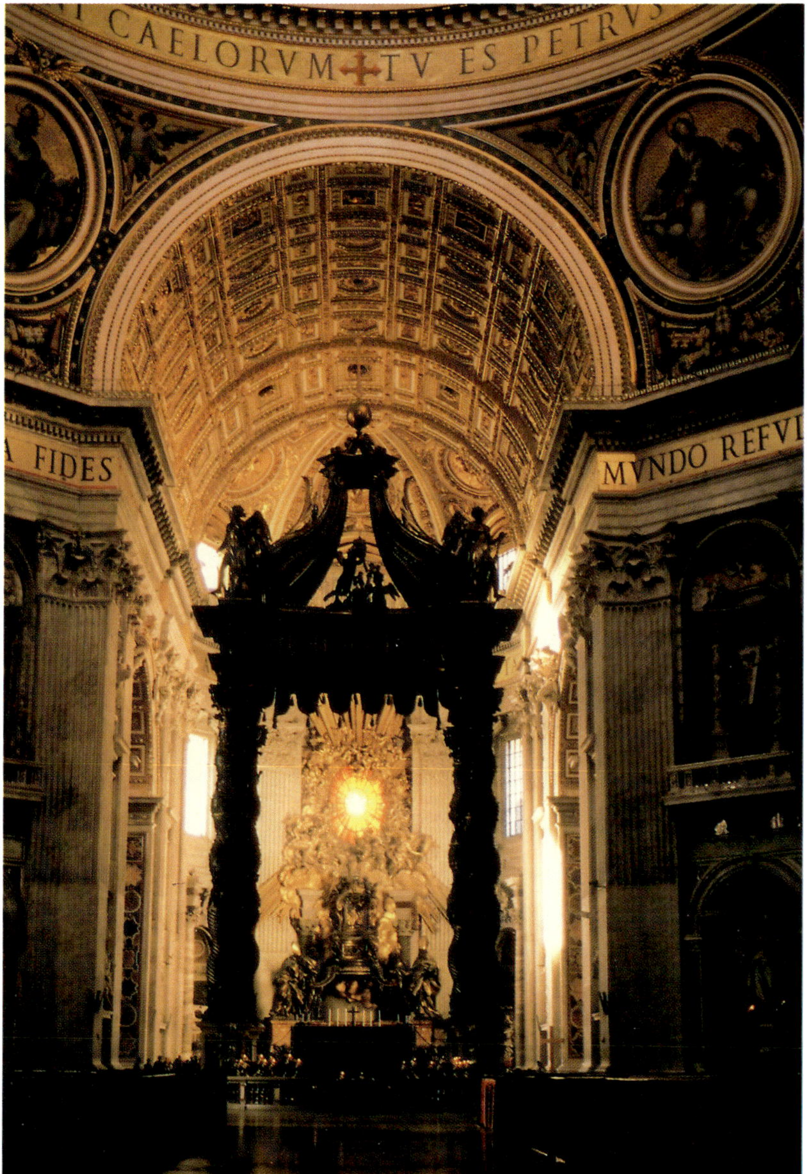


VII Rom, St. Peter, Blick in den Chor

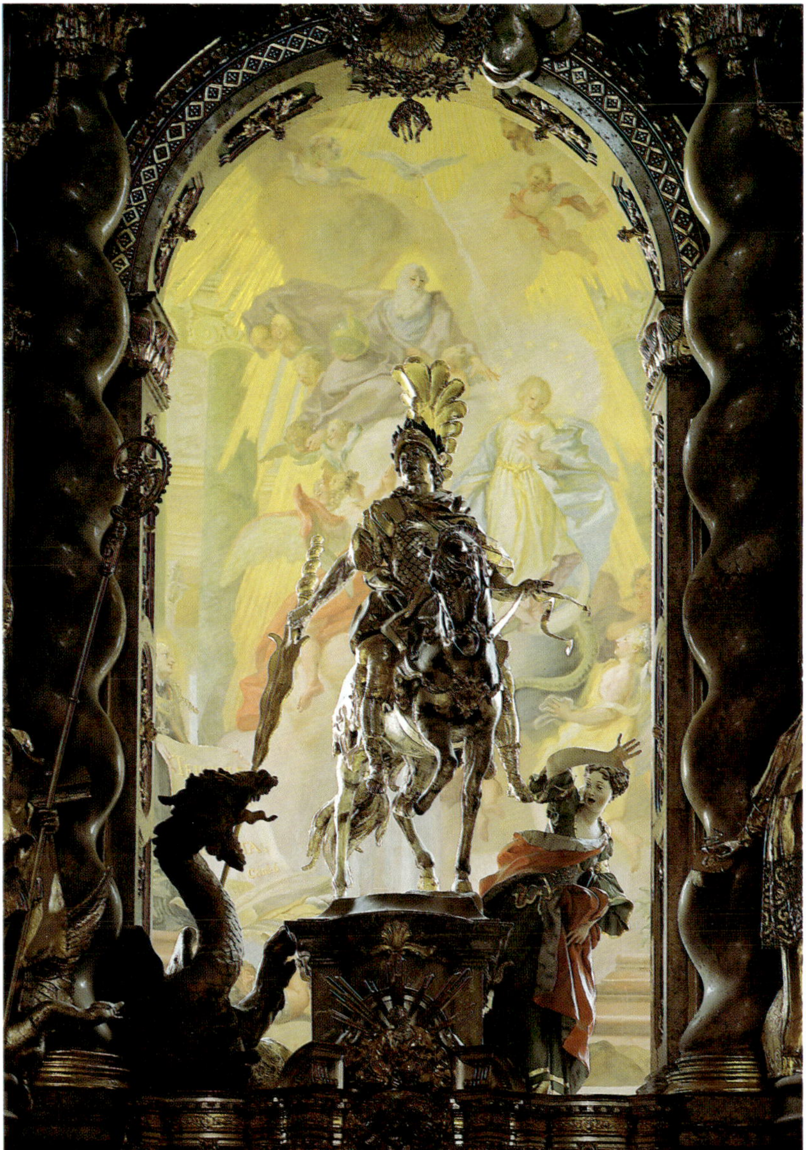

VIII Weltenburg, Hochaltar der Klosterkirche

# Sostanza und Apparenza, Gegenstand und Erscheinungsweise

In mehreren Briefen zwischen 1622 und 1629 benutzt Rubens das Wort von der Apparenza, um damit die Erscheinungweise, etwa im zeremoniellen oder auch politischen Bereich, von dem Eigentlichen, der Sostanza zu unterscheiden.

Gerade in diesen Jahren war die Frage nach der Materie im Zusammenhang mit der Wahrnehmung zu einem zentralen und auch gefährlichen Thema geworden, wie der Fall Galilei zeigt. Dessen Hauptwerk, *Il Saggiatore*, am besten mit Eichmeister übersetzt, erschien im Druck erstmals 1623 und hat den Untertitel *Nel quale con bilancia esquisita e giusta si ponderano le cose contenute nella libra astronomica e filosofica* ... Hier gibt es einen berühmten Abschnitt, der von den Grundbegriffen handelt, welche zum Lesen des Buches der Natur erforderlich sind: *Daher sage ich, daß ich wohl die Notwendigkeit fühle, kaum daß ich eine Materie oder eine körperliche Substanz konzipiere, sie mir so vorzustellen, daß sie diese oder jene Gestalt besitzt, daß sie im Verhältnis zu anderen groß oder klein ist, daß sie sich an einem bestimmten Ort befindet, zu dieser oder jener Zeit, daß sie sich bewegt oder ruhig steht, daß sie einen anderen Körper berührt oder nicht, daß sie eines, wenige oder viele ist, und unter gar keinen Umständen kann ich mir vorstellen, sie aus diesen Bedingungen herauszulösen; ob sie aber weiß oder rot, bitter oder süß, tönend oder stumm, von angenehmem oder unangenehmen Geruch sei, das verleitet mich doch nicht dazu anzunehmen, sie sei zwangsläufig von diesen Bedingungen begleitet: Nein, hätten die Sinne das nicht wahrgenommen, dann wäre die Rede oder die Vorstellung vielleicht niemals darauf gekommen. Daher denke ich, daß dieser Geschmack, diese Gerüche, diese Farben usw., soweit es den Gegenstand betrifft, dem sie scheinbar innewohnen, nichts weiter sind als reine Namen, während sie ihren eigentlichen Sitz im wahrnehmenden Körper haben; nimmt man nämlich das wahrnehmende Lebewesen fort, dann verschwinden alle diese Qualitäten.* Hier liegt ein naturwissenschaftlicher Text der Barockzeit vor, in welchem unmißverständlich behauptet wird, die Eigenschaften einer Sache lägen zunächst bei der Wahrnehmung. Wie nicht anders zu erwarten, handelt es sich bei Galilei um eine Auseinandersetzung mit Aristoteles, bei dem es heißt: *Die Wahrnehmung geht einmal auf die eigentümlichen Sinnesobjekte und ist wahr oder enthält nur ganz geringfügigen Irrtum. In zweiter Linie geht sie darauf, daß den Sinnesgegenständen nebenbei zugehört, was ihnen zugehört. Da setzt schon die Möglichkeit des Irrtums ein. Denn daß etwas weiß ist, darin täuscht sich die Wahrnehmung nicht, ob aber das Weiße dieses oder etwas anderes ist, darin täuscht sie sich. Drittens geht sie auf die gemeinsamen Sinnesobjekte, die verbunden sind mit dem neben-*

*bei Zugehörigen, an dem sich das Eigentümliche zeigt; ich meine z. B. Bewegung und Größe. Da ist nun am meisten die Wahrnehmung dem Irrtum ausgesetzt*[31]. Wie Pietro Redondi schreibt,[32] ist bei Galilei diese Hierarchie auf den Kopf gestellt und Galilei meine: *a) Allein die Vorstellung oder Intuition der Materie kann geometrische oder mechanische Eigenschaften besitzen; b) Die qualitativen Eigenschaften der Materie können nicht allein mit Hilfe ‚der Rede oder der Vorstellungen', ohne die Sinne erfaßt werden. Also, schließt er: c) die sinnlich wahrnehmbaren Qualitäten existieren nur in der Wahrnehmung und nicht in der materialen Substanz, folglich sind Geschmack, Geruch und Farbe Namen im Verhältnis zur Substanz, der sie innezuwohnen scheinen ...* Zusammengefaßt: der *Saggiatore* schlug vor, die aristotelische Physik so zu ändern, daß die prädikativen Aussagen über die Erfahrung der Qualitäten in eine neue Sprache übersetzt würden: *‚Das Feuer ist heiß'* wird zu *‚Das Feuer übermittelt das Gefühl der Wärme'*. Zunächst ist bei Galilei eine neue wissenschaftliche Präzision hergestellt. Namen, Wörter wie warm, rot, süß gehören der individuellen Wahrnehmung an, während andere, die sich auf materielle Eigenschaften beziehen, wie Figur oder Bewegung eine universelle Geltung haben und der mathematischen Erkenntnis zugänglich sind. Obwohl dabei zunächst ein Teil der Namen reserviert wurde für eine exakte und objektive physikalische Bestimmung, wurde der andere Teil mit den Namen gleichsam freigegeben für den anderen großen Bereich der Wahrnehmungen durch die individuellen Sinne – die durch den Naturwissenschaftler Galilei damit auch aufgewertet wurden. Denn in diesem Bereich liegt das objektive Urteil jetzt bei der Wahrnehmung des einzelnen Subjektes. Damit ist die Wahrnehmung als solche zu einer wesentlichen Instanz geworden. *Das Buch der Natur kann auf vielfältige Weise erzählt werden, in der Dichtung, der Malerei, der Musik; dort kommt den Sinnen eine vorrangige Rolle zu. Will man aber dieses Buch im Stile der Physik lesen, dann muß man auch die entsprechenden Wörter verwenden.*[33]

Das, was Rubens die Apparenza nannte, hat jedenfalls jetzt auch im physikalischen Denken einen neuen Stellenwert gewonnen. Wir, die Fühlenden, Sehenden sind es, die fühlen, sehen und damit auch urteilen und so am Gegenstand und dessen Wirkung beteiligt sind.

Wenn die Qualitäten einer Sache beim Rezipienten ankommen in dessen fünf Sinnen und so wirksam werden, kann auch Apparenza, die von den Sachen abgehobene Erscheinungsweise allein, als Kunstwerk dies bewerkstelligen. Apparenza ist die stellvertretende Repräsentation, sie konnte in der barocken Epoche sogar die Sostanza, die Sache selbst erfolgreich ersetzen.

## Das Bild als Kunstwerk und das Ende der Illusionistik

In der Theorie galt bis zum 18. Jahrhundert in Hinblick auf die Illusion der alte Topos, daß die Sinnestäuschung Ursache eines sinnlichen Vergnügens sei. Wie Lutz Tavernier in einem Aufsatz zu Dubos summierte, waren eben seit Plinius und Lukian immer wieder die Belege ins Feld geführt worden, nach denen Kunst in der täuschenden Nachahmung von Wirklichkeit bestehe. Diskutiert wurde allerdings um so mehr die Art und Weise, wie dies geschehen könne. Erst mit Jean Baptiste Dubos, in dessen 1719 erschienenen *Réflexions critiques sur la poésie et sur la peinture* erschien eine Theorie der ästhetischen Illusion, die damit Schluß machte. Dubos hat zum Ansatz eine Wirkungs- und Gefühls-Ästhetik, nach welcher das sinnliche Vergnügen nicht nur Ziel der Kunst ist, sondern auch Voraussetzung einer Bewertung. Dubos fragt nicht nach der Struktur des Gegenstands, sondern nach der Wirkung auf den Betrachter, und dabei wird »sentiment« zur ausschließlichen Urteilsinstanz. Die Empfindung wird zu einer Art von sechstem Sinn, dessen Urteil Evidenz besitzt. Und zwar noch vor der »raison«. So wie jeder in der Lage sei, kompetent Wert oder Unwert eines Ragouts zu schmecken, so könne auch jeder Betrachter den Wert oder Unwert eines Gemäldes sehen und empfinden. Die Wirkung des Kunstwerks ist nicht mehr eine Funktion des Urteils aus Sehen und Wissen, sondern eine Funktion des Gefühls, womit alles auf das betrachtende Subjekt hin bezogen ist. Eine Illusion als Trugwahrnehmung ist für Dubos unnötig geworden. Er argumentiert so: Zwar gehe man in der Erwartung in das Theater, ein bestimmtes Ereignis oder eine Handlung dargestellt zu sehen, aber dabei sei dem Betrachter doch stets die ihn umgebende Wirklichkeit gegenwärtig, hundert Dinge seien ihm dauernd vor den Augen, die ihn auf Distanz zur Darstellung brächten. Ähnliches gelte für die Malerei. Niemand würde bei Raffaels Attila ernstlich glauben, die Heiligen Peter und Paul in der Luft schweben zu sehen. Jeder sei sich demnach bei der Rezeption eines Kunstwerks im Grunde darüber im klaren, daß es sich um eine Nachahmung handle. Er zitiert wieder einmal die Geschichte vom Wettstreit zwischen Zeuxis und Parrhasios, aber die Täuschung des Betrachters sei eben nicht das Ziel. Dies bestehe zwar im sinnlichen Vergnügen, aber die Begeisterung für ein Kunstwerk wachse doch, wenn man es zum zweitenmal sehe, also längst wisse, daß es sich um eine Nachahmung handle. Die Illusion sei deshalb nicht die Ursache des Vergnügens, sondern höchstens ihr Inzidenzpunkt. Da für Dubos Kunst und Wirklichkeit nicht in einem Abhängigkeitsverhältnis stehen, sondern eher in Analogie zueinander, sind die Ebenen der Kunst und der Wirklichkeit voneinander getrennt. Demgegenüber begreift Dubos die Kunstbetrachtung als reines, pures Vergnügen, das der Lebenswirklichkeit entpflichtet ist. Kunst selbst aber und ihre Werke als Ursache und Korrelat dieses Vergnügens schaffen damit ebenfalls einen eigenen Bereich: durch die *Impression superficielle faite par une imitation* bilden sie eine Metaebene aus, die sich in der dünnen Schicht ihrer Oberflächlichkeit von der Wirklichkeit unabhängig halten kann. Kunst bildet eine eigene Natur. Damit ist es eben sinnlos geworden, mit einem Bild die Realität verlängern zu wollen, wo doch dieses Bild nach eigenen Gesetzen zu bewerten ist.

Ist von der Aufklärung die alte Ansicht aus der Welt geschafft, daß nicht die Täuschung Vergnügen bereite, sondern das Kunstvolle am Kunstwerk, dann ist nicht nur dem barocken Illusionismus das Ende angesagt, sondern auch jener im Barock so oft genutzten Möglichkeit, die Realität durch das Bild zu transzendieren.

## Anmerkungen

1 *Encyclopédie. ou Dictionnaire raisonné ... XXV*, Neuausgabe Genf 1778, S. 485

2 J.H. Zedler, *Großes vollständiges Universallexikon XXVII*, Leipzig–Halle 1741, Sp. 691f.

3 Hierzu: R. Horstmann, *Die Entstehung der perspektivischen Deckenmalerei*, Diss. Hamburg 1965

4 I. Sjöström, *Quadratura. Studies in Italian Ceiling Painting*, Stockholm 1978, S. 37–47

5 Lit. zur Geschichte des Illusionismus und der Perspektivmalerei bei: R. England, *The Baroque Ceiling Paintings in the Churches of Rome 1600–1750. A Bibliography*, Hildesheim–New York 1979. S. 62ff.

6 Vgl. R. Horstmann, op.cit., S. 74ff; sowie: I. Sjöström, op.cit., S. 32

7 H. Tintelnot, *Die barocke Freskomalerei in Deutschland*, München 1951, S. 18

8 J. Schulz, *Venetian Painted Ceilings of the Renaissance*, Berkerley–Los Angeles 1968, S. 93ff.

9 I. Sjöström, op.cit., S. 35 u. 49

10 A. Pozzo, *Perspectiva Pictorum et Architectorum*, 2 Bde., Rom 1693; weitere Ausgaben siehe Kruft, *Geschichte der Architekturtheorie. Von der Antike bis zur Gegenwart*, München 1985, S. 551, Anm. 157; zu Pozzo: B. Kerber, *Andrea Pozzo*, Berlin–New York 1971

11 H.-W. Kruft, op.cit., S. 121

12 In der deutsch-lateinischen Ausgabe Augsburg 1708

13 Ebda., unter Fig.62

14 Singemäß: Der Concetto geht von dem Satz Lk. XII, 49: ‚ich bin gekommen, Feuer auf die Erde zu werfen, und wie wünschte ich, daß es schon entfacht wäre!' aus. Ebenso wirkt die eifrige Glaubensverbreitung des hl. Ignatius auf die Erde; B. Kerber, op.cit., S. 70f.

15 F. Piel, *Anamorphose und Architektur*, in: Festschrift Wolfgang Braunfels, F. Piel – J. Traeger Hgg., Tübingen 1977, S. 291

16 F. Piel, ebda., S. 293f.

17 Dazu: H. Bauer, *Der Himmel im Rokoko*, Regensburg 1965, S. 23ff.
18 I. Sjöström, op.cit., S. 56
19 A. Henze, *Reclams Kunstführer Italien V. Rom und Latium*, Stuttgart 1962, S. 236f.
20 I. Lavin, *Bernini and the Unity of the visual Arts* 2 Bde., New York–London 1980, passim
21 Ebda., S. 56
22 Sinngemäß: Abatini verwandte ein neues Kunstmittel der Täuschung, durch das Falsches als echt erscheinen sollte; dazu auch: H. Bauer, *Zum Illusionismus Berninis*, in: H. Beck – S. Schulze Hgg., *Antikenrezeption im Hochbarock*, Berlin 1989, S. 129ff.
23 R. Enggass, *The Painting of Baciccio*, Pennsylvania 1964, fig.72
24 H. Sedlmayr, *Der Bilderkreis in Neu St. Peter*, in: *Epochen und Werke* II, Wien–München 1960, S. 31
25 I. Lavin, op.cit., passim
26 M. Fagiolo Dell'Arco – S. Carandini, *L'Effimero Barocco. Strutture della festa nella Roma del '600*, Rom 1978, Abb.256u.257
27 Vgl. die Ausführungen in: I. Lavin, op.cit., S. 143–145; sowie H. Bauer, in: H. Beck u. a. Hgg., op.cit., S. 137
28 M. Fagiolo Dell Arco u. a., op.cit; sowie die Beiträge von A. Sutherland-Harris, *Bernini's-Four River Fountain as Permanent Theatre* – M.S. Weil, *The Relationsship of the Cornaro Chapel to Mystery Plays and Italian Court Theatre*, beide in: Papers in Art History 2, Penn State 1990
29 Siehe: Fagiolo Dell'Arco u. a., S. 89
30 Ch. Burda, *Das Trompe-l'oeil in der holländischen Malerei des 17. Jahrhunderts*, München 1969, S. 157
31 Aristoteles, *De anima*, 428b
32 P. Redondi, *Galilei der Ketzer*, München 1989, S. 61f.
33 Ebda., S. 62

# Glossar

| | |
|---|---|
| Abundantia | *hier: allegorische Personifikation des Überflusses* |
| Ädikula | *kleiner Tempel, Giebelbekrönung* |
| Affix | *Anfügung* |
| agonal | *im Wettstreit befindlich* |
| anagogisch | *eigentl. »hinaufführend«, den Dingen eine höhere bzw. symbolische Bedeutung gebend* |
| Anamorphose | *verzerrte Darstellung eines Gegenstandes, die durch gewisse Hilfsmittel oder Praktiken korrigiert werden kann* |
| Antecamera | *Vorzimmer* |
| Apologie | *Rechtfertigung* |
| Apotheose | *Entrückung eines Menschen in den Himmel, Vergöttlichung* |
| Apparenza | *Erscheinungsweise* |
| Appartements doubles | *Repräsentationsräume, hinter denen sich weitere, von diesen aus zugängliche Räume befinden* |
| Argutezza | *Begriff aus der Rhetorik, meint den scharfsinnigen und überraschenden Witz in einer Argumentation* |
| Belvedere | *Architektur mit schöner Aussicht, Aussichtspunkt* |
| bilobiert | *mit zwei Ausbuchtungen versehenes Feld* |
| Bozzetto | *Entwurf, Rohentwurf* |
| Bucentaurus | *Prunkschiff der Dogen von Venedig, an mehreren Höfen nachgeahmt* |
| Clementia | *hier: allegorische Personifikation der Milde* |
| Concetto | *Konzept, gedankliche Konzeption des Inhaltes in einem Kunstwerk* |

| | |
|---|---|
| Confessio | *Unter einem Altar liegendes, sichtbar zugängliches Heiligen- oder Märtyrergrab, hier des hl. Petrus* |
| corps de logis | *der zentrale Bauteil eines Schlosses* |
| Cortes | *die Volks- bzw. Ständevertretungen im spanischen Königreich* |
| di-sotto-in-su | *der »Blick nach oben«, die Ansicht eines Deckenbildes in der perspektivischen Verkürzung* |
| dome percée | *zweischalige Kuppel, deren untere Schale aufgeschnitten ist und den Blick auf das Kuppelinnere freigibt* |
| Eikon | *der Bildteil in einem Emblem* |
| elevieren | *erheben, hochhalten* |
| elocutio | *lat. für Beredtheit, »Eloquenz«* |
| Emanation | *das Hervorgehen aus einem Grund* |
| Endoxa | *in der Philosophie (des Aristoteles) der Bezug auf das Allgemeine* |
| Enfilade | *Aufreihung von Räumen in einer Achse* |
| Entrée solennelle | *feierlicher Einzug* |
| ephemeres Gerüst | *für festliche Gelegenheiten errichtete Architektur aus leichten Materialien (Holz, Papier etc.)* |
| Epiphanie | *Erscheinung (z. B. eines Gottes auf Erden)* |
| Exedra | *halbrunde Einbuchtung, Nische an einer Architektur (Apsis)* |
| Felicitas | *hier: allegorische Verkörperung der Glückseligkeit* |
| frons scenae | *im antiken Theater die architektonisch gestaltete Bühnenwand mit den Öffnungen für den Auftritt der Schauspieler; gespielt wurde vor der frons scenae* |
| Guardaropa | *span. für Ankleidezimmer* |
| guglie | *ital. für Obelisken* |

| | |
|---|---|
| haptisch | *greifbar (im Gegensatz zu optisch)* |
| Icon | *siehe: Eikon* |
| Imprese | *dem Emblem ähnliche Form eines persönlichen Wahlspruches in Kombination mit einem Bild* |
| inventio | *Erfindung, Erfindungsgabe* |
| Inzidenzpunkt | *Brechungspunkt* |
| itinerarium mentis | *ein Reisebericht der Gedanken* |
| Kartaune | *Schweres Geschütz* |
| Lemma | *Schriftteil in einem Emblem* |
| Masque | *Maskerade, Maskenfest* |
| meraviglia | *ital. für Wunder* |
| Naumachie | *Seeschlacht (auf dem Theater)* |
| Nobilitas | *hier: allegorische Verkörperung der Vornehmheit, des Adels* |
| Ordre français | *eine eigene französische »Säulenordnung«, d.i. Gestaltung der Säule mit Basis und Kapitell* |
| Ostensorium | *Schaubehältnis,Monstranz* |
| pacificator | *Friedensstifter* |
| Pendentif | *Zwickelfeld in Form eines sphärischen Dreiecks, wie es sich bei der Überführung vom Quadrat zum Rund des Kuppelfußes ergibt* |
| Peripetie | *Schicksalsumschwung im Drama, Wende in der Handlung* |
| Pietas | *allegorische Verkörperung der Frömmigkeit* |
| Pilaster | *Wandvorlage als Flachprojektion einer Säule* |
| possesso | *festliche Inbesitznahme der Stadt Rom durch den Papst* |
| Prätention | *Anspruch (auf einen Titel, ein Erbe etc.)* |

| | |
|---|---|
| Pragmatische Sanktion | *Das im Jahre 1713 erlassene Hausgesetz der Habsburger, in welchem die Unteilbarkeit der Länder und das Erbecht auch bei weiblichen Nachkommen festgelegt wurden* |
| Proszenium | *Logen im Theater, die direkt vor der Bühne und noch vor Parkett und den Rängen eingerichtet sind* |
| Pyrenäenpakt | *Im Jahre 1659 zwischen Frankreich und Spanien geschlossener Friedensvertrag* |
| Quadratura | *Scheinarchitektur in der Deckenmalerei* |
| quadro riportato | *eigentl. ein an die Decke versetztes Bild; innerhalb der Monumentalmalerei ein Bild, das etwa durch Rahmung als eigene Einheit gekennzeichnet ist* |
| quarantore | *Vierzigstündiges Gebet* |
| Redoute | *geschlossene Veranstaltung für geladene Gäste* |
| relievo finto | *durch Malerei vorgetäuschtes Relief* |
| renovatio | *Erneuerung (auch im Sinne einer Renaissance)* |
| Repristination | *Neubelebung* |
| repraesentatio | *im Barock die Stellvertretung einer Sache oder Person* |
| rétorica silenciosa | *span. für stumme Rede* |
| Risalit | *vor- oder zurückspringender, abgesetzter Bauteil* |
| Sacco di Roma | *Plünderung Roms durch die Söldner Karl V. im Jahre 1527* |
| Sagittalachse | *Symmetrieachse* |
| salón de las entregas | *span. für Salon der Übergabe, Aushändigung* |
| sensus allegoricus | *der allegorische, i.e. symbolische Sinn von etwas* |
| Significandum | *das etwas Bezeichnende* |
| Significatum | *das Bezeichnete* |
| Sostanza | *ital. für die Substanz, die Sache selbst* |

| | |
|---|---|
| Sottise | *alberne, freche Bemerkung* |
| stucco finto | *durch Malerei vorgetäuschter Stuck* |
| Tempietto | *kleiner Tempel* |
| Tondo | *Rundbild* |
| Transitorik | *das Prinzip des Überganges* |
| Tridentinum | *Konzil von Trient (1545–1563)* |
| trionfo | *Triumphzug, triumphaler Einzug etc.* |
| Trompe-l'oeil | *»Augentäuscherbild«, Bild, das in der Darstellung zumeist flacher Gegenstände Tatsächlichkeit suggeriert* |
| vita voluptuosa | *von Begierden geleitetes Leben* |
| Zeremonialbücher | *Bücher in denen die Arten und Abläufe des Zeremoniells an den diversen Höfen beschrieben und kodifiziert sind* |

**Bildnachweis:**

Archiv des Autors, München: Abb.1–6, 9, 10, 12–43, 49, 51, 53–69, 74, 75, 78–85, 87–89; Bayerische Staatsbibliothek, München: Abb.52, 70–73; Bayerische Staatsgemäldesammlung, München: Abb.50, 90; Corpus der barocken Deckenmalerei in Deutschland, München: Abb.11; Gabor Ferencz, München: Tf.VI, VII; Photo-Marburg: Abb.76, 77; Photoagentur-Mauritius, Mittenwald: Tf.I, II, IV, V; Wolf Christian von der Mülbe, Dachau: Abb.7, 8; Tf.III, VIII; Staatliches Museum Schwerin: Abb.86; Theatermuseum, München: Abb.44–48

**Zum Autor:**

Hermann Bauer, Jahrgang 1929, studierte von 1949–1955 Kunstgeschichte, Archäologie und Geschichte in München. Nach der Promotion und einem Studienaufenthalt in Florenz war Bauer Assistent bei Hans Sedlmayr.

Der Habilitation über »Kunst und Utopie« folgte ein Ruf an die Paris-Lodron-Universität Salzburg. Seit 1974 ist Hermann Bauer Ordinarius für Kunstgeschichte an der Ludwig-Maximilians-Universität in München.

Er veröffentlichte zahlreiche Arbeiten zu Barock und Rokoko und zur Kunstgeschichte Bayerns.

## Hartmut Krohm/Eike Oellermann (Hg.)
## FLÜGELALTÄRE DES SPÄTEN MITTELALTERS

264 Seiten mit 275 s/w-Abbildungen und 16 Farbtafeln
Format 21 x 28 cm
Leinen mit Schutzumschlag / ISBN 3-496-01090-8

Berühmte Altäre wie Riemenschneiders Heiligblut-Altar oder Grünewalds Isenheimer Altar und auch weniger bekannte Beispiele von Flügelaltären aus verschiedenen deutschen Landschaften, den Niederlanden und Ungarn werden in diesem Band behandelt. Die Autoren berichten über den Stand aktueller Forschungsarbeiten und kommentieren die Beiträge mit umfangreichem Bildmaterial.

## Sylvaine Hänsel/Henrik Karge (Hg.)
## SPANISCHE KUNSTGESCHICHTE

**Eine Einführung**

617 Seiten mit 187 Abbildungen, ausführlichem Register und Autorenverzeichnis. Zwei Bände broschiert
Band 1: Von der Spätantike bis zur frühen Neuzeit ISBN 3-496-01076-2
Band 2: Von der Renaissance bis heute ISBN 3-496-01082-7

Die spanische Kunst hat in den letzten Jahren verstärkt Interesse auf sich gezogen. Die vorliegenden Bände geben erstmalig in deutscher Sprache einen Überblick, der von der Spätantike über die Kunst des Mittelalters, Malerei und Skulptur des »Goldenen Zeitalters« bis zur aktuellen Kunstszene reicht.

## Hans Jantzen
## KUNST DER GOTIK

**Klassische Kathedralen Frankreichs**
**Chartres, Reims, Amiens**

241 Seiten mit 117 Abbildungen
Broschiert / ISBN 3-496-00898-9

Dieser kunstgeschichtliche »Klassiker« zur Architektur gotischer Sakralbauten erschließt – mit Erläuterungen der wichtigsten architektonischen Fachbegriffe versehen – allen kunstinteressierten Lesern gut verständlich die komplizierte Baustruktur gotischer Kathedralen.